国学
修身课

尚书直解

上

（明）
张居正
-编著-

龙建春
-校注-

人民东方出版传媒
People's Oriental Publishing & Media
东方出版社
The Oriental Press

图书在版编目（CIP）数据

尚书直解：上下册 / (明) 张居正编著；龙建春校注 . — 北京：
东方出版社，2023.2
ISBN 978-7-5207-2969-7

Ⅰ . ①尚… Ⅱ . ①张… ②龙… Ⅲ . ①《尚书》– 注释
Ⅳ . ① K221.04

中国版本图书馆 CIP 数据核字（2022）第 161720 号

尚书直解
（SHANGSHU ZHIJIE）

编　　著：(明) 张居正
校　　注：龙建春
责任编辑：邢　远
特约策划：慧新时间
特约编辑：龙若飞　周莺莺
出　　版：东方出版社
发　　行：人民东方出版传媒有限公司
地　　址：北京市东城区朝阳门内大街 166 号
邮　　编：100010
印　　刷：北京文昌阁彩色印刷有限责任公司
版　　次：2023 年 2 月第 1 版
印　　次：2023 年 2 月第 1 次印刷
开　　本：710 毫米 ×1000 毫米　1/16
印　　张：43.25
字　　数：610 千字
书　　号：ISBN 978-7-5207-2969-7
定　　价：188.00 元（全二册）
发行电话：（010）85924663　85924644　85924641

凡 例

一、《明史》记载："凡亲王出阁读书，内阁官提调检讨等官讲读，拟定经书起止，所习仿字，每日送看。"明隆庆六年（1572），皇太子朱翊钧即位，年仅十岁，也是出阁读书的年龄，身为太傅的大学士张居正与翰林院讲官开始为朱翊钧讲解《四书》《五经》等。 明代皇子读书有两种形式：一是日讲，二是经筵。 张居正和翰林院为了小皇帝能听明白所讲，采用了当时明代的白话，深入浅出，通俗易懂，且结合了历代典故和政治伦理，并撰写成讲章放在皇帝前面的御案之上，以便皇帝省览，如此便成了这一系列直解读本。

二、本书以明万历间内府刊本《书经直解》十三卷为底本，逐一点校；为了让读者阅读无障碍，在原文的基础上，对生僻难解的字词详加注释，与原文相得益彰。

三、本书所采用的插图出自清代孙家鼐等编的《钦定书经图说》（清光绪三十一年内府刊本），原图为版画，为了丰富图片的色彩，本书特选了近两百幅图，请美术专家根据年代要求进行着色。 有些画与所展示的历史时期场景及人物着装、发饰等细节存在一些出入，但因画中一些礼仪场景参考了儒家经典记载，具有文献艺术等多方面的参考价值，因此我们并未作大的修改，基本保留了原貌。

四、本书对疑难字作了补充注释，有助于读者排除阅读障碍；生僻字的注音主要依据《汉语大字典》（崇文书局、四川辞书出版社，1999 年袖珍本第二版），个别字注音和繁简字使用与通行本有分歧者，以《汉语大字典》为准。

五、本书有阙漏、讹误者，尚祈方家惠予指正，并俟来日补苴罅漏。

推荐序

　　孔子兴学以养成士君子，士君子有治国平天下之志，经数百年尝试，汉武帝立五经博士，兴办学校，建立察举制，士君子进入政府的渠道得以制度化，形成"士大夫群体"，形成士大夫与皇权共治天下的政治格局。张居正正是士大夫，活动于如许政治格局中，且为两千年最为成功者。

　　张居正生而颖敏绝伦，读书如有神助，十五岁为诸生，二十二岁高中进士。

　　张居正少年得志，仕途顺利，入仕之后仅历二十年即入内阁为次辅，相当于今日副总理，年仅四十二岁。

　　因为学问卓越，张居正两为帝王之师：先于嘉靖时在裕王府中为侍读，裕王继位为隆庆帝，又受命为太子少傅、太师；隆庆帝崩，万历帝年幼，张居正仍担负教导之职，养其为天子。

　　张居正连续执掌两朝之大政，先于隆庆帝时为次辅；万历初年，更以帝师身份担任首辅，独揽大权，乃有机会全面实施自己的治国纲领：行"一条鞭法"，整顿财税；整饬武备，任用名将李成梁、戚继光等，安定边塞；严考绩之法，整肃吏治。已经衰败的大明政治，于此竟然焕发出一些活力。而张居正改革之全面与力度之大，于宋、元、明、清四代中，唯王安石可比拟之。

　　所谓士大夫者，"学而优则仕"，仕而优则学；故张居正毕生为政，而不妨其勤学，惟其宗旨，则在治世，故其所谓者士大夫之学也，而非学士书斋之学，其大略可见于《张太岳文集》，其中对于政治之见识，远非一般书斋学者、亦非一般官僚所可比拟。

　　又，张居正教养天子，发展了帝王养成之学，此即本系列所收之诸经

"直解"。自孔子删述六经，尤其是汉武帝立五经博士以来，历代为经书作传、注、疏者，层出不穷。然其书多出于学士，旨在养成平民子弟为士君子；张居正之"直解"则不然，系为教养天子而作，故以养成天子之德为宗旨。读其书，可见古帝王之学之风采。

今日已无皇帝矣，然德行本无分乎身份之尊卑，以庶人之身而可以成就天子之德，亦是今人之幸。

本书诸经直解，语虽寥寥，而其用心之勤苦已然深蕴于其中。张居正独特的诠释方式，非搜求于各家注疏、牙签满屋，而悟之于山川云物、鸢飞鱼跃于当下生命，而遇之于道阻水长。足见其独与天地精神相往来之独立人格的文字见证。

又，张居正接中国之文脉，正与其自身及其时代风格精神相接。因此，本书诸经解读，所呈现出来的基本面貌，无论其思想意趣、解释路向，极富历史气象。然因时代不同，阅读习惯有异，今人读来，或颇见扞格。为使之合于今人阅读，以领会其思想，在语言形式上予以"现代转换"，并配之以情景相合之图，实为必要之方便门。

随着本诸经直解的出版，则张居正将为更多人所熟知，其独特的经典解读，加之今人别具创意之配图，将在现代语境之下为读者带来新的生命启迪，而为今日涵养士君子之功，是则可跂而望者也。

蒲城姚中秋 庚子初秋

目 录

周书

虞書

尧典

昔在帝尧，聪明文思，光宅天下。

将逊于位，让于虞舜，作《尧典》。

虞，是帝舜有天下之号。

这书共有五篇，都是虞舜时史官所作，

以记当时之事者，故总谓之《虞书》。

尧，唐尧。典，是典籍。

这第一篇典籍，载唐尧的事，

所以谓之《尧典》。

曰若稽古，帝尧曰放勋^①。钦明文思安安，允恭克让^②，光被四表^③，格于上下。

解 曰若，是发语之辞。稽，是考。放，是至；勋，是功业。钦，是敬；明，是通明。文，是文章；思，是思虑；安安，是无所勉强。允，是实；克，是能。格，是至。史臣说，稽考古时帝尧，他的功业极其广大，无一处不到，所以谓之放勋。然尧之有此大业者，以其有盛德为之本耳。论他的德性，钦敬而不轻忽，通明而不昏昧，文章著见，思虑深远。这四德又都出于自然，安而又安，不待勉强。其德性之美如此，所以行出来恭敬是着实恭敬，无一些虚伪；行出来谦让是真能谦让，无一些矫强。尧有这等盛德，所以光辉发见于外者，极其显著。凡东西南北四海之外，无不被及；上天下地之间，无不充塞。此正所谓放勋也。

【注】

① 放勋：即尧，中国上古时期的部落联盟首领，五帝之一，属陶唐氏，姓祁，名放勋，尧是谥号，故又称唐尧。

② 恭：恭谨。让：让贤。

③ 被：覆盖。四表：四方以外的地方。

克明俊德，以亲九族。^①九族既睦，平章百姓。百姓昭明，协和万邦^②，黎民於变时雍。

解 俊德，是大德，即上文所谓"钦明文思安安，允恭克让"便是。亲，是亲爱；睦，是和睦。平，是均；章，是明。协字，解做"合"字。於（wū），是叹美词。变，是变恶为善。"时"字，解做"是"字；雍是和。史臣承上文叙放勋的实事，说道，德性在人，万理咸备，本自峻大，但为私欲昏蔽，所以小了。惟尧能明其大德，浑然天理，不为私欲所蔽。大德既明，则身无不修，而万化之本立矣。由是推此德去亲爱自家的九族，那九族每^③，就亲爱和睦，没有乖争，一家都齐了；又推此德去普教那畿内的百姓，那百姓每，就感动兴起，个个晓道理，没有昏昧，

【注】

① 俊：《说文解字》："俊，才千人也。"指才智超群。九族：一般指高祖、曾祖、祖父、父亲、自己、儿子、孙子、曾孙、玄孙。也有说是父族四、母族三、妻族二。

② 万邦：众氏族、部落。

③ 每：古同"们"，中国宋元明时期口语，如"百姓每"，即百姓们。

帝尧图

帝尧

誹謗之木

敢諫之鼓

九族親睦圖

帝堯

帝世時雍圖

帝堯

華封人

康衢兒童

壤父

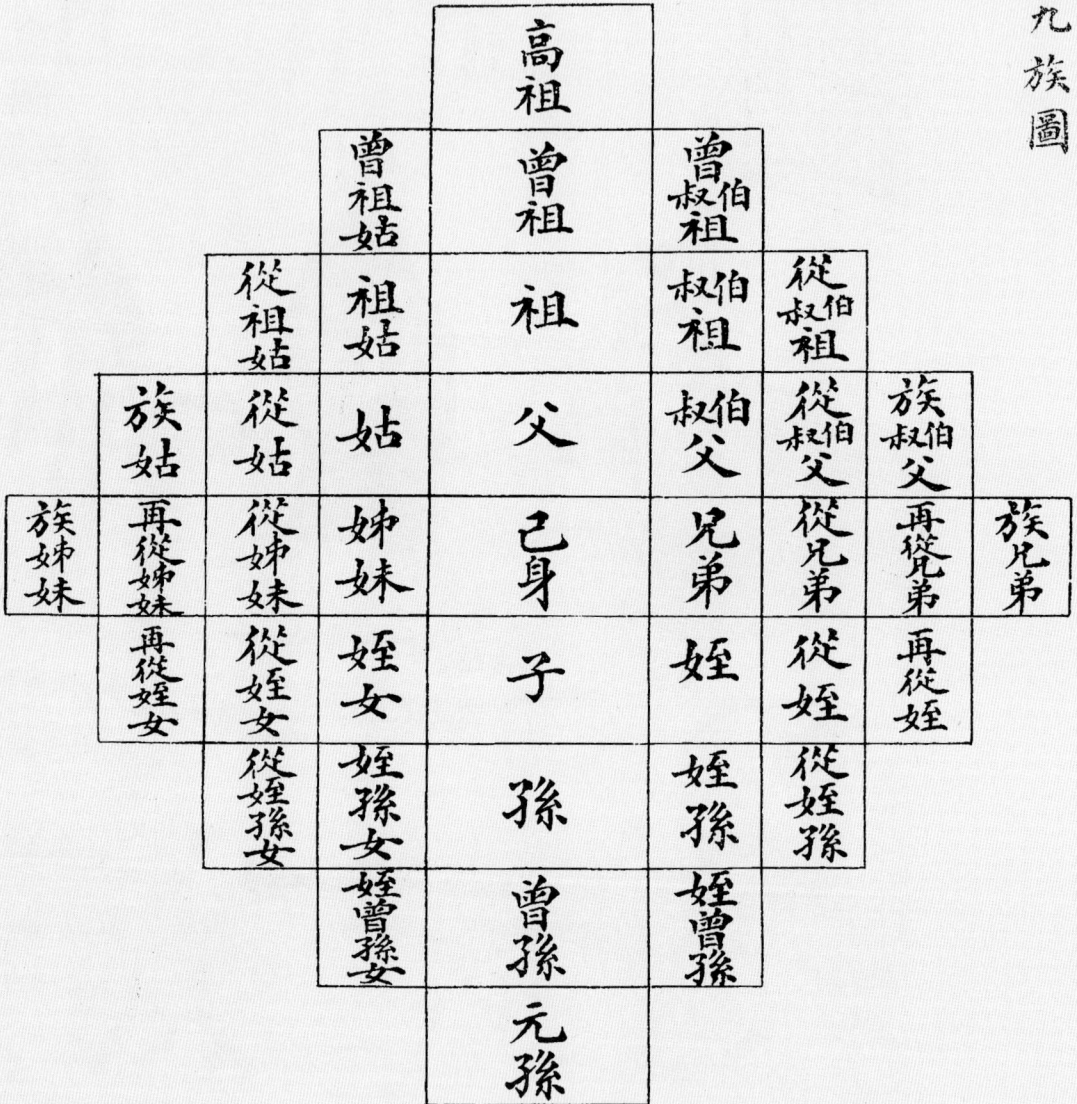

				高祖				
			曾祖姑	曾祖	曾伯叔祖			
		從祖姑	祖姑	祖	叔伯祖	從伯叔祖		
	族姑	從姑	姑	父	叔伯父	從伯叔父	族伯叔父	
族姊妹	再從姊妹	從姊妹	姊妹	己身	兄弟	從兄弟	再從兄弟	族兄弟
	再從姪女	從姪女	姪女	子	姪	從姪	再從姪	
		從姪孫女	姪孫女	孫	姪孫	從姪孫		
			姪曾孫女	曾孫	姪曾孫			
				元孫				

古文说九族图

今文說九族圖

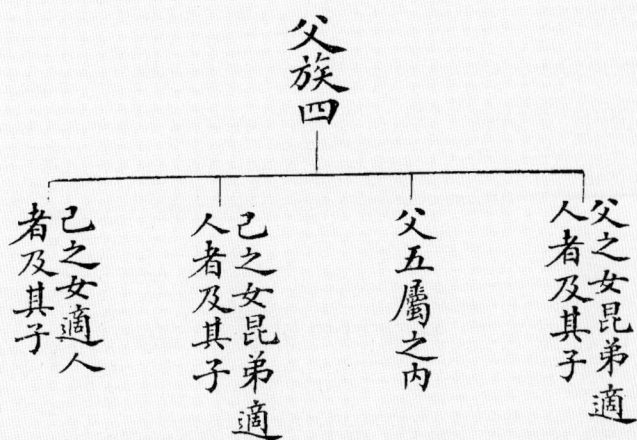

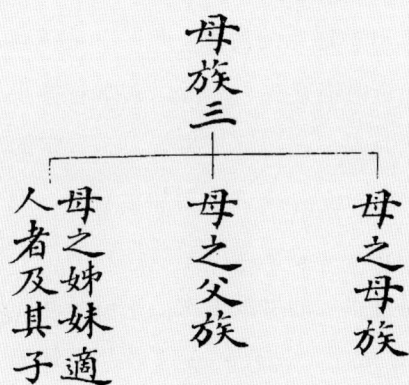

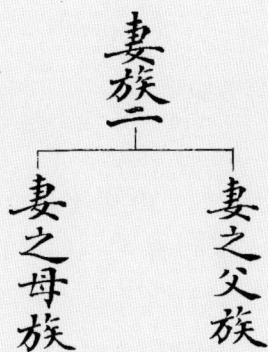

父族四
　　父之女昆弟適
　　人者及其子
　　父五屬之内
　　己之女昆弟適
　　人者及其子
　　己之女適人
　　者及其子

母族三
　　母之母族
　　母之父族
　　母之姊妹適
　　人者及其子

妻族二
　　妻之父族
　　妻之母族

今文说九族图

一国都治了；又推此德去合和那万国之民，那黎民也就变恶为善，雍雍然成醇美之俗，天下都平了。一家齐，是勋放于家矣；一国治，是勋放于国矣；天下平，是勋放于天下矣。然则四表岂有不被，而上下岂有不格者乎？所谓放勋之实如此。

乃命羲和，钦若昊天①，历象日月星辰②，敬授人时。

解　"乃"字，接着前面说。羲氏、和氏，是掌管天文的官。若，是顺。昊，是广大的意思。历，是历书。象，是观天的器具。史臣前面既称述尧的功德，此以下是叙尧的政事，就接着说，帝尧当时命羲氏、和氏二人掌管推步天文，分付他两个说，日月星辰，运行于昊天，有一定的度数；布列于昊天，有一定的位次。你须要加意敬谨，顺其自然之理，不可怠忽违背，妄意穿凿；把那推算的历书与观天的象器，推验那日月星辰的度数位次，不可分毫差错，然后造为历书。历造成了，又要一心敬谨，颁行天下，授与有司，使天下的人都依这历本上说话，及时干那农桑等事，庶不失先后早晚之宜也。盖君道莫大于敬天勤民，故尧特以"治历明时"为首务如此。

【注】
① 昊天：《毛诗》传云："尊而君之则称皇天，元气广大则称昊天，仁覆闵下则称旻天，自上降监则称上天，据远视之苍苍然则称苍天。"《释天》："春为苍天，夏为昊天，秋为旻天，冬为上天。"
② 星：四方中星。辰：日月交会于十二次也，寅曰析木，卯曰大火，辰曰寿星，巳曰鹑尾，午曰鹑火，未曰鹑首，申曰实沈，酉曰大梁，戌曰降娄，亥曰娵訾，子曰玄枵，丑曰星纪。

分命羲仲，宅嵎夷，日旸谷①。寅宾出日，平秩东作②。日中，星鸟，以殷仲春③。厥④民析，鸟兽孳尾。

解　羲仲，是官名。宅，是居。旸谷，是所居官次之名。寅，是敬；宾，是以礼相接，如宾客一般。平，是均平；秩，是次序。日中，是春分昼夜相停。星鸟，是南方朱

【注】
① 嵎夷：东方的边地，今山东半岛一带。旸（yáng）谷：日出于谷而天下明，故称旸谷。羲仲在嵎夷、旸谷测日出，定日出的时间。

命官授时图

帝尧
羲氏
羲仲
羲叔
和氏
和仲
和叔

平秩東作圖

鸟七宿。殷字，解做中字。析，是分散。孳，是生；尾，是交接。帝尧总命羲和，造历既成，犹恐推步有差。又命四个官分管四时，以考验之。这一节是命官专管春时的事。帝尧分命羲仲，使他居于嵎夷东表之地，其官次之名叫做旸谷。于春分初出之日，以敬礼而宾接之。记那日影的尺寸，凡春月岁功方兴，所当作起的事，则均平而秩序之，颁布以授于民。又必考之春分昼日的晷度⑤，果是五十刻与夜相停否⑥；考之春分初昏之时，果是南方朱鸟七宿适当午位否⑦。这两件相合了，可见仲春为阳气之中矣。又验之于民，先时冬寒，民皆聚于室内，到春时都散处在外，可以验其气之温。又验之于物，鸟兽到这时节，也都孳尾生育，可以验其气之和⑧。以上都是考验历书上春月的节候，惟恐有差也。

申命羲叔，宅南交①，（曰明都）。平秩南讹，敬致②。日永星火，以正仲夏③。厥民因，鸟兽希革④。

解 申，是重。羲叔，是官名。南交，是南方交趾之地。"南交"下当有"曰明都"三字。讹，是变化的意思。星火，是东方苍龙七宿中大火心星。因，是因春之析。希，是少；革，是更易。这一节，是命官专管夏时的事。帝尧重命羲叔，使他居于南方交趾之地，其官次⑤之，名叫做明都。凡夏月时物长盛，该变化的事，都均次其先后之宜，授与有司。当夏至日午时，敬以伺日，记那日影的长短，又必考之于日。夏至昼间，果六十刻为最长否？考之于星，大火心宿，夏至初昏，果见于正南否？这两件相合了，可见仲夏得正阳之气矣！又验之于民，春时已是分散

② 东作：岁起于东而始就耕。

③ 日中、星鸟：指春分这一天，鸟星毕现。以殷仲春：正仲春的节气，再推算前面的孟春和后面的季春。

④ 厥：其。

⑤ 晷度：指在日晷仪上投射的日影长短度数。

⑥ 五十刻：古代以漏壶计时，一昼夜分为一百刻，一夜为五十刻。相停：相等，均等。

⑦ 初昏：指黄昏。午位：指居中之位。

⑧ 和：温和。

【注】

① 南交：南方的交趾，《韩非子·十过》："尧治天下，南抚交趾。"宅南交：指居治南方的官。

② 南讹：引导入夏时节的耕作事宜。致：到来。

③ 日永：日长，夏至这一天白昼最长。星火：火星名，东方青龙七宿之一，夏至这一天昏时，在正南方出现。以正仲夏：确定了夏至，也就确定了仲夏的月份。

④ 因：就也，就高地

居住了，此时天气愈热，越发分散居住。又验之于物，那鸟兽的毛都希疏变易，亦以气愈热故也。以上都是考验历书上夏月的节候，惟恐有差也。

而居，《礼记·月令》："仲夏可以居高明。"希：同"稀"。革：指鸟兽换新毛。

⑤官次：官署。

分命和仲，宅西，曰昧谷①。寅饯纳日②，平秩西成③，宵中④，星虚，以殷仲秋⑤。厥民夷⑥，鸟兽毛毨⑦。

解 和仲，是官名。饯，是送。西成，是秋间该成就的事。虚，是北方玄武七宿中之虚星。夷，是平。毨，是鲜好。这一节是命官专管秋时的事。帝尧分命和仲，使他居于西极之地，其官次之，名叫做昧谷。于秋分将入之日，以敬礼而饯送之。记那日影的尺寸，凡秋月物成之时，所当成就的事，都均平而秩序之，颁布以授于民。又必考之秋分夜间的晷度，果是五十刻与昼相停否？考之秋分初昏之时，果是虚星适当午位否？这两件相合，可见仲秋为阴气之中矣。又验之于民，先是夏间民皆苦于炎热，到此时则暑退而人气舒平。又验之于物，鸟兽到这时节，毛羽也都更生一番，润泽鲜好。以上都是考验那历书上秋月的节候，惟恐有差也。

【注】

①昧谷：日入于谷而天下冥，故曰昧谷。

②寅饯：敬送。纳日：日落西山。

③西成：西方成物，即秋天收获之事，代指秋分。

④宵中：昼夜平分，和上文的"日中"一样。

⑤以殷仲秋：七星在秋分日出现，以此确定仲秋八月；殷，正。

⑥厥民夷：厥，其；夷，平。指仲秋风凉，人们喜欢居平地。

⑦毛毨（xiǎn）：鸟兽新换的毛整齐。仲秋时节，鸟兽更生新羽毛。

申命和叔，宅朔方①，曰幽都。平在朔易②。日短，星昴③，以正仲冬，厥民隩④，鸟兽氄毛⑤。

解 和叔，是官名。"在"字，解做"察"字。朔易，是冬间该改易的事。昴，是西方白虎七宿中之昴星。隩是室中深奥的去处。氄毛，是耎毳⑥细毛。这一节是命官专管冬时的事。帝尧又重命和叔，使他居北方之地，其官次之，名叫做幽都。凡冬月岁功已毕，所当变旧为新的事，

【注】

①朔方：北称朔，亦称方；朔方即北方。

②平在：均平考察。朔易：改易北方。

③日短：冬至之日，白

平秩西成图

都均平而审察之，以授与有司。又必考之于日，冬至昼间果是四十刻为最短否？考之于星，冬至初昏果是昴宿见于正南否？这两件相合，可见仲冬得正阴之气矣！又验之于民，此时天气寒冱（hù），都聚居于深室之内。又验之于物，那鸟兽每，都生出㲯毳细毛，以自温适，亦以气寒故也。以上都是考验那历书上冬月的节候，惟恐有差也。夫帝尧既总命羲和造历，又分命四臣考验，敬天勤民之心，可谓切矣。然其大要曰"寅宾"、曰"寅饯"、曰"敬致"，其为钦若之心则一也；曰"平秩"、曰"平在"，其为敬授之心则一也。何莫而不本于一钦之所运用哉？观《尧典》者，求其心法可也。

帝曰："咨！汝羲暨^①和。期三百有六旬有六日，以闰月定四时成岁。允厘百工^②，庶绩咸^③熙。"

解 咨，是嗟叹。期，是天运一周。厘，是治。工，是官。庶绩，是众功。熙，是广。帝尧既命羲和造历，分时考验，至此又告之说道："嗟！汝羲氏及和氏，既受命造历，当知置闰之法。盖每岁有十二月，每月有三十日，是三百六十日者，一岁之常数也。使气朔皆合此数，何消置闰？但天运一周，与日相会，而二十四气完备，叫做一期。这一期之数，凡三百又六旬又六日。以一岁三百六十日的常数较之，多五日有零了，是为气盈。盈者，言有余也。又月与日会，每不彀^④三十日，一岁有六个月小尽，以一岁三百六十日的常数较之，又少五日有零，是为朔虚。虚者，言不足也。合气盈、朔虚两项之数，每岁常余出十日，至三岁共余出三十日。若不设个闰月以归其余，则这余日又占过一月。岁岁那^⑤移，久而愈差矣，所以必须以

昼最短。星昴（mǎo）：白虎之中星，冬至那一天黄昏时正南方天空出现昴星。

④ 隩（ào）：室内。厥民隩：指民众进入室内避风寒。

⑤ 氄（rǒng）毛：细软而茂密的毛，可以防风寒。

⑥ 㲯毳（ruǎncuì）：㲯，软；毳，细。

【注】

① 暨：与。
② 允：信。百工：百官。
③ 咸：皆。
④ 彀（gòu）：同"够"。
⑤ 那（nuó）：古同"挪"。

此余日置为闰月。三岁一闰，五岁再闰，十九岁七闰，使盈虚消息，气朔分齐，然后春夏秋冬四时之节候不差，而岁功以成也。造历既成，颁行天下。以信治百官，使百官每有所遵守。凡春而东作，夏而南讹，秋而西成，冬而朔易，以至庆赏、刑威等事，莫不以时举行，而众功自然熙广矣。"

帝曰："畴咨若时？登庸①。"放齐曰："胤子朱启明。"帝曰："吁！嚚讼，可乎？"

解 畴，是谁；咨，是访问；庸，是用。放齐，是臣名。胤子朱，是尧之嗣子丹朱。启，是开。吁，是叹其不然的意思。嚚（yín），是言不忠信；讼，是争辩。帝尧问群臣说："谁为我访求能顺时为治的人，我将登用他。"当时有臣放齐对说："帝之嗣子丹朱，他的心性开通明哲，可以登用。"尧叹其不然，说："丹朱为人，口不道忠信之言，好与人争辩曲直，他的聪明都用在不好的去处。此等的人，必不能顺时为治，岂可登用乎？"

帝曰："畴咨若予采①？"驩兜②曰："都！共工③方鸠僝功。"帝曰："吁！静言庸违④，象恭滔天⑤。"

解 采，是事。驩兜，是臣名。都，是叹美词。共工，是官名。"方"字，解做"且"字。鸠，是聚。僝，是见。违，是背。象恭，是外貌恭敬。"滔天"二字，先儒疑有差误，汉儒孔氏解做其心傲狠若漫天的意思。帝尧又问群臣说："谁为我访求能顺成事务的人，我将用他。"当时有臣驩兜叹美说道："见今有那共工官，方且集聚事务，著见

帝廷黜邪圖

帝堯　放齊　驩兜　共工　丹朱

④静言：能言善辩。庸：用。

⑤象恭：貌似恭敬。滔：随意，倨慢。

其功。帝若用之，将来必能顺事可知。"帝尧叹其不然，说道："共工为人，居常无事，舌辩能言，到用着时，与其所言全然违背，不相照应。外面矫饰恭敬的模样，中心其实傲狠滔天。似这等变诈无有实心的人，如何靠得他顺成事务乎？"以上两节见帝尧知人之明。夫君道在乎知人，而知人最为难事。非知其才能之难，乃知其心术之难也。胤子朱之才，共工之功，若可登用矣！尧独察其心术之邪慝而舍之。盖由常日与群臣相接，听其议论，考其行事，故知之深如此。

【注】

① 四岳：羲、和之四子，分掌四岳的诸侯。

② 方（páng）：同"旁"，博大，周遍。

③ 荡荡：奔突有所涤除。怀山襄陵：洪水奔腾荡涤，围住了山，漫过山顶。

④ 咨：叹息，愁苦。

⑤ 佥：皆也。於（wū）：语气词，有叹美之意。鲧（gǔn）：臣名，大禹的父亲。

⑥ 咈（fú）：乖戾。

帝曰："咨！四岳①，汤汤洪水方②割，荡荡怀山襄陵③，浩浩滔天。下民其咨④，有能俾乂？"佥曰："於！鲧哉。"⑤

帝曰："吁，咈⑥哉！方命圮族。"

岳曰："异哉！试可乃已。"帝曰："往钦哉！"九载，绩用弗成。

解 汤汤，是水盛的模样。"割"字，解做"害"字。荡（shāng）荡，是水广的模样。怀，是包其四面；襄，是驾出其上。地之大阜，叫做陵。俾（bǐ），是使；乂（yì），是治。帝尧访问四岳大臣说："如今天下汤汤的大水横流，为民之害。那水荡荡然广大，将高山的四面都包了，又驾出于大陵之上，其势浩浩然泛溢，若漫天的一般。今此下民，不得安居粒食，皆困苦嗟怨。汝诸臣中，有能除患救民者，我将任之以治水之事。"于是四岳与所领诸侯在朝者，同词叹美说："当今之时，能治水者，其惟伯鲧哉！"

　　方命，是违背上令。圮（pǐ），是败。族，是类。帝尧因四岳荐鲧，乃叹息而甚不然其言，说道："咈哉！鲧之为人悻戾自用，违背上命。又与众不和，伤害同类，这等的人，岂堪用哉？"

　　异，是已废而强举的意思。四岳以伯鲧有才，故又强举之说："今廷臣之才，实未有过于鲧者，不若姑试其可而用之，但取他能治水而已，不必求其全也。"尧因四岳之强举，不得已而用之。又戒之说："汝往当敬慎之哉！"既而九载考绩，鲧卒不能成治水之功。

　　夫方命圮族，尧知鲧之不可用，可谓知人之智矣！既知之而复用之者何？盖陷溺之民不可以坐视，此又急于救民之仁也。然伯鲧卒无成功，可见无德的人，虽有才能，终不能济国家之事，用人者不可不审也。

帝曰："咨！四岳，朕①在位七十载，汝能庸命，巽朕位？"岳曰："否德忝②帝位。"曰："明明，扬侧陋。"师锡帝曰："有鳏在下，曰虞舜。"帝曰："俞③！予闻如何？"岳曰："瞽④子，父顽⑤，母嚚⑥，象傲⑦，克谐以孝⑧，烝烝⑨乂，不格奸。"帝曰："我其试哉！女于时⑩，观厥刑⑪于二女。"厘降二女于妫汭，嫔于虞，帝曰："钦⑫哉。"

解　巽，是逊让。否德，解做不德。明明，上"明"字，是"显"用；下"明"字，是指"在显位"的说。扬，是荐举。侧陋，是微贱之人。师，是众。锡，是与。鳏，是无妻的。烝，是进。乂，是治。格，是至。刑，是法则的意思。厘，是整理。降，下嫁。妫（guī）汭，是地名。嫔，是为妇。帝尧欲以天下与贤，而未得其人，乃访

【注】

① 朕：我。

② 忝：辱没。

③ 俞：对，确实。表示肯定的语气。

④ 瞽：无目曰瞽。据说，舜的父亲有目，不能分别好恶，故时人谓之瞽，配字曰瞍，名叫瞽瞍。

⑤ 顽：愚妄无知。

⑥ 嚚：奸诈。

⑦ 象：舜的异母弟。傲：傲慢不友。

⑧ 克：能。谐：和谐。

⑨ 烝（zhēng）烝：指孝德之厚美。

⑩ 女于时：把自己的女儿与他为妻。

⑪ 刑：同"型"，模范，榜样。

⑫ 钦：恭敬。

⑬ 舅姑：指女子对夫家的公公婆婆的称呼。

问于四岳，说："我在帝位已七十载矣！年力衰倦，不胜烦劳。汝四岳若能用我的命令，我将让汝以天子之位。"四岳对说："帝位至重，惟有德者可以当之。我的德不称，恐忝辱了帝位。"帝尧说："汝既不肯自当，可为我旁求有德之人。如已在显位的，汝当明显之；有在侧陋微贱的，也当荐扬之，惟贤是举，贵贱不必拘也。"于是四岳众臣同辞与尧说："若是求之于侧陋中，倒有个鳏居在下位的人，叫做虞舜，其德可以居此帝位。"尧即应而然之说："我也曾闻此人，但未知其德果是何如？"四岳对说："虞舜是瞽者之子，其父则顽愚，其继母则嚚诈。继母所生之弟名象，又傲慢不恭。这三人常谋欲害舜，舜却能谐和之以孝道，积诚感动，使他每都进进以善自治，父母渐化而为慈，弟渐化而为顺，不至于大为奸恶。"夫舜处人伦之变而不失其常如此，非盛德而能之乎？尧说："即舜之处父母兄弟者，固足以见其德矣！我还试验他，把我二女娥皇、女英都与他为妻，又看他处夫妇之间，所以为法则于二女者何如？"于是治装下嫁二女于妫汭之地，使为妇于虞氏之家。尧又念这二女是天子之女，今嫁于微贱之匹夫，恐生骄慢，故训戒之说："钦哉！"教他恭敬以尽妇道，善事舅姑⑬，不可慢也。其后二女果能遵尧之命，化舜之德。尧乃以舜为真贤，竟举帝位而让之焉。

四岳举舜图

大孝克谐图

舜母

瞽瞍

虞舜

弟象

舜典

虞舜侧微，尧闻之聪明，将使嗣位，历试诸难，作《舜典》。

舜，是虞舜。

这一篇书，载帝舜的事迹，所以叫做《舜典》。

曰若稽古，帝舜曰重华，协于帝。濬哲文明^①，温恭允塞。玄德升闻，乃命以位。

【注】

① 文明：经纬天地曰文，照临四方曰明。

② 百揆：我国商周以前的官名，为总领国政之官，相当于后世的丞相之位。

解 华，是光华。协，是合。帝，指帝尧说。濬（jùn），是深；哲，是智；文，是有文理；明，是心里通明。温，是和粹；恭，是恭敬；允，是信；塞，是实。玄德，是幽潜之德；升闻，是上闻。史臣说，稽考古昔帝舜，继帝尧之后。帝尧的盛德显著，既有光华；帝舜之德，又有光华，与帝尧相合。然其德何如？盖常人之有智者，或失之浅露；明者，或过于伺察。惟舜之智，神机默运，不可测识，乃沉深而有智，与那浅露的不同。舜之明，虚灵内照，自有经纬，乃文理而光明，与那伺察的不同。常人恭以持己者，或过于严峻；实以待人者，或出于矫饰。惟舜则和粹而恭敬，其恭也，蔼然可亲，而无严峻之形；诚信而笃实，其实也，表里如一，而无矫饰之意。夫"濬哲文明"，就与尧之"钦明文思安安"一般；"温恭允塞"，就与尧之"允恭克让"一般。信乎重华，协于帝也，舜既有这四者幽潜之德，是以身虽在畎（quǎn）亩之中，而令闻已上达于帝尧。尧乃先命以司徒百揆^②四岳的职位，而终禅以天下焉。

慎徽五典，五典克从^①，纳于百揆，百揆时叙^②，宾于四门，四门穆穆，纳于大麓，烈风雷雨弗迷。

【注】

① 五典克从：五典，五常之教，父义、母慈、兄友、弟恭、子孝；克，能。

② 揆：度。时叙：承顺，顺当。

解 徽，是美。五典，是父子、君臣、夫妇、长幼、朋友五常之道。百揆，是官名，凡百庶政都经他揆度，故名为百揆。四门，是四方诸侯来朝之门。穆穆，是和顺的意思。麓，是山脚。烈，是迅猛。迷，是错乱。尧将禅位于舜，先试之以事，以观其才德何如，初使他为司徒之官，职掌五典。舜则小心敬畏，以美其教化，由是父子从其亲，君臣从其义，夫妇从其别，长幼从其序，朋友从其信，人人皆顺从，无违教者。又使他为百揆之官，统领庶务，舜则以时整理，由是礼乐刑政，纪纲法度，件件都修举，无废弛者。又使他兼四岳之官，宾礼四方来朝的诸侯，舜则以礼感化，由是四方诸侯都穆穆然雍容和顺，无乖戾者。当洪水为灾，尧又使舜入山林中相视高下，适遇着猛风雷雨，舜则神色自若，初不惊惧迷乱，这又见他度量过人处。夫尧将难事历历试舜，而舜之盛德，无所不宜如此，所以举天下而付之也。

帝曰："格，汝舜！询事考言，乃言底可绩①，三载，汝陟帝位。"舜让于德，弗嗣。

解 格，是来。询，是谋。"乃"字，解做"汝"字。底（dǐ），是致。陟，是升。帝尧试舜之后，欲禅以帝位，乃呼而命之，说道："来，汝舜！汝于前日登庸之初，我曾历历谋汝以司徒、百揆、四岳等事，以考其敷奏②之言，其后试验之行事，则见汝之言，皆致可有功，随用随效。于今已有三年之久矣！"夫观其言行之相符，则其谋皆由于素定；观其久暂之一致，则其事非出于强为。"汝之德真可以付托天下，今当代我升于帝位可也。"舜犹以己德有愧，欲逊让于有德之人，不敢承嗣帝位焉。夫尧以天下与舜，而舜又以天下让贤。圣人至公无我之心，于此可见。

正月上日，受终①于文祖。

解 上日，是初一日。文祖，是尧的始祖。舜既不肯嗣位，而尧之命又难以终辞。于是但受摄位之命，替尧权管

大麓风雨图

大麓風雨圖

帝舜

国事。乃以正月初一日，告于文祖之庙。尧自此终了帝位之事，而舜承受之矣。必于正月初一日者，正始也。必告文祖者，尊祖也。

在璇玑玉衡，以齐七政。

解 "在"字，解做"察"字。璇（xuán），是美珠；玑（jī），是观天之器；以珠饰之，故名璇玑。衡，是玑上的管子，横施于玑上，周旋运转，窥测周天的度数，以玉为之，故名玉衡。齐，是考验。七政，是日、月与金、木、水、火、土五星。其运行于天，有迟速顺逆，随时布令，著见灾祥，如人君之有政事一般，故名七政。帝舜摄位之初，未遑他务，首先整顿那观天的器具，察视璇玑玉衡，考验日月五星的躔度①，将以定天时，授人事，而成天下之务焉。盖帝王致治之道，莫大于敬天勤民。故帝尧即位，即"命羲和钦若昊天"；帝舜受摄，即"在璇玑玉衡，以齐七政"，其敬天勤民之心，先后一揆也。

【注】

① 躔（chán）度：天体运行的度数。

肆类于上帝①，禋于六宗②，望③于山川，遍于群神。

解 "肆"字，解做"遂"字。类、禋、望，都是祭名。类，是比类。郊天有常礼，今虽不是郊祀的时节，而其礼与之相类，故谓之类。禋，是精诚。宗，是尊，四时、寒暑、日、月、星、水旱这六者，皆礼所当尊，故谓之六宗。望，是望而祭之。遍，是周遍。舜既受终观象，遂以摄位告于上下神祇，其行祭告昊天上帝之礼，则与郊祀的礼仪一般，无敢简略；其行四时、寒暑、日、月、星辰、水旱这六样的祭礼，则皆精意致享，无敢怠忽；天下名山大川，

【注】

① 肆：于是。类：祭祀名，以特别事故祭祀天神。上帝：上天。

② 禋：祭祀名，指烧柴升烟以祭天。

③ 望：祭祀名，遥望而祭，祭山川的特称。

④ 四渎：指长江、黄河、淮河、济水。

五岳四渎④之属，其神远在各处，不能亲至其地，则随其方向，遥望而祭之，无有不备；丘陵坟衍，及历代帝王圣贤之类，有功于民，载在祀典者，则一一周遍祭告，无有所遗。盖人君一身乃是天地百神之主，故舜于摄位之初，首举祀典如此。

辑①**五瑞，既月，乃日觐四岳群牧**②**，班瑞于群后**③**。**

解 辑，是敛。五瑞，是五等诸侯所执以为信的，公执桓圭，侯执信圭，伯执躬圭，子执穀璧，男执蒲璧。既，是尽。四岳，是四方诸侯。群牧，是九州牧伯。群后，就指四岳群牧说。帝舜摄位之初，于正月内，先征召天下公、侯、伯、子、男五等诸侯，将他所执的圭璧都取来辩验。盖诸侯始封，天子授他圭璧以为瑞信，至来朝时，乃合符于天子，而验其真伪也。到正月尽间，则四方诸侯、九州牧伯渐次有至者矣！远近不同，到有先后，舜则每日使他随到随见，不必取齐。盖人少陆续相见，则接待之礼既得周全，询问政务，又得详尽矣。既见之后，还将那五瑞依旧班赐与他。盖诸侯所执圭璧前日皆受之于尧，今舜敛而班之，使知天下既归于舜，这圭璧便是舜之所授，所以与天下正始，以示更新之意也。

岁二月，东巡守，至于岱宗，柴。①**望秩于山川，肆觐东后。**②**协时月正日，同律度量衡。**③**修五礼、五玉、三帛、二生、一死，贽**④**。如五器，卒乃复**⑤**。五月，南巡守，至于南岳，如岱礼。八月，西巡守，至于西岳，如初。十有一月，**

朔巡守，至于北岳，如西礼，归，格于艺祖⑥，用特。

解 秩，是祭祀中牲币祝号之次第。五玉，即上文所谓"五瑞"。三帛，是诸侯世子以下所执的币帛，有缥、玄⑦、黄三样。二生是卿大夫所执的羔与雁。一死，是士所执的雉鸟⑧。格，是至。艺祖，是始祖。特，是止用牛一只，叫做特牲。舜摄位之初，四方诸侯来朝已毕，遂举行巡守之礼。是年二月，先往东方巡守，至于东岳泰山之下，燔⑨柴祭天以告至。望秩以祀东方之名山大川，遂就此地接见东方之诸侯。因察侯国中时候之早晚、月令之大小与夫日辰之甲乙，比羲和所颁布的历书何如？有不合的，就责他改正，务使同奉朝廷的正朔⑩。又审验侯国中律吕之高下清浊、丈尺之长短、斗斛之大小、权衡之轻重，比朝廷所降的规则何如？有不同的，也就责他改正，务使同遵朝廷的制度。又修明吉、凶、军、宾、嘉之五礼，不使废坠，使天下的风俗无不同。至于诸侯朝见的，各执五玉、三帛、二生、一死以为贽。既修五礼，又将五礼中所用的器具各处都要一一相同，不许彼此异制，使天下的礼器无不一。此数事皆了毕，乃转而回还。至五月的时节，又往南方巡守，到南岳衡山之下，朝见南方的诸侯，凡告天、祀神、一正朔、考制度、同风俗等事，都与巡守东岳的礼一般。至八月的时节，又往西方巡守，到西岳华山之下，其礼与初时所行的一般。至十一月时节，又往北方巡守，到北岳恒山之下，其礼也与巡守西方时所行的一般。巡守既毕，于是回还京师，亲到艺祖之庙，用一牛祭祀，而以巡守事完告之。盖人君之于祖宗，事死如事生。凡出时必告行，返时必告归，礼当如此。夫虞舜以一岁之间，遍巡四

② 望：遥祭山川诸神。
　肆：于是。东后：东方各部落首领。

③ 协时月正日：合四时之气节，月之大小，日之甲乙，使齐一也。律：即律吕，音律的统称，古代用竹管制成的校正乐律的器具，以管的长短来确定音的不同高度。从低音管算起，成奇数的六个管为"律"，成偶数的六个管为"吕"。度量衡：分别指长度、容量、重量。

④ 贽：持物相见，所持之物或代表自己身份的标志，或为见人送的礼物。

⑤ 卒：已也。复：返归。

⑥ 艺祖：有文德之祖，对先祖的尊称。

⑦ 缥（xūn）：浅红色。玄：黑色。

⑧ 雉（zhì）鸟：俗称野鸡，善走，不能久飞，外形像鸡，雄性尾长，羽色美丽，有光泽；雌性尾短，羽色灰褐。

⑨ 燔（fán）：焚烧。

⑩ 正朔：一年的第一天，此指帝王新颁历法。

⑪ 幸：帝王所到之地。

班瑞群后图

班瑞群后圖

帝舜

律度量衡圖

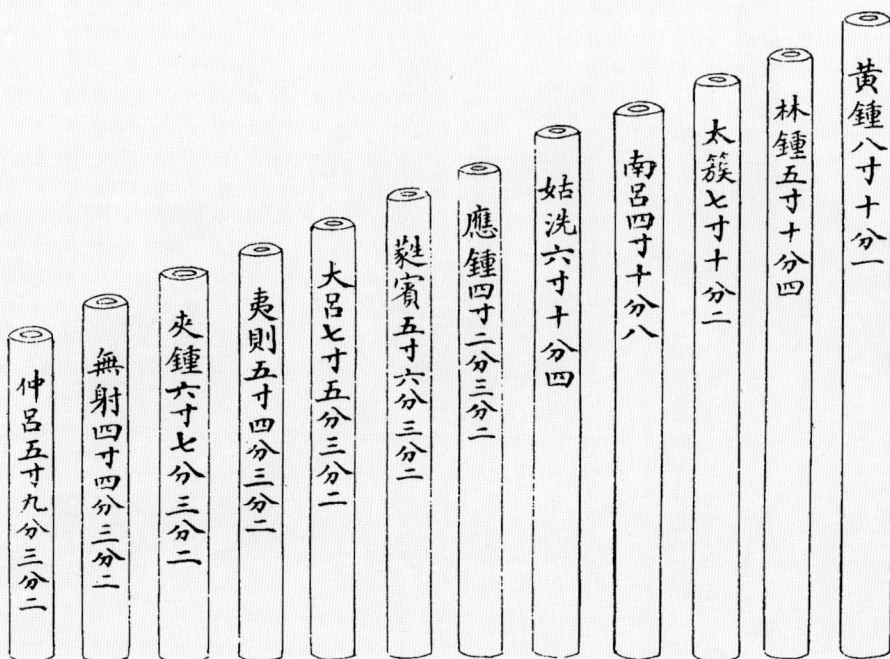

黃鍾八寸十分一
林鍾五寸十分四
太簇七寸十分二
南呂四寸十分八
姑洗六寸十分四
應鍾四寸二分三分二
蕤賓五寸六分三分二
大呂七寸五分三分二
夷則五寸四分三分二
夾鍾六寸七分三分二
無射四寸四分三分二
仲呂五寸九分三分二

度

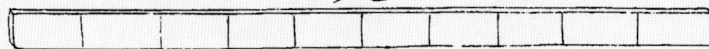

以銅為之長一丈廣二寸高一寸

衡

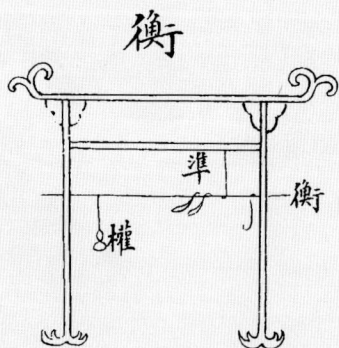

準 衡 權

量

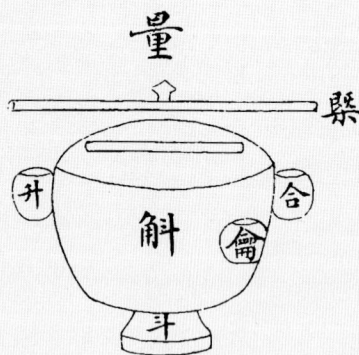

繫 升 合 龠 斗 斛

律度量衡图

岳。当时国不称费，民不告劳者，盖古时仪卫不多，凡事简省。至于后世，一巡一幸^⑪，千骑云从，供亿浩繁，而万民骚动，巡守之礼，殆不可复矣！

五载一巡守，群后四朝，敷奏以言，明试以功，车服以庸。

解 敷奏，是陈奏。试，是考验。庸，是有功于民。舜既举行朝觐巡守之礼，遂立为定制，每五年之间，天子以一年巡守遍到四岳，与诸侯相见，诸侯以四年次第来朝。天子巡守后之次年，东方诸侯来朝，又次年南方诸侯来朝，又次年西方诸侯来朝，又次年北方诸侯来朝。四方诸侯都已朝毕了，又次年则天子复出巡守。当诸侯来朝之时，都着他把在国所行的政事一一敷陈奏闻于上，犹恐他说的虽好，而所行或不尽然。又明白考验其治国之功绩，果是实否，若真能修举职业，有功于民，则赐他路车章服以旌异之^①，使善者愈有所劝，而不善者亦知所勉。五年之间，巡守朝觐殆无虚岁。古之君臣，皆劳身勤民如此，故上无不究之泽，而下无不达之情也。

肇十有二州^①，封十有二山，浚川。

解 肇，是始。封，是表。浚，是开导。先时天下只有冀、兖、青、徐、荆、扬、豫、梁、雍九州，至舜即位，因冀、青二州地方太广，政教难周，于是始分冀州以东恒山之地为并州，其东北医无闾^②之地为幽州，又分青州东北辽东等处为营州。添此三州，通前九州共成十二州，所以均疆域而通政教也。既分了十二州，又于每州之内，各择其一山之高大者封表之以为一州之镇，如冀州则表霍山，兖州则表泰山之类，所以定望祭而击瞻仰也。又浚导十二州之川，凡水道稍有不利者，即一一开通，不使雍塞。此时虽洪水已平，而犹以修举水利为急务，盖思患预防之意也。

象以典刑①，流宥五刑，鞭作官刑，扑作教刑，金作赎刑，眚灾肆赦，怙终贼刑。钦哉！钦哉！惟刑之恤哉！

解　象，是如天垂象以示人。"典"字，解做"常"字。刑，是墨、劓、剕、宫、大辟五样刑法。流，是迁徙远方。宥，是宽宥。眚，是过误。灾，是不幸。肆，是释放。怙，是倚恃。终，是再犯。贼，是杀。恤，是怜悯的意思。帝舜设为墨、劓、剕、宫、大辟五样常刑，明示天下，如日月、星辰垂象一般，使人晓然皆知，不敢冒犯，所以待罪之重者。若虽犯在五刑，而情有可疑者，则发遣去远方以宽宥之，此重中有轻者也。五刑之外，又以皮作鞭，用为官府之刑，惩治吏胥；竹片、荆条二物名为扑，用为学校之刑，责治生徒，所以待罪之轻者。其或罪在可议，例难加刑者，则许他以黄金纳官，赎免其罪，此又轻中极轻者也。此五者皆制法之条理，法之正也。若是犯罪之人，有偶然差误，出于无心的；有遭逢不幸，陷于有过的，这两项情有可原，则径从释放，赦免其罪。若是依倚势力，敢于作恶，或不改前非，至于屡犯的，这两项情甚可恶，则依律治罪，或杀或刑，不准宥赎。这两句是用法之权衡，法外之意也。夫舜之制刑，轻重取舍，错综斟酌，极其谨慎，敬而又敬者，果何心哉！惟念夫死者不可复生，刑者不可再续，故虽兢业戒慎，犹以为不能尽

礼·职方》："东北曰幽州，其山镇曰医无闾。"医巫闾意为血红色的母鹿。相传舜分十二州，每州各封一座山为镇山，闾山为幽州镇山。

【注】

① 典刑：常刑，即五刑：墨（刺面或额，染上黑色）、劓（割掉鼻子）、剕（砍去脚）、宫（阉割生殖器）、大辟（砍头）。

得天下之情。深恐刑罚一或失当，则必滥及于无辜，其哀矜怜恤之仁，常寓于法制之内，所以又说："钦哉！钦哉！惟刑之恤哉！"盖刑罚以禁恶，乃圣人不得已之意，而钦恤以慎刑，尤圣人不忍人之心。以此为心，岂有刑罚不中者哉！

【注】
① 稔恶不悛：长期作恶而不悔改。

流共工于幽洲，放驩兜于崇山，窜三苗于三危，殛鲧于羽山，四罪而天下咸服。

解 流，是发遣。放，是安置。窜，是驱逐。殛（jí），是拘囚。共工、驩兜是二臣名。三苗，是南蛮之君。鲧，是崇伯。幽洲、崇山、三危、羽山是四面极边的去处。舜之用刑，虽以好生为心，宽恤为念，然于有罪之人，亦不容不诛也。当时之臣，若共工、驩兜二人相助为恶；三苗之君，恃险为乱，不服王化；伯鲧方命圮族，治水无功。天下之人，谓之四凶。当尧之时，未及诛戮，及舜摄位，以此四人者，稔恶不悛①，罪在不宥，乃发遣共工于北边之幽洲，安置驩兜于南边之崇山，驱逐三苗之君于西裔之三危，拘囚崇伯鲧于东裔之羽山。这四个凶人，都是天下人心之所共恶者，舜为天下除害，各因其罪而罪之。故天下之人，皆以舜为刑当其罪，无不心悦而诚服也。夫人君治天下，大要在赏、罚两件，必至公至当，才能服人。前面说"明试以功，车服以庸"，是记舜赏当其功。此言"四罪而天下咸服"，是记舜罚当其罪。

二十有八载，帝乃殂落，百姓如丧考妣三载，四海遏密八音。

解 帝，是帝尧。殂，是升；落，是降。人死则魂升于

四凶服罪图

三苗　伯鯀　共工　驩兜

蛮夷率服图

天，魄降于地，故叫作殂落。 遏，是绝；密，是静。 八音，是金、石、丝、竹、匏、土、革、木，八件音乐。 舜摄位至二十又八年，帝尧乃崩。 畿内的百姓，哀痛深切，就如居自家父母之丧一般，至于三年之久；四海的人民，亦皆不忍作乐，绝静了八音。 盖帝尧圣德广大，恩泽隆厚，所以人心思慕之深，至于如此。

月正元日，舜格于文祖。

解 月正，就是正月。 元日，是初一日。 格，是至。 文祖，是帝尧的始祖。已见上文。 先时舜受终于文祖，不过是替帝尧摄得天子之事。 至尧崩之后，舜服三年丧既毕，天下之人，都来归舜，不容逊避。 舜于是以除丧之明年正月初一日，复至文祖庙祭告，才即天子位焉。 必以月正元日者，盖月正乃一岁之始，元日又一月之始，人君即位改元，必与天下更始，故取岁月之首，以重其事也。 上一节是记尧之终，此一节是记舜之始。

询于四岳，辟四门，明四目，达四聪。

解 舜既告庙即位，首先召见四岳大臣，访问他治天下的道理，以人君为治，第一件是进用贤才。 然贤才或隐于山林，或屈在下位，朝廷未必尽知，于是大开那进贤的门路，使四方但有德行、有才能的，皆得以进用，而无闭塞阻当之虞。 又以人君一身聪明有限，天下事岂能尽见，岂得尽闻，于是明四方之目，达四方之聪，以天下之耳目，为上之耳目，使人人眼里但有所见，耳里但有所闻的事情，都许直言来告，而无遮隔壅塞之弊。 夫"辟四门"，则贤才无不进；"明四目，达四聪"，则下情无不通。 帝舜之励精图治如此。

咨十有二牧，曰："食哉，惟时！柔远能迩，惇德允元，而难任人，蛮夷率服。"

解 牧，是养民之官。 柔，是宽以抚之。 能，是要他驯习于教化的意思。 惇，是厚；德，是有德的人。 允，是信；元，是仁厚的人。 难，是拒绝；任人，是包藏凶恶的人。帝舜既分天下为十二州，每州设官牧养百姓，于是呼十二州之牧而告之说："牧民之道，当使民足食；而足食之道，在不违农时，必须轻徭薄赋，禁止兴作，使民皆得以尽力于农亩之事，然后民食可得而足也。民食既足，教化可兴。一州之民，有在远方的，则当宽以抚之，使乐于归戴；有在近处的，则当驯而习之，使入于礼法。人有德行的，则亲厚之；有存心仁厚的，则信任之，使得以助我之治。若那深情厚貌、包藏凶恶的人，则须深恶痛绝，使不得幸进，以贻害于民。尔十二牧，若于这几件处置各得其宜，则不但中国之人皆顺其治，虽远而蛮夷外国之人，慕我治化，亦相率而服从矣。"夫安民之道，固在于知人、用贤。然天下事，众君子成之而不足，一小人坏之而有余。所以帝舜之命十二牧，既说"惇德允元"，教他亲信君子；又说个"难任人"，教他提防小人。圣人之远虑如此，万世图治者，所当深念也。

舜曰："咨！四岳，有能奋庸熙帝之载，使宅百揆，亮采惠畴①？"佥②曰："伯禹作司空。"帝曰："俞，咨！禹，汝平水土，惟时懋哉！"禹拜稽首③，让于稷、契暨皋陶④。帝曰："俞，汝往哉！"

【解】 奋，是起。熙，是广。帝，指帝尧。载，是事。宅，是居。亮，是明。惠，是顺。畴，是类。懋，是勉。帝舜咨访四岳说："今之天下，乃帝尧之天下；今之事功，乃帝尧之事功。尔在朝之臣，有能奋起事功，熙广帝尧之事功者，我将使他居百揆之位，以明亮庶事，使件件各得其宜，因以顺成庶类，使物物各遂其性，此辅弼重任，不知何人，

【注】

① 亮采惠畴：意思是谁能辅佐我的政事，顺从民意，一同治理天下？

② 佥(qiān)：大家，众人。

③ 稽首：古代跪拜礼，跪下并拱手至地，为九拜中最隆重的一种。常为臣子拜见君王时所用。

④ 稷：后稷，名弃，被称为农耕始祖、五谷之神，周王族始祖。为童时，好种树麻、菽等；

可以当之？"于是四岳及所领诸侯，一同举荐说："今有伯禹见做司空之官⑤，可居此任。"帝舜素知禹贤，即以群臣之举为然，而咨以命禹说："汝为司空，能平水土，今命汝仍以旧官兼行百揆之事，当勉励不怠，以成亮采惠畴之功可也。"禹闻帝舜之命，不敢自任，乃拜下稽首，让于稷、契及皋陶，说："此三人皆有才德，可居百揆之任。"帝舜以此三人固贤，而禹功冠群臣，自宜首用，故但然其举，不听其让，说："百揆重任，非汝不可，汝其往就职事哉！"人主之务，莫先于择相，故帝舜即位之初，首发百揆之命，而当时诸臣济济相让之美，千古之下，犹可以想见焉。

帝曰："弃！黎民阻饥。 汝后稷，播时百谷。"

解 弃，是后稷的名。 阻，是困厄。 后，是君。 弃以功受封于邰（tái），为邰君，而居稷官，故谓之后稷。 播，是布种。 谷非一种，故谓之百谷。 弃自幼年，便好耕种，帝尧时已命为后稷，教民播谷，至是帝舜因禹之让，乃申命之说："洪水初平，地利未能尽兴，天下人民，还有厄于饥饿不得饱食的。 今命汝仍为后稷之官，任养民之职，教百姓每因天时之早晚，顺地势之燥湿，以播种此百谷，使人人都得饱食，而无阻饥之患。 于以终汝后稷之事，可也。"

帝曰："契，百姓不亲，五品不逊，汝作司徒，敬敷五教，在宽。"

解 亲，是亲睦。 五品，是君臣、父子、夫妇、长幼、朋友五伦中的名位等级。 逊，是顺。 司徒，是掌教化之官。 敷，是宣布。 五教，即是五品之教。 宽，是从容不迫。

成人后，有相地之宜，善种谷物稼穑，教民耕种。 为尧舜之相、司农之神。 契：商部落始祖，虞舜时期为司徒，封于商邑。 皋陶（gāoyáo）：尧舜时期长期担任掌管刑法的"士师"，被奉为中国司法鼻祖。

⑤ 见：同"现"。 司空：舜在位时期，设九官，由禹担任"平水木"的官，就是司空。《周礼》中司空掌土木建设、水利建设之职。 西周时，司空位列三公，与司马、司寇、司士、司徒并称五官，掌水利、营建之事。

契在帝尧时，已作司徒。至是帝舜因禹之让，亦申命之说："今天下百姓每多不相亲爱。五伦的品节也多不逊顺，我甚忧之。今命汝仍为司徒之官，任教民之职，汝必用心敬谨，以宣布五品之教，使人知所遵守，不可少有怠忽，而又必从容宽裕，以待民之渐化，不可过于急迫。于以终汝司徒之事，可也。"盖人君之治天下，以养民、教民二者为急务，故帝舜命相之后，即于后稷、司徒之命惓（quán）惓焉。然必先稷而次司徒者，盖衣食既足，而后教化可兴，亦王道之序也。

帝曰："皋陶，蛮夷猾夏，寇贼奸宄，汝作士。五刑有服，五服三就，五流有宅，五宅三居，惟明克允。"

解 猾，是乱。夏，是中国文明之地。劫人的叫做寇，杀人的叫做贼。奸宄（guǐ），是阴谋为恶的人，在外的叫做奸，在内的叫做宄。士，是士师，掌刑之官。服，是服其罪。宅，是居止。帝舜因禹让及皋陶，亦申命之说："如今四方蛮夷猾乱中国，中国之人乘机作恶，有为寇为贼的，有为奸为宄的，其为生民之害多矣！汝皋陶旧为士师之官，今命汝仍居此职。凡寇贼奸宄，罪不可宥者，当治以墨、劓、剕、宫、大辟五等之刑，使服其罪。然刑虽有五，而服则有三等之就，惟死刑弃之于市，宫刑则下蚕室，余刑亦就屏处，不使误而至死。于寇贼奸宄，罪有可议者，则制五等流刑以宅之。然流虽有五，而宅但为三等之居，惟大罪投诸四裔，次则九州之外，次则千里之外，各有远近不同。汝之用刑，必致其明察，凡轻重远近之间，不使少有差错，乃能刑当其罪，而人无不信服也。"夫民教之不从，乃可加以刑罚。观舜命官治刑在教民之后，可见用刑非圣人之得已也。

帝曰："畴若予工？"佥曰："垂哉！"帝曰："俞，咨！垂，汝共工。"垂拜稽首，让于殳、斨，暨伯与。帝曰："俞，往哉！汝谐。"

解 若，是顺理、整治的意思。垂，是臣名。共工，是官名，专管工作的

稷播百谷图

皋陶明刑图

事。殳（shū）、斨（qiāng）、伯与，是三个臣名。谐，是和。帝舜问于廷臣说："谁能依顺那物理，整治我百工之事者，我将任用之。"群臣同辞对说："有臣名垂者，其人有巧思，可当此任。"帝舜遂以群臣之举为然，而咨以命垂说："汝当做共工之官，顺治百工，以整理兴作之事。"垂乃下拜稽首，让于殳、斨及伯与，说这三人皆有才能，堪居此任。帝舜以此三人虽贤，终不及垂，故但然其言，不许其让，而命之说："共工之任，非汝不足以当之，汝其往任此职，以谐和百工之事，可也。"夫共工之职在九官之中，虽若稍轻，然舜亦必咨访责成，不肯轻授如此。盖圣人为官择人之心，不以崇卑而有间也。

帝曰："畴若予上下草木鸟兽。"佥曰："益哉！"帝曰："俞，咨！益，汝作朕虞。"益拜稽首，让于朱、虎、熊、罴。帝曰："俞，往哉！汝谐。"

解　上，是山林；下，是泽薮 [1]。益，是臣名。虞，是掌山泽的官。朱、虎、熊、罴（pí），是四个臣名。帝舜又咨访廷臣说："人君一身为万物之主，山林川泽之间，有草木，有鸟兽，虽是天地所生之物，而樽节 [2] 爱养以遂其生者，亦人君之责也。汝群臣谁能为我顺而治之，取之以时，用之以节，使上而山林，下而泽薮，凡草木鸟兽，无不各遂生育者，我将用之。"群臣同辞对说："在廷之臣，惟伯益可当此任哉！"帝舜以群臣所举为然，遂咨益而命之说："汝当作我虞人之官，掌此山泽，以顺草木鸟兽之性。"伯益闻命下拜稽首，推让于朱、虎、熊、罴，说此四臣皆可使居虞人之职。帝舜虽然 [3] 其言，不听其让，仍命伯益说："山泽之事，惟汝为能，汝其往任此职，

【注】
① 泽薮（sǒu）：长有很多水草的大泽。
② 樽节：约束。
③ 然：肯定，以为对。

谐和其事，可也。"

帝曰："咨！四岳，有能典^①朕三礼？"佥曰："伯夷。"帝曰："俞，咨！伯，汝作秩宗。夙夜惟寅，直哉惟清。"伯拜稽首，让于夔、龙。帝曰："俞，往钦哉！"

解 三礼，是祀天神、享人鬼、祭地祇（qí）^②三件大礼。秩宗，是主叙次百神之官。夙，是早。寅，是敬畏。直，是心无私曲。清，是洁净。夔（kuí）、龙，是二臣名。帝舜咨访四岳说："国之大事在祀。谁能为我掌管祀天神、享人鬼、祭地祇之礼者，我将任而用之。"四岳与群臣同辞对说："如帝所求，惟有伯夷，可当此任。"帝舜然其所举，乃嗟叹呼伯夷而命之说："汝当作我秩宗之官，管奉祀天神、地祇、人鬼，必须每日之间，无论早晚，一惟致其敬畏，不可少有怠忽，使方寸之间，常存正直，则自然心地洁清，无物欲之污染。这等方可以交于神明，而主三礼之事。"伯夷闻命，拜下稽首，而让于夔与龙，说此二人皆可任典礼之职。帝舜以二臣虽贤，不及伯夷，故但然其言，不听其让，说："典礼重任，非汝不足以当之。汝其往任此官，致其钦敬，以典三礼，无失寅清之道，可也。"夫礼主于敬，而事神之本在心。人君是天地百神之主，自己敬谨正直，清心寡欲，既无不尽，而掌礼之官，亦必能体此心，乃可感格神明。观帝舜命伯夷典礼，特丁宁告戒^③之如此，则其平日治心之功，又可知矣。

【注】

① 典：掌管。

② 人鬼：指人死后被神化的先祖或历史人物。地祇（qí）：地神，属于自然物的神化者，包涵土地神、社稷神，以及山岳、河海、百物之神等。

③ 丁宁告戒：叮咛告诫。

帝曰："夔，命汝典乐，教胄子，直而温，宽而栗，刚而无虐，简而无傲。诗言志，歌永言[1]，声[2]依永，律[3]和声，八音克谐，无相夺伦，神人以和。"夔曰："於[4]！予击石拊石，百兽率舞。"

解 典乐，是掌乐之官。胄子，是长子，自天子之太子，以至公卿大夫之嫡子皆是。温，是和厚。栗，是庄敬。志，是心之所向。永，是吟咏。声，是五声。律，是十二律。伦，是伦序。石，是石磬[5]。击，是重敲。拊，是轻敲。帝舜因伯夷以典乐让夔，遂呼夔而命之说："养人性情，莫善于乐。今天子之太子，与公卿大夫之嫡子，将来都有天下国家的责任，不可不素教而豫养之。我今命汝作掌乐之官，教训那胄子，时常把乐与他讲习，以涵养其德性，变化其气质。且如人性气直遂者，或欠和厚，须教他直而又温；性气宽缓者，或欠庄敬，须教他宽而又栗，使其无不及之偏；刚劲的人，易至于刻虐，须教他刚而无虐；简略的人，易至于傲慢，须教他简而无傲，使其无太过之病。庶几[6]胄子之德，悉底于中和，他日任天下国家之事，自无不当矣！然作乐之道何如？盖乐音之起，生于人心者也。凡人心有所向，必形于言辞而为诗，是诗所以言其志也。取那诗辞来歌咏，便有长短的节奏，是歌所以永其言也。节奏既有长短，那声韵便有高下清浊不同，宫、商、角、徵、羽五声都依那歌咏上出来，所以说声依永。声韵既有高下清浊，但未必其能和，又必取那十二律之管来调和之律吕相间，损益相生，以叶五声，然后高下清浊之节，才能成文而不乱，所以说律和声。人声既和了，乃将这歌声播之于金、石、丝、竹、匏、土、革、木之间而为乐，则八音皆能谐和，而不相侵乱，失其伦序。

【注】

① 永：同"咏"。

② 声：即五声：宫、商、角（jué）、徵（zhǐ）、羽，为古代音乐的五种音阶。

③ 律：十二律，古代的定音方法，有阳律六，为黄钟、太簇、姑洗、蕤宾、夷则、无射；阴律六，为大吕、夹钟、中吕、林钟、南吕、应钟。

④ 於（wū）：叹美词。

⑤ 石磬：一种很古老石制打击乐器，一般取片状的石材，制成曲尺形，上钻一孔，悬挂敲击。

⑥ 庶几：表示希望的语气词，或许可以的意思。

由是荐之郊庙，则神无不和；奏之朝廷，则人无不和。盖以和感和，自然之理也。以此而教胄子岂有不感化者哉！"舜之命夔如此，夔因举声乐感通之妙，以见其果能和神人之意，说道："八音之中，惟石声最难谐和。我曾于磬之大者，重敲之以发越其声，磬之小者，轻敲之以悠扬其韵，而石声无不和。但见那百兽闻之，亦跄跄然相率而鼓舞，异类且能感动，而况其他乎！帝之所谓神人以和者，信矣！"

帝曰："龙，朕聖谗说殄行，震惊朕师，命汝作纳言，夙夜出纳朕命，惟允。"

解　龙，是臣名。聖（jí），是疾恶。谗说，是小人谗间之言。殄（tiǎn），是绝。"师"字，解做"众"字。纳言，是官名。允，是当。帝舜因伯夷让龙，遂呼龙，命之说："我最疾恶那小人造为谗间之言，以是为非，以非为是。贤的却说做不肖，不肖的却说做贤，伤绝善人君子所行之事，使不得安其位、行其志。他那谗言，能颠倒邪正，惑乱人心，变易黑白，惊动众听，其为治道之害不小，不可不防闲[1]而禁绝之。今命汝作纳言之官，汝于早夜之间，出纳我之命令，必须仔细详审。或将我的言语宣布于下，必用心审察停当[2]，果无矫伪蒙蔽之私，方才传出，有不当的，还要执奏；或将下边的言语奏闻于我，亦必用心审察停当，果无希合巧佞[3]之奸，方才进上，有不当的，也要斟酌。如此，则出纳之间，所言皆合于理。矫伪者既无所托，邪僻者亦无自进，而谗说不得行矣！"夫以帝舜明目达聪于上，百僚师师协恭[4]于下，宜若无谗邪之说，得以行于其间，而其命官之词，犹必惓惓若此者。盖邪正消长

【注】

① 防闲：防备禁止。

② 停当：妥当。

③ 希合：迎合。巧佞：奸诈机巧，阿谀奉承。

④ 师师协恭：相互师法，勤谨合作。

之机，天下之安危所系，防微杜渐，虽圣人不敢忽也。

帝曰："咨！汝二十有二人，钦哉！惟时亮天工。"

解 二十二人，是指前面所命四岳九官十二牧。亮，是辅相、显明的意思。天工，是天事。帝舜既分命诸臣各任其职，至此又嗟叹而总告之说："咨汝等二十有二人，职任虽有不同，然所理者都是上天的事。盖天生民而以治理托之于君，君不能独理而委之于臣。苟有一事怠慢，一时忽略，则天工必致废缺矣！汝等都要常持一个敬谨的心，勤修职业，以辅相明亮上天之事。做四岳的，要敬谨以进贤才，通壅蔽；做九官的，要敬谨以典礼、典乐、明刑、敷政，教养万民，顺遂百物；做十二牧的，要敬谨以足民食、安远近。使上天之事一一修明，无有废坠，则我代天理物之责，亦庶几克尽矣。汝等可不勉哉！"

"三载考绩，三考黜陟幽明。"庶绩咸熙。分北①三苗。

解 考，是稽考；绩，是政绩。三考，是九年。黜，是罢斥；陟，是升用。幽，是无功的；明，是有功的。庶绩，是众功。熙，是广。分北，是分别其善恶。帝舜命官分治之后，即立考课黜陟之法。令百官每三年任满，即稽考他在任有无功绩，以验其职事之勤惰。三年一考，六年再考，待至九年满日，然后通考其在任事绩，大行赏罚。惰而无功者，罢黜之；勤而有功者，升用之。考绩于三载，固不失于太宽；黜陟于九载，又不至于太严。赏罚大明，名实不爽，所以那时朝廷之上，政治清明；官府之中，职务精核；群臣各修其业，众功无不熙广。虽乍臣乍叛如三

【注】
① 北：同"背"，分别。

龍作納言圖

帝舜

龍

苗者，亦得以考其善恶而分别之。善者择而留之，恶者窜而去之。无复向日之负固梗化者，亦因朝廷处置得宜，自然心诚畏服故也。

舜生三十征庸，三十在位，五十载陟方①乃死。

解　征，是召。陟方，是升遐②。史臣于《舜典》篇终总叙说：帝舜生三十年，尧起召于畎亩之中而登用之，后来历试三年，居摄二十八年，通共又三十年，方才即帝位。在位又五十年，乃升遐而崩，计其寿，凡百有一十岁。孔子说"有大德者，必得其位，必得其寿"③，舜起匹夫而为天子，是得位；年百余岁而后崩，是得寿。然本之有"浚哲文明、温恭允塞"之德耳。观史臣所记，与孔子之言，欲法尧舜者，可不以修德为务哉！

大禹谟

皋陶矢厥谟，禹成厥功，帝舜申之，作《大禹》《皋陶谟》《益稷》。

谟，是谋议。

这一篇是史臣记大禹所陈告于帝舜的谋议，故名为《大禹谟》。

曰若稽古大禹，曰，文命敷于四海，祗承于帝。

解 曰若，是发语辞。文命，是文德教命。敷，是布。祗（zhī），是敬。帝，指帝舜。史臣稽考古时大禹，说禹为舜臣，治水成功，其文德教命，既已东渐、西被、南暨、北及，敷布于四海之内，于是陈其谟谋议论，以敬承于帝舜，欲其保治于无穷。盖好问好察，兢兢保治者，帝舜之心也。禹之开陈善道，正是敬承帝舜之美意尔。

曰："后克艰厥后，臣克艰厥臣，政乃乂，黎民敏德。"

解 此以下是大禹所陈之谟。后，是君。克，是能。"艰"字，解做"难"字。乂，是治。敏，是速。大禹说："人君以一身总理庶政，统治万民，其道最为难尽。人臣受国家委任，有辅政长民之责，其道亦为难尽。必须为君者真能知君道之难，兢兢然夙夜戒惧，务尽那为君的道理，不敢有一时怠忽；为臣者真能知臣道之难，亦兢兢然夙夜戒惧，务尽那为臣的职业，不敢有一事苟且。这等样上下交修，然后朝廷的政事得以整饬修举而无坏乱之弊，天下的人民亦皆从上之令，速化于善而不容自己也。若使为君与臣者不知其难，而视为容易，或徒知其难而不能自勉，则其政事必至于废弛，民心必至于涣散而何政乂民化之？"有是可见治乱安危之机，只在君臣一念敬忽之间耳，可不戒哉？

帝曰："俞，允若兹，嘉言罔攸^①伏，野^②无遗贤，万邦咸宁。稽于众，舍己从人，不虐无告，不废困穷，惟帝时克。"

【注】
① 攸：所。
② 野：指乡村。

解 允，是信。"兹"字，指君臣克艰说。嘉言，是善言。伏，是隐伏。稽，是考。众，指臣民说。无告，是民之鳏、寡、孤、独，无处告诉者。困穷，是士之困苦贫贱，穷而未遇者。帝，指帝尧。帝舜闻禹陈克艰之谟，即应许之，说道："汝谓君臣克艰，则政事修治，而黎民感化，斯言诚然也。但为君臣者，患不能耳。若信能尽此克艰之道，夙夜祗慎，而上下交修，将见闻见博而壅蔽通，凡有嘉谋嘉猷可以补益治道者，皆得自献于上，而无有隐伏于下者矣。四门辟而群贤进，凡有怀才抱德可以分理庶职者，皆得效用于时，而无有遗弃在野者矣！贤才聚于上，而膏泽下于民，虽万邦之广，万民之众，亦莫不蒙被恩德，安居乐业，而无有一夫之不获者矣。"君臣克艰之效，至于如此。然此岂易致哉！必须稽考于众，旁求博采，于人之言有善者，即舍己之短，以从人之善，初无有一毫系吝的意思。夫然后人乐告以善，而嘉言罔伏也。又必广询民瘼，有鳏、寡、孤、独无处告诉的，一一周恤保爱，不忍虐害。夫然后德泽远被，而万邦咸宁也。又必博求贤哲，虽困苦贫贱，穷而在下的，一一推举拔用，不至废弃。夫然后多士毕集，而野无遗贤也。然此惟帝尧能之，观于衢室之访，是稽众舍己也；其咨之叹，是不虐无告也；侧陋之扬，是不废困穷也，所以说"惟帝时克"。夫舜于克艰之事，不敢自谓曰能，而一以归诸尧，则舜之克艰，于此亦可见矣！

益曰："都！帝德广运，乃圣乃神[1]，乃武乃文[2]，皇天眷命，奄有[3]四海，为天下君。"

解 都，是叹美辞。帝，是帝尧。广，是广大；运，是运行。眷，是眷顾。奄，是尽。帝舜既以克艰之事归之

【注】

[1] 圣：无所不通。神：神道微妙，无可无方。

[2] 乃武乃文：《谥法》云："经纬天地曰文，克定祸乱曰武。"

[3] 奄有：同有。

于尧，伯益遂从而称赞之，说道："美哉！帝尧之德，广大而无外，且运行而不息，所以变化之妙有不可以一端形容者。自其德出于自然而无所勉强，乃谓之圣；自其圣妙于无迹而莫能测度，乃谓之神；自其刚毅能断，凛然可畏者而言之，又何其武也；自其英华宣著，焕乎有章者而言之，又何其文也。将以为圣，而又见其神；将以为武，而又见其文，帝尧之德可谓极盛而无以加矣！是以皇天眷顾其德，保佑命之，使他尽有四海之地，尺地莫非其有；为天下之君，一民莫非其臣焉。夫尧以盛德得天如此，则所谓'克艰厥后'者，信乎为尧之能事也。"

禹曰："惠迪吉，从逆凶，惟影响。"

解 惠，是顺。迪，是道。逆，是违背道理。禹因伯益赞美帝尧之言，遂发明天人感应之理，说道："凡人行事，若能顺着道理，天必降之以福，诸凡吉庆的事都集于其身；若或违背道理而行，则天必降之以殃，诸凡凶祸的事都集于其身。就如影之随形、响之应声一般，断断乎其不差谬。"故帝尧有广运之德，斯受皇天之眷，正所谓"惠迪吉"也。天人感应之理，岂不昭昭然哉！

益曰："吁！戒哉！儆戒无虞，罔失法度。罔游于逸，罔淫于乐。任贤勿贰，去邪勿疑。疑谋勿成，百志惟熙①。罔违道以干②百姓之誉，罔咈③百姓以从己之欲。无怠无荒，四夷来王。"

解 无虞，是无可忧虞之事。"罔"字、"勿"字，都是禁止的意思。逸，是安逸。淫，是过。谋，是谋为。百志，是说凡百谋虑。熙，是光明。咈，是咈逆。王，是

大禹图

九歌勸民圖

四夷君长来朝之名。伯益闻禹陈克艰惠迪之谟，将推广其意以告帝舜，恐其听之未审，故先嗟叹说道："天位至重，保守为难，帝其戒之哉！如今四方虽是太平，无可忧虞的事，然乱每生于极治，而变常发于不虞。当这时节正要常常儆戒为制治保邦之计，不可自谓治安，便忘敬畏也。然所当儆戒者何事？益承平日久，法度易至于废弛，必须修明振举，使人知所遵守，不可失坠；太平无事，人情易流于逸乐，必须愈加勤励，不可游于安逸，淫于宴乐。贤人君子既知其可用，须一心信任他，不可以小人间之；恠邪小人既知其当去，须决于屏斥，不可少有迟疑。凡谋为的事务，心里或有疑惑未安的，这叫做疑谋。切不可苟且成就，凡百志虑，必要正大光明，理顺而心安者，然后可成之。至于刑赏予夺，都有个公正的道理，不可违背了正理而屈法徇情，以求百姓的称誉。凡人好恶从违都有个本然的公心，不可咈了天下人的公心，而任情好恶以遂一己之私欲。自此以上八件，都是当儆戒的事，人君若能朝夕以此为戒，内而无怠于心，无一念之不儆戒；外而无荒于事，无一事之不儆戒，则治道益隆，太平可保。不但中国之民服从而已，虽远方四夷，在荒服之外者，亦莫不闻风向化，稽首而来朝矣！儆戒无虞，其效如此。"

禹曰："於！帝念哉！德惟善政，政在养民。水、火、金、木、土、谷惟修①，正德、利用、厚生②惟和。九功惟叙③，九叙惟歌。戒之用休，董之用威，劝之以九歌④，俾⑤勿坏。"

解 於（wū），是叹辞。叙，是顺。戒，是晓喻。休，是美。董，是督责。大禹因伯益陈儆戒之言，遂叹美之而告

【注】

① 修：治理。

② 德：父慈、子孝、兄友、弟恭、夫义、妇听。正德：使人们的道德行为正当。利用：兴利除弊，财物流通，制作器

帝舜说："伯益所陈儆戒无虞的言语，于君德治道甚有关系，帝当留神思念之不可忽也。盖为人君者，固贵乎有德。然所谓德者，非徒存诸心而已，惟当见之于行事之间，使政无不善，才是实德。而所谓政者，又非徒为法制禁令而已，在乎为百姓每兴利造福，使民无不安，才是善政。然所谓善民之政何如？彼水、火、金、木、土、谷这六件，都是天地自然之利，民生日用之不可缺者，但其中容有太过不足处，必须一一为之整理，或相制以泄其过，或相助以补其不足，使六者无不修。六者既修，民生始遂，不可逸居而无教。于是教他明伦理，修礼义，以正其德；教他作什器，通货财，以利其用。又教他勤生业，节用度，以厚其生。将这三件事，一一为之区画，行之各得其宜，处之各当其理，使三者无不和合。这六者与三者，总叫做九功。今既已修和，则养民之政莫不各有成功。一顺其自然当然之理，而不至于错乱矣！九功既叙，则民皆利其利而乐其乐，莫不形之于歌咏之间矣！然始勤终怠，人之常情。安养既久，怠荒易作，则已成之功，能保其久而不废乎？故当有以激励之。于那百姓每有勤于府事的，则以善言奖励他的好处，使其知所勉；有怠于府事的，则以刑罚督责而惩戒之，使其知所畏。然又恐事出于勉强者，或不能久，故复劝之以九歌，就把百姓每前日歌咏之言，协之律吕，播之声音，用之乡人，用之邦国，以劝相之，使百姓每欢欣鼓舞，趋事赴功。修者常修，和者常和，前日之成功，得以永久而不至废坏，则养民之政，斯其曲成而不遗矣！凡此皆保治之道，帝之所当深念者也。"夫养民之政，至于惟叙惟歌，即伯益所谓"无虞"也；而必保其治于勿坏，即伯益所谓"儆戒"也。禹、益之言，其互相发明如此。

物以尽其用。**厚生**：轻徭薄赋，不夺农时，使人民丰衣足食。

③ **九功**：指六府——水、火、金、木、土、谷，三事——正德、利用、厚生。**叙**：顺序。

④ **劝**：鼓励。**九歌**：言九功之德皆可歌，如水能灌溉，火能烹饪，金能断割，木能兴作，土能生殖，谷能养育等。

⑤ **俾**（bǐ）：使。

【注】

① 平：水土得到治理。

天成：指万物得以自然生长。

② 允：的确。

③ 时：同"是"。

帝曰："俞！地平天成①，六府、三事允②治，万世永赖，时③乃功。"

解 六府，即是上面说的水、火、金、木、土、谷这六件，乃财用所自出，所以叫做六府。三事，即是正德、利用、厚生这三件，乃人事所当为，所以叫做三事。"乃"字，解做汝字。帝舜因大禹陈说养民之政，遂应而许之，说道："汝谓政在养民，而今日已成之功，当保之于勿坏，这言语说的极是。但保治固我所当为，而成治实汝所由致。往时洪水为灾，天地皆失其职，万民不得其所。如今水土既皆平治，上天亦得以成遂其生物之功。于是水、火、金、木、土、谷六府相资为用，信无一件之不修；正德、利用、厚生三事各当其理，信无一件之不和，而养民之政成矣。不但今日之民蒙被其利，虽万世之后，犹将赖之，这都是汝治水经理的功绩，非他人所能与也。夫天下事成之甚难，而坏之甚易，我岂不思所以保之哉！"

帝曰："格，汝禹！朕宅帝位，三十有三载，耄期倦于勤。汝惟不怠，总朕师。"

解 格，是来。宅，是居。人生九十岁叫做耄，一百岁叫做期（jī）。总，是率。"师"字，解做"众"字。帝舜既推美大禹之功，遂呼而命之说："来，汝禹，听我之言！我从受尧禅，居此帝位三十有三载，年九十有三岁，过于耄而及于期，血气已衰，倦于勤劳之事。汝当朝夕勉力不怠，以总率我之臣民，替我管理天下。"这是帝舜命禹摄位之意，亦若尧之命舜，曰"格汝舜，汝陟帝位"也。

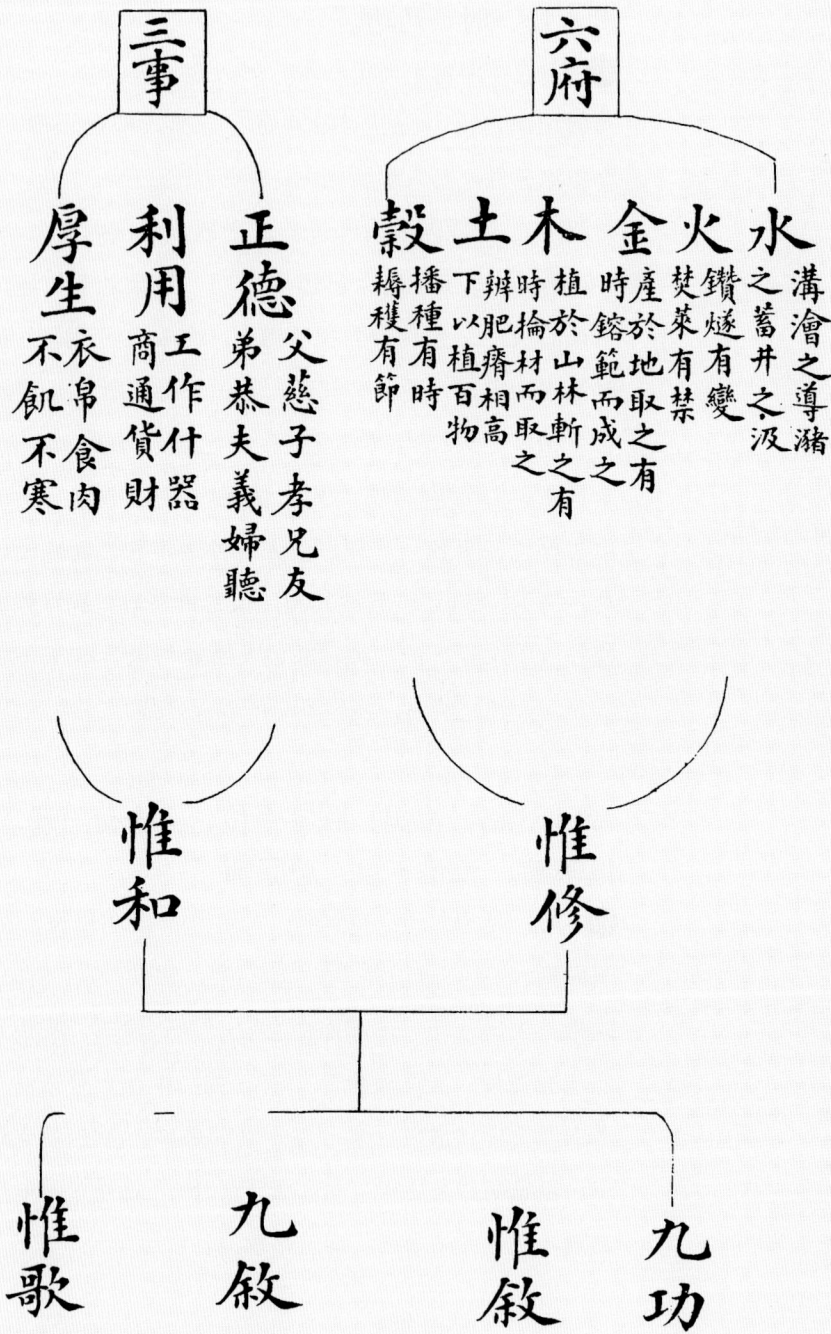

六府三事圖

六府

水 溝澮之導瀦 井之汲 水之蓄

火 鑽燧有變 焚萊有禁

金 鑄鎔範而成之有 產於地取之有

木 時掄材而取之有 植於山林斬之有

土 辨時肥相高 下以植百物

穀 播種有時 耰穊有節

三事

正德 父慈子孝兄友 弟恭夫義婦聽

利用 工作什器 商通貨財

厚生 衣帛食肉 不飢不寒

惟修

惟和

九功 惟敘

九敘 惟歌

六府三事图

禹让皋陶图

皋陶

帝舜

大禹

禹讓皋陶圖

禹曰："朕德罔克^①，民不依。皋陶迈种^②德，德乃降，黎民怀之。帝念哉！念兹^③在兹，释兹在兹，名言^④兹在兹，允出^⑤兹在兹，惟帝念功！"

解 朕，是禹自称，古时上下通得称朕。迈，是勇往力行的意思。"种（zhòng）"字，解做"布"字。降，是下。怀，是感念。八个"兹"字，都指皋陶说。释，是舍。大禹因舜命他摄位，不敢自当，乃让与皋陶说道："摄位重事，须是有德为民心所归者，乃可当之。我的德浅薄，民不依归，岂能胜此重任？群臣中惟皋陶能勇往力行以布其德。他的恩德下及于民，被其泽者甚众，黎民皆感戴而怀服之。命之摄位，斯为允当。帝欲为天下得人，当以此人为念，不可忘也。我尝思念堪此重任的，惟在于皋陶，如今要舍了他，别求个人，在朝之臣，并未见有过于皋陶者。我不但提名在口，显然称道的，在于皋陶，实是发自本心，所深信而诚服者，亦惟在于皋陶。反覆思之，终无可易。惟帝深念其功，而使之摄位，必有以副^⑥帝之托，而不孤^⑦天下之望也。"夫摄位重事也，而禹之推让皋陶，谆切恳至如此，盖圣人之心惟欲为天下得人而已，岂有一毫私己之念哉？

【注】

① 罔克：不能。

② 种：分布，施行。

③ 兹：这，此处指皋陶。

④ 名言：称道。

⑤ 允出：真正出自本心。

⑥ 副：相称，相配。

⑦ 孤：同"辜"，辜负。

帝曰："皋陶，惟兹臣庶，罔或^①干予正，汝作士^②，明于五刑，以弼五教^③。期于予治，刑期于无刑，民协于中，时^④乃功，懋哉！"

解 干，是犯。正，是政令。"弼"字，解做"辅"字。期，是期望。懋，是勉。帝舜因大禹以摄位让皋陶，遂呼皋陶而称美之，说道："人君之为治，固有政令以正人之不正，但不能使人皆不犯。惟此臣民众庶都循理守法，无或有干犯我之政令者，这是何故？盖由汝作士师之官，能

【注】

① 或：有。

② 士：官名，士师之官，主刑狱。

③ 弼：辅助。五教：即五伦——君臣、父子、夫妇、长幼、朋友。

④ 时：同"是"。

明于墨、劓、剕、宫、大辟五等刑法，轻重出入，一一精当不差，使人皆畏刑远罪，以辅助那君臣、父子、夫妇、长幼、朋友五伦之教，不至于玩弛而不行，期望我至于化行俗美之治而后已。故始初百姓不亲，五品不逊，虽不免于用刑，然汝之心，岂忍于残民之生哉？只是要刑一人，而千万人惧，使人人皆迁善改过，至于无刑之可用，而后其心始慰也。所以民皆感化，相亲相让，合于中道，无有越礼犯分之人，自然不陷于刑辟，而向之期于无刑者，今果遂其所愿矣！凡此皆汝明刑弼教之所致，乃汝之功绩，我之所深念也。汝当于此益加懋勉无替，此心始终如一可也。"

皋陶曰："帝德罔愆，临下以简，御众以宽。罚弗及嗣，赏延于世。宥过无大，刑故无小。罪疑惟轻，功疑惟重。与其杀不辜，宁失不经。好生之德，洽于民心，兹用不犯于有司。"

解　愆，是过差。嗣，是子嗣。世，是后世的子孙。宥，是赦免。过，是误犯。故，是故犯。不辜，是无罪的人。不经，是不合于常法。皋陶因舜美其功，乃归功于舜，说："民协于中，非臣之功，皆本于帝德所致耳。盖帝之德，尽善尽美，无一毫过差。且如为人上者，或烦苛琐碎，则下人便无以自容，而帝之临下，则平易简静，无有烦琐的气象，统御众人者。若性太急躁，则众人易致扰乱，则帝之御众，则从容宽裕，无有急促的意思。罚那有罪的人，惟止他本身，更不累及他子孙；至于赏那有功的人，则不止他本身，必与之爵土，以远及其后世。人有陷于不知而误犯刑宪的，是无心之过也，每量情以恕之，其罪虽大，亦从宽宥。若有明知而故犯法的，是有心作恶也，则尽法以治之，其罪虽小，亦不轻恕。其原情定罪，或有可重可轻，在疑似之间者，惟从轻以处之，而常过于宽。至若论功行赏，或有可轻可重，在疑似之间者，则从重以赏之，而常过于厚。又有一等罪人，法可以杀，可以无杀，杀之则彼似无罪，不杀则我为失刑，帝则以为与其枉杀了无罪的人，害其性命，宁可姑全其生，使我自认失刑之责。这等仁爱忠厚之至，真与天地好生之德一般。帝有此德，流衍洋溢，渐涵浸渍，深入于民心。天下之人，

无不爱慕感悦，兴起于善，自不干犯有司的法度，岂待臣
之明刑弼教，而后能成协中之治哉！”

帝曰：“俾予从欲以治，四方风动，惟乃之休。”

解　俾，是使。　风动，是说德教感民，如风之动物一般。
帝舜因皋陶称颂其德，又申言以归美于皋陶，说道：“民不
犯法，上不用刑，此固我心所愿欲者，而未必其能遂也。
今也我欲民不犯法，而民果不犯；我欲上不用刑，而刑果
不用。　使我得遂其所愿，以臻于至治，教化流行而四达，
就如风之鼓动万物，无远无近，莫不靡然顺从者，皆由汝
能明五刑以弼五教。　故民莫不从上之化，至于若是耳。　这
是汝之休美，有不可得而辞者。　使非汝，则我好生之念虽
切，亦何能遽洽于民哉！”然皋陶虽明刑，使不遇帝舜之
君，则其志岂能尽行？故天下后世，不多皋陶之功，而多
帝舜之能任贤也。

帝曰：“来，禹！洚水①儆予，成允成功②，惟汝
贤；克勤于邦，克俭于家，不自满假③，惟汝贤。
汝惟不矜④，天下莫与汝争能；汝惟不伐，天下
莫与汝争功。　予懋乃德，嘉乃丕绩。　天之历数
在汝躬⑤，汝终陟元后⑥。”

解　洚水，即是洪水。“允”字，解做“信”字。满，是
自足。　假，是宽假。　懋，是茂盛。　嘉，是称美。　丕绩，
是大功。“乃”字，解做“汝”字。历数，是帝王相承的
次序。　如历书岁时节气先后有序的一般，所以教做历数。
陟，是升。　帝舜虽称美皋陶之功，而摄位之命，终当归之
于禹，故又申前意以命之，说：“来，汝禹！昔日洪水为

【注】
① 洚水：又作"降水"。
② 成允成功：成允，成
声教之信；成功，成治
水之功。
③ 假：夸大。
④ 矜：夸耀。下文"伐"，
义同。
⑤ 躬：自身。
⑥ 元后：天子之位。
⑦ 荒度：大力治理。

灾，逆行泛滥，乃天示儆戒于我。当是时，汝尝奏说，这洪水当如何浚决，当如何疏导。后来见汝行事，一一都如其所言，信而有征。到如今果然地平天成，府事允治，而大功克就。此惟汝之贤，在廷诸臣皆不能及也。然常人于功成之后，未免有满足自恕之心。汝虽为朝廷立了许多的功绩，然观汝之在国，则荒度[⑦]土功，敷布文教，一念祇承，孜孜焉未尝少怠；观汝之在家，则菲饮食，恶衣服，卑宫室，凡事省约，兢兢然未尝少纵；且自视歉然，日惟不足，初无有一毫盈满之心、宽假之意。此亦惟汝之贤，在廷诸臣皆不能及也。然汝虽不自矜夸其能，而其能之实有不可掩者，天下的人自然敬服，谁来与汝争能？汝虽不自张大其功，而其功之实有不可掩者，天下的人自然推让，谁来与汝争功？夫汝德冠群伦，功盖天下如此。我因此懋汝之盛德，嘉汝之大功，知天命人心咸归于汝。帝王相承的次序，决定在于汝之身而不能外，汝日后终当升此大君之位，以为天下臣民之主。今日总师之命，岂可得而辞哉！"

"人心惟危，道心惟微，惟精惟一，允执厥中。"

解 危，是危殆。微，是微妙。舜将传位于禹，遂授他治天下的心法，说道："人只是一个心，但其发于形气之私的，叫做人心；发于义理之正的，叫做道心。如耳欲听声音，目欲视美色。又如顺着意的便喜，逆着意的便怒，这都是人心。此心一发，若无义理以节制之，便流于邪恶而不可止，岂不危哉！如当听而听，当视而视，当喜而喜，当怒而怒。各中其节，这便是道心。这道心人皆有之，但为私欲所蔽，才觉发见，又昏昧了，所以微妙而难见耳。人心、道心二者，杂于方寸之间，若不知辨别，则危者愈危，微者愈微。天理之公，卒无以胜夫人欲之私矣！所以治心者，要于吾心念虑萌动的时节，就精以察之，看是人心，看是道心，分别明白，不使混杂。既精察了，就要克去了人心，专一守着道心，使常为一身之主，而不为私欲所摇夺。夫既察之精，而又守之一，则方寸之间，纯是天理，凡百事为，自然合着正当的道理，无有太过、不及之差，而信能执其中矣！"盖天下之治，皆本于心，而端本之学，正心为要。故舜之命禹，叮咛告戒如此。先儒说这十六个字，开万世心学之源。道统之传，实自此始，为君者不可不知。

"无稽之言勿听，弗询之谋勿庸。"

解　稽，是考证。询，是咨访。"庸"字，解做"用"字。上文帝舜既授禹以存心出治之本，此又以听言处事之要告之，说道："人君听人的言语，必其言之历历有据，本于古人之格言，则听之可也。若无所考证，驾空悬虚说出来的，这是无稽之言。若听了这样言语，必然淆乱国是，妨害政事，法宜绝之，以勿听焉。人君用人之谋画，必其谋之曾经咨访，合于众论之同然，则用之可也。若是不加咨访，独任己见发出来的，这是弗询之谋。若用了这般谋画，必然拂逆人情，违背公论，汝宜拒之，以勿用焉。此二者听言处事之要也。"夫舜明目达聪，用人之善如恐不及，乃亦有不听之言，不用之谋，何也？盖公听并观，所以来天下之善；审察辨别，所以求事理之中。若徒知听言之为美，自己全无权衡主宰，一概都要见之施行，则将至于议论纷纭，可否淆乱。其败谋偾事，与拒谏遂非者为害一而已矣！故人君为治，固贵于用言，尤贵于能断。

"可爱非君？可畏非民？众非元后，何戴？后非众，罔与守邦？钦哉！慎乃有位，敬修其可愿，四海困穷，天禄永终。惟口出好兴戎，朕言不再。"

解　位，是君位。可愿，是人心所同欲的道理。好，是善。戎，是兵。帝舜命禹摄位，既反覆教戒之，至此又深儆之，说道："君之与民，分虽相悬，而道实相须。彼人君至尊，人但知其可畏也。自我观之，天下之可爱者，岂非君乎？人民至微，人皆以为可忽也。自我观之，天下之可畏者，岂非民乎？如何见得君之可爱？盖天下百姓至众，皆仰赖着大君在上为之统御，才安其生。若无君，则众皆涣散而无主，饥寒困苦者，谁与赈救，相争相害者，谁与管理，将何所仰戴乎？此君之所以可爱也。如何见得民之可畏？盖人君以一身而统驭万邦，全赖着众百姓归依拥护，才安其位。若无民，则一人孤立于上，要财用谁来供给，要役使谁与出力，将何以守邦乎？此民之所以可畏也。然则人君居此可爱之位，治此可畏之民，其可不敬之哉！必兢兢业业，慎守其所居之位，敬修其所可愿欲之理，凡存于心发于政者，务使有善而无恶，有可欲而无可恶，然后人心永戴而天位常安也。苟不能修行善道，所行的事，都咈了百姓之心，使四海人民困苦穷极，不得其所。则向时戴后者，将转为怨嗟；向时守邦者，将转为离叛。人心既失，天命难保，人君所受于天之禄亦永绝，而不可复享矣。岂不深可畏哉？"舜之告禹，至此尽矣！犹恐禹之固辞也，又说道："言发于口，利害所关。或生出好事，也因这言语；或兴起戎兵，也因这言语。言不可苟如此。今我命汝之言，盖已详审而不苟矣，岂容更有他说？汝当受命以摄位，勿复辞避也。"夫以禹之盛德，岂不能守其禄位者？而舜犹谆谆警戒之如此。圣人忧勤惕厉之心，于此可见。

禹曰："枚卜功臣，惟吉之从。"帝曰："禹！官占惟先蔽志，昆命于元龟①，朕志先定，询谋佥同，鬼神其依，龟筮协从，卜不习吉。"禹拜稽首，固辞。帝曰："毋，惟汝谐。"

解　枚卜，是历举而卜之。官占，是掌占卜之官。蔽，是决断。"昆"字，解做"后"字。佥，是众。依，是顺。龟，是灼龟观兆。筮，是揲蓍起卦。协，是合。"习"字，解做"重"字。毋，是禁止之辞。禹承帝舜摄位之命，恳辞不获，乃不得已而求决于神，说道："摄位大事，不可专主于人谋。今在廷之臣，有功者甚多，请一一卜之于龟，视其卜之吉者而命之可也。"帝舜说："国有大疑，固用卜以决之。然占卜之法，必先断定其志之所向，或可或否，自家心里先有个主张了，然后命之于大龟，灼而卜之，以验其吉凶。今我命汝摄位之志已先定于心，无所疑惑而询谋于众人，亦同以为然，无有异议，是人心同矣。夫鬼神之祸福亦视人心之向背何如。今人心既无不归属于汝，就是鬼神也定是依顺，龟筮也定然协从矣！又何用取群臣而枚卜之乎？且占卜之法，一得吉兆不必再卜。今鬼神既依，龟筮又从，就如已行占卜了一般，又何须重卜以求吉乎？"禹到这时节，理尽词穷，无可解说。但拜下稽首至地，恳切逊避，以示终不敢当之意。帝舜因禁止之，说道："摄位之命，惟汝相应。汝不必屡屡固辞，以违神人之意也。"

正月朔旦，受命于神宗，率百官若帝之初。

解 朔旦，是初一日。神宗，是尧的庙号。帝，指舜说。帝舜命禹摄位，叮宁恳切，禹既不得终辞，乃以正月初一日，受摄位之命于帝尧之庙。盖舜之天下，原是帝尧所传，今舜以天下传禹而禹受之，则不得不祭告于尧。在舜则告其终，在禹则告其始也。既行受命之礼，由是总率百官摄行庶政，与天下更始，就与帝舜始初受尧之命，摄位行事一般。盖尧、舜、禹相授受一道，故其事亦无不同如此。

帝曰："咨禹，惟时有苗弗率，汝徂征。"禹乃会群后，誓于师曰："济济有众，咸听朕命。蠢兹有苗，昏迷不恭，侮慢自贤，反道败德。君子在野，小人在位。民弃不保，天降之咎。肆予以尔众士，奉辞伐罪。尔尚一乃心力，其克有勋。"

解 徂（cú），是往。群后，是众诸侯。誓，是行军时告戒众人的说话。济济，是众盛齐整的模样。"肆"字，解做"故"字。当舜之时，有苗之君，负固

【注】

① 薄海内外：薄，同"迫"；薄海，逼近于海。比喻地域的广大。

② 稔恶不悛：长期作恶而不悔改。

不服，舜乃命禹率师征之，先嗟叹以命之，说道："方今天下薄海内外①，皆已无虞。惟是止有苗之君，不循我的教命，稔恶不悛②，罪不可赦。汝当躬率六师，往正其罪。"禹承帝命，乃征召众诸侯以兵来会，遂誓戒之，说道："济济然尔众，都来听我的命令。今有顽蠢无知的有苗之君，昏暗迷惑，不知恭敬，侮慢他人，自以为贤。反背正道而不由，凡所行的，都是无道之事；败坏常德而不修，凡所行的，都是失德之事。怀才抱德的君子，本所当用也，却乃摈斥疏远，而使之在野。才佞凶恶的小人，本所当远也，却乃亲信任用，而使之在位。用舍颠倒，政事乖谬。由是下失民心，弃之而不保；上失天心，降之以罪咎。有苗之罪，为天人所共弃如此。帝乃命我征之，固我以尔众士，奉帝之命，以讨伐有苗之罪。众将士每，务要一汝之心，同以奉辞伐罪为念，不可少有疑贰；齐汝之力，同以奉辞伐罪为事，不可少有退缩。然后战无不胜，攻无不取，而能成除暴安民之功也。汝众将士，可不勉哉！"

【注】

① 时：同"是"。

② 夔夔：戒惧敬慎的样子。斋栗：敬慎恐惧貌。

③ 矧（shěn）：况且。

④ 两阶：宾主之阶。

三旬，苗民逆命。益赞于禹曰："惟德动天，无远弗届。满招损，谦受益，时①乃天道。帝初于历山，往于田，日号泣于旻天，于父母，负罪引慝。祇载见瞽瞍，夔夔斋栗②，瞽亦允若。至诚感神，矧③兹有苗？"禹拜昌言曰："俞！"班师振旅。帝乃诞敷文德，舞干羽于两阶。七旬，有苗格。

解 赞，是助。届，是至。帝，是帝舜。历山，是地名。旻（mín），是仁覆悯下的意思。天心怜悯下民，所以叫做旻天。"慝（tè）"字，解做"恶"字。祇，是敬。载，是事。 斋，是庄敬。 栗，是战栗。 夔夔，是斋栗的模样。 允，是信。 若，是顺。 诚（xián），是诚，能感物的意思。 昌言，是盛德之言。 班，是还。"振"字与"整"字同意。"诞"字，解做"大"字。 敷，是布。 干，是楯；羽，是羽旄，都是大乐中舞者所执。 两阶^④，是东西两阶。 格，是至。 禹征有苗，兵临其国已三十日，而苗民犹恃顽负险，违逆命令，未肯服从。 当时伯益随禹出征，见师旅久劳于外，欲劝禹罢兵，乃赞助一言于禹，说道："苗民之顽，与其加之以威，不若化之以德。 盖惟德可以感动天心，虽是冲漠无朕，至为高远，而此德之所昭升，实无远而不到，比之用威尚力，自不同也。 大凡人志气盈满者，必招损伤；谦虚自处者，定受利益。 这个乃天道之自然，如日中则昃，月盈则亏，就是满招损的道理；阳消必长，阴微必盛，就是谦受益的道理，乃一定而不可易者也。 知天道之自然，则今日之事，惟当谦以修德，而不可自满以伐人矣。 昔帝舜初在微贱之时，曾耕于历山而往于田。 此时他的父亲瞽瞍惑于后妻少子之言，常欲害帝，帝自以不得父母的欢心，悲怨思慕，日日呼旻天而号泣，又呼父母而号泣。 虽是他父母不慈，然帝之心，只说父母岂有不是处，还是我为子的孝道未尽，皆自认以为己罪，自引以为己恶，不敢有一毫归咎父母之心，只是敬修他为子之事。 在瞽瞍面前，夔夔然庄敬战栗，愈为恭谨，不敢少懈。 瞽瞍虽愚，被他孝心感动了，也欢喜信顺，化而为慈矣！ 夫瞽瞍，父也，尚可以孝感；今有苗，虽顽民也，独不可以德化之乎？ 然不但人心可以诚感，便是鬼神至幽，无形与声，若能致其诚敬以事之，则鬼神亦将感通，洋洋乎来格来享矣！ 今苗民虽顽，亦人类也，又岂有不可以诚感者乎？ 诚能绥之以文德，而怀之以至诚，彼苗民者，将不威而自服矣！ 又何必勤兵于远哉？" 夫伯益劝禹罢兵修德，真可谓盛德之言矣！ 故禹即拜而受之，深以其言为是，就依他的言语，班师整旅，以归京师。 帝舜亦有感于伯益之言，于是弛其威武，大布其文命德教，而不复以苗民之顺逆为念。 这时节朝廷清晏，恬然无事。 惟有那执干楯的与那执羽旄的，雍雍然相与舞于东西两阶之间而已。 但见德化所被，无远弗届。 从禹班师之后，才七十日，而有苗已回心向化，群然来格。 伯

征苗誓师图

禹拜昌言图

帝舜

大禹

皋陶

禹拜昌言圖

历山往田图

歷山往田圖

歷山

虞舜

益修德之言，至是验矣！夫苗民一也，以兵临之则不服，以德威之而即来，可见服远之道，惟在内治之修，而虞廷雍容太和之景象，千古之下，犹可想见焉。

皋陶谟

谟，是谋议。这一篇书是史臣记皋陶所陈告于帝舜的谋议，故名为《皋陶谟》。

曰若稽古，皋陶曰："允迪厥德，谟明弼谐。"禹曰："俞，如何？"皋陶曰："都！慎厥身，修思永。惇叙九族，庶民励翼，迩可远在兹。"禹拜昌言曰："俞！"

解　曰若，是发语辞。允迪，是实践。谟，是陈说道理。明，是明尽。弼，是救正过失。谐，是可否相济的意思。思永，是思虑长远。惇，是厚。庶明，是众贤人。励翼，是勉励辅佐。迩，指家国。远，指天下。史臣说，稽考古时，皋陶曾陈谟于帝舜，说道："人君不患臣言之不尽，惟患己德之未修。为君者诚能躬行实践以修其德，真真实实的要做圣君，无一毫虚假间断，则其臣知君必乐于闻善，而所以为之谋者，有知必言，有言必尽，启心相告，无有隐匿而不明者矣！又知君必乐于闻过，而所以弼其失者，一俞一吁，一可一否，同心共济，无有畏忌而不谐者矣！若人君不能修德，或修德而未实，则臣下不免望风顺旨，欲进一言，恐君未必能听；欲谏一事，恐君未必能容，尚何谟明弼谐之有哉？然则人君欲臣下之尽言，不可不自勉以为纳忠之地也。"当时大禹同在帝前，有味皋陶之言，深叹以为然。又问迪德之义，其详如何。皋陶对说："美哉！汝之问也，彼人君一身乃万化之原，必兢兢业业，谨慎以修其身。凡一言一动，皆深思远虑，务求至当，为长久之计，不敢轻易苟且，取便于目前，这才是'允迪厥德'。由是自身而推之家，则九族之亲属，化于其德，莫不以恩相厚，以礼相序，而家可齐矣！自身而推之国，则群臣之明哲者，感于其德，莫不勉励以辅佐之，而国可治矣！不特如此，又自家国之近，可达天下之远，使天下无不平者，亦在此修身思永上推之耳，岂有他哉！"禹以皋陶所陈，为盛德之言，遂屈己而拜之，说道："汝言甚是，真为君者之所当知也。"大抵天下国家之本在身，故皋陶陈谟，必始于修身。《大学》说："自天子以至于庶人，壹是皆以修身为本。"亦此意也。

皋陶图

皋陶

獬豸

皋陶圖

知人能官图

八凱　帝舜

【注】

① 哲：智也。

② 惠：爱。

③ 怀：爱戴。

④ 孔壬：孔，甚，很；壬，奸佞。

⑤ 邦本辑宁：邦本，国家的根本；辑宁，和平安宁。

皋陶曰："都！在知人，在安民。"禹曰："吁！咸若时，惟帝其难之。知人则哲①，能官人。安民则惠②，黎民怀③之。能哲而惠，何忧乎驩兜？何迁乎有苗？何畏乎巧言令色孔壬④？"

解 都，是叹美词。吁，是叹而未深然之词。"时"字，解做"是"字，指知人安民说。帝指帝尧。官人，是用人。驩兜，是尧时的凶人。迁，是窜徙。有苗，是恃险为乱之国。巧言令色孔壬，是外面好其言，善其色，内里却大包藏着奸恶的人。皋陶既陈修齐治平之谟，复推广其未尽之旨，先叹美说道："人君为治之道，其大者只有两件：一在于知人，一在于安民。盖人之才德有大小，心术有邪正，若知之不明，则用舍失当，何以任众职而兴事功，所以要知人。万邦黎庶，皆赖大君为主，若安之无道，则民心离散，何以固根本而奠邦家，所以要安民。"禹闻皋陶之言，因嗟叹而未深然之。说道："如汝所言，既要知人，又要安民。这两件都兼举而无歉，不但寻常的人，便是帝尧之圣，犹且难之。盖人藏其心，不可测度，知之固未易也。若使为君的果能于人之贤否，一一都鉴别不差，则睿智所照，将与日月而并明，何哲如之？以是而用人必能使才称其职，德称其位矣，岂有不宜者乎？天下之广，兆民之众，安之固未易也。若使为君的果能于天下的人，都使之各得其所，则恩泽所及，将与雨露而同润，何惠如之？由是万邦黎庶，必皆爱之如父母，戴之为元后矣，岂有不怀者乎？夫为人君者，患不能知人安民。故不善之人，皆足以害吾之治而可虑。若既能哲以知人，而又能惠以安民，二者兼尽如此，将见众贤集于朝，百姓和于野，人心丕变，邦本辑宁⑤，这时节就有党恶如驩兜者，也都改行从善了，何足忧乎？有昏迷如有苗者，也都感化归服了，何必迁乎？有好言善色，大包藏奸恶的人，也都变狡诈而为诚实了，又何足畏乎？智仁功用之大，至于如此，虽圣如帝尧犹且难之，帝岂可以易而视之哉！"禹之此言，盖欲帝舜深思其难而求尽其道也。

皋陶曰："都！亦行有九德。亦言其人有德，乃言曰，载采采。"禹曰："何？"皋陶曰："宽而栗，柔而立，愿而恭，乱而敬，扰而毅，直而温，简而廉，刚而塞，强而义。彰厥有常，吉哉！"

解 "亦"字，解做"总"字。"载"字，解做"行"字。采，是事。重言"采采"，是说某事某事。栗，是严密。愿，是谨厚。"乱"字，解做"治"字。扰，是驯顺。毅，是果断。廉，是有分辨。塞，是笃实。彰，是著。吉，是善。皋陶将推衍知人之谟，先叹美说道："人才固未易知，而观人亦自有法。彼人之才性中和而不偏者，皆谓之德。总言此德之见诸行事者，凡有九件，人必有此九德才叫做贤人。然人固以有德为贤，而德又以有据为实。总言其人之有德者，不可徒徇其虚名，亦不可徒观其外貌，必须指他所行的某事某事以为证验，则事皆有据，而名实不爽，自不患于人之难知矣！"禹因问九德之目何如。皋陶遂悉数之，说："凡人之宽洪者，或流于纵弛，惟宽而又能庄严整肃，则宽得其中，而不过于宽，这是一德；柔和者，或流于颓靡，惟柔而又能卓然自立，则柔得其中，而不过于柔，这又是一德；谨厚者，或过于鄙朴，惟愿而又能恭而中礼，则愿得其中，而不失之野，这又是一德；有

【注】

① 廉隅：棱角。指人的行为、品行端正不苟。

② 恂（xún）恂：诚实谦恭貌。

③ 吉士：贤人。

治才者，多失之骄傲，惟有才而又能敬以接人，则才得其中，而不方于众，这又是一德；驯顺者，或失之优柔，惟驯而又能果毅有为，则顺得其中，而不至于无断，这又是一德；劲直者，或过于峭厉，惟直而又且温和可亲，则直得其中，而不伤于太峻，这又是一德；简易者，或过于坦率，惟简而又有廉隅①分辨，则简得其中，而不流于太简，这又是一德；刚明者，或出于矫激，惟刚而又能恂恂②信实，则刚得其中，而不至于过刚，这又是一德；强勇者，多任乎血气，惟强而又皆合乎义理，则强得其中，而非血气之勇矣，这又是一德。所谓九德之目如此。人能于此九者或独擅乎一长，或兼备乎众美，都彰著于行事之间，而灼然可见，又且始终如一，有常而不变，斯其为成德之吉士③哉！"人君欲知臣下之贤否，但验之于行事之间，看他偏与不偏。初时说好的，到后来看他变与不变，则下无遁情，而知人之哲得矣！

"日宣三德，夙夜浚明有家，日严祗敬六德，亮采有邦。翕受敷施，九德咸事，俊乂在官。百僚师师，百工惟时①，抚于五辰，庶绩其凝。"

解　宣，是著。"浚"字，解做"治"字。严，是畏。亮，是明。采，是事。有家，是大夫的职任。有邦，是诸侯的职任。翕，是合。敷，是布。施，是用。才过千人的叫做俊，才过百人的叫做乂。抚，是顺。五辰，是木、火、土、金、水五行分旺于四时，谓之五辰。"凝"字，解做"成"字。皋陶说："人之于九德，不必其尽备而但贵于有常。如九德之中有了三件，又能加日新之功，以扩充此德，而使之益著，此三德之有常者也。这等的人，若使他为大夫而有家，必能夙夜匪懈以治其家，而有家之事，无不明治矣！如九德之中有了六件，又能加日谨之功，以敬修此德，而使之益固，此六德之有常者也。这等的人，若使他为诸侯而有邦，必能克勤无怠以治其邦，而有邦之事，无不明治矣。夫德之有常者，多寡不同，而皆宜于用如此。人君若能合而受之，但凡有德之士，都搜罗收取，将来分布而用之于百官有司之任，或为大臣，或为小臣，量材授职，无有不当。将见四方之人，闻知朝廷用人得宜如此，都愿出而效其才能，以任国家之事。凡大而千人之俊，小而百人之义，莫不在官任使，而无有遗佚在野者。朝廷之上，所用的既都是贤才，将见百官每志同道合，彼此相师。我有善，他便取法于我；他有善，我便取法于他。有同寅协恭^②之美，而无媢嫉妒忌之私。凡百官所任的职务，亦皆及时干办，不至失误，都顺着天时以修人事。如春属木，则布德施惠，以顺木之辰；夏属火，则劳民劝农，以顺火之辰；秋属金，则禁暴诛慢，以顺金之辰；冬属水，则盖藏敛聚，以顺水之辰；土寄旺于四时，则修四时之令，以顺土之辰。由是各样的功绩都有成效，如礼乐刑政工虞教养之类，莫不一一修明振举而无复有废坠怠弛之患矣！夫人君能知人而善用之，则贤才进而治功成如此。然则知人之功用，其所系岂小小哉！"

"无教逸欲有邦，兢兢业业^①，一日二日万几。无旷庶官，天工人其代之。"

解　无，是禁止辞。教，是上行下效的意思。有邦，是有国的诸侯。几，是事之几微。"旷"字，解做"废"字。天工，是上天付与君臣同干的事。皋陶说："人君一身，乃

① 兢兢业业：兢兢，小心谨慎的样子；业业：畏惧的样子。形容谨肃恐惧，认真小心。

臣下的表率。若安逸纵欲，则那有邦的诸侯也都仿效怠惰
奢侈了，这恰似教导他逸欲一般。为人君者岂可如此？必
须兢兢然戒谨，业业然危惧，务以勤俭率先天下。所以然
者何也？盖人君统理天下，一日二日之间，虽若至近而事
几之来，便有万端；若不能时时审察于几微，一有差错则
悔之无及矣！此所以不可不兢业也。然天子能以一心察天
下之几，不能以一身兼天下之务，故分其职于庶官。若庶
官用非其才，便旷废了职业。为人君者岂可如此？必须选
择贤能以充其职，使不至于虚旷，所以然者何也？盖庶官
所治的事，本是上天的事；天不能自为，而付之人君；君
不能独为，而付之庶官，是庶官乃是替天行事的。苟一官
旷，则一事废矣！此庶官之所以不可旷也。夫敦勤俭以率
诸侯，则知人之本以端；择贤能以任众职，则知人之道克
尽矣！"

"天叙有典，敕我五典五惇哉！天秩有礼，自我
五礼有庸哉！同寅协恭和衷哉！天命有德，五
服五章哉！天讨有罪，五刑五用哉！政事懋哉
懋哉！"

解 叙，是伦叙。敕，是正。五典，是五常之道。惇，
是厚。秩，是尊卑贵贱之品秩。庸，是常。衷，指典礼
之具于人心者说。有德，是所行遵乎典礼的人。有罪，是
所行背乎典礼的人。五章，是五等章服。公服衮冕九章，
侯伯服鷩冕七章，子男服毳冕五章，孤服绨冕三章，卿大
夫服玄冕一章。"章"字，解做"显"字。懋，是勉。皋
陶陈安民之事，说道："天生君臣、父子、夫妇、长幼、朋
友之伦，即有亲、义、序、别、信之典。这五典乃天所叙

的，本自敦厚，但人情因物有迁，则厚者有时而薄，故立之教条，以敕正我五典，使君臣有义，父子有亲，夫妇有别，长幼有序，朋友有信，各相惇厚，不至于偷薄者，其责则在于君。 天生君臣、父子、夫妇、长幼、朋友之伦，即有尊卑贵贱等级隆杀之礼。 这五礼乃天所秩的，本自有常，但人情怠弃则废礼，用之不能久，故著为法式，以用我五礼，使尊卑有分，贵贱有等，各循常度，不相紊乱者，其责则在于君。 然君固主此典礼者，臣则辅此典礼者，必须同其寅畏①，无一些忽易②，协其恭敬，无一些怠荒，上下一心，融会流通，以和民之衷，使人心感化，五典无不惇，五礼无不庸而后可也。 这是教以化之，所以安民于典礼者如此。 夫典礼之叙秩，既皆出于天，则人之所行有遵乎典礼者，便是天所眷命者也。 但天不能自显扬他，人君代天赏善，则有五等之服以章显之。 因其德之大小，以为命服之尊卑，使善人知所劝。 所行有背乎典礼者，便是天所诛讨者也。 但天不能自惩治他，人君代天惩恶，则用五等之刑以惩戒之。 因其罪之大小，以为刑法之轻重，使恶人知所惧。 这命德、讨罪两件，乃是朝廷的大政事。 君主之于上，臣用之于下，岂可轻忽之哉？ 必当勉力不怠，以修明其政事，有德的必赏，务合乎天命之公；有罪的必刑，务合乎天讨之正而后可也。 这是政以治之，所以安民于命讨者又如此。”

"天聪明，自我民聪明。 天明畏，自我民明威。 达于上下，敬哉有土！"

解　明，是显扬那为善的人。 畏，是刑威那为恶的人。"威"字与"畏"字通用。 上，是天；下，是民。 有土，是有国之君。 皋陶既以典礼命讨陈安民之谟，因发明天人合一之理，以见所以不可不安民之意，说道："天道至神，以其聪，则于人之善恶无所不闻；以其明，则于人之善恶无所不见。 然天无耳目以视听，何以于人之善恶无不见闻。 盖天无视听，而以百姓之视听为视听。 但百姓每所闻的，便是天闻了；百姓每所见的，便是天见了。 所以说'天聪明，自我民聪明'。 天道至公，凡为善的人，必降之福，以显明之；为恶的

五服五章圖

卿大夫元冕一章	孤絺冕三章	男子毳冕五章	侯伯鷩冕七章	公袞冕九章
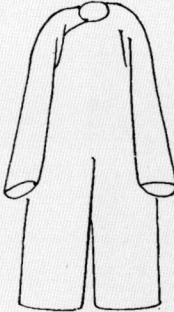	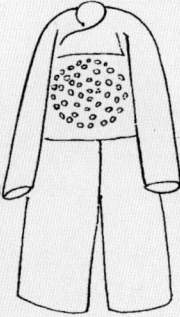			
衣	衣	衣	衣	衣
		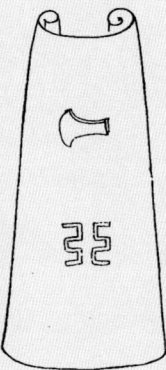	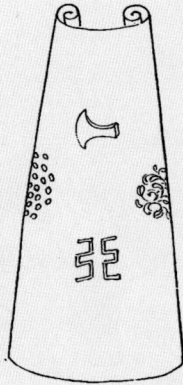	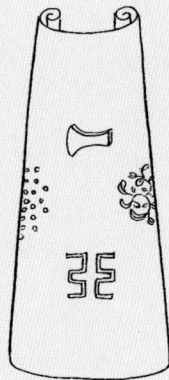
裳	裳	裳	裳	裳

五服五章图

視聽自民圖

人，必降之祸，以畏惧之。然天无心于好恶，何以能加祸福于人如是显应？盖天无好恶，而以民心之好恶为好恶。但百姓每所公好的，便是天之所福；百姓每所公恶的，便是天之所祸。所以说'天明畏，自我民明威'。夫天在于上，民在于下。高卑虽甚悬绝，而一理贯通，上下无间，人心之所在，即天理之所在也。人君有民人社稷之寄，知所以奉天者岂可忽民而不敬哉？必须兢兢业业常存敬畏，凡惇典庸礼，命德讨罪，皆求不拂乎民心，则上天秩叙命讨之意，无不钦承，而人君奉天安民之道，亦庶乎克尽矣！苟一有不敬，则于民心必有违拂，拂民即逆天矣，天其可逆乎哉！此有土者之所以不可不敬也。"皋陶前面陈知人之谟，而终之以兢业；此陈安民之谟，而终之以敬。可见用人行政虽各有其事，而皆本于一心之敬以图之，万世人君所当深念也。

皋陶曰："朕言惠，可厎行？"禹曰："俞，乃言厎可绩。"皋陶曰："予未有知，思曰赞赞襄哉！"

解　惠，是顺理。厎（dǐ），是致。"乃"字，解做"汝"字。"思曰"的"曰"字，当作"日"字。赞，是助。襄，是成。皋陶既陈知人安民之谟，因望帝舜力行其言，说道："我之所言知人安民两事，似皆顺于治理，傥可致之施行，则不徒托诸空言矣。"禹与皋陶同此心者，遂应许之，说道："汝之所言，诚为当理，若致之于行，必有成功。行汝知人之谟，则贤才必聚于朝；行汝安民之谟，则庶民必安于野。其有益于治道，信非浅浅也。"皋陶谦说："行之有功，我固未敢预知，但我之心，惟思日日赞助于帝，有怀必吐，有言必尽，期以共成帝之治功而已。"大抵天下事，非言之难，惟行之难。故皋陶于陈谟之终，而勉舜以力行。禹因而赞扬之，亦不必其言之出于己。大臣责难陈善之忠，同寅协恭之美，于此皆可见矣。

益稷

益、稷是二臣名，这一篇书也都是帝舜与大禹、皋陶讲论治道的说话，因篇首禹称益、稷二人佐其成功，故以『益稷』名篇。

帝曰："来，禹！汝亦昌言。"禹拜曰："都！帝，予何言？予思日孜孜。"皋陶曰："吁！如何？"禹曰："洪水滔天，浩浩怀山襄陵，下民昏垫[①]。予乘四载，随山刊木[②]，暨益奏庶鲜食，予决九川距四海，浚畎浍距川。暨稷播，奏庶艰食鲜食。懋迁有无，化居。烝民乃粒，万邦作乂。"皋陶曰："俞！师汝昌言。"

解 昌言，是盛德之言。孜孜，是勉力不怠的意思。垫，是沉溺。四载，是水乘舟，陆乘车，泥乘辋，山乘樏。刊，是除。奏，是进。鸟兽鱼鳖之肉，叫做鲜食。九川，是九州之川。距，是至。浚，是疏通。畎浍，都是田间的水道。播，是耕种。艰食，是难得之食。此时播种初兴，五谷难得，故叫做艰食。懋，是勉。化居，是变化所居积的货物。粒，是米食。作乂，是兴起治功。当时禹与皋陶同在帝舜之前，帝舜因皋陶陈谟有契于心，遂呼禹来前，命他说道："皋陶所陈知人安民之谟深切于治道，有益于民生，真是盛德的好言语。汝与皋陶同心辅治者，若有善言亦当告我，不可隐也。"禹拜而叹美称帝，说道："皋陶所陈知人安民之谟，人君治天下的道理，已说尽了，我更何所言乎？我惟思今日天下虽已治安，然艰难之念易忘，平成之功难保。自今以往，当终日孜孜然勉力不怠，以尽其所当为的事功，不敢以已治而忘乱，已安而忘危也。"皋陶因禹之言，遂叹而问说："所谓孜孜者如何？"禹乃追述先年治水本末之详，以见今日当孜孜保治的意思，说道："往时洪水泛滥，势若漫天，浩浩然广大无涯，把高山的四面都包了，驾出于冈陵之上，那下民都昏迷沉溺不能聊生。我于时仰承帝命，任治水之责，乃乘着四载，以

① 昏垫：昏，没也；垫，陷也。意思是天下遭此大水，人有没陷之害。

② 刊木：砍伐树木。

禹乘四載圖

舟

車

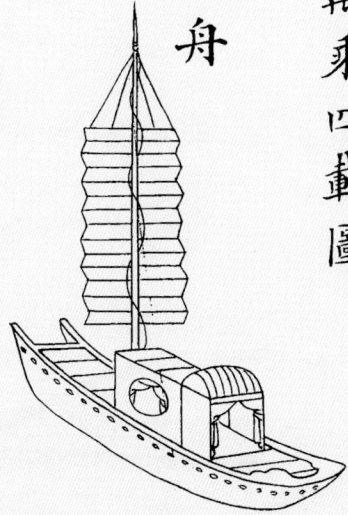

乘水行
舟

乘陸行
車

橇

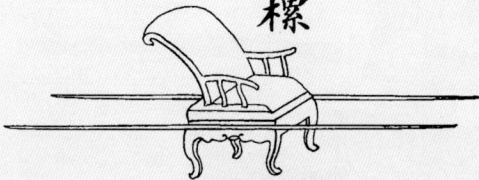

山行乘橇史記作橋
漢書作桐韋昭曰桐
木器如今輿牀人舉
以行也

輴

泥行乘輴史記作橇
張守節云橇形如船
而小兩頭微起人曲
一腳泥上擿進用拾
泥上之物

禹乘四載图

禹浚畎浍圖

天禹

跋涉山川，践行险阻，遇水则乘舟，遇陆地则乘车，遇泥泞去处则乘辑，遇上山则乘檋。这时节平地皆水，功无所施，乃循山而行，相度地势，遇有树木蔽塞，则斫伐之以通道路，然后治水之功可以渐加。又因此时水土未平，民无所食，我乃与伯益教民网罟渔猎，进众鸟兽鱼鳖之肉于民，权使他食之以充饥。于是先开导九川之水，使各至于海，而大者有所归，次疏通畎浍之水，使各至于川，而小者有所泄。此时水势渐平，田亩可辨，我乃与稷相看，高阜处教民播种五谷。但田地久荒，耕种方始，粒食尚为难得，故一面教民树蓻五谷，进之以艰食；一面仍令民采取鸟兽鱼鳖，兼进之以鲜食。及至水土尽平，山林川泽之利皆兴，四方商贾来往通利，乃懋勉其民，使他各迁其土产所有，往那缺少的去处，互相交易，变化其所居积的货物，彼此相通，以济匮乏。然后天下之民皆得粒食不消，更进鲜食，从此得以立纲纪，施政教，而万邦兴起治功焉。当时天下未平，百姓困穷，我等承帝之命，君臣同忧，历了许多艰难辛苦，才得平定，岂可以今日之治安而遂忘前日之艰苦乎！我所以思日孜孜者，正欲共保太平于无穷耳。"皋陶一闻其言，即深然之，说道："汝之言安不忘危，治不忘乱，真是盛德的言语，凡我君臣当以为师法，孜孜保守不可忽也。"

禹曰："都，帝！慎乃在位。"帝曰："俞！"禹曰："安汝止，惟几惟康。其弼直，惟动丕应。徯志以昭受上帝，天其申命用休。"

解 止，是至善之所在。两个"惟"字，都解做"思"字。几，是事几发动处。康，是事体安稳处。弼，是辅弼之臣。"丕"字，解做"大"字。徯，是等待的意思。申，是重。休，是美。大禹前面既极言致治之难，此又告舜以保治之道，先叹美而称帝，说道："天位至重，保之甚难。帝当兢兢业业，谨慎以居是位可也。"帝舜一闻其言，即应以为然。于是禹推广慎位之事以告之说："人心至灵，一事一物，莫不各有个至善所当止的道理，只为私欲动摇，始有不得其所止者，帝当绝去私欲，涵养道心。将这一心，常安放在天理上，而不为外物所摇，这是安于所止，以立应事之本的工夫。然存之于静者，或不能不失之于动。　又当于念虑才发之时，即仔细研审，看他善与不善，必其念念皆善，然后施行，否则宁止而不为。　及事务将成之际，又再三省察，看他安与不安。　必其事事安稳，然后成就，否则不妨于更改。　这是审于几康，以尽处事之要的工夫。　然使朝无直臣，则人主或不闻其过。　又必左右辅弼之臣，皆务尽其绳愆纠谬之职。　如君心有未正，则直言以格其非；国事有未当，则直言以救其失。　然后君无过举，而庶事获康也。　夫曰安止、曰几康，既密其功于己；曰弼直，又资其辅于人，人己交修，以尽慎位之道如此，则念念事事都合乎天理，顺乎人心矣！将见以此而措之于政事，则是惟无动，一遇有所动作，如政令之施、纪纲之布，则天下之民莫不敬信，翕然丕应，固有预先等待，我于未举意之先者矣！其下而得民为何如？以此而显然受命于上帝，则皇天重重，眷命与之以休美之福，殆有愈久而愈隆者矣！其上而得天为何如？夫天人交孚，则君位益固。　前日之治功，真可常保于无穷矣！帝欲慎位，可不念哉！"

帝曰："吁！臣哉邻哉，邻哉臣哉。"禹曰："俞！"

解　邻，是亲近辅助的意思。　帝舜闻禹弼直之言，有感于心，遂叹说："汝谓人君安于所止，审于几康，而尤必赖辅弼之臣，直言规正。　可见臣职之所系甚重矣！然则今之列职于朝廷者，虽是我的臣子，其实乃我之邻哉！左右挟持，诚不可以一日缺者也。　我今欲赖四邻以自辅助，不必他求，亦惟在尔诸臣哉！上下相资，诚不可以势分言者也。"舜之反覆咏叹如此，其责望于禹之意深矣！禹因帝言有契于心，遂应而承之曰："俞！盖深信夫君臣之道，相须以成，而以臣邻之义自任矣！"夫大禹丁宁于安止、几康之戒，所以责难于君，而帝即俞之。　帝舜反覆咏叹臣邻之托，所以委重于臣，而禹即然之。　君臣之间，明良合德，诚为千载一时矣！岂非万世为君臣者所当法哉！

【注】

① 日月、星辰：取其照临之义。山：取其能兴云雨之义。龙：取其变化无方之义。华：取文章之义。雉：取耿介之义。作会：会，五彩，即五种颜料；以五彩成画。
② 宗彝：原指宗庙中祭祀酒器，此指天子祭服上的虎形和蜼（wěi）形图像；蜼，一种长尾猿。藻：水草有文者。火，为火字，取炎上之义。粉：若粟冰，取洁白之义。米：若聚米，取能养之义。黼：若斧形，取能断之义。黻：为两己相背，取善恶相背之义。缔绣：葛之精者，曰缔；五色备曰绣。
③ 作服：古代服饰十二章，上一注释的"日、月、星、山、龙、华虫"六章画于衣，以"宗彝、藻、火、粉米、黼、黻"六章绣于裳。
④ 六律：古代有十二律，萌六为吕，阳六为律，六律指黄钟、太蔟、姑洗、蕤宾、夷则、无射。五声：宫、商、角、徵、羽。八音：八种乐器，

帝曰："臣作朕股肱耳目。予欲左右有民，汝翼。予欲宣力四方，汝为。予欲观古人之象，日、月、星辰、山、龙、华虫作会①；宗彝、藻、火、粉米、黼、黻缔绣②，以五采彰施于五色，作服③，汝明。予欲闻六律、五声、八音④，在治忽，以出纳五言⑤，汝听。"

解 股肱，即是手足。左右，是扶持的意思。翼，是辅翼。华虫，是雉鸟。会，是绘画。宗彝，是宗庙中酒尊，上面画虎、蜼二兽。藻，是水草。粉米，是白米。黼（fǔ），其形如斧。黻（fú），其形如亚字。缔绣，是刺绣。五采，是五样华采物料，所以染色者，如蓝淀、丹砂、粉、墨之类。"在"字，解做"察"字。忽，是荒忽不治的意思。自上达下叫做出，自下达上叫做纳。五言，是诗歌叶于五声的。帝舜详叙臣所以为邻之义，以命大禹，说道："君臣之分，虽有尊卑。而上下相须，实同一体。君必资臣以为助，如人有元首，必资手足以为运行，耳目以为视听，是臣乃我之股肱耳目也。然何以见之？盖人君之治，以政教礼乐为先。我尝忧民性之未复，要扶持教导斯民，使无一人不归于善而不能以自遂也，必赖汝为臣的辅助赞襄以化之，然后能遂我教民之心。我尝忧民生之未厚，要宣布政令于四方，使无一人不得其所而不能以自为也，必赖汝为臣的设施措置以安之，然后能遂我养民之心。这等看来，臣岂不是我之股肱乎！衣裳之制，创自古人，我今要观看那古人衣裳的形象，稍加损益，取日、月、星辰、山、龙、华虫六件，绘画于上衣；取宗彝、藻、火、粉米、黼、黻六件，刺绣于下裳；其画与绣都把五采之物杂施于缯帛之

间以为五色，做成朝祭的衣服，这是礼制所系，不可不慎，而我不能以自明也，必赖汝为臣的为我明其小大尊卑之等，使礼达而分定焉。声音之道与政相通，我今要听闻那六律、五声、八音之所奏，以察治乱，或其声和以乐欤，则知政事之修治，或其声怨以怒欤，则知政事之荒忽。其听与察，把朝廷所处的歌咏，民间所纳的歌谣，凡叶于五声的都播之于律吕之间以为乐章，验他和与不和，这是政治所关，不可不审，而我不能以自听也，必赖汝为臣的为我听其乖和得失之分，使乐和而政成焉。这等看来，臣岂不是我之耳目乎？"夫帝舜之命禹，既曰"臣哉邻哉"，可见其君臣相亲而至于忘势。又曰"股肱耳目"，可见其君臣一体而至于忘形，其引喻愈切而责望愈至矣！

"予违汝弼，汝无面从，退有后言。钦四邻。"

解　违，是违悖道理。弼，是匡正。面从，是当面顺从。后言，是背后议论。四邻，是股肱耳目之职。帝舜既以股肱耳目发明臣邻之义，至此又责望于禹，说道："我为天子，一日二日，便有万几，岂能一一皆当？但有违悖道理处，汝便当尽言匡正，明白开陈，使我得闻而改之，这方是弼直之道。若当我面前唯唯诺诺，顺从以为是，及退至背后，却乃私下议论以为不是，岂大臣事君之道哉？汝切不可如此，须知汝乃我之四邻，股肱耳目，共成一体，安危治乱，无不相关，使君有违而不能弼之，则将安用臣邻为哉？汝宜兢兢业业，精白乃心，务思弼我之违，以敬尔四邻之职可也！"帝舜之所以责望于禹者如此，其求助之意可谓切矣！

即金、石、丝、竹、匏、土、革、木。

⑤ 五言：东西南北中五方的建言和意见。

火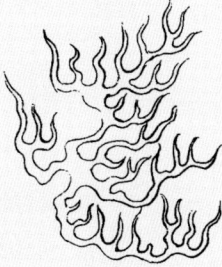

龍

日

觀象作服圖

粉米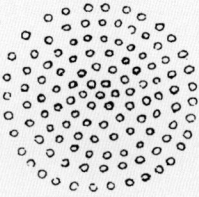

華蟲

月

黼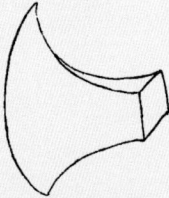

宗彝

星辰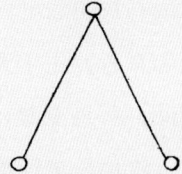

黻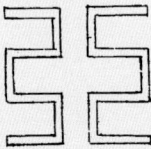

藻

山

观象作服图

"庶顽谗说，若不在时，侯以明之①，挞以记之，书用识哉，欲并生②哉！工以纳言，时而扬之，格则承之庸之，否则威③之。"

解 庶顽，是众顽愚的人。谗说，是谗谮害人的言语。"时"字，解做"是"字，指忠直说。侯，是射箭的把子。明，是试验。挞，是用刑杖责罚。书，是簿籍。识（zhì），是记其过。工，是掌乐之官。扬，是宣扬。格，是改过从善。"承"字，解做"荐"字。庸，是用。帝舜命禹说："忠直之道，汝固当自尽于己矣。然人心不同，彼群臣中岂无那众顽愚好兴造谗言，诬害善类，不在此忠直之列者。这等的人，甚为治道之害，然亦未可以遽绝之也，必先用射侯以明验之。盖射以观德，若是心里不正，其射必不能多中，以此验之，则邪正可辨矣。若知其果是顽谗的人，必须用刑杖责罚他，使他儆惧不忘。又立个簿籍，把他过恶都写在簿籍上记着，使他羞愧无已。若此者果何为哉？我的意思只是要他惩创悔悟，变顽谗而为忠直，庶得与忠直者并生于天地之间，而不为盛世之弃人耳。夫教之如此，可谓至矣，但未知其果能率教与否？又必命掌乐之官，将他所进纳的言语，播之于乐，时时宣扬之。察其言已和平，则能改过可知；其言犹乖戾，则过之不改可知。若果能变顽谗而为忠直，就当荐之用之，虽进诸股肱耳目之任亦不为过，不必追究其既往矣。若至此而尚不能改，则是稔恶不悛，终为顽谗而已，然后用刑罚以威治之，或进诸四夷，或置之重典，使不得终肆其恶，以伤害善良。盖彼既自外于生成，虽欲其并生不可得矣。尝观舜之命龙有曰：'朕聖谗说殄行，震惊朕师，则顽谗之人，乃舜之所深恶者，而犹不忍遽置于法，必待其教之不改而后刑焉。

此其好生之德，所以能洽于民，而卒致无刑之治也欤！’”

禹曰：“俞哉！帝光天之下，至于海隅苍生，万邦黎献，共惟帝臣，惟帝时①举。敷②纳以言，明庶以功，车服以庸③。谁敢不让，敢不敬应？帝不时，敷同日奏④，罔功。”

解 俞哉，是未尽然之辞。光，是德之光辉。苍生，是黎民。黎献，是黎民中的贤者。敷纳，是下陈上纳。“庶”字，当作“试”字。让，是相让而勉于为善。敷同，是朋比欺罔的意思。“奏”字，解做“进”字。禹因帝舜欲用刑以威顽谗，其心未尽以为然，故先应个俞哉，说道：“帝之所言固是，但我之意以为庶顽谗说，与其惩之以威，不若化之以德，诚使帝之盛德光辉昭著，广被天下，以至于海隅之远，苍生之众，无不在其照临之中，将见德辉所及，人人瞻仰，那万邦黎庶中，有素负忠直而为贤者，莫不感慕兴起，都愿出来辅佐圣君，为帝股肱耳目之臣，这时节惟帝举而用之耳。然举用之道何如？彼贤者始进而立朝，必有自献的言语，则使他各陈所见而听纳之以观其蕴，及其既进而效职，各有表见的事功，则就他本等职业上，一一而明试之以考其成，其中有功绩彰著与他当初敷陈的说话不相违背的，则锡（cì）之车马章服以厚其报。夫既修德以致贤，而又能考成以核实，则精神所感，人皆化之，不特贤者济济相让，便是不贤的人，也都更相劝勉，而消其忌贤嫉能之私矣，谁敢不让乎？不特贤者秉德陈力以应其上，便是不贤的人，也都精白一心⑤，而化为直己效忠之人矣，敢有不敬应者乎？信乎德之所感，甚于威之所加也。帝若不能以德用贤，而徒任刑以为治，则上无感人动物之诚，而下怀苟且畏避之虑，即今所用之臣，方且彼此扶同朋比欺罔，日进于无功矣，岂特庶顽谗说为可虑哉？由此观之，则尚德之与用威，其得失判然矣！"

"无若丹朱傲^①，惟慢游是好，傲虐^②是作。罔昼夜额额，罔水行舟。朋淫于家，用殄厥世^③。予创若时^④。娶于涂山，辛、壬、癸、甲。启呱呱而泣，予弗子，惟荒度土功^⑤。弼成五服^⑥，至于五千。州十有二师，外薄四海，咸建五长，各迪有功^⑦，苗顽弗即工^⑧，帝其念哉！"帝曰："迪朕德，时乃功，惟叙。"^⑨皋陶方祗厥叙，方施象刑^⑩，惟明。

解 无，是禁戒之辞。"罔"字，解做"无"字。额（é）额，是不休息的模样。殄，是绝。世，是世代相传的基业。涂山，是国名。启，是禹之子。呱呱（gūgū），是小儿啼哭声。荒，是大。度，是相度。师、长，都是官名。薄，是迫近。"即"字，解做"就"字。禹既勉舜以明德，又进戒说："为人君者，当勤于修德，不可如尧子丹朱之骄傲，丹朱之不肖，虽是多端，而傲之一字，尤为众恶之本。盖傲心一逞，肆然无忌，所以惟怠慢逸游是好，惟傲狠暴虐是作。无昼无夜，只是去荒淫纵欲，额额然不知休息，所干的事通不顺道理，譬如在无水地上行船的一般。又朋比众小人，与他淫乱于家，不理国事，因此不得继尧的天下，把他祖宗世代相传的基业，一旦殄绝了，此所谓前人之覆辙也。我因此深以为戒，兢兢业业，勤修其职，不敢有一毫怠傲的心。初娶涂山氏之女为妻，成婚之后，只在家住了辛壬癸甲四日就出去治水，及后生子启呱呱而泣，

丹朱慢游图

我亦不暇顾念，惟以水土未平，奔走四方，大相度那平治水土之功。及水土既平，则疆域可定，乃因其地之远近，辅帝以成五服之制，把王畿千里之地每边五百里，画为甸服，其外为侯服，又外为绥服，又外为要服、荒服，每服五百里。东西南北相至，各成五千里。疆域既定，则官职可建，乃于九州之内，每州选立十二人以为之师，使他佐州牧以纠诸侯，九州之外，迫近四海的去处，各建立五人以为之长，使他率蕃夷以卫中国。夫始而拯溺救民，不敢有一日之求安，既而疆理经制，不敢有一事之苟且。凡若此者，亦惟恐此心少懈，将驯致于丹朱之遨游耳。如今内而十二师侯牧，外而五长蕃夷，各遵行朝廷的德教，治功虽已成就，然那有苗之国，负险恃顽，不肯就工，犹为盛世之累，帝其念之哉！未可以天下既平而遂生怠荒之念也。"帝舜因禹之戒，复答其意说："如今四海之内，都遵行我的德教者，实由汝禹由治水而弼服，由弼服而建官，功有次叙，故教化广被，而四方底宁[11]。虽有苗民之顽慢，皋陶方且敬承汝之功叙，而施五等之象刑，以弼教辅德。且其用刑轻重得宜，明白当罪，可以畏服乎人。夫刑既明于中国，威自及于外夷，苗民或庶几其可化耳。岂可专恃德教而尽废刑威哉！"大抵德者出治之本，刑者辅治之具，虽帝舜为君，禹、皋为佐，有不能废者，但以好生之心而行其钦恤之意，则自然天下无冤而民协于中矣。若曰尧舜之世惟尚德，而不尚刑，则虞廷士师之官可以无设，而皋陶明刑之功不得与禹、稷并美矣，此图治者之所当知。

夔曰："戛击鸣球、搏拊、琴瑟，以咏。"祖考来格，虞宾在位，群后德让。下管鼗鼓，合止柷敔。笙镛以间，鸟兽跄跄；《箫韶》九成，凤凰来仪。

解 戛（jiá），是轻敲。击，是重敲。鸣球，是玉磬。搏，是重弹；拊，是轻弹。咏，是歌咏。虞宾，是丹朱，因他是帝尧之后，待以殊礼，为虞廷之宾客，故叫做虞宾。群后，是助祭的诸侯。下，是堂下。鼗（táo）鼓，是有柄的小鼓，两旁有耳，持其柄摇之，则两耳自击而成声。柷（zhù），形如方桶，以木为之，撞之有声。 敔（yǔ），形如伏虎，背上有刻，刷其刻有声。 这两件皆所以节乐者。 镛，是大钟。 间，是相参的意思。 跄跄，是舞动的模样。《箫韶》，是舜乐的总名。 九成，是九奏。 仪，是容仪。 当时帝舜作大韶之乐，后夔（kuí）为乐官，因述其声乐感通之妙，以告于舜，说道："乐作于宗庙之中，在堂上石音则有鸣球，丝音则有琴瑟。 我曾夏击鸣球，搏拊琴瑟，合着那堂上歌咏之声，使乐声与人声相应。"但见那乐音和畅，无感不通，幽而为神，则祖考之灵来格来享，如在乎其上，明而为人，则帝尧之后作宾于虞者，来在助祭之位，与众诸侯每都雍雍肃肃，以德相让焉。 乐之作于堂上者如此。 在堂下竹音有管，革音有鼗鼓，乐初作时，击柷以合其声，乐既终时，栎敔以止其奏。 又匏音有笙，金音有镛，把这几件乐器或吹或击，与堂上的鸣球琴瑟之乐更迭而作，各尽其条理之妙；但见太和所感，无微不入，虽冥然无知如鸟兽者，闻此乐声亦跄跄然相率而舞动焉。 乐之作于堂下者如此。 合堂上堂下之乐，自一奏以至于九奏，谓之九成，则乐之始终备矣；但见至和之极，感通益神，虽世所希有如凤凰者，亦来舞于殿庭之间而有容仪焉。 夫以韶乐感通之妙至于如此。 虽由于乐声之和，而孰非本于帝德之所致哉！

夔曰："於，予击石拊石，百兽率舞，庶尹允谐。"

🔴解　於（wū），是发语辞。 重敲，叫做击；轻敲，叫做拊。 石，是石磬。 庶尹，是众官之长。 谐，是和。 夔又重言《韶》乐感通之妙，说道："八音之中，惟石最为难和；而乐之条理，以磬声终焉。 我于石磬之大者，重敲之以发其声；石磬之小者，轻敲之以审其韵。 但见其清越悠扬，而锵然可听，石声和矣。 石声既和，则八音皆无不和，而乐之条理备矣。 由是以其声之和，而动其气之和，故百兽闻之，皆相率而抃舞；以其音之和，而动其心之和，故庶尹闻之，皆诚信而克谐。 其感人动物之神如此，又孰非帝德之所致哉！"史臣记禹、皋陈谟终篇，而以夔言继之，正以见当时治定功成，礼备乐和，千载而下，犹可以想其太平之气象也。

鳳皇來儀圖

百兽率舞图

百獸率舞圖

后夔

帝庸作歌，曰："敕天之命，惟时惟几。"乃歌曰："股肱喜哉！元首起哉！百工熙哉！"皋陶拜手稽首^①扬言曰："念哉！率作兴事，慎乃宪，钦哉！屡省乃成，钦哉！"乃赓载歌曰："元首明哉，股肱良哉，庶事康哉！"又歌曰："元首丛脞哉，股肱惰哉，万事堕哉！"帝拜曰："俞！往，钦哉！"

🔴**解**　敕，是戒。几，是事之微。股肱，以比臣下；元首，以比君上，是君臣一体的意思。熙，是广。飏言，是大声疾言。宪，是法度。屡，是数。省，是稽考。赓，是续。载，是成。丛脞（cuǒ），是因循怠弛，凡事都矬下了，不能修举的意思。堕，是废坏。帝舜之时，天下既已治安，犹恐君臣之间怠荒易作，乃用作歌以相儆戒。先述其作歌之意，说道："天命无常，至为可畏，今虽治定功成，礼备乐和，然理乱安危之机，每相为倚伏，必须兢兢业业，常存敬畏，虽一时之顷，一事之微，亦不敢怠忽，庶乎天命可以常保也。乃歌说：为臣的若能欢忻踊跃，喜于乘时而图几，则人君的治功，有不兴起者哉！百官的事务，有不熙广者哉！"这是帝舜作歌而以保治之事责之于臣者如此。皋陶将欲赓歌，而先述其意，乃拜手稽首，大声说道："帝欲敕天保治，其思念之哉！夫人君一身乃群臣之表，若不有以倡率之，则臣下何所观感，必须以励精图治之心，总率群臣使他每都勤修职业，以兴起朝廷的事功，但锐于兴事者，其弊或至于纷更，又当谨守成法，率由旧章，不可轻信喜事之人有所更改，此帝所当敬念者也。夫既率之以兴事，而又戒之以守法，则百工之事，固无不起矣。然不有以考验之，则锐于始者，或怠于终，言之善者，或行不逮。又必日省月试，数数稽考其成功，看他果能兴事

【注】
① 拜手：古代的一种跪拜礼，双膝下跪，两手前伸，叩头到手。稽（qǐ）首：古代的一种跪拜礼，双膝下跪，两手前伸，叩头到地。

与否，然后惰者警、勤者劝，而无诞谩欺罔之弊，此又帝所当敬念者也。"皋陶既述其赓歌之意，乃遂续成其歌，说道："君位乎上，若能明于任官，而率作考成之有要，则小大之臣，咸怀忠良，而国家之事岂不妥帖停当哉。"又歌说："为人上者，若不能励精率作，而安于怠荒放佚，将朝廷的政务堆集而不能整理，纪纲矬下而不能振举，则为股肱之臣者，亦皆苟且偷惰，因循旷职，而国家之事，岂不懈弛而废坏哉。"这是皋陶以保治之道责之于君者如此。 帝舜闻皋陶之言，既拜以致其敬，又俞而然其言，说道："自今以往我君臣当上下一心，敬谨以保天命哉！大抵致治固难，保治尤难。 盖乱每生于极治，而患常发于不虞，故虞廷君臣当治定功成之后交相儆戒。 君以喜起熙哉望之于臣，臣以率作兴事责之于君，兢兢焉惟恐怠荒之，或作而政事之废弛也。"夫以虞舜为君，禹、皋为佐，而犹不忘戒惧如此，况其他乎！此万世为君为臣者所当深念也。

夏書

禹贡

禹别九州，随山浚川，任土作贡。

夏，是大禹有天下之号，这《书》纪夏家一代的事迹，故叫做《夏书》，共四篇。《禹贡》，贡，是贡赋。这一篇史臣记大禹平水土，定贡赋及经理天下的事，独以「贡」名篇者，水土平而后贡赋定，特举其成功而言也。

禹敷土，随山刊木，奠高山大川。

解 这一节是总记大禹治水之要。 敷，是分。 刊，是除。 奠，是定。 史臣说："当时洪水横流，泛溢于天下，九州的区域都不辨了。 禹受命治水，乃先分别土地，以为冀、兖、青、徐、扬、荆、豫、梁、雍之九州。 然后知某州最下，治之宜先；某州最高，治之宜后，可以随地而施功矣。 凡水都发源于山，只为山势阻塞，道路不通，所以有怀襄之害，禹乃随山而行，相其便宜，又除去了障蔽的树木，以通其道路；然后知某水为某山所壅，必须开凿，某山为某水所出，必须浚治，可以因势而利导矣。 九州既分，又须立各州的表识，以为之纪纲。 禹乃定其山之高者，川之大者，与做一州之疆界，如某处有某山便可寻众山之脉络，某水在某处便可寻众水之脉络，而导山导水之功皆可举矣。"禹之治水大要不出此三件，故总揭而言之如此。

冀州 ①。 既载壶口，治梁及岐 ②。

解 此以下是分记九州治水之成功。 冀州，即是今北直隶、山西、河北等处，及辽东义州卫迤西地方。 当尧之时，水为民患者莫甚于河，而冀州乃河水所经。 又帝都所在，故禹受命治水，先从此起。 不言"疆界"者，冀州三面抵河，观兖、豫、雍三州所至，便自可见，亦所以尊京师，示王者无外之意也。 篇中凡"既"字，都是既已成功之词。"载"字，解做"始"字，言禹治水施功实始于此。 壶口、梁、岐，都是山名。 壶口山，《旧志》在河东郡北屈县东南，即今山西平阳府吉州。 梁山，《旧志》在离石县，即今山西太原府石州。 岐山，《旧志》在汾州介休县，今在汾州孝义县西。 冀州之水，以河为大。 壶口山，乃河水冲激的去处。 禹始初便去治他，所以杀河势也。梁、岐二山，乃河水经流的去处。禹便治梁而及于岐，所以开河道也。于是冀州无河水之患矣。

既修太原，至于岳阳。

解　修，是修整前面的工程。地广而平叫做原。太原，即今山西太原府地方。岳，是太岳，即今山西霍州之霍山。山南叫做阳，岳阳是太岳之南。冀州之水，其次莫大于汾，汾水出于太原，经于太岳。鲧尝治之，功未成就，禹则因其功而修之，先治太原，以浚汾水之源，从此至于太岳之南，中间诸山，无不修治，以导汾水之流，由是顺流入河，而冀州无汾水之患矣。

覃怀底绩[1]，至于衡漳[2]。

解　覃怀，是地名，即今河南怀庆府地方。底（dǐ）绩，是成功。衡漳，是水名。漳水有二，一出山西乐平县之少山，叫做清漳；一出山西长子县发鸠山，叫做浊漳。二水合流横入于河，故总叫做衡漳。覃怀在涞、淇二水之间，往时洪水泛滥，平地皆水，致功为难，及河、汾既治，禹功可施，然后覃怀之地，致有平治之功，而无垫溺之患，以至于衡漳所经，凡是平地，也都底绩与覃怀一般，盖至是而冀州之土无不平矣。

厥土惟白壤。

解　土性柔软不成块的叫做壤。水患既平，则土复其常，必须辨其色性，然后可以教民稼穑而制其贡赋，故辨冀州之土，其色则白，其性则壤。一州之土，虽未必尽然，而白壤者居多，故以白壤名之。

【注】

[1] 覃（tán）怀：地名，在今河南武陟至沁阳一带。底：致。

[2] 衡漳：衡，同"横"。漳水横流入黄河，故称横漳。

随山刊木图

大禹

大陸既作圖

厥赋惟上上错^①，厥田惟中中。

解　赋，是田土上起的税粮。错，是间杂不等的意思。盖地力有厚薄，年岁有丰凶，遇着成熟的年，便照常额，遇着凶岁，或地土有抛荒的去处，便从宽减，所以税粮多寡不等，这叫做错。禹因土宜既辨，地利可兴，遂将九州的田赋，总较其多寡肥瘠，分为九等。于是定冀州之赋则居上上为第一等，而或地力、年分不同，则间出第二等。定冀州之田则居中中，而为第五等。先言赋而后言田者，京师是天子所自治，场圃园田之类，各有钱粮，非尽出于田也。赋高于田四等者，地广而人稠，生之者众也。

① 厥：其。上上错：《禹贡》根据作物生长状况和土地肥瘠，将赋税和土质分为九等，即上上、上中、上下、中上、中中、中下、下上、下中、下下；上上，赋税第一等，后文的“中中”是第五等。

恒、卫既从，大陆^①既作。

解　恒、卫是二水名。恒水出今真定府曲阳县，旧时东流合滱水今西南流至行唐县入滋水；卫水出今真定府灵寿县，东入滹（hū）沱河。从，是顺着正道。大陆，即今顺德府及赵州、深州地方。作，是耕治。冀州水患既除，由是恒、卫之水，各顺其正道，大陆之地，皆可以耕作，而冀州之土无有不平者矣。这二项成功最迟，故纪于田赋之后。

【注】
① 大陆：一说泽名，在今河北巨鹿西北。

岛夷皮服。

解　岛夷，是冀州东北海岛之夷，属于中国者，畿内之地，出赋已多，故不制其贡，独有海岛属夷，每年进贡，止用皮服。一以示羁縻之义，一以明不贵异物也。

夹右碣石入于河。

解　夹右，是挟在右边。碣石，是山名，《旧志》在北平郡西南河口之地，即今永平府之南，后来渐没于海。冀州东西南三面临河。贡赋转运都可直达，惟北方诸水，皆不与河通，故贡赋之来，必自北海入河，南向西转。那碣石之山在河口海滨，正是他右手转湾的去处，却似挟他在右边的一般，所以说"夹右"。碣石入于河，入河则达帝都矣。以上都是经理冀州的事。

济、河惟兖州[①]。

解 此以下，每州都标个疆界，所谓"奠高山大川"也。禹定兖州的境界东南跨过济水，西北直到大河，这地方都属兖（yǎn）州，如今北直隶大名府，及景州、沧州、山东东昌府，及德州武定，滨州济宁、曹州等处都是。

【注】

① 济：古代四渎之一，源自王屋山上的太乙池，流经河南、山东入海。兖州：九州之一，包括今山东菏泽、济宁，河南商丘，安徽淮北等地。

九河[①]既道。

解 九河，是徒骇、太史、马颊、覆釜、胡苏、简洁、钩盘、鬲津八条支河，并河之正派，总为九河。禹时在今河间府沧州一带地方，后来黄河南徙，故道都湮没了。道，是顺其道。河水自大陆以北，到兖州地方，其势愈大，为害愈甚。禹乃疏其正派，分其支流，以为九河，使都入海，不复漫流为害矣。

【注】

① 九河：《释水》载"九河"之名："徒骇、太史、马颊、覆釜、胡苏、简、絜、钩盘、鬲津。"此解与张居正所释有出入。

雷夏[①]既泽。

解 雷夏，是泽名，《旧志》在济阴郡城，阳县西北，今山东濮州、雷泽城就是。水有蓄聚，叫做泽。方河水横流而入于泽，泽不能受也，都泛滥奔溃。今九河既治，故雷夏亦能蓄水成泽，不至于溢出而为患。盖凡水之止者，无不治矣。

【注】

① 雷夏：泽名，在今山东菏泽东北。

澭、沮会同。

解 澭（yōng）、沮（jù），是二水名，自河出者为澭，自济出者为沮。会同，使合流为一，方河水泛滥之时，澭、沮小水也都散漫，今九河既治，故澭、沮二水合流为一，如诸侯会同以朝天子的一般，盖凡水之流者，无不治矣。

桑土既蚕，是降丘宅土。

解 桑土，是宜栽桑树的地土。蚕，是养蚕。降，是下。丘，是高地。宅，是居。土，是平地。兖州水患最甚，凡是宜桑之土，都淹没了。今水落土干，桑树渐盛，可以养蚕而取丝矣。往时兖州之民，都往高处避水，今桑土既蚕，由是都从丘陵下来居于平地，不苦于卑湿矣。兖州之土，无不平，于此可验。

厥土黑坟①，厥草惟繇，厥木惟条。

解 坟，是土脉高起的模样。繇（yáo），是茂。条，是长。兖州水患既平，土宜可辨，故辨其色则纯黑，性则坟起。土性既复，地利可兴，故其草则繇而蕃茂，其木则条而长盛。盖兖州居河济下流，水未平，则为卑湿，于草木不宜。水既平，则为沃衍，于草木最宜，故特举以为证也。徐、扬二州言草木，亦是此意。

厥田惟中下，厥赋贞，作十有三载乃同。

解 贞，是正。作，是耕治。同，是同于他州。禹定兖州之田，则居中下为第六等。其赋则是最薄的，正额为第九等，不曰下下而曰贞者，君天下者以薄赋为正也。这地土且便不起科，必待耕治十有三年，生理尽复，然后使同他州办纳税粮。盖兖州当河下流，被害尤剧，今水患虽已平治而生理尚是艰难，故特加宽恤，圣人爱民之仁如此。

厥贡漆丝，厥篚①织文。

解 贡，是下献于上。田里出的税粮叫做赋。地方产的物件叫做贡。篚，是竹篚之类。织文，是织成文采的币帛。禹既定田赋之等，又制贡物之宜。兖州"厥木惟条"，其树多漆，则使之贡漆。桑土既蚕，其地多丝，则使之贡丝。至于织成文采的币帛，乃丝中之贵重者，则又使之盛于筐篚以入贡焉。盖漆所以制器，用丝与织文所以备章服，皆国用之不可阙者，故因其所有而取之。

【注】

① 篚（fěi）：古时盛东西的竹制容器，后多以青铜制成，属于礼器的一种。形状为长方形带盖，表面带有纹饰或铭文，与鼎、簋、豆、簠、爵等配套使用。古代贵族或君王在举行祭祀、宴飨等礼仪活动时，用以盛放丝帛，也称帛篚。

浮于济、漯，达于河。

解 水中行船叫做浮。济、漯（luò），是二水名。济水，《旧志》出河东郡垣曲县王屋山东南，今在河南怀庆府济源县，西至温县，南入河；漯水，是河之支流。禹因济、漯二水皆可通河，故定兖州之贡道，或去济水近便的，则浮舟于济，以达于河；或去漯水近便的，则浮舟于漯，以达于河。达河则达帝都矣，以上都是经理兖州的事。

海岱惟青州①。

解 这是定青州的境界。岱，是泰山，在今山东济南府泰安州。禹既分了青州，遂定其境界，东北跨大海，西南到泰山，这地方都属青州，即今山东济南、青州、登州、莱州四府，与辽东之广宁、沈阳、开原、盖州诸卫都是。

【注】

① 青州：九州之一，指起自渤海以南、泰山以北，涉及河北、山东半岛的一片区域，地为肥沃白壤。

織文入貢圖

织文入贡图

嵎夷既略。

解 嵎夷，是地名，在今山东登州府，《尧典》说"宅嵎夷"，就是此地。 略，是制为经界的意思。 嵎夷在青州极东，迫近大海，地方最远，施功为难，今水患尽去，可以正疆界，画沟涂，而其地皆已经略矣。 远地如此，则近者可知，是青州之土无不平也。

潍、淄其道。

解 潍、淄，是二水名。 潍水，出今山东青州府莒州箕屋山，北至莱州府昌邑县入海。 淄水，出今山东济南府莱芜县，原山东至青州府寿光县入济。 青州有潍、淄二水，向尝泛滥，今则潍水入海、淄水入济，各循其故道矣，是青州之水，无不平也。 青州地虽卑下，然去海甚近，水易归壑，又不当众流之冲，故用功简省于他州如此。

厥土白坟，海滨广斥。

解 滨，是水边。 广，是广阔。 斥，是斥卤。 其土味咸，可以煎盐的去处。禹辨青州之土有二样，在平地则其色洁白，其性坟起；在海滨则一望广阔，又斥卤而咸。 先辨其土宜，而后可定贡赋也。

厥田惟上下，厥赋中上。

解 青州之田居上下，较之九州为第三等，赋居中上，较之九州为第四等。

厥贡盐絺，海物惟错。 岱畎丝、枲、铅、松、怪石。 莱夷作牧，厥篚檿丝。

解 盐，是咸土煎成的。 絺，是细葛。 错，是杂。 海物非但一种，故叫做错。 畎，是山谷。 枲（xǐ），是麻。 铅，是黑锡。 怪石，是怪异之石。 莱夷，是莱山住的夷人，即今莱州府地方。 牧，是畜牧。 檿（yǎn），是山桑。禹定青州之贡，有一州通出的，有各处所产的，如盐与细葛并杂出的海物，

嵎夷既略圖

皆服食燕享所需，此通一州之贡也。 如岱山之谷所出，有丝与枲，可以为衣服；又有铅与松木怪石，可以为器械、屋宇。 莱山夷人牧放的去处，出那山桑之丝，最是坚韧，可为琴瑟之弦，缯（zèng）帛之用者则盛于筐筺以入贡，此随地所出之贡也。

浮于汶，达于济。

🔴**解** 汶（wèn），是水名，出莱芜县，原山之南，西南至汶上县入济。 禹定青州之贡道，以汶水去济最近，而济水与河相通，则使浮舟于汶，由西南达于济，达济则达河，而帝都可至矣。 不言"达河"者，因前兖州已言"浮于济漯，达于河"故也。 以上都是经理青州的事。

海岱及淮①，惟徐州②。

🔴**解** 这是定徐州的境界。 禹既分了徐州，遂定其境界，东至大海，北至泰山，南至淮水，这地方都属徐州，即今山东兖州府，南直隶、徐、泗、宿、海、邳等州都是。夫七州疆界，都只举其二，至此独载其三边者，盖止说"海岱"，便与前面的青州相同，止说"淮海"，便与后面的扬州相同，必须说"海岱及淮"才见得是徐州的疆界。

淮、沂其乂，蒙、羽其艺。

🔴**解** 淮、沂，是二水名，淮水出今河南南阳府桐柏县，东至淮安府地方入海；沂水，出今山东青州府沂水县，西南至邳州入泗。 乂，是治。 蒙、羽，是二山名。 蒙山，在今山东兖州府费县；羽山，在今海州赣榆县。 艺，是耕

【注】
① 海：黄海。淮：淮河。
② 徐州：九州之一，范围在淮河以北、泰山以南、黄海以西，涉及今江苏北部、安徽北部、山东南部，地为红色黏土。

种。 徐州之水，淮、沂为大，往时都泛滥逆流，自禹功既施，则淮入于海，沂入于泗，而二水皆得其治矣。 至于蒙、羽二山向为淮、沂所包，今水患既去，地利可兴，而皆得以种蓺矣。 淮、沂治，则凡水之流者可知；蒙、羽蓺，则凡地之高者可知。

大野既猪①，东原②底平。

（解） 大野，是泽名，在今兖州府巨野县。 猪，是停蓄而复流。 东原是地名，即今兖州府东平州地方。 徐州之泽有大野，是济水横绝的去处，往时不免溃决。 自禹功既施，于是大野始能容受众流，有蓄有泄，而既猪矣。 至于东原之地是大野环抱的去处，为济水所经，今则水患尽去，而已底于平矣。 大野猪，则凡水之止者可知；东原平，则凡地之平者可知。 于此见徐州水土无不平治也。

厥水赤埴坟，草木渐包。

（解） 埴（zhí），是黏腻。 渐，是进长。 包，是丛生。 徐州水患既平，由是辨其土宜，其色则赤，其性则黏腻而坟起，其草木亦渐而进长，包而丛生矣。

厥田惟上中，厥赋中中。

（解） 徐州之田较九州，则居上中为第二等，其土厚故也。 其赋较九州则居中中，为第五等，人工尚稀故也。

【注】
① 猪：水积聚的地方；今作"潴"。
② 东原：在今山东东平，汶水和济水之间。

厥贡惟土五色①，羽畎夏翟②，峄阳孤桐，泗滨浮磬，淮夷蠙珠暨鱼③，厥篚玄纤缟。

解 羽畎，是羽山之谷。 夏翟，是五色的雉鸟。 峄阳，是峄山之南，在今邳州。 孤桐，是特生的桐树。 浮磬，是石浮水边，可以为磬的。 蠙，是出珠的蚌。 币赤黑色，叫做玄。 缯帛黑，经白纬叫做纤，纯白的叫做缟。 禹定徐州之贡，也有一州通出的，又有各处所产的。 如土有五色者，可以建大社，封诸侯，则制以为贡，此一州之所出者也。 如羽山之谷，出五色的雉鸟，其羽可以为旌旄。 峄山之南，出向阳特生的桐树，其材可以为琴瑟。 泗水之傍，浮出的石，制之为磬，可以备乐器。 淮夷之地有蠙珠及鱼，可以为服饰而供祭品。 这几处所有，都着他入贡。 至于玄色之币，可以为冠及斋祭之服；黑经白纬之纤、纯白之缟，可以为去凶即吉之服。 亦淮夷之所有者，又使之盛于筐篚而入贡焉。 此皆随地所出者也。

浮于淮、泗，达于河①。

解 泗，是水名，出今兖州府泗水县陪尾山，以其四泉并发，故叫做泗水，南至邳州地方入淮。 禹定徐州之贡道，必先浮舟于淮，由淮以入于泗。 自泗而上，则或由潍水以达河，或由沛水以达河，而帝都可至矣。 盖泗水虽不与河通，然西流有潍水出于河而入于泗，上流有沛水入于河而合于泗，故由潍、由沛皆可以达河也。 以上都是经理徐州的事。

【注】

① 土五色：即五色土，是古代君王分封诸侯所用，《释名》称："徐州贡土五色，青黄赤白黑也。" 王者封五色土以为社，若封建诸侯，则各割其方色土与之，使归国立社。

② 夏翟（dí）：夏，即谓染五色，象夏翟之羽彩，即画缋所谓五彩备也。翟，长尾野鸡，此指舞具或旌旗上的野鸡羽毛。

③ 蠙（pín）：孔颖达疏云："蠙是蚌之别名。此蚌出珠，遂以蠙为珠名。" 暨：和。

【注】

① 河：《古文尚书》作"菏"，即菏泽，与沛水（古济水）相通。

淮、海惟扬州①。

解　这是定扬州的境界，禹既分了扬州，遂定其境界，北面至淮，东南二面直到大海，这地方都属扬州。即今南直隶江西、浙江、福建及广东南雄、韶州、潮州、惠州、广州五府都是。

【注】
① 扬州：古代九州之一，范围相当于淮河以南、长江流域及岭南地区。

彭蠡既猪①，阳鸟攸②居。

解　彭蠡，是泽名，《旧志》在豫章郡彭泽县，即今江西鄱阳湖，在饶州、南康二府地方。阳鸟，是雁。雁九月飞向南，那时日行南陆；正月飞向北，那时日行北陆，以其随着日阳，所以叫做阳鸟。居，是止。彭蠡会众水之流，跨三州之地，往时泛滥，平治最难，今禹功既施，乃能停蓄而且流通，不复有横决之患，其水边洲渚亦皆底平，于是随阳之雁都得其所栖止，而各遂其性矣。

【注】
① 猪：即潴。
② 攸：所。

三江既入，震泽底定。

解　三江，是松江、娄江、东江，在今南直隶苏州、松江二府地方。入，是入海。震泽，是泽名，即今苏州府吴县西南太湖，以其震动而难定，故叫做震泽。震泽纳三吴之水，而三江在其下流，往时三江未曾疏通，所以震泽泛涨，不能安定。自禹功既施，则三江之水，都顺流入海，而得其所归，于是震泽之水亦有所蓄泄，至于安定，而不复震荡矣。盖扬州之水，西莫大于彭蠡，东莫大于震泽，今二水既治，则众水可知，故特举此以见扬州之成功也。

筿簜既敷。厥草惟夭，厥木惟乔。厥土惟涂泥。

解　筿（xiǎo），是箭竹。簜（dàng），是大竹。"敷"字，

陽鳥攸居圖

橘柚锡贡图

解做"布"字。 夭,是少长的模样。 乔,是高。 涂泥,是泞湿。 扬州水土既平,由是物得遂其生,而土性为可辨,篠簜之竹都布满而发生。 其草则夭夭而长盛,其木则乔然而高竦。 其地卑湿,故其土皆是涂泥。 不言"色"者,其色杂也。

厥田惟下下,厥赋下上,上错。

🔴 **解** 上错,是间或进上一等。 扬州之土涂泥,地最瘠薄,故其田则居下下,为第九等,其所出之赋,则居下上,为第七等。 间或年分不同,又进上第六等,以其人功渐修故也。

厥贡惟金三品,瑶、琨、篠、簜、齿、革、羽、毛惟木。 岛夷卉服。 厥篚织贝,厥包橘柚,锡贡。

🔴 **解** 金三品,是金、银、铜三样。 瑶、琨,都是似玉的好石。 齿,是象牙。 革,是犀兕等兽的皮。 羽,是鸟羽。 毛,是兽毛。 木,是大木。 岛夷,是东南海岛之夷,即今日本琉球诸国。 卉服,是用草织成的服,如葛布、蕉布之类。 贝,是海中甲虫,其背有文的。 织贝,是织成贝文的锦。 橘、柚是二果名,本是一种,橘小柚大。 锡(cì)贡,是与之诏命而后贡。 禹制扬州之贡物,有常年进纳的,有暂时取用的。 如金、银、铜这三样,可以资国用;瑶琨似玉之石,可以为礼器;篠竹可以为箭;簜竹可以为笛管;象之齿,犀兕之革,可以为车甲;鸟羽、兽毛,可以饰旌旄;大木可以备栋梁、器械。 都是一州所有的,故制以为一州之贡。 若海岛之夷所贡的是织成的草服,盛于筐篚的,是织成贝文的美锦,这惟岛夷所有,故制以为一方之贡。 凡此皆常岁之贡也。 至于贡物中用包裹的,则有橘有柚,然亦非岁贡之常,必待朝廷有祭祀宴享之事,锡与诏命,索取这果,方才贡来。 初不以口腹之故,烦劳百姓,此暂时之贡也。

沿于江海，达于淮、泗。

解 顺流而下，叫做沿。禹定扬州之贡道，起初沿江而下，入于大海，又自海而达于淮、泗。由是由潍、沛以达河，而帝都可至矣。盖禹时江淮未通，故必由海而后可以通淮，不言达河者，因徐州已言"浮于淮泗，达于河"故也。以上都是经理扬州的事。

荆及衡阳惟荆州[1]。

解 这是定荆州的疆界。荆山，《旧志》在南郡临沮县北，即今湖广襄阳府南漳县。衡，是南岳衡山。《旧志》在长沙国湘南县即今衡州府衡山县。阳，是山南。禹既分了荆州，遂定其境界，北抵荆山，南尽衡山之阳。这地方都属荆州，即今湖广及广西桂林、平乐、梧州三府，河南信阳州，广东连州都是。不言衡山而必言衡阳者，见荆州之南境，不但至于衡山，而且包乎山之南也。

【注】

[1] 荆州：古代九州之一，大体相当于今湖北、湖南二省全境，由荆山一带直到衡山之南地域。

江、汉朝宗于海[1]。

解 江、汉，是二水名。诸侯朝见天子，叫做朝宗。江、汉二水都发源于梁州，至荆州合流，其势愈大。禹既因其势而导之，由是二水顺流东下，望海而趋，无复停滞，就似诸侯往京师朝见的一般，荆州去海尚远，而遽言朝宗于海者，以禹功既施，知其势所必至也。

【注】

[1] 江、汉：即长江、汉水。朝宗：诸侯春天朝见天子为朝，夏天朝见为宗。

九江孔殷[1]。

解 九江，是沅、渐、元、辰、叙、酉、澧、资、湘九水聚会的去处，即洞庭湖。在今湖广岳州府巴陵县地方。孔，是甚。殷，是正。九江，乃江水之所经也。江汉既

【注】

[1] 孔：很，甚。殷：定，也作"正"，古代"正"、"定"通用。

江汉朝宗图

治，于是九江之水，各顺其流，而合于洞庭水道，甚得其正，而无横决之患矣。

沱、潜既道。

解 沱、潜，是二水名。江水分出的叫做沱，汉水分出的叫做潜。沱水，在今湖广荆州府枝江县；潜水，在今承天府潜江县。沱、潜乃江汉之支流也，江汉既治，于是沱、潜二水亦皆各循其道，而无逆流之患矣。

云土、梦作乂。

解 云、梦，是二泽名。云泽在江北，即今湖广承天、德安二府及沔阳州等处。梦泽，在江南，即今湖广、江夏、华容等处。土，是土见。作乂，是耕治。往时江汉诸水未平，云、梦之间，都被淹没。今水患既去，于是云泽之地，都见了干土；梦泽之地，都可以耕治。盖云泽地卑，水落稍迟，故人工晚，梦泽地高，水落在先，故人工早也。

厥土惟涂泥，厥田惟下中，厥赋上下。

解 下中，是第八等，上下是第三等。荆州土性涂泥，与扬州同，所以田之等第，只高得扬州一等，而其赋乃出第三等者，以其地方既阔而人工又修也。

厥贡羽、毛、齿、革，惟金三品，杶干、栝、柏[①]，砺、砥、砮、丹[②]，惟箘、簵、楛[③]，三邦厎贡厥名，包匦菁茅[④]，厥篚玄纁玑、组，九江纳锡大龟[⑤]。

解 "羽、毛、齿、革""金三品"已解，见"扬州"。杶、

【注】

① 杶（chūn）：香椿木。干：柘木，可做弓；一说"杶干"，即椿树树干。栝（guā）：桧树。

② 砺：粗磨刀石。砥：细磨刀石。砮（nǔ）：

栝、柏（bǎi），是三样木名。杶木可作弓干，故叫做杶干。砺、砥，都是磨刀的石。砮，是石箭镞。丹，是丹砂。箘簵，是竹名；楛（hù），是木名，这竹木都可以为箭。三邦，是地名。匦（guǐ），是匣。菁茅，是草名，祭祀时，则束茅于地以缩奠酒。纁（xūn），是浅绛色。玑，是不圆的珠。组，是丝带。纳锡（cì），是纳与朝廷。龟一尺二寸的，叫做大龟。荆州之贡有羽、毛、齿、革，有金、银、铜，又有杶干、栝、柏，与砺、砥、砮镞、丹砂，这都是通一州所出的。又有箘、簵二竹及楛木，惟出于三邦者为有名，有专令三邦致贡，而不责于他处；又有菁茅则包而又匣之，所以重祭祀之用，而不敢轻忽；又有玄、纁二色之币及珠玑、组绶，可为服饰者，则入之于篚焉。至于九江所出大龟，可以占卜，若偶得之，即纳与朝廷，以其物不常有，故不制为常贡也。

浮于江沱潜汉，逾于洛，至于南河。

解　逾，是过。凡水道不通，从陆路搬过，叫做逾。洛，是水名。南河，是冀州南界之河。荆州之贡道，先浮舟于江沱，以入潜汉。汉水与洛水不通，又从陆路过于洛，然后由洛而至于南河，达河则达帝都矣。以上都是经理荆州的事。

荆、河惟豫州①。

解　这是定豫州的境界。荆，即是荆州之荆山。禹既分了豫州，遂定其境界，西南至荆山，北至大河，这地方都属豫州，即今河南之开封、河南、南阳、归德、汝宁五府及南直隶颍、亳二州，湖广均、随二州，山东曹州都是。

石制的箭镞。丹：丹砂，可作红色颜料。

③ 箘（jùn）簵（lù）：两种质地坚劲的竹子，可做箭杆。楛（hù）：一种树木，可做箭杆。

④ 菁茅：香草名，古代祭祀时用以滤酒去渣，谓之缩酒。东晋王隐《晋书地道记·零陵郡》："泉陵县有香茅，气甚芬香，言贡之以缩酒也。"北周庾信《周方泽歌》："调歌孙竹，缩酒江茅。"唐代柳宗元《与崔连州论石钟乳书》："荆之茅，皆可以缩酒。"

⑤ 大龟：《史记·龟策列传》："龟千岁乃满尺二寸。"《汉书·食货志》："元龟岠冉长尺二寸。"故以"尺二寸"为大龟。

【注】

① 豫州：九州之一，因位于九州之中，所以别称中州。今河南省大部分属豫州，故河南简称豫。

包匭菁茅圖

伊、洛、瀍、涧既入于河。

解 伊、洛、瀍（chán）、涧，是四水名。伊水，《旧志》出上洛县熊耳山，在今陕西西安府商州地方，至河南府洛阳县入洛；洛水，《旧志》出洛南县冢岭山，亦在今商州，至河南府巩县入河；瀍水，《旧志》出河南郡谷城县北山，在今洛阳县地方，至河南府偃师县入洛；涧水，《旧志》出弘农郡新安县，即今河南府渑池县，至本府新安县入洛。豫州之川有四，曰伊、洛、瀍、涧四水相敌，向尝横流，今则伊、瀍、涧三水各入于洛，与洛水合流而入于河。盖豫州之川无不治矣。

荥、波既猪，导菏泽，被孟猪。

解 荥（xíng）、波、菏泽、孟猪，是四水名。荥水，在今河南开封府荥泽县地方；波水，《旧志》出娄涿山，北流入谷水，在今河南府永宁县地方。菏泽，《旧志》在济阴郡定陶县，即今山东兖州府曹州；孟猪，在梁国睢阳县，即今河南归德府虞城县。被，是余波所及。豫州之泽亦有四，曰荥、波、菏泽、孟猪，往时常有泛溢之患，今荥、波二泽既有蓄泄，又导菏泽之余波，以入于孟猪，而孟猪亦能容受。盖豫州之泽无不治矣。

厥土惟壤，下土坟垆[①]。

解 壤，解见"冀州"。坟，解见"兖州"。垆，是疏。豫州之土，在高处的，其性柔细；在低处的，其性坟起而疏松。不言"色"者，其色杂也。

厥田惟中上，厥赋错上中。

解　豫州之田，居中上为第四等，其赋居上中为第二等，而年分不同，间出第一等，赋高于田者，亦以人功修也。

厥贡漆、枲、絺、纻，厥篚纤、纩，锡贡磬错。

解　漆，解见"兖州"。枲、絺，解见"青州"。纻，是苧（zhù）麻其皮可绩以为布。纤，解见"徐州"。纩（kuàng），是细绵。磬错，是治磬的错刀。豫州之贡，有漆有枲及絺、纻等布。其入篚者有黑经白纬之纤与精细之纩，其待锡（cì）命而后贡者有治磬之错，盖磬错非常用之物，故不制为常贡也。

浮于洛，达于河。

解　豫州去冀州最近，以河为界，其入贡之道，东境径自入河，西境则浮于洛而达于河。达河则达帝都矣，以上都是经理豫州的事。

华阳、黑水惟梁州①。

解　这是定梁州的境界。华，是西岳华山，在今陕西西安府华阴县。黑水，《旧志》出张掖郡鸡山，在今陕西肃州卫地方，流入南海。禹既分了梁州，遂定其境界，东至华山之南，西至黑水，这地方都属梁州，即今四川、云南及陕西之汉中府、阶州皆是。

岷嶓既蓺。

解　岷、嶓（bō），是二山名。岷山，《旧志》在蜀郡湔氐道西缴外，即今四川成都府茂州。嶓冢山，《旧志》在陇

【注】

① 阳：山南水北为阳。

梁州：古代九州之一，涵括今陕西汉中地区、四川盆地及部分云贵地区。

西郡氐道县及西县，即今陕西巩昌府秦州，并汉中府沔县地方。岷、嶓二山，乃江汉发源的去处，自禹功既施，于是泛溢之患尽去，而稼穑之功可兴，二山之间，其地皆可种蓺。岷嶓蓺，则江汉之上源治矣。

沱、潜既道。

解　这沱、潜二水，是江汉别流之在梁州者，与荆州的不同，梁州之沱有二，其一，《旧志》在蜀郡郫县，即今四川成都府郫县，西流入江；其一，《旧志》在蜀郡汶江县，即今成都府灌县，东流入江。潜亦有二，其一，《旧志》在巴郡宕渠县，即今四川顺庆府渠县西南流入江；其一，《旧志》在汉中郡安阳县，即今陕西汉中府洋县，西南入汉。沱、潜二水乃江、汉分出的支流，禹都加浚治，于是二水各有所归，或入于江，或入于汉，而无不顺其道焉，沱、潜道（dǎo），则江汉下流治矣。

蔡、蒙旅平，和夷底绩。

解　蔡、蒙是二山名。蔡山，在今四川雅州；蒙山，在今雅州名山县。旅，是祭山之名。蔡、蒙二山之间，沫水经流，其势漂疾，向尝为患，今水土既平，于是遂行旅祭之礼焉。二山平，则凡土之高者，无不治矣。

　　和夷，是地名，在今雅州地方。底绩，与"覃怀底绩"同。言和夷地平而险远，向以水患难于成功，今则可以经略，可以耕治，而亦致有功绩焉。"和夷底绩"，则凡地之平者无不治矣。

厥土青黎①，厥田惟下上，厥赋下中，三错。

解 "黎"字，解做"黑"字。言梁州之土，其色青黑。不言性者，其性杂也。

三错，是三等样间杂。梁州之田，居下上为第七等。其赋本居下中为第八等，间或一年进而为第七等，间或一年降而为第九等，共有三等。盖地力之厚薄不同，而年岁之丰凶亦异，所以随时制赋，不遽定为常额也。

【注】

① 青黎：色黑而疏松肥沃的土壤。

厥贡璆、铁、银、镂、砮、磬，熊、罴、狐、狸织皮。

解 璆，是玉名。镂，是刚铁可以刻镂的。磬，是石磬。熊、罴、狐、狸，是四兽，其毛可织以为罽（jì），如今毡褐①之类。以其织成而贡，故叫做织；其皮可制以为裘，以其未制而贡，故叫做皮。梁州所贡之物有璆、铁、银、镂、砮、磬，皆可以制器用者；熊、罴、狐、狸之织与皮，可以为裘褐者。

【注】

① 毡褐：即毡氎（hé），用动物毛织成的布。

西倾因桓是来，浮于潜，逾于沔，入于渭，乱于河。

解 西倾，是山名，《旧志》在陇西郡临洮县，即今陕西洮州卫。因，是循。桓、潜、沔、渭，都是水名。桓水，出西倾山之南，今洮水出于西倾，流经临洮府界，谓之恒水，疑即桓水也。潜水，即"沱、潜既道"之潜。沔，是汉沔，在今陕西汉中府褒城县地方。横截渡河，叫做乱。梁州西南境之贡道，自西倾山之南，循桓水而来，至葭萌县，即今四川保宁府昭化县地方；浮舟于潜水，至晋寿县之界，即今保宁府广元州地方，其间为漾枝津所阻，水道不通，遂舍舟登陆，至汉中府地方；又下汉沔，从汉沔北行，至陕西西安府武功县入渭；从渭东行，至西安府华阴县过河，冀州在河东，故必过河以达帝都也。　以上都是经理梁州的事。

黑水、西河惟雍州①。

（解）这是定雍州的境界。　黑水，解见"梁州"，盖自雍州之西北，直出梁州之西南，故二州西边皆以黑水为界。　西河，是冀州西界之河。　禹既分了雍州，遂定其境界，西面跨过黑水，东面抵西河，这地方都属雍州，即今陕西西安等八府，及宁夏、甘肃、洮岷等卫都是。

【注】

① 雍州：古代九州之一，包含今陕西大部分地区、宁夏全境及青海、甘肃等地。

弱水既西。

（解）弱水，《旧志》在张掖郡删丹县，在今甘州卫西，其水力微弱，不能浮载，故叫做弱水。　弱水既不能载，而且西流。　此水之异常者。　禹因其性而导之，于是顺其故道，西入流沙，而不复为雍州之患矣。

泾属渭、汭，漆、沮既从，沣水攸同。

（解）泾、渭、汭、漆、沮、沣，都是水名。　泾水，《旧志》出安定郡泾阳县，即今陕西平凉府平凉县，至今西安府高陵县入渭。　渭水，《旧志》出陇西郡首阳县，即今陕西临洮府渭源县，至今华州华阴县入河。　汭（ruì）水，《旧志》出扶风郡汧（qiān）县，即今陕西凤翔府陇州，至平凉府泾州入泾。　漆水，《旧志》出扶风杜阳县，即今陕西凤翔府麟游县，至今西安府耀州合于沮。　沮水，《旧志》出北地郡直路县，即今陕西延安府宜君县，至今耀州合于漆，又至今同州朝邑县入渭。　沣水，《旧志》出扶风鄠（hù）县，即今陕西西安府鄠县，至本府咸阳县入渭。 属，是连属。 从，是归从。 同，是会同。都指渭水说。 雍州之水，莫大于渭。 禹既施导渭之功，于是泛滥悉平，而众流俱顺，泾水自泾州受汭水，至高陵县入渭，是泾水上属于汭，下属于渭，彼此联合而无散漫矣。 漆、沮自耀州合流，至朝邑县入渭，使漆、沮二水既归于渭，小大相从而无横流矣。 沣水至咸阳县入渭，是沣水亦会于渭，并流而同归矣。 沣、泾、漆、沮皆注于渭，而渭又入于河，则雍州之水无不治矣。

荆、岐既旅，终南、惇物，至于鸟鼠。

解 荆、岐、终南、惇物、鸟鼠，都是山名。 荆山与荆州的不同，《旧志》在冯翊怀德县，即今陕西西安府富平县。 岐山，《旧志》在扶风美阳县，即今陕西凤翔府岐山县。 终南山，《旧志》在扶风武功县，今在陕西西安、凤翔二府地方，连亘千里。 惇物山，在今西安府武功县。 鸟鼠，《旧志》在陇西郡首阳县，即今陕西临洮府渭源县。"旅"字，解见"梁州"。 雍州诸水既治，由是荆、岐二山，无怀襄之患，可行旅祭之礼；凡终南、惇物至于鸟鼠其间一带的山，都与荆、岐一般，则雍州之高土无不平矣。

原隰底绩，至于猪野。

解 地之广平的叫做原，下湿的叫做隰，其地在今陕西西安府邠州。 猪野，《旧志》在武威县休屠泽，即今陕西凉州卫地方。 雍州水患既息，于是原隰之地，已致平成之功。 又直至猪野，其间一带的地，都与原隰一般，则雍州之下土无不平矣。

三危既宅，三苗丕叙。

解 三危，是山名，在今陕西肃州卫西八百里，沙州卫旧城东南，即舜窜三苗之地。 宅，是居止。 丕叙，是大有功叙。 雍州不特近地底绩，虽远如三危，其地亦无水患，可以居止。 三苗之窜于此地者，既已安居乐业，亦皆革心向化，而大有功叙，则雍州之远土无不平矣。

厥土惟黄壤。

解　土以黄为正色，壤为常性，今雍州之土，色黄而性壤，土之最美者也。

厥田惟上上，厥赋中下。

解　雍州土最美，故其田居上上，为第一等，但地狭而人功少，故其赋只居中下，为第六等。

厥贡惟球、琳、琅玕。

解　球、琳，是美玉。琅玕，是美石似珠者。雍州所产的贡物有球、琳，可为珪璋之用；有琅玕，可为冠冕之饰。

浮于积石，至于龙门西河，会于渭汭。

解　积石、龙门，是二山名。积石山，《旧志》在河关县西南羌中，即今陕西河州卫西北。龙门山，《旧志》在冯翊（yì）夏阳县，即今陕西西安府韩城县东北。都是黄河所经。渭汭（ruì），是渭水入河交流的去处。雍州贡道有二，其西北境则浮舟于积石之河，至于龙门，入冀州之西河，直达帝都，其西南境则自渭而来，皆会聚于渭汭，以入于河而达帝都，各从其便也。

织皮、昆仑、析支、渠搜，西戎即叙。

解　织皮，解见"梁州"。昆仑、析支、渠搜，是三个国名。这三国都在西番地面，总叫做西戎。昆仑，《旧志》在临羌，今肃州卫西南，直至西番朵甘卫东北都是。析支，《旧志》在河关西千余里，今西番中有析枝水，即是此地。渠搜，《旧志》朔方郡有渠搜县，未详所在，大约在今宁夏河套之地。即叙，是就叙。禹治雍州成功，不但本州有球、琳、瑯玕之贡，又有外国以鸟兽的织皮来贡，其国曰昆仑、曰析支、曰渠搜，这三国本是西方戎落，今亦顺服我中国之化，与三苗同其丕叙矣。禹功所及，其远如此。以上都是经理雍州的事。

导岍及岐，至于荆山，逾于河。①**壶口、雷首，至于太岳。**②**底柱、析城，至于王屋。**③**太行、恒山，至于碣石，入于海。**④

解 此下四条，是记禹导山之事，即所谓"随山"也。前面九州中，虽各载有导山的工夫，但逐州分记，未见得山之脉络，至此又把天下的山分做南北二条，其南北条中，又各分做南北二境，逐节记其用功之始终，其大势皆自西北以至东南，而山之脉络分明可考矣。然疏导本是治水的事，今随山乃谓之导者，盖水之源皆出于山，水之为患，皆因于山。禹随山乃所以治水，故谓之导也。这一节是导北条大河、北境之山。岍（qiān）、岐、荆，都是雍州的山。岍山在今陕西凤翔府陇州，乃汧、沭二水所出；岐、荆二山，已解见"雍州"。壶口以下诸山，都是冀州的山。壶口，解见"冀州"，其山正当河水南流之冲。雷首山，即今山西平阳府蒲州首阳山，乃河水所经。太岳，亦解见"冀州"，乃汾水所经。底柱，即砥柱山，在今河南陕州东四十里，黄河中间。析城山，在今山西泽州阳城县。王屋山，《旧志》在河东垣曲县，今在河南怀庆府济源，接连山西阳城、垣曲二县之境，乃济水所出。太行山，在今河南怀庆府地方，长数千里。恒山，即是北岳，在今山西浑源州。碣石，亦解见"冀州"，正当河水入海之处。逾，是过。凡"及"字、"至"字、"逾"字，都指禹说。入于海，是指水势说。盖北条大河、北境诸山，乃河、济两派大水所出入的去处。故禹先从雍州岍山导起，东及岐山，又东至于荆山，无不施功，则其间不但河之经于雍州者，无所壅塞，而渭水之入河，泾、澧、漆、沮、汧、沭之入渭，皆有次第矣。雍

【注】

① 岍（qiān）：今名千山，在陕西省陇县。 岐：山名，在今陕西省岐山县北部。荆山：在今陕西省阎良区、三原县、富平县三地交界处。

② 壶口：山名，在今山西省吉县。雷首：山名，在今山西省永济市。 太岳：山名，位于山西省中部，太行山和吕梁山之间，南起沁县，北至太谷县南。

③ 底柱：山名，在今山西省平陆县和河南省三门峡市之间，又称三门山。析城：山名，在今山西省阳城县西南。王屋：山名，在今河南省济源市，山西省阳城县、垣曲县等市县间。

④ 太行：山名，在今山西省、河南省、河北省三省交界地。恒山：山名，非现在山西浑源北岳恒山，而是古代北岳恒山，在今河北省曲阳县北，今称大茂山。碣石：山名，在今河北省昌黎县。

州功毕，禹乃过于龙门之西河，到冀州地方，治壶口、雷首，以至于太岳，又治厎柱、析城，以至于王屋。又治太行、桓山，以至于碣石。水势至此都入于海，则其间不但河、济顺流，而汾、泽、漳、沁、恒、卫、涞、淇等水，皆有归向矣。禹导大河，北境诸山，其施功之序如此。

西倾、朱圉、鸟鼠，至于太华。① 熊耳、外方、桐柏，至于陪尾。②

解　这一节，是导北条大河、南境之山。不言"导"者，以同是北条之山，承上文"导岍"而言也。西倾、朱圉、鸟鼠、太华，都是雍州的山。西倾山，解见"梁州"，乃洮水、桓水所出。朱圉山，在今陕西巩昌府伏羌县。鸟鼠山，解见"雍州"，乃渭水所出。太华山，即是西岳，在今陕西西安府华阴县。熊耳、外方、桐柏、陪尾，都是豫州的山。熊耳山，在今陕西西安府商县，乃伊水所出，洛水所经。外方山，《地志》以为即是中岳嵩山，在今河南府登封县，乃伊水所经。桐柏山，在今河南南阳府桐柏县，乃淮水所出。陪尾山，在今湖广德安府。盖北条大河、南境诸山，乃渭、伊、洛、淮诸水所出的去处，故禹从雍州西倾山导起，历朱圉、鸟鼠，以至于太华，则凡桓、渭等水出入于诸山者可治矣。雍州之功既毕，由是到豫州地方，导熊耳、外方、桐柏以至于陪尾，则凡伊、洛、淮等水，出入于诸山者可治矣。禹导大河南境之山，其施功之序如此。

導山副圖

导弱水副圖

导嶓冢，至于荆山。① 内方，至于大别。②

解 这一节是导南条江汉北境之山，乃治汉水的事。 嶓冢，已解见梁州。 荆山、内方、大别，都是荆州的山。 荆山，解见荆州、内方山，《地志》以为即今湖广德安府章山。 大别山，在今湖广汉阳府，盖汉水发源于梁州之嶓冢山，经流于荆州之荆山、内方、大别诸山。 禹则导嶓冢以浚其源，至于荆山、内方、大别以引其流，则汉水于是乎入江矣。 其施功于江汉北境者如此。

【注】

① 嶓冢：山名，在今陕西省宁强县西北。 荆山：山名，位于今湖北省南漳县西南。

② 内方：山名，在今湖北省钟祥市西南。 大别：山名，今湖北和安徽两省交界处的大别山。

岷山之阳，至于衡山。① 过九江，至于敷浅原。②

解 这一节是导南条江汉南境之山，乃治江水的事。 不言"导"者，以同是南条之山，承上文"导嶓冢"而言也。 岷山已解，见"梁州"。 衡山、九江已解，见"荆州"。 敷浅原，《地志》以为即今江西九江府德安县博阳山。 盖江水发源于岷山，故禹从岷山之阳导之，而江之源治矣。 然江自岷山以下，直流至东南数千里，两边夹江，却都是山。 其北边山势，连接直至衡山；其南边山势，连接直至敷浅原。 故禹从岷山之阳，至于衡山，去导大江北岸一带的山；又渡过九江，至于敷浅原，去导大江南岸一带的山。 由是江水两边，通流无滞，而顺其趋海之势矣。 其施功于江汉南境者如此。 以上都是导山的事。

【注】

① 岷山：位于四川省北部与甘肃省交界处，主峰在四川省松潘县境内。 衡山：即南岳，在今湖南省衡山县。 因其位于二十八星宿的轸星之翼"变应玑衡"，犹如衡器，故名衡山。

② 九江：即洞庭湖。 敷浅原：《汉书·地理志》云"傅阳山、傅阳川在南，古文以为敷浅原"；一说为江西的庐山。

导弱水，至于合黎，余波入于流沙①。

解 此下九条，是记禹导水之事，即所谓浚川也。 前面九州中，虽各载有治水的事，但逐州分记，未见得水之脉络，至此又把天下九处大水，逐处记其疏导之始终，与其源流之曲折，而诸水之脉络，分明可考矣。 弱水、黑水在西北

【注】

① 弱水：上源指今甘肃山丹河，下游即山丹河与甘州河合流后的黑河，入内蒙古后，称额济纳

河。合黎：山名，在今
甘肃省张掖市甘州区、
临泽县、高台县北部。
余波：下游。流沙：《汉
书·地理志》："流沙在居
延西北，名居延泽。"泛
指居延泽附近的沙漠。

极边，与诸水不相干涉，故先记之北方之水，莫大于河。
故河次之，南方之水，莫大于江汉，故汉与江次之，北之
济，南之淮，与江、河共为四渎，故济与淮又次之，渭、
洛皆入于河，故记之于后。 弱水解见雍州。 合黎，是山
名，《旧志》在张掖县西北，即今陕西行都司西北，弱水环
之。 流沙，是地名，在今沙州卫旧城之西。 凡水皆能载而
东流，惟弱水独弱而西流。 禹顺其性而导之至于合黎，其
余波西入于流沙，而弱水治矣。

导黑水至于三危，入于南海。

解 黑水，解见"梁州"。 三危，解见"雍州"。 凡水皆
清，惟黑水独黑，而且南流。 禹亦顺其性而导之至于三
危，流入于南海，而黑水治矣。

导河积石，至于龙门；南至于华阴，东至于厎柱，又东至于孟津；东过洛汭，至于大伾；北过洚水，至于大陆；又北，播为九河，同为逆河，入于海。

解 积石、龙门，解见"雍州"。 山北曰阴。 华阴，是华
山之北，今陕西西安府有华阴县。 厎柱，解见"导山"。
孟津，是地名，《旧志》在河内郡河阳县，即今河南府孟津
县。 洛汭，是洛水入河交流中间，在今河南府巩县东。 大
伾（pī），是山名，《旧志》在通利军黎阳县，即今直隶大
名府浚县。 洚水，《旧志》在信都县，即今直隶真定府冀
州枯洚渠。 大陆，解见"冀州"。 播，是分。 九河，解见
"兖州"。 逆河，是河已近海，海潮迎着河水的去处，故以
为名。 黄河之源，出西域昆仑山星宿海，东北流数千里才

導黑水副圖

到积石，禹导河自积石起。以河入中国，都在山峡中行，其流迅疾，而时有壅滞，乃疏凿其险阻，以至于龙门。自龙门而下，山开岸阔，豁然奔放，南流至于华山之阴。自南折而东流，至于陕州之厎柱。又东至于河内之孟津。又东过洛水交流的去处，至于黎阳之大伾，此时河始出险而就平地。又自东折而北流，过于信都之泽水，至于冀州之大陆。又自大陆而北，到兖州地方，地旷土疏，河尤易决，禹乃播之为九河，以分其力而杀其势，然后合为逆河，以入于海，而河水治矣。自大伾至逆河，这是禹时黄河入海的故道，自周汉以来，河道渐徙东南流入于淮，然后入海，遂与禹时故道不相合矣。按洪水之患，惟河最甚，故大禹疏凿之功，惟河独多，然当时但顺水之性，以除民之害而已。今之黄河，乃漕运所必经之道，而淤塞冲决之患，时时有之，既欲资其利，而又欲去其害，故今之治河尤难，经国者所当加意也。

嶓冢导漾，东流为汉，又东为沧浪之水；过三澨，至于大别，南入于江。东，汇泽为彭蠡；东，为北江[①]，入于海。

解 嶓冢，解见"梁州"。汉水有二源，东源出秦州之嶓冢，始出为漾；西源出沔县之嶓冢，始出为沔。这所导的嶓冢，乃是秦州之嶓冢，故说"导漾"。汉、沧浪、三澨，都是水名。汉水，《旧志》在武都郡，即今陕西巩昌府成县。沧浪，《旧志》在武当县，即今湖广襄阳府均州。三澨，《旧志》一出郢州长寿县，即今湖广承天府京山县；其二不知所出。大别，解见"导山"。汉水入江，在今湖广汉阳府汉阳县。"汇"字，解做"回"字。彭蠡，解见

【注】
① 北江：即汉水，汉水称为北江，彭蠡称为南江，岷江称为中江，合称三江。

导沇副圖

濟水

沇水

荷澤

滎澤

陶上

"扬州"。北江，传无解释。入海，在今直隶扬州、通州。漾水，出秦州嶓冢山。禹自此山导之，东流至武都，又叫做汉水；至汉中与沔水合，叫做汉沔；又东流至武当，叫做沧浪之水；又过三澨之水，至于汉阳大别之山，而南流合于江。入江之后，又东见至鄱阳，停蓄周回而为彭蠡之泽；又东流而为北江，至通州入海，而汉水治矣。

岷山导江，东别为沱，又东至于澧；过九江，至于东陵，东迤北会为汇；东为中江，入于海。

解　岷山、沱水，都解见"梁州"。澧，是水名，《旧志》出武陵充县，即今湖广岳州府慈利县。九江，解见"荆州"。东陵，是地名，即今湖广岳州府巴陵县。迤，是邪行的意思。会，为汇，是江与汉会而汇为彭蠡。中江传亦无解释。江水出茂州岷山，禹自此导之，东流合蜀郡，别出一支，叫做沱水。又东流至于充县之澧水，遂过岳州之九江，至于巴陵。又东向迤逦而行，北至汉阳会汉水，而同汇为彭蠡之泽。又东流而为中江，至通州入海，而江水治矣。盖江、汉二水，各出于梁、雍二州，合流于荆州。入海于扬州。"嶓冢导漾""岷山导江"，即梁州所谓"岷嶓既艺"也。"南入于江""东迤北会"，即荆州所谓"江汉朝宗于海"也。"汇泽为彭蠡"，即扬州所谓"彭蠡既猪"也，但以今地图考之，汉水入江之处，去彭蠡尚七百余里，彭蠡之泽，乃自受江西江东诸水而成，本非江汉之所汇。又江汉合流之后，但为一江入海，亦未尝有一江中江之分，或者世代已远，水道有变迁，经文有错误，皆不可知也。

导沇水，东流为济，入于河，溢为荥；东出于陶丘北，又东至于菏；又东北，会于汶；又北东，入于海。

解　沇（yǎn）水，是济水初出之名。济，解见"兖州"。荥，解见"豫州"。陶丘，是地名，《旧志》在广济军，即今山东兖州府定陶县。菏，解见"豫州"。汶，解见"青州"。济水性既沉下，而力又劲疾，常从地中穿穴而行，故其出入无常。伏，见不一。禹顺其性而导之，其发源在垣曲县王屋山顶崖下，叫做沇水。这是初见的时节，由是伏流地中，东至济源县，涌出二源，合流为一，叫做济水。这又是一见。又到温县号公台入于河，伏流河中，至荥泽县溢出而为荥水。这又是一见。又与河并行，东至定陶县，涌出于陶丘之北。这又是一见。自此遂不复隐伏，东北至汶上县，会于汶水。又东北至博兴县入于海，而济水治矣。

导淮自桐柏，东会于泗、沂，东入于海。

解　桐柏，解见"导山"。淮、泗、沂，解见"徐州"。淮水出于桐柏山，禹导淮水，自桐柏始，由是东流过颖、亳、泗诸州，至淮安府睢宁县，会于泗、沂，又东流至淮安府海州入于海，而淮水治矣。

导渭自鸟鼠同穴，东会于沣，又东会于泾；又东过漆、沮，入于河。

解　鸟鼠同穴，是山名，其山鸟鼠同穴而处，故以为名。沣、泾、漆、沮，都解见"雍州"。渭水出今临洮府渭源县南谷山，在鸟鼠山之西北。禹只自鸟鼠同穴导之，东流至咸阳县，会于沣水。又东流至高陵县，会于泾水。又东流至朝邑县，过于漆、沮之水。又流至华阴县，入于河，而渭水治矣。这"会于沣"，即雍州所谓"沣水攸同"也；"会于泾"，即雍州所谓泾，属渭汭也；"过漆、沮"，即雍州所谓"漆沮既从"也。前面是分记，这是直叙其源流。

导洛自熊耳，东北会于涧瀍，又东会于伊，又东北入于河。

解　熊耳，解见"导山"，即商州之熊耳。洛水出商州冢岭山，与本处熊耳山相近，故禹自此山导之，非卢氏之熊耳也。涧、瀍、伊，都解见"豫州"。禹导洛水于商州熊耳之山，东北流至新安县，会于涧水；至偃师县界，会于瀍水；又东流至洛阳县界，会于伊水；又东北流至巩县入于河，而洛水治矣。以上都是导水的事。

鳥鼠同穴山

導渭副圖

雍 赋中下 田上上 土黄壤	徐 赋中中 田上中 土赤埴坟	冀 赋上上错 田中中 土白壤
梁 赋下中三错 田下上 土青黎	豫 赋错上中 田中上 土壤下土坟垆	兖 赋贞 田中下 土黑坟
荆 赋上下 田下中 土涂泥	扬 赋下上上错 田下下 土涂泥	青 赋中上 田中下 土白坟

则壤成赋图

【注】

① 攸：所。

② 隩：可以居住的地方。宅：居住。

③ 九山：前文列举的九条山脉，即岍及岐至于荆山，壶口、雷首至于太岳，底柱、析城至于王屋，太行、恒山至于碣石，西倾、朱圉、鸟鼠至于太华，熊耳、外方、桐柏至于陪尾，嶓冢至于荆山，内方至于大别，岷山之阳至于衡山。刊：除。旅：治。

④ 九川：前文所列九条江河：弱水、黑水、黄河、漾水、长江、沇水、淮河、渭水、洛水。涤源：疏导顺其源。

⑤ 九泽：前文所列九个大泽：雷夏、大野、彭蠡、震泽、云梦、荥波、菏泽、孟猪、猪野。陂：堤防。

⑥ 四海：《尔雅·释地》称："九夷八狄七戎六蛮，谓之四海。"会同：水流汇集。

九州攸同①，四隩既宅②，九山刊旅③，九川涤源④，九泽既陂⑤，四海会同⑥。

解 这一节是总结上文九州四海水土无不平治的意思。四隩，是四海之内水边的地土。宅，是居。九山，是九州之山。刊，是除。旅，是祭。九川，是九州之川。涤，是洗涤。九泽，是九州之泽。陂，是陂障。史臣说，大禹导山则穷其脉络，导水则顺其源流，勤劳八年，施功既毕，所以九州之疆域虽异，而水土之平治则同，卑而为四隩之地。昔皆垫溺，今则险阻尽远，已可定居。九州之山，是地之高者，昔皆草木蔽塞，今则斩木通道，已可祭告。九州之川，浚涤已通，无有壅滞。九州之泽，陂障已固，不复溃决。由是四海之水，若大若小，无不会同而各有所归矣。九州的水土，又岂有一处之不平治者哉！

六府孔修，庶土交正，底慎财赋，咸则三壤，成赋中邦。

解 这一节，是总结上文九州的土田贡赋无不整理。六府，是水、火、金、木、土、谷六件。孔，是大。庶土，是众土，凡山林泽场圃田园之类皆是。交正，是参较的意思。底，是致。"咸"字，解做"皆"字。则，是定为等则。三壤，是上、中、下三等土壤。中邦，是中国。史臣说，水是五行之首，百货之源，往时洪水横流，六府岂能修治？今水患既去，地利可兴，那水、火、金、木、土、谷六件，皆大修治，而财用有资，贡赋可定矣。禹乃因地之宜，以制国之用。九州的庶土，有高下肥瘠之不同，则交相参较，辨其何物出于何州，而各州所产，又何者为最良，由是因其所出之财，而致谨于财赋之入。有一州通贡的，有随地而使贡的，又有待命而后贡的，惟恐伤民之财，尽地之力，盖极其谨慎而不敢忽焉。九州的谷土，亦有高下肥瘠之不同，则皆为之品节，辨其孰为上等，孰为中等，孰为下等。由是随其所定之则，而成赋于中国之内，有最厚的，有最薄的，又有间杂不等的，上无过取，下无重敛，皆有成规而不可变焉。然成赋谓之中邦者，庶土之贡，或及于四夷；谷土之赋，则止于中国也。圣人经国之制，其周密如此。

锡土姓。

🔴解 这一节是记封建诸侯的事。锡，是与。水土既平，疆域既定，禹又佐天子封建诸侯，锡（cì）之土地，使他立国以守其社稷；锡之姓氏，使他立宗以保其子孙。盖欲其国家之藩屏，以共保平成之绩也。

祗台德先，不距朕行。

🔴解 祗（zhī），是敬。"台（yí）"字，解做"我"字。距，是违越的意思。朕，是禹自称。禹平水土，定贡赋，建诸侯。治已定，功已成矣。然其心不矜不伐，犹自叙说，当此治定功成之时，别无所事。惟敬我之德，以率天下，则天下之人，自然倾心从化，不能违越我的所行矣。这可见禹不以成功自处，而惟欲以敬德化民，即《益稷篇》所言"思日孜孜"之意也。

五百里甸服，百里赋纳总，二百里纳铚，三百里纳秸服，四百里粟，五百里米。

🔴解 此以下五条，是记禹分九州地方以为五服，即《益稷篇》所谓"弼成五服"也。这一条是定甸服之制。甸，是治田。服，是事。稻禾连穗与茎的叫做总，割下半藁（gǎo）的叫做铚（zhì）。半藁去粗皮的叫做秸。粟，是谷。天子畿内地方千里，王城之外，四面皆五百里，禹则制为甸服，以其皆田赋之事，故叫做甸服。甸服之制何如？内百里去王畿最近，其赋则连那稻禾的茎穗都纳朝廷。盖稻可以供廪禄，草可以充刍秣（mèi），即今之粮草俱

锡土赐姓图

帝舜

纳者也。 第二百里，次近王畿，只割禾半藁纳之。 第三百里，亦近王畿，则去藁上的粗皮纳之。 然此三百里内，都是近地，不但纳总、铚、秸而已，或有输将之事，如搬运粮草等项，仍使他服劳，而无力役之征焉。 自是以外，第四百里，去王畿渐远，惟去其穗而纳谷。 第五百里，去王畿尤远，则去其谷而纳米。 盖地方愈远，纳赋愈从轻便，而亦不使之服输将之事矣，其分甸服五百里而为五等者如此。

五百里侯服，百里采，二百里男邦，三百里诸侯。

解 这一条，是定侯服之制。 采，是卿大夫所食的邑地。 古时百官俸禄，皆分与田地，使他自收，叫做食邑。 男邦，是男爵的小国。 禹于甸服外四面又各五百里，制为侯服，以其皆侯国之事，故叫做侯服。 侯服之制何如？ 近甸服四面那百里，定做卿大夫的采邑，采邑外四面第二百里，定做男爵的小国。 男邦外四面那三百里，定做诸侯的大国及次国。 小国居内，所以安内附也。 大国居外，所以御外侮也。 其分侯服五百里而为三等者如此。

五百里绥服，三百里揆文教①，二百里奋武卫。

解 这一条，是定绥服之制。 绥，是抚安的意思。"揆"字，解做"度"字。 禹于侯服外四面，又各五百里制为绥服。 以其渐远王畿，而取抚安之义，故叫做绥服。 绥服之制何如？ 这地方内去王城千里，外去荒服千里。 介乎内外之间，不可不严华夏之辨，故于内面三百里，则酌量揆度，施之以仁义礼乐之教。 盖太平有道之日，教化可兴，故以修内治为务也；于外面二百里，则鼓舞奋扬，训之以卒伍军师之法。 盖安宁无事之时，人心易弛，故以防外患为急也，其分绥服五百里而为二等者如此。

五百里要服，三百里夷，二百里蔡。

解 这一条，是定要服之制。 要，是约束的意思。 蔡，是安置罪人。 禹于绥服外四面，又各五百里，制为要服。 以其去王畿已远，法制简略，稍示约束

告厥成功图

告厥成功圖

帝舜

大禹

而已，故叫做要服。 要服之制何如？把内面三百里，处那夷人，各随其俗而羁縻之。 外面二百里，则安置那罪人，迸诸四夷，不与同中国也。 其分要服五百里而为二等者如此。

五百里荒服，三百里蛮，二百里流。

（解） 这一条，是定荒服之制。 荒，是荒野。 禹于要服外四面。 又各五百里，制为荒服。 以其去王畿尤远，都是荒野去处，故叫做荒服。 荒服之制何如？内面三百里，听与蛮人居住，其法比诸夷又略矣。 外面二百里，把那重罪的人流放于此，其法比诸蔡又重矣。 其分荒服五百里而为二等者如此。

东渐于海，西被于流沙，朔南暨，声教讫于四海。 禹锡玄圭，告厥成功。

（解） 这一节是总叙大禹之成功。 渐，是浸渍。 被，是覆冒。 朔，是北方。 暨，是及。 声，是风声。 教，是教化。"讫"字，解做"尽"字。"锡（cì）"字，解做"与"字。 玄圭，是黑色的圭。 禹定五服，地方虽止五千里，然其风声教化之所及，则有不止于此者，东边则渐渍到那东海，西边则覆被到那流沙，北边南边则所及尤远，不可以地限量，这风声教化，尽讫于四海之内，而无有不至。 大禹治水之功既成，于是用玄圭为贽，献与帝舜，以告其成功而复命焉。 圭必用玄者，所以象水色之黑也。 夫当洪水横流，下民昏垫之时，禹不惟能平治水土，以救一时之患，而必至于经制悉备，德教四达。 然后告成于君，真可谓万事之大忠矣。 此其所以独冠虞廷之功，而卒开有夏之业也欤！

甘誓

启与有扈战于甘之野，作《甘誓》。

甘，是地名，在今陕西鄠县。誓，是告戒。这书记夏王启，亲征有扈，誓戒将士的说话，故叫做《甘誓》。

大战于甘，乃召六卿。

解 六卿，是六乡之卿。古者每乡卿一人，无事，则掌其乡之政令；有事，则统其乡之军旅，与朝廷上的六卿不同。史臣说，夏王启，继禹即位，那时有个诸侯有扈氏，所为不道，王乃亲率六军，往正其罪。有扈恃其强暴，敢与天子抗衡，遂大战于其国之甘地。将战之时，王乃召六军之帅而誓戒之。

王曰："嗟，六事之人，予誓告汝，有扈氏威侮五行，怠弃三正，天用剿绝其命，今予惟恭行天之罚。"

解 六事之人，是总指有事于六军的人。威，是暴殄。侮，是轻忽。三正，是子、丑、寅三样正朔。夏王启将发誓辞，先叹息说："尔六卿及有事于六军的人，我今誓戒告汝，以有扈氏之罪恶，彼水、火、金、木、土之五行，原于天道，切于民生，有国家者，所当敬顺的。有扈氏有滥用五材，不顺月令，而暴殄轻忽之。子、丑、寅之三正，颁自朝廷，行诸邦国，为臣下者，所当遵守的。有扈氏乃蔑视王朝，不奉正朔，而怠慢废弃之，其悖乱不臣如此，因此获罪于天，大用降以天罚，剿绝其命。今我躬率六师以伐之，惟敬行天之罚而已，岂敢轻用其武哉！"

"左不攻于左，汝不恭命；右不攻于右，汝不恭命；御非其马之正，汝不恭命。"

解 左右，是车上在左在右的人。"攻"字，解做"治"字。御，是御马。古者车战之法，每车甲士三人，一人居左，主射；一人居右，主击刺；一人居中御马。必三人各治其事，方能取胜。故夏王启之伐有扈氏，誓戒众军士说道："尔在车左主射的人，宜专治左边的事，若不治于左，而于射敌之法有所未精，是汝不能敬我之命于左矣；在车右主击刺的人，宜专治右边的事，若不治于右，而于击刺之法有所未精，是汝不能敬我之命于右矣；在车主马驰驱的人，宜专心御马，求合法度，若御之不以其正，而于驰驱之法有所不合，是汝不能敬我之命于中矣。"

征扈誓師圖

夏啟

"用命赏于祖，不用命戮于社，予则孥戮汝。"

解 命，就是前面告戒的说话。古者天子亲征，则载迁庙之主，与社主以行，祖在左而社在右。赏罚，即于其主前行之，以示不逾时之义。孥（nú）戮，是并戮其妻子。夏王启戒誓将士既终，又明示赏罚以激励之，说道："行军的号令，我既已叮咛而告戒矣。汝众将士每，若能遵依着我的命令，克敌而又有功，我则即时论功大小，赏之于军中祖庙之前，或命之以官爵，或赉之以金帛，皆所不惜。若违犯了我的命令，以致偾（fèn）事，我则即时论罪，戮之于军中大社之前。不但诛及其身，将并其妻子而俱戮之。有功必赏，有罪必刑，军令既定，决不汝欺，汝等可不恭听予之命哉！"大抵武不可黩，亦不可弛。有扈氏获罪于天，义固当讨，而夏启当嗣位之后，承平之久，亦欲因此以振国家之神气，而销奸宄（guǐ）之逆萌，故亲率六师以讨之，亦制治保邦之要机也。

五子之歌

太康失邦，昆弟五人须于洛汭，作《五子之歌》。

这书记夏王太康之弟五人，因太康逸游失国，乃作为诗歌，以发其忧愁嗟怨之意，故叫做《五子之歌》。

太康尸位以逸豫^①，灭厥德，黎民咸贰^②，乃盘游无度^③，畋于有洛之表^④，十旬弗反^⑤。有穷后羿^⑥，因民弗忍，距于河^⑦。

解　太康，是启之子。畋，是畋猎。有穷后羿，是有穷国君名羿。史臣叙说：夏王太康嗣位一十九年，通不理会国家的政务，徒有人君的空名，而不行人君的实事，如祭祀之尸一般，只好干那放逸豫乐的事，以致于丧灭其德，暴虐其民，因此天下黎民不安其生，都有离叛之心。太康乃犹不知省改，安于游乐，无有节度，远出畋猎于洛水之外，至于一百日，犹不回还，于是有穷国之君名羿者，素怀不臣之心，至此因民不堪命，乃举兵距阻太康于大河之南，不使之归国。夫以大禹之勤劳万邦，德泽最厚，再传至其孙太康，既以怠荒而失国焉。然则为君者，岂可恃祖宗功德之大，而不增修其德业哉！

厥弟五人御其母以从，徯于洛之汭。五子咸怨，述大禹之戒以作歌。

解　御，是随侍。徯，是等待。水北，叫做汭。太康畋于洛表之时，他有五个兄弟，都随侍着他的母亲，从太康渡河而南，因太康打猎去的远了，追之不及，乃在那洛水之北，等待他回来。既而太康十旬弗返，羿距之于河，不得归国，五子见得宗庙社稷危亡之不可救，母子兄弟离散之不可保，都忧愁嗟怨，推究祸乱根原，皆由是太康荒弃了祖训，于是述大禹所垂的训戒，衍为诗歌，以其感慨迫切之词，纾其悃郁无聊之气，于以明先训之当遵，天命之难保，其词痛切而悲哀。盖不独伤太康之失德，实以垂万世之鉴戒也。夫创业之君，经历艰苦，为子孙万世虑，至

【注】

① 尸位：古代接受祭祀时的主位，比喻尊贵的位置。逸豫：安逸豫乐。

② 贰：有二心。

③ 盘游：享乐游逸。度：节制。

④ 畋：打猎。表：洛水的南面。

⑤ 反：同"返"。

⑥ 有穷：古国名。后：君王的代称。羿：有穷国国君名字，善射。

⑦ 距：同"拒"，抵御。

太康盘游图

太康盤游圖

五子作歌图

为深远，都有谟训以戒召后人。故太康失国，五子则述大禹垂后之戒；太甲不惠，伊尹则举成汤风愆之训，诚以法祖，乃帝王之要道也。后世继体守文之主，能常常遵守祖训，则长治久安，万年不替矣！

其一曰："皇祖有训，民可近，不可下。民惟邦本，本固邦宁。"

解 皇祖，是大禹。近，是亲近的意思。下，是疏远的意思。《五子之歌》第一章说道："昔我皇祖大禹，垂训有言，人君与那下民，势之相隔，虽有尊卑，情之相须，实犹一体，只可以其情而亲近之。凡百姓之饥寒困苦，须时时体念，视之如伤，保之如子，才是君民一体之意。若恣意极欲，肆于民上，把百姓的休戚利害都看得与己不相关涉，这等便是下民了。为人上者，切不可如此。所以然者何也？盖那小民虽至卑至微，却是邦国的根本。譬如房屋之有基址一般，必须以仁恩固结其心，使他爱戴归往。譬如房屋基址坚固了，然后邦国安宁而无倾危之患；若人心既离，根本不固，则国虽富强，终亦必亡而已。此民之所以可近而不可下也，皇祖之训如此。"今太康乃逸豫灭德，以至民不堪命，而邦国危亡，岂不深可痛哉！

"予视天下愚夫愚妇，一能胜予，一人三失，怨岂在明，不见是图。予临兆民①，懔②乎若朽索之驭六马，为人上者，奈何不敬？"

解 "一"字，解做"皆"字。三失，是差失多的意思。朽索，是朽坏的绳索。《五子》说："我皇祖大禹垂训，又言人君处崇高之位，执生杀予夺之权。都说小民至愚岂能胜我，殊不知民虽至愚而亦至神，能戴其上而亦能叛其上。我看那天下之民，莫说亿兆之众，便是愚夫愚妇也不可轻忽。若失其心，一个个都能胜我，所以为人君的行事，一件也不可有差。一有差失，皆足以致怨于民，况以一人之身，积愆累咎，至于再三，则民之怨咨，岂不益甚乎？夫事未有不自微而至著者，民心之怨，岂待他明白彰著而后知之？当于那事几未曾形见的时节，预先图谋更改，乃可以团结人心，潜消祸乱耳。是以我居君位临兆民，不敢以天下为乐，而深以危亡为惧。凛凛然如以易断之朽索，而驭易惊之六马，常恐其不免于倾危也。夫以民之可畏如此，则居上而临民者，奈何可以怠荒而不敬乎？盖能敬则能近民，而邦以宁；不能敬，则必下民，而邦以危，安危之机只在敬肆之间而已。皇祖之训如此，太康顾逸豫而不敬焉，亦将奈之何哉！"

其二曰："训有之：内作色荒，外作禽荒。^①甘酒嗜音，峻宇雕墙^②。有一于此，未或^③不亡。"

解 荒，是迷乱。甘、嗜，都是好之无厌的意思。《五子之歌》第二章说道："我皇祖大禹之训有言，人之嗜欲无穷，贵乎节之以礼；若不能以礼节之，而纵其情之所欲，鲜不至于损德妨政矣。如耽好女色，恣情越礼，是谓'内作色荒'；驰骋打猎，远出无度，是谓'外作禽荒'。沉酣旨酒而不知节，溺情淫乐而不知止；竭不赀之费，以高峻其户宇，极彩色之丽，以雕饰其墙壁。这六件事，为人君的不必件件都有才足以亡国，但只有了一件，亦未有不至于亡国丧身者。如好色，则为色所迷；好酒，则为酒所困；好田猎则耽于逸游，而妨政误事；好宫室则溺于土木，而耗财害民。纵欲败度之事虽不同，其为亡国则一而已矣。祖垂训戒如此。今太康盘游无度，正犯了'禽荒'一事，虽欲不亡得乎？"尝观宋儒真德秀有言："大禹之训，凡六言二十有四字尔。而古今乱亡之衅，靡不由之，凛乎其不可犯也。万世为君者，其戒之哉！"

其三曰："惟彼陶唐，有此冀方。今失厥道，乱其纪纲，乃底灭亡。"

解　陶唐氏，是帝尧的国号。冀方，是冀州之地。自尧以来，皆建都于此。底，是至。《五子之歌》第三章说道："我夏后氏之建都于此冀州地方，盖自帝尧陶唐氏始矣。比先帝尧以文武圣神之德继天立极，而为天子，一传而至帝舜，再传而至我祖大禹。三个圣人皆授受一道，奉天子民，故能据此形胜之地，建皇极以绥四方，天下臣民莫不归往焉。今太康乃逸豫灭德，凡刑赏予夺，一任着自己的意思胡为，全不遵旧章成宪，把大纲小纪都错乱了，以致政坏于上，民怨于下，逆臣乘之，逐主窃国，而陶唐以来，相传之基业，遂至灭亡矣。是可伤也。"先儒有言："善医者不视人之肥瘦，察其脉之病否而已。"善治者，不视国之安危，察其纪纲之理乱而已。故脉理一病，人虽肥必死；纪纲一乱，国虽大必亡。观五子伤太康之失德而归咎于"乱其纪纲"，可见纪纲所系之重，有不容一日而少弛者。人主诚能留意于此，凡刑赏予夺，一主之以大公至正之心，使威福之柄常在朝廷，而无倒持下移之患，则人心悦服，而国势常尊矣。

其四曰："明明我祖，万邦之君。有典有则，贻厥子孙。关石和钧，王府则有。荒坠厥绪，覆宗绝祀。"

解　明明，是赞其德之极明。我祖，指大禹说。典则，是典章法则。"贻"字，解做"遗"字。石、钧，俱是权名，如今之秤锤也；一百二十斤叫做石，三十斤叫做钧。关，是通同。和，是公平。王府，是内府藏器具的所在。《五子之歌》第四章说："我祖大禹以明明之德，照临万邦，万邦之民，莫不仰其盛德，戴以为君。他要后世子孙保守其基业统绪，不至覆坠，立下许多典章法则，遗之子孙，以为世守。莫说国家的大政务，便是通行的石、和平的钧，不过称物之器耳，自朝廷视之，若无甚紧要，而今内府中亦有传留收藏的。可见祖宗之法，纤悉备具，其为子孙虑者详且远矣。使能守之，何至乱亡也哉！奈之何为后人者，逸豫灭德，盘游无度，把祖宗传来的统绪，一旦荒弃废坠，以致威柄下移，奸雄僭窃颠覆我有夏之宗，断绝我配天之祀，岂不可恨也哉！"

其五曰："呜呼曷归？予怀之悲。万姓仇予，予将畴依？郁陶乎予心，颜厚有忸怩。弗慎厥德，虽悔可追。"

解 "曷"字，解做"何"字。"畴"字，解做"谁"字。郁陶，是心中郁结而不得舒的意思。颜厚，譬如说面皮厚可羞愧之甚也。忸怩，是心里惭愧的意思。可追，是说追不可及。《五子之歌》第五章叹息说道："我兄太康，既以逸游失国，远窜他方，旧都又被强臣占据了，使我母子数人流离河上，进退无路，彷徨四顾，将何所归乎？此予怀之所以伤悲也。如今万姓之人，都以我家为怨仇，众叛亲离，无复有一人哀矜我者，我将倚靠谁人以图存乎？使我哀思之情郁结于心而不可释，向人厚着面皮，其羞惭之状发于心，征于色，而不容掩，事势穷蹙，一至于此。推原其故，只因太康狃于治平，不能敬慎其德，法祖保民，而乃盘于游畋，纵于逸豫，遂致有今日之祸。到这时节，天命已去而不可复留，人心已离而不可复合。虽欲恐惧修省，悔改前非，其可追及乎？亦惟付之无可奈何而已。"五子之歌至此，其声愈急，其情愈哀，其言痛切而有余悲，诚万世之鉴戒也。然太康以天下之大，不能庇其母弟，而其后少康以一旅之众，乃能灭逐篡贼，复有天下，国之废兴，岂在强弱哉！

胤征

羲和湎淫，废时乱日，
胤往征之，作《胤征》。

胤，是胤侯。这书记胤侯承夏王仲康之命。率师征讨羲和，誓戒将士的说话，故名为《胤征》。

惟仲康肇位四海，胤侯命掌六师。 羲和废厥职，酒荒于厥邑，胤后承王命徂征。

解 仲康，是太康之弟。 肇，是始。 胤侯，是胤国之侯。羲和，是世掌天文的官。"徂（cú）"字，解做"往"字。史臣叙说，后羿既距太康于河，而立其弟仲康。 仲康始正位四海之初，首命胤侯为大司马，掌管六师。 当时诸侯有羲和者，以世掌天文为职，乃堕废其职业。 是时有日蚀之变，羲和也不奏闻救护，惟贪好饮酒而荒迷于私邑，其不忠不敬之罪如此。 仲康乃命胤侯征之，而胤侯遂承王命，将六师以往征焉。

告于众曰："嗟予有众，圣有谟训，明征定保，先王克谨天戒，臣人克有常宪，百官修辅[1]，厥后惟明明。"

解 圣，指大禹说。 征，是征验。 保，是保安。 天戒，是上天以灾异警戒人君，如日月薄蚀，星陨地震之类。 常宪，是常法。 后，是君。 胤侯奉王命以征羲和，誓戒于众，说道："尔众将士每，欲知羲和之有罪，当观大禹之训辞。 昔我皇祖大禹，是敬天勤民的圣君，著为谟训，垂示子孙。 他的言语，句句明白，都有征验。 用之可以安定国家，保守基业，不是无益的空谈，诚后世君臣所当遵守者也。 谟训上说古先帝王盛德格天，固无不至，一有天戒，便能恐惧修省，务期一念诚敬，上通于天，以消变异，不敢有一毫怠忽。 那时做大臣的，也都小心谨慎，凡事皆依着常法而行，不敢违越，至于百官每，但有一命之寄的，又都勤修职业，以匡辅朝廷，不敢懈怠。 夫克谨天戒，其君固已明矣。 而大小之臣，又同加修省如此。 所以为君

義和酒荒图

義和酒荒圖

和氏

義民

奏鼓救日圖

的，内无失德，外无失政，心志精明，治道光显，真如日月照临一般，岂不为明明之后哉！"禹之谟训如此。今羲和乃忽于日食之变，不以上闻，不惟自弃其常宪，且使为君者，不知有天戒之可畏，其罪大矣！天讨之加，岂容己乎。

"每岁孟春，遒人以木铎徇于路，官师相规，工执艺事以谏，其或不恭，邦有常刑。"

🔴**解** 遒人，是宣令的官。木铎，是摇的铃铎，王者施政教时，所振以警众者也。徇，是传示众人的意思。规，是正。工，是百工技艺之人。胤侯戒谕将士说："我祖大禹既昭示谟训，垂戒后人。又恐人心或久而易玩，故于每岁孟春之月，遣那宣令的遒人，摇着木铎，传示于道路，说道：凡我百官有司，虽职任不同，都有辅君承天之责者。自今以往，若遇君上有过差，便当直言以相规正，不可唯唯诺诺，缄默取容。至于百工技艺的人，亦要图事纳忠，如淫巧之技足以荡上心、亏国用者，各执其所司之事，随时谏止。这才是人臣恭敬君上的道理。设或为官师者，不能尽忠以相规；为百工者，不知随事以进谏，似这等谀佞不恭的人，我国家自有一定的刑法，在所不赦。尔大小臣工，可不戒哉！夫不恭犹有常刑，而况违命旷官如羲和者，其罪盖不容诛矣！"

"惟时羲和颠覆厥德，沉乱于酒，畔官离次，俶扰天纪，遐弃厥司。乃季秋月朔，辰弗集于房。瞽奏鼓，啬夫驰，庶人走。羲和尸厥官，罔闻知，昏迷于天象，以干先王之诛，《政典》曰：'先时者，杀无赦；不及时者，杀无赦。'"

🔴**解** "俶"字，解做"始"字。扰，是乱。天纪，是日月星辰的度数。遐，是远。日月所会的去处，叫做辰。集，是和辑。房，是房宿。瞽，是乐官。以其无目，故使审音。奏鼓，是击鼓。啬夫，是小臣。干，是犯。政典，是先王为政的典籍。胤侯声言羲和的罪犯说道："我先圣之谟训，既致谨于天戒。 而其法令又致严于不恭如此。 大小臣工，孰敢不敬畏遵承，各共其职哉！惟是羲和，乃敢颠倒覆败其德，沉溺昏乱于酒，心志既迷，故违叛其所掌的职业而不修，离去其所居的位次而不顾，他先人从尧以来，世掌天文，未尝紊乱，到他身上，始失于占步，扰乱了天纪，而远弃其所司之事，如顷者季秋九月朔日，日月到那交会的所在，其行度不相和辑，日被月掩，而亏蚀于房宿之间，天变如此，天子方恐惧于上，与群臣同时救护，此时乐官奏鼓，啬夫小臣疾忙驰驱庶人之在官者，亦皆奔走，无不敬谨趋事，以行救护之礼。 羲和系专掌天文的官，却全不以为事，尸居其位，恰似无所闻知的一般，其昏迷于天象，一至于此，是乃干犯了先王所必诛之条，其罪大矣！先王的《政典》上明明开载着说道：'历官掌管天文，凡一应象纬节气，都要仔细推算，以敬承天道，是他的职业。 若是推算不精，占候差错，或失于太早，揽先了正经时候的，其罪当杀无赦；或失于太迟，跟不上正经时候的，其罪也当杀无赦。' 譬如该是午时，他却推算做辰巳时，这叫做先时；该是午时，他却推算做未申时，这叫做不及时。 凡此皆不敬天道，不恭君命者，故先王必诛而不赦也。 夫占步差错者，犹不免于诛，今羲和乃昏迷天象，若罔闻知，则其罪又岂可赦乎？此我之所以奉王命而徂征也。"

"今予以尔有众，奉将天罚。 尔众士同力王室，尚弼予，钦承天子威命。"

解 胤侯既历数羲和之罪，乃戒众说："羲和俶扰天纪，昏迷天象，此天讨之所必加者，今我以尔六军众士，奉将天威，明致其罚，此乃王家公事，天子威命所在，不可忽也。 尔众士皆当奋其忠勇，戮力王室，庶几辅我以敬承天子之威命，使王灵震赫，国典明彰，而罪人不得以逃其罚可也。"

"火炎昆冈，玉石俱焚。 天吏逸德，烈于猛火。 歼厥渠魁，胁从罔治，旧染污俗，咸与惟新。"

解 昆，是出玉的山名。 冈，是山脊。 天吏，是奉天伐暴之官，指将帅说。

"逸"字，解做"过"字。 渠魁，是首恶。 胁从，是被威力逼从的人。 胤侯誓众说："今我奉命征讨羲和，尔众固当同力王室，恭行天讨，至于用兵之际，又当分别重轻，不可纵于杀戮。 盖敌人中，也有善恶不等，就如山上有玉有石一般，若猛火焚烧昆冈，则不分玉石，皆为煨烬矣。 今师旅之兴，虽以奉天讨罪，若不分好歹，一概诛戮而有过逸之德，则其为酷烈，更有甚于猛火者。 我今行师只将那首恶的人，殄灭不宥，其余胁从之党，迫于不得已而为之者，一切开释不问；至于旧染污俗，陷于罪戾而不自知者，咸赦除之，使他皆得以改过自新。 如此则元恶既伏其辜，而无辜不致滥及，庶几情法两尽，仁义并行，斯无忝于王者之师矣！尔众士可不慎哉！"

"呜呼！威克厥爱，允济；爱克厥威，允罔功。 其尔众士，懋戒哉！"

解 威，是将令严明的意思。 克，是胜。 爱，是姑息。 胤侯誓众将毕，乃叹息说道："将乃国之司命，生死存亡系焉。 若使行师之际，为将者能一断以法，而不牵于情，有犯即诛，违命即戮，使威常胜乎其爱，则三军之士，皆畏将而不畏敌。 奋勇争先，战必胜而攻必取，信能济国家之大事矣！若徒事姑息而徇情废法，当诛不诛，当断不断，使爱常胜乎其威，则人皆畏敌而不畏将，怠玩退缩，战必败而攻必走，决然不可以成功矣。 是可见严明乃成功之本，姑息实致败之机。 我今行师，不得不以威胜爱矣。 尔众士当知我之威不可犯，爱不可恃，勉力戒惧，以期有济可也。 否则戮及尔身，决不汝贷，可不畏哉！"

商書

商，是成汤有天下之号，

这书记商家一代的事，故名为《商书》。

汤誓

伊尹相汤伐桀，升自陑，遂与桀战于鸣条之野，作《汤誓》。

这是成汤伐桀誓师之辞，故名为《汤誓》。

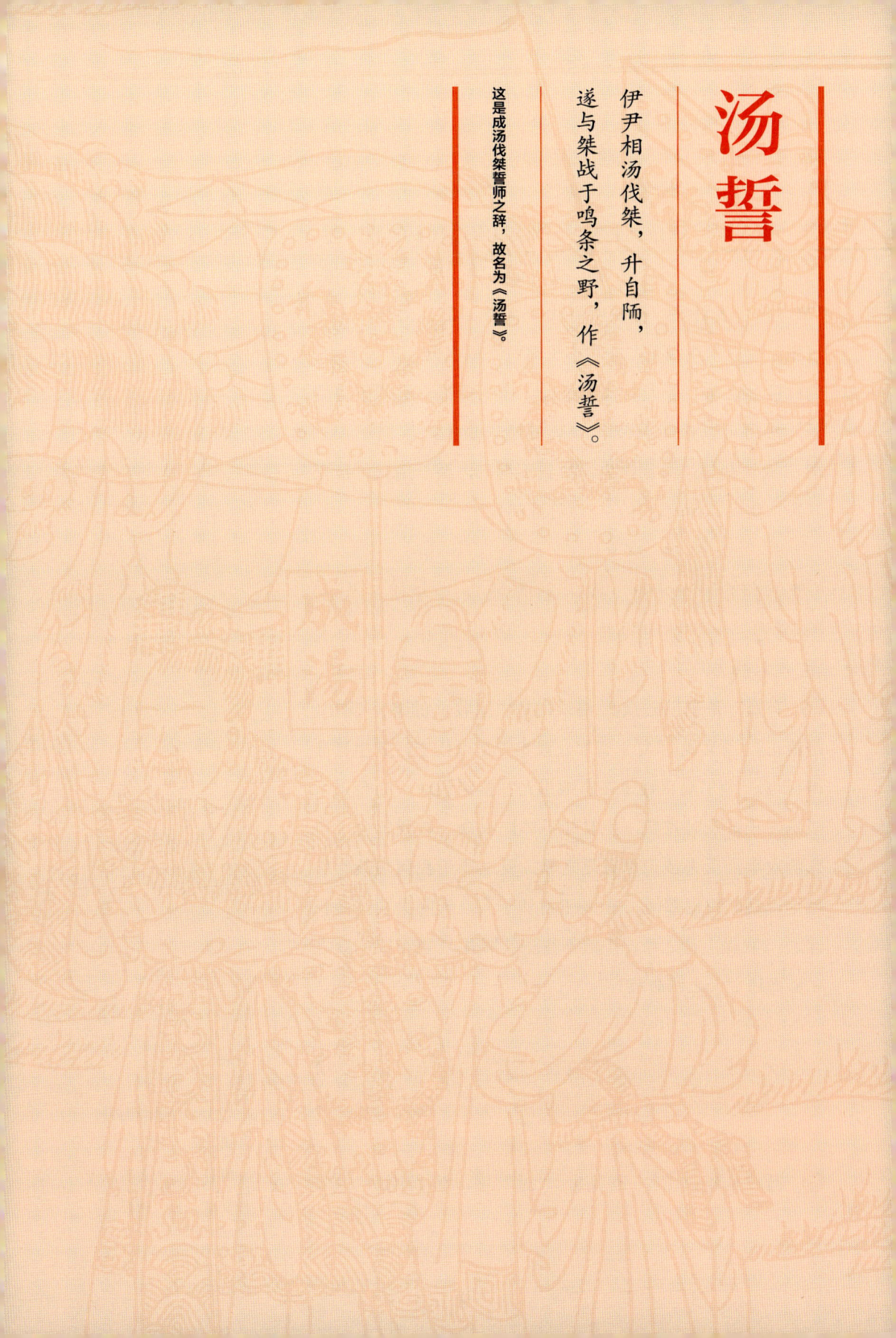

王曰："格尔众庶，悉听朕言，非台小子[1]，敢行称乱！有夏多罪，天命殛之。"

（解）"格"字，解做"来"字。"台"字，解做"我"字。称，是举。殛（jí），是诛。史臣记汤将伐桀誓众，说道："来，尔众多百姓，都要明听我的言语。君臣之分，本不可犯，今以尔众伐夏，非我小子辄敢不顾名分，以下犯上，为此悖乱之举！盖人君代天子民，任大责重，必须事事合天，然后可以永保天命。今有夏慢天虐民，其罪不止一端。天厌其德，命我诛之，故我不得已，至于用兵，征正其罪，实以奉行天讨耳，岂敢称乱哉！"

"今尔有众，汝曰：'我后不恤我众，舍我穑事而割正夏。'予惟[4]闻汝众言，夏氏有罪，予畏上帝，不敢不正。"

（解）有众，是亳邑之众。穑事，是农家收获的事。割正，是裁正。汤又说："夏王有罪，我奉天命以伐之，其事甚非得已也。今尔众百姓每在背地里乃都抱怨说道：如今田禾成熟，正好及时收获，我君却不体恤我众，教我每舍了自家的农事，反去裁正那有夏之罪，夏之罪于我何与哉？你每这说话，我也都闻。但夏王得罪于天，天降大罚，命我诛之。我畏上帝之命，不敢不往正其罪耳。岂得以尔众之私情而违上天之明命哉！"

"今汝其曰：'夏罪，其如台[1]？'夏王率遏[2]众力，率割夏邑。有众率怠弗协，曰：'时日曷丧[3]，予及汝皆亡。'夏德若兹，今朕必往。"

（解）遏，是绝。割，是戕害。"时"字，解做"是"字。

大赉锡封图

成湯

成汤又说："我又闻尔众有言，'夏王虽暴虐有罪，也只害他的百姓，将奈我亳都之民何？害既不及于我，兵何必加于人？'你众人这说话，都只是顾一己的私意，不知亳众虽未受害，而有夏的百姓，则有不胜其苦者。夫人情莫不欲逸，夏王则率意为重役，以穷万民之力；人情莫不欲安，夏王则率意为严刑，以残万民之生。那夏邑之民，被其荼毒，苦不聊生，虽有亿万之众，率皆离心懈怠，不能和协，视其君如仇雠，惟恐其不亡也。夏王常说，我有天下，如天之有日一般，日亡我才亡耳。那夏邑之民遂指日以怨之，说道，这日果何时亡乎？若亡，则我情愿与他俱亡。盖苦夏之虐，而欲其亡之甚也。夫夏王恶德，为民所厌苦若此。有人心者，宁可坐视其民之困于涂炭，而不思以拯救之哉！故我今决计必往，以奉天讨罪。盖救民之心切，故尔众之言，有所不暇恤也。"

"尔尚①辅予一人，致天之罚，予其大赉汝②，尔无不信，朕不食言。尔不从誓言，予则孥戮汝，罔有攸赦③。"

解 大赉，是厚加赏赉。食言，是说的言语，失信于人，如己出而复吞之一般。汤誓众说道："伐夏之举，既不容已，尔等尚其同心同力，辅我一人，以致天之罚于有夏，我则有大赉于汝，令汝等爵位显于当时，荣禄及于后裔。尔辈不可猜疑而不信，朕言既出，决不食言，断断乎其赏之厚也。尔等若不从我的誓言，顾望退缩，我则不止戮及汝身，将并其妻子而俱戮之，无有所赦。断断乎其罚之厚矣，可不戒哉！"

【注】

① 尚：表示希望的语气，或许可以的意思。

② 其：将。赉（lài）：赏赐。

③ 罔：无。攸：所。赦：免罪。

仲虺之诰

汤归自夏，至于大坰，仲虺作诰。

仲虺（huī），是成汤的左相。诰，是告喻之辞，古者臣下陈言于君也，通称为诰。这篇书，是仲虺解释成汤伐夏之惭，而因以劝勉他的说话，故名为《仲虺之诰》。

成汤放桀于南巢，惟有惭德，[①] **曰："予恐来世，以台为口实**[②]**。"**

（解）放，是拘禁。南巢，是地名，即今无为州巢县。口实，是藉口以为指实。成汤因夏桀不道，举兵伐之，桀奔往南巢地方。汤因拘禁之于此，遂代夏而有天下。因思尧舜禹授受以来，都是揖让相承。到我身上，始行放伐之事。虽则是顺天应人，但事出创见，故自以为德不如古，而深用惭愧。说道："我之此举，岂不能自信于心哉！但恐来世之人，或有乱臣贼子，肆行不轨的，辄以我今日之事，藉口以为指实，则所以启万世之乱阶者，未必不由于此矣！此我所以不能已于惭愧也。"夫汤之伐桀，本以除暴救民，四海之人，皆知其非富天下者，而犹恐后世以为口实，圣人所以慎万世之大防者，故如此哉！

【注】

① 成汤：即商汤，子姓，名履，又名天乙，契的第十四代孙，夏朝方国商国的君主，殷商朝开国君主。惭德：因行事有缺憾而内心惭愧。

② 口实：话柄；可以利用的接口。

仲虺乃作诰，曰："呜呼！惟天生民有欲，无主乃乱。惟天生聪明时乂，有夏昏德，民坠涂炭。天乃锡王勇智，表正万邦，缵禹旧服[①]**。兹率厥典**[②]**，奉若天命。"**

（解）"乂"字，解做"治"字。"坠"字，解做"陷"字。涂，是泥涂；炭，是炭火；言民被虐政，就如人陷在水火中的一般。典，是经常之理。仲虺因成汤以伐夏为惭，乃作诰以解释其意，先叹息说道："天之生斯民也，形质既具，情窦必开，如有耳目口鼻，则必有声色臭味之欲；有心志，则必有爱恶之欲；使无主以治之，则人皆各逞其欲以相争；争之不已，必至于乱矣！天惟不忍斯民之乱也，乃于生民之中，生出一个上等聪明的圣人，使他为兆民之主，任治教之责；制其欲而使不得肆，息其争而不至于乱

【注】

① 缵（zuǎn）：继承。服：实行。

② 率：遵循。典：法则、制度。

放桀南巢图

焉。夫天之立君，既以为民，可见非有聪明之德者，不足以胜治民之任。今桀为民主，而乃肆行昏乱，为暴政虐刑，以残民之生。那百姓每被其苦害，如坠在泥涂炭火中一般。上天恶夏桀之无道，念万民之无主，乃笃生我王，锡（cì）以勇之德，以戡定祸乱；锡以智之德，以图度事几。由是伐罪吊民，伐夏而有天下，以表正万邦之民，而继禹旧所服行之道，使声教四讫之治复见于今日焉。这虽是不幸处君臣之变，然实乃率循其常道，以奉顺乎天命而已，何惭之有哉？"

"夏王有罪，矫诬^①上天，以布命于下。帝用不臧，式商受命，用爽厥师。"

解 臧（zāng），是善。"式"字，解做"用"字。爽，是明。师，是众。仲虺说："夏王无道，得罪于天，本为天心之所厌恶，乃反矫诈诬罔，托为上天之意，造作虚词，以宣布命令于下，说天命在己，人皆无如之何。盖欲假此惑众，以肆行其无道之事，故天用不善其所为，益加厌弃，乃锡王以勇智之德，使我商受显赫之命，而为天下生民之主，然天岂有私于商哉！特以有夏昏德，百姓被其污染也，都昏昧了，故命吾王为之君师，昭其明德于天下，使天下之众，皆有以自新而不终于昏昧耳！然则伐夏之举，祗以上承天意，岂容已哉！"

"简贤附势，寔繁有徒。肇我邦于有夏，若苗之有莠，若粟之有秕。小大战战，罔不惧予非辜^①。引^②予之德，言足听闻。"

解 简贤，是慢贤。"寔"字，与"实"字同。繁，是多。

肇，是始。　苗，是禾苗。　莠（yǒu），是稂（láng）莠。　粟，是谷粟。　秕（bǐ），是无米的空壳。　予，指成汤。　仲虺说："夏王无道，所用的都是简慢贤者、阿附权势的小人，与他结为一党，徒众实多。　夫彼既恃势以慢贤，则人之贤者，必为其所嫉恶而不相容矣！故以我商今始造邦于有夏之间，就如禾苗中之有稂莠，必遭锄治；谷粟中之有秕子，必被簸扬，有不容以并存者。我商众无小无大，都战战然无不震惧，恐一旦遭他毒害，以无罪而受祸。　盖有道之见恶于无道，其势固然也。　况吾王之盛德，尽善尽美，但称说出来，件件都厌足人的听闻，而为人心之所归服如此。　岂不尤为夏所忌嫉而可畏乎！则今日之奉天讨罪，非惟理所当然，盖亦势不容已者，又何惭之有哉！"

"惟王不迩声色，不殖货利。德懋懋官，功懋懋赏。用人惟己，改过不吝。克宽克仁，彰信兆民。"

解　王指成汤。　迩，是近。　声，是音乐。　色，是女色。　殖，是聚敛。　德，是有德的人。　懋，是繁多的意思。　功，是有功的人。　仲虺称述成汤之德，以解释其惭，说道："声色货利，人所易溺，鲜有不为其所累者。　惟吾王之于声色，常恐蛊惑了心志，绝不去近之以自娱乐；于货利常恐剥削了民财，绝不去聚之以为己有。　其本原之地澄澈如此，则固已端出治之本矣。　由是推此心以用人，则用舍无不当。　人之德行多的，便多与他官职；功劳多的，便多与他赏赐；而无德无功者，不得以滥及焉。　推此心以处己，则举动无不宜。　人有善，若己有之，而从之不待勉强；己有过便速改之，初无一毫系吝。　盖不知善之在人，与过之在己矣。　至于临民之际，不只是一味从宽，却能于那宽大中有个节制，未尝失之纵弛；不止是一味仁慈，却能于那慈爱中不废威严。未尝流于姑息，王有这等大德，昭著而不可掩，故虽始于亳都，而实光被于天下。　天下之人，皆信其宽能得众，仁足长人，而可以为天下君矣。　民心归向，则天位有不可得而辞者，何惭之有哉！"大抵人主一心，致治之原。汤之受天明命，表正万邦，虽有勇智天锡，实由于不迩不殖者以为之本也。　否则本原一污，凡事皆谬，其何能得天得民如此哉？后之欲致成汤之治者，当先求其制心之功。

"乃葛伯仇饷①，初征自葛，东征西夷怨，南征北狄怨，曰：'奚独后予？'攸徂之民，室家相庆，曰：'傒予后，后来其苏。'民之戴商，厥惟旧②哉！"

解　葛伯，是葛国之君。饷，是馈送饮食。西夷、北狄，是举远以见近的意思。"奚"字，解做"何"字。傒（xī），是等待。苏，是复生的意思。仲虺说："吾王之德，既能彰信兆民，是以征伐所加，人心无不归向者，乃昔日葛伯无道，废其先祖之祀，王使人往问之。他回答说无以供粢盛，王就使我亳邑的百姓，替他耕种，老弱馈送饮食。葛伯乃杀了我馈饷的童子，而夺其酒肉，不以为德，而反以为仇。王为这童子无辜被杀，不得已兴兵伐之。王之初征，实自葛始，因而并征讨天下无道之国。那时四方之民，苦其上之暴虐者，都望王师来拯救他；望而不至，反出怨言。王往东面征讨，则西夷之人就怀怨望；王往南面征讨，则北狄之人就怀怨望。都说道，我等一般样被害的人，王独何为先救彼而后我乎？是王师未至，而民望之切如此。及王师一至其地，则那方的百姓都与妻子相庆，说道我等困苦无聊，专等我仁君来救拔。今我君来除去无道，广布仁恩，我等百姓，如大旱者之得雨，倒悬者之得解，真是死而复生矣。是王师已至，而民悦之深如此。观此，则斯民之爱戴归往于我有商者，其来久矣，岂一朝一夕之故哉！然则今日之有天下，实迫于人心之归，不容已耳，何以惭为？"

【注】

① 葛：国名，夏朝诸侯国，嬴姓，故城在今河南宁陵县葛伯屯。伯：为爵位。饷：是给田间劳动的人送饭。仇饷：据说，成汤与葛伯为邻，葛伯借口没有牛羊谷物而不祭祀鬼神，汤送去牛羊，葛伯则把牛羊吃掉，汤又派自己国家的人帮葛伯耕种，派老弱儿童给田间劳作的人送饭，葛伯不但不领情，反而带人抢走饭食酒菜，稍有反抗的就地杀害。

② 旧：久。

葛伯仇饷图

葛伯仇饷圖

葛伯

"佑贤辅德，显忠遂良^①，兼弱攻昧，取乱侮亡，推亡固存^②，邦乃其昌。"

解　仲虺前既释汤之惭，此下因举为君之道以劝勉之，说道："王不必以得天下为惭，但自今以往，当思尽所以为君之道，以凝承天命耳。天下诸侯，有才全德备而为贤者，则当信任宠礼以眷佑之；有积善行仁而有德者，则当赍予培植以辅助之；有委身徇国而为忠者，则举褒扬之典，而使之得以彰显；有奉法修职而为良者，则加奖劝之道，而使之得以自遂。是诸侯善有大小，而劝善之典亦有轻重如此。又有柔懦不能自存，是弱者也，则因而兼之，并其小而附于大。有昏庸不能自立，是昧者也，则因而攻之，黜其职而治其罪；有败坏其纪纲法度，是乱者也，则变置社稷，虽取之而无嫌；有自底于倾危颠覆，是亡者也，则戮及其身，虽侮之而不恤。是诸侯恶有大小，而惩恶之典亦有轻重如此。夫弱昧乱亡，本是该亡的人，而吾兼之攻之，取之侮之，乃因其亡而推之耳，何容心焉；贤德忠良，本是该存的人，而吾佑之辅之，显之遂之，乃因其有而固之耳，何容心焉。好恶一出于公，而刑赏各当其则，将见天下诸侯，莫不勉于贤德忠良之归，而不敢蹈夫弱昧乱亡之辙。侯度修明，治道振举，邦国有不昌盛者乎？王能如是，则固无忝于君道，而可以为万民之主矣，又何以惭为？"

"德日新，万邦惟怀；志自满，九族乃离。^①王懋昭大德，建中^②于民，以义制^③事，以礼制心，垂裕后昆^④。予闻曰：'能自得师者王，谓人莫已若者亡。好问则裕，自用则小。^⑤'"

解　建中，是立个表则的意思。后昆，是后世子孙。仲虺

【注】

① 显：传扬。遂：进用。

② 推亡固存：《孔传》："有亡道则推而亡之，有存道则辅而固之。"

【注】

① 日新：日日益新，不懈怠。万邦惟怀：万邦之人皆来归附。这是举远以明近也。自满：志

意自满，志盈溢。九族
乃离：从高祖至玄孙凡
九族，是亲近之人，以
志满而相弃，这是举亲
以明疏也。

② 中：中道，不偏不倚，
无过无不及。

③ 制：裁夺；控制。

④ 垂裕：为后人留下好
名声。

⑤ 好问则裕：问则有得，
所以足。自用则小：不
问专固，所以小。

又劝勉成汤说道："人君以一身而统万邦，所以联属而绥怀之者，德也。诚使其德笃实光辉，日新不已，足以系属乎人心，莫说那近者悦服，就是万邦之远也。都爱戴而怀归矣。若不能日新其德，志自满假，侈然自肆于兆民之上，莫说那远者携贰，便是九族至亲，也将背畔而离心矣。夫观人心离合之机，系于德之修否如此。然则吾王之德，虽则足人听闻，亦岂可以自满哉！必当益加日新之功，以勉明其大德。凡一言一动，无不合于中正之极，要使天下的人，都有所观法而后可。然懋德建中之道何如？德莫大于义，义者事之宜也。事到面前，须以义裁决其可否，而使无不得其宜。德莫大于礼，礼者心之节也。心有所动，须以礼樽节其过差，而使无不归于正。如此，则念念事事皆当于理，岂特可以建中于民而已哉？以是而贻谋于后世，凡后世子孙之欲制事制心，而懋德以建中者，皆取于此而有余裕矣，然岂无待于学问而自能哉？我尝闻古人说道，凡人君志不自满，求人臣之可法者，而真能屈己以师之，则德日以崇，业日以广，而万民莫不尊亲，所以为天下王。若自以为圣，谓人都不如我，则君骄于上，臣谄于下，不至于乱亡不止矣。凡事不自以为是，而切切焉好问于人，则见闻日广，志虑益充，自家何等宽裕！若偏愎自用，而每事耻于下问，则一己之聪明，有得几何？祇自安于狭小而已矣！古人之言如此。然则王之一身，固天下后世之所取法者，其可不以隆师好问为务哉！"夫自古圣帝明王，未有不本修德而能得民，亦未有不由学问而能成德者。虽以成汤之圣，而仲虺犹惓惓以是勉之，固忠臣爱君无已之心也。今观成汤以"日新"自铭其盘，而又受学于伊尹，以至用人惟己，从谏弗咈，盖深有合于仲虺之言矣！此德业之所以为极盛欤？

"呜呼！慎厥终，惟其始。殖^①有礼，覆昏暴。钦崇^②天道，永保天命。"

解 殖，是封殖。有礼，是修德的人。覆，是倾覆。钦崇，是敬畏尊奉的意思。仲虺作诰之终，又叹息说："天下之事，必有始，而后有终；未有始之不慎，而能善其终者。今王始受天命而为天子，若要谨守王业，垂之永久，正当在此受命之初，便为成终之计可也。盖人君所行的事，逃不得上天的鉴察。有礼的，天就因而封殖之；昏暴的，天就因而倾覆之。这是上天福善祸淫，一定不易的道理。吾王今以大德而受命，固为天之所殖矣。然人心之操舍无常，而天道之祸福相倚，一念不终，将必有悖理而入于昏暴者。自今以往，诚能敬畏奉承，兢兢业业，益务天心之所殖。常虞覆败之不免，则今日所受的天命，可以保之于无穷，而社稷有灵长之庆矣！王不可勉图之哉！"夫以成汤之圣，岂有至于昏暴而不克终者？仲虺犹以天道之可畏者警之。盖既释其惭，又恐其怠，儆戒相成之义，忠爱无穷之心，诚万世君臣所当法也。

汤诰

汤既黜夏命，复归于亳，作《汤诰》。

这篇书是成汤伐夏即位之后，告谕天下的说话，故名为《汤诰》。

王归自克夏，至于亳，诞告万方。①

【注】
① 克：战胜。亳：汤的
国都，故城在今河南商
丘北。
② 率职：朝贡。

解　亳，是成汤建都的所在。"诞"字，解做"大"字。成汤既克夏而有天下，乃复归于亳都，天下诸侯都率职②来朝。汤乃作诰，大告万方的臣民，以与天下更始焉。

王曰："嗟！尔万方有众，明听予一人诰。惟皇上帝，降衷于下民。若有恒性，克绥厥猷惟后。"

解　皇，是大。上帝，即是上天。衷，是浑然在中的意思。若，是顺。恒性，是常性。绥，是安。猷，是道。后，指君说。成汤告谕天下臣民，叹息说道："尔万方之众，当明听我一人的诰词。夫人所以有这仁、义、礼、智、信之性者，从何得来？盖本是惟皇上帝化生万物之初，降下这大中至正的道理于下民，浑然在中，没有一些偏倚。下民既禀受了这道理，只顺着天禀之自然，便都有个常性，如父子自然有仁，君臣自然有义，长幼、夫妇、朋友自然有礼、智、信。这常性，是古今圣愚所同有的。但天之降衷虽同，而人之禀受，则有清浊、纯杂之异，所以不能皆全那固有之性，而安于其道也。若要使百姓每人人都安于其道，其责惟在乎人君。"盖人君居君师之位，握政教之权，必须倡导之以教化，整齐之以法制，使凡天下之人，为父子的，皆安其有亲之道；为君臣的，皆安其有义之道；以至长幼、夫妇、朋友，莫不安其有序、有别、有信的道理。此乃人君奉天安民之责，有不可得而辞者也。

"夏王灭德作威，以敷①**虐于尔万方百姓。尔万方百姓，罹其凶害，弗忍荼毒，并告无辜于上下神祇**②**。天道福善祸淫，降灾于夏，以彰厥罪。"**

【注】
① 敷：传播。
② 神：天神。祇（qí）：
地神。

王歸至亳圖

成湯

王归至亳图

聿求元圣图

解 荼，是味苦的草。 毒，是蜇人的虫，如蜂虿之类。 降灾，是天降灾异，如山崩川竭之类。 汤又说："天之立君，既欲其安民于道如此。 可见为人君者，当以上天之心为心而后可。 今夏王乃灭其赋予之德，但逞杀戮之威，以播此凶虐于尔万方的百姓。 尔万方百姓，被其凶害，不可堪忍，就如荼之苦口，毒之蜇人一般，殆无一人得以聊生者矣。 所以众口称冤，并告无辜于天地鬼神，以望上天之解救。 那天道至公，只顺着民心的好恶，民之所怀。 而为善者，则降之百祥而为福；民之所怨而为淫者，必降之百殃而为祸。 感应之理，断不僭差。 今夏之淫虐，既已结怨于民，正天道之所必祸者，所以降灾于夏以彰其罪而诛绝之，使不得复播虐于天下也。"

【注】

① 肆：现在。

② 玄牡：黑色的公牛。夏朝尚黑，殷人尚白，其时殷人刚建国，未变夏礼，故用黑色。

③ 后：后土，指地神。

④ 聿：于是。元圣：大圣，指伊尹；伊尹，名挚，夏朝有莘国人，商朝开国元勋，辅汤灭夏，有大功，被尊为阿衡（宰相）；因擅长烹调之术，被后世称为中华厨祖。 戮力：并力。请命：请求保全生命或者解除苦痛的境遇。

"肆①台小子，将天命明威，不敢赦。 敢用玄牡②，敢昭告于上天神后③，请罪有夏。 聿求元圣，与之戮力，以与尔有众请命。④"

解 "肆"字，解做"故"字。 玄牡，是黑色的牛。 神后，是后土。"聿"字，解做"遂"字。 元圣，是大圣，指伊尹说。 汤又说："夏王得罪于天，天既降灾以彰其罪，此正天命明威之所在，天之假手于我者也。 故我小子奉将天命明威，不敢赦夏之罪，而必伐之。 然征伐大事，我惟听命于天，而不敢自专也。 遂用玄牡之牲，敢昭告于皇天后土，以请夏王当问之罪于天焉。 又恐一人不能以自为，遂简求天民先觉之大圣人，与他同心戮力，伐罪吊民，替尔万方百姓，请更生之命于天焉。"夫上欲承天之威，而下欲立民之命，伐夏之举，诚有不容已者矣。

"上天孚^①佑下民，罪人黜伏^②，天命弗僭，贲若
草木，兆民允殖。"

解 孚、允都是信，罪人指夏桀说。 僭（jiàn），是差。
贲，是灿然明白的意思。 殖，是生殖。 成汤说："我既请
有夏之罪，及尔众之命于天。 那上天居高听卑，怜悯你下
民无辜，冥冥之中，真垂佑助。 所以我兵一举，那罪人夏
王，即奔走于南巢之地，窜亡而屈服。 可见上天祸淫之命
断不僭差如此。 是以向者民困于虐政，有如草木之憔悴。
今则凶害以除，荼毒以免，灿然若草木之荣华悦泽，而生
意可观。 兆民之众，自是信乎其生殖矣，天之佑此下民，
岂不信哉！"

【注】
① 孚：为人所信服。
② 黜伏：逃窜屈服。

"俾予一人，辑宁尔邦家，兹朕未知获戾于上下，
栗栗危惧，若将陨于深渊。"

解 俾，是使。 辑，是和。 宁，是安。"戾"字，解做
"罪"字。 陨，是坠。 成汤说："罪人既黜，兆民无主，天
乃使我一人任君师之责，辑和安宁尔邦家，举兆民生殖之
命，而寄于我之一身，上天付托之重如此。 顾我眇躬凉薄^①，
恐心力有限，政教难周，或有获罪于天地而不自知者，岂
不上负上天付托之重，下孤生民仰望之心哉！用是栗栗然
日夜危惧，若将坠于深渊的一般，盖其责愈重则其忧愈大。
故惕励儆惧之心，不敢以一时而少懈也。"

【注】
① 眇躬：眇，渺小；躬，
自身；眇躬，后用作
帝后自称之词。凉薄：
浅薄。

"凡我造邦^①，无从匪彝，无即慆淫，各守尔典，
以承天休^②。"

解 造邦，是新造之国，指众诸侯说。 侯邦虽旧，而商命
维新，悉与更始，故叫做造邦。 彝，是法。"即"字，解

【注】
① 造邦：建立的诸侯
国。指夏朝灭亡，商朝
建立，原来的诸侯国听
命于商。
② 天休：天赐的吉祥。
休，美。

做"就"字。惛淫，是逸乐。典，是常职。汤又戒众诸侯说："天以辑宁之责命诸我，我固栗栗然不敢以自安矣。凡我新造之邦，有土之君，都有承天长民之责者，亦无或恣意而从于非法，无或纵欲而就于惛淫，各宜敬守尔之侯度，修其职业，以共承上天之休命可也。"盖黜昏立明，以为生民之主，这是上天佑助下民休美之命。若上不能尽辑宁之责，下不能守侯职之常，则为负上天付托之重，而不足以仰承其休命矣，尔诸侯可不戒哉！

"尔有善，朕弗敢蔽；罪当朕躬，弗敢自赦，惟简在上帝之心。其尔万方有罪，在予一人；予一人有罪，无以尔万方。[①]"

【注】
① 其：如果。无：同"毋"。
以：用。

🔴解 "简"字，解做"阅"字，就如简阅车徒，逐名数过的一般。汤又戒诸侯说："福善祸淫，天道甚明，不可诬也。尔等若有善，我不敢隐蔽，必加显扬；我若有不善，亦必引以为己罪，不敢自赦，都一一简在上帝之心。盖天虽高而听则卑，或善或恶，报应昭然，孰得而逃之，信乎为君臣者，皆当各尽其道矣。然天既命我为万方之主，付我以辑宁之任，则我之责为尤重。若尔万方之民有罪犯法，这是我一人不能尽辑宁之道，以教养斯民，而使之陷于有罪，其责有不可得而逃者。若我一人所为不善，而得罪于天，却是我自家负了上天的付托，于尔万方何与哉？"善桀为无道，不惟不能导民于善，而且播其恶于民。故汤承天意以戒诸侯，以罪之在人者引责于己，而罪之在己者，听命于天。其畏天之至，而自任之重如此，此所以能开有商之大业欤？

"呜呼！尚克时忱①，乃亦有终②。"

解 "时"字，指上文所言为君为臣的道理。忱，是恳恻践行的意思。成汤又叹息说："人之常情，有始者未必有终，而欲其有终，须当图之于始。今予一人，与尔造邦诸侯，固皆有其始矣，然未可保其终也。庶几能于是而忱信焉。为君的，非徒言之，而果能尽其辑宁之责；为臣的，非徒听之，而果能尽其守典之忠。则君固可以永免于获戾，而臣亦可以永藉夫天休矣。否则，或予或夺，天命至为可畏也，安能必其有终也哉！"成汤之言至此，其所以致严于人己者益深切矣。

【注】

① 尚：庶几，表示希望的副词。克：能。时：同"是"，代指上文所说为君为臣的道理。忱：诚信。

② 有终：有好的结果。

伊训

成汤既没，太甲元年，伊尹作《伊训》《肆命》《徂后》。

训，是教导。这篇书是太甲嗣位之初，伊尹述祖德以教导他的说话，故名《伊训》。

惟元祀^①十有二月乙丑，伊尹祠于先王，奉嗣王祗见厥祖^②，侯甸群后咸在^③，百官总己以听冢宰^④。伊尹乃明言烈祖之成德以训于王^⑤。

解 元祀，即是元年，商家称年为祀。祠，是祭告。侯甸群后，是侯服、甸服之众诸侯。冢宰，是百官之长。古者天子在谅闇^⑥之中，不亲行祭祀，亦不发号施令，俱权命首臣代行，故曰听于冢宰也。烈祖，指成汤。史臣叙说：惟太甲即位改元之年，十有二月乙丑之日，此时尚居仲壬之丧，未亲祭宗庙，而伊尹以顾命大臣，居冢宰之位，乃代祭于商之先王。奉嗣王敬见其祖，告以即位改元之事。那时外面侯服、甸服的众诸侯，来朝见新君，皆在其位，与里面百官每，各总己职，权且听命于冢宰。伊尹以太甲嗣位之初，事当谨始，而人君守成之道，法祖为要，乃以烈祖成汤之成德，明白详悉，以训告于王。至于古今兴亡之故，天人祸福之机，无不反覆为王言之。盖欲其嗣祖德以保鸿业也。

曰："呜呼！古有夏先后，方懋厥德，罔有天灾，山川鬼神，亦莫不宁，暨鸟兽鱼鳖咸若。于其子孙弗率，皇天降灾，假手于我有命，造攻自鸣条，朕哉自亳。"

解 鸣条，是夏之都邑。"哉"字，解做"始"字。亳，是商之都邑。伊尹训告太甲，先叹息说道："天人之感应不爽，国家之兴亡有由，前人的事迹，便是后人的样子。今即有夏一代之事观之，比先他家的祖大禹，精一执中，克勤克俭，是何等勉励以敬其德，故当此之时，天心眷顾，宇内协和，以七政则各循其轨，以五气则各顺其候，而无

【注】

① 祀：年。《孔传》："祀，年也。夏曰岁，商曰祀，周曰年，唐虞曰载。"

② 嗣王：指继承王位者嫡长孙太甲。祗：敬。

③ 侯：侯服，夏为离王城一千里之地，周为王城周围方千里以外的方五百里之地。甸：甸服，夏是王畿外方五百里至千里之地，周是方千里曰王畿，其外一千里曰甸服。群后：众诸侯。

④ 总己：总摄己职。冢宰：官名，为六卿之首。

⑤ 烈：功绩。成德：盛德。

⑥ 谅闇（ān）：也作"谅阴"，指居丧时所住的房子，多用于帝王；闇，指低矮幽暗的茅草房。

称祖训王图

稱祖訓王圖

太甲

伊尹

布昭聖武圖

灾异邪沴之干。以山川，则奠安其位；以鬼神则歆享其祀，而无崩溢怨恫之患；下及于鸟兽鱼鳖，飞走鳞介之微，也都顺适其性，并育而并生焉。天眷之隆如此，及其子孙夏桀，不能率循其祖德。肆行暴虐，皇天就赫然震怒，降下灾异，以明示其罚。因假手于我成汤之有天命者以诛之，无复如前日之眷佑矣。然天岂故薄于桀而厚于汤哉！盖造可攻之衅者，由桀积恶于鸣条，而兴有商之业者，由汤始修德于亳都耳。即此观之，可见皇天无亲，一德是辅。有夏先后，能懋其德，则勃然以兴；其子孙不能修德，则忽然以亡。是祸福无不自己求之者，吾王今日可不深鉴之哉！"

"惟我商王，布昭圣武，代虐以宽，兆民允怀。"

解 商王，指成汤说。布，是敷布。昭，是昭著。圣武，是以德为威的意思。"代"字，解做"替"字。允，是信。伊尹又说："当初夏桀无道，灭德作威，天下之人虽不胜其痛苦，而慑于凶虐，莫敢声言。谁有能仗天下之大义，为万姓除残去害者，惟我商王成汤，奋义理之勇，而兴师以伐之。以敷著其威德于天下，把有夏的暴政苛法一切除去，代之以宽仁，所以兆民之众，莫不信其志在救民，而爱戴归往，真如赤子之恋恋于慈母，而无一人之不怀服者矣。"

"今王嗣厥德，罔不在初，立爱惟亲，立敬惟长，始于家邦，终于四海。"

解 "罔"字，解做"无"字。立，是立个标准，使人有所取则的意思。爱、敬，是孝弟[1]。伊尹劝勉太甲说道：

【注】

① 弟（tì）：同"悌"。
② 刑：同"型"，模范、典型。

"今王嗣有天下，所居的是祖成汤的位，所统率的是祖成汤的民。更新之初，下民观望，所以嗣续成汤之德者，正在于即位之初，当无一事不致其谨可也。然谨始之道，不止一端，而莫大于孝弟。这孝弟虽是人心所同有，若非为君的躬行以倡率之，则下人无所观法。故王欲使天下之人，皆知爱其亲，必先自尽孝道，以亲吾之亲，则凡有亲者，皆以我之孝为准则，而爱自此立矣。欲使天下之人皆知敬其长，必先自尽弟道，以长吾之长，则凡有长者，皆以我之弟为准则，而敬自此立矣。由是始而刑^②于家邦，则一家一国的人，莫不有所观感，而兴于仁，兴于让焉。终而及于天下，则四海九州的人，亦莫不有所观感，而亲其亲，长其长焉。盖家国天下，其势虽殊，而爱亲敬长，其心则一，故顺德立于一人，而仪刑达于无外如此。王能如是，其于嗣德谨始之道庶乎其克尽矣。"

"呜呼！先王肇修人纪，从谏弗咈，先民时^①若。居上克明，为下克忠^②，与人不求备，检身若不及，以至于有万邦，兹惟艰哉！"

解　肇，是始。人纪，是三纲五常之理。咈，是逆。先民，是前辈有德的人。若，是顺。与人，是取人。检，是检束。这一节是伊尹备述成汤之德，以告太甲，即前所谓烈祖之成德也。先叹息说道："天下不可一日而无纲常之理。夏桀灭德作威，把这纲常伦理都废坏了。至我先王成汤，始修复之，而人纪乃大彰著于天下，其从善，则凡臣下谏诤的言语，都虚心听受，而绝无一毫咈逆之意。其用人，则唯是耆旧有德的人，乃屈己顺从，而不用新进浮薄之人。其居上则听断无所惑，邪佞不能欺，而能尽临下之

【注】
① 时：同"是"。
② 忠：尽己之谓忠。

道。 其为下，则进贤至于三，蒙难无所避，而能尽事上之心，取人之善，则常存恕心，不求全责备。 检束自身，则工夫严密，惟恐有不及，汤之修人纪者如此。 是以德日以盛，业日以广。 天命归之，人心戴之。 当初起自诸侯封疆，只有七十里，至于其后，奄有万邦而为天子，此其积累创造之勤，可谓难矣。 今王嗣先王之业，可不知所以嗣其德而保守之哉！"

"敷求哲人，俾辅于尔后嗣。"

解 敷，是广。 哲人，是明哲的贤人。 伊尹说："先王成汤，惟其得天下为甚难，故其虑天下为甚远。 不但自家修人纪，垂典则，以贻子孙。 又广求明哲的贤人，或举之于在朝，或致之于在野，使之布列庶位，凡前后左右，无非正人。 以辅佐汝后来相继为君的，都知修德检身，保守先业，而不至于废坠焉。 其为天下后世虑长远如此。"

"制官刑，儆于有位。 曰：'敢有恒舞于宫，酣歌于室，时谓巫风。 敢有殉于货^①色，恒于游畋，时谓淫风。 敢有侮圣言、逆忠直，远耆德、比^②顽童，时谓乱风。 惟兹三风十愆，卿士有一于身，家必丧；邦君有一于身，国必亡。 臣下不匡，其刑墨，具训于蒙士。'"

解 恒，是常。 酣歌，是酒后狂歌。 巫，是歌舞以事神的人。 风，是风俗。 谓竞相仿效，习以成俗也。 殉，是贪迷嗜欲，不顾其身的意思。"淫"字，解做"过"字。 三风，即巫风、淫风、乱风。 愆，是过恶。 十愆，即恒舞、酣歌、殉于货、殉于色、恒游、恒畋、侮圣言、逆忠直、

【注】

① 货：财货。

② 比：狎昵。

远耆德、比顽童。以此十种过恶，酿成三风。墨，是刺字之刑。蒙士，是童蒙始学之士。伊尹说："先王成汤，既广求哲人，以辅尔后嗣。又制为官府之刑，以儆戒有位之人。其儆戒之词说道：舞蹈歌咏，人情所不能无，但有个节度，不可常常如此。若在位之人，敢有无昼无夜而常舞于宫，纵酒沉湎而狂歌于室，这等所为，就与那巫觋之人歌舞以事神的一般，这叫做巫风。货色游畋，人情之所易溺，必须以礼节之，然后不至于过，敢有贪嗜货利，耽好女色，常去游观田猎，荒弃政务的，乃过而无度、荡而不检的人，这叫做淫风。敬畏圣言，听从忠直，亲近老成，疏远顽愚，是好恶的正理；敢有侮慢圣人之言，拒逆忠直之谏，疏远耆年有德的贤士，狎比顽愚无知的小人，是违背了好恶的正理，爱憎乖错，心志昏乱，这叫做乱风。惟此三风、十愆最为败德害事。凡有位之人，不消得件件都有才足以丧家亡国。只是这十件内，为卿士的，但犯着一件在身，则有家而必丧其家；为邦君的，但犯着一件在身，则有国而必亡其国。夫为君而至于丧家亡国，固其所自取，而为之臣者，既食其禄，亦当尽其直谏之忠。苟或坐视而不匡救，则必以墨刑加之。盖恶其苟禄不忠，而陷君于有过也。然不惟儆于有位之臣，又以此教训那蒙童初学之士，使他平时将这道理讲究明白，他日出仕为官，知所儆省而不蹈于刑辟也。夫先王之为后嗣虑者如此。吾王嗣有天下，其可不知所戒哉！"

"呜呼！嗣王祗厥身，念哉！圣谟洋洋，嘉言孔彰。惟上帝不常，作善降之百祥，作不善降之百殃。尔惟德罔小，万邦惟庆；尔惟不德罔大，坠厥宗。"

解 祗，是敬。洋洋，是大。孔彰，是甚明。伊尹训告太甲既终，又叹息叮咛说："嗣王当以三风、十愆之训，敬之于身而勿忽，念之于心而勿忘。盖这训词不是寻常的言语，自其经画于先王之心，乃圣人之谟也。近足以省身克己，远足以致治保邦，其用甚大，何其洋洋矣乎！自其发挥于先王之口，乃嘉美之言也。以纲目则昭然而毕陈，以鉴戒则凛然而可畏，其旨甚明，又何其彰显矣乎！此王之所当敬念者也。且上帝之命，去就无常，为善则福禄咸臻，而降之以百祥；为不善，则灾害并至，而降之以百殃。盖福善祸淫，天道昭然不爽如此。为人君者，可不戒哉！一念之善，德虽小也，日积月累渐至于大，而上帝之降祥者，恒在于斯，虽万邦长治久安之庆，不过自此以基之耳；一念不善，不德虽小也，日积月累，恶极罪大而上帝之降殃者，恒在于斯，虽至于覆宗绝祀，亦不过由此以致之耳。王可不深思而敬念之哉！"伊尹作训终篇，又极言祸福之机如此。其忠爱之心，可谓深切而恳至矣。

太甲上

太甲既立，不明，伊尹放诸桐。三年复归于亳，思庸，伊尹作《太甲》三篇。

昔太甲即位之初，不明于德，听信群小诱引为非。伊尹屡训戒之而不听，乃营宫于成汤陵墓，奉太甲以居之，使之远离群小，近思先训，庶或知所省改。太甲在桐宫居忧三年，果能痛悔前非，处仁迁义。于是伊尹奉冕服迎太甲复归于亳而为君，其后卒为有商之令主。史臣叙其事为上、中、下三篇，遂名其书曰《太甲》。这是头一篇。

惟嗣王不惠于阿衡 ①。

解　嗣王，是太甲。"惠"字，解做"顺"字。阿，是倚。衡，是平。天下之所倚以平者也。史臣叙说：伊尹居阿衡之位，任托孤之责，正嗣王之所当顺从者。而太甲即位之始，乃狎比群小，不听从伊尹之言，此伊尹之所以惧，而作书以为戒也。

伊尹作书曰："先王顾諟天之明命，以承上下神祇，社稷宗庙，罔不祇肃。天监厥德，用集大命，抚绥万方。惟尹躬克左右厥辟宅师 ①，肆嗣王丕承基绪 ②。"

解　先王，指成汤。顾，是常常看着的意思。諟（shì），与"是"同，解做"此"字。明命，是上天显明的道理。赋之于人，即仁、义、礼、智之性也。监，是视。绥，是安。左右，是辅相。辟，是君，指成汤说。宅，是居。"师"字，解做"众"字。伊尹作书以告太甲说道："天位至重，非有大德者，不足以居之。我先王成汤，德既本于天纵，学又务于日新，于那上天所赋的明命，惟恐失坠，时时省顾而不敢忘，使这天理炯然在中，常若接于目，而真有所见的一般，以此心去奉事那天神地祇、社稷宗庙之神，极其祇敬严肃，而无一毫怠慢的意思。其所以对越于上下，昭格于鬼神者，盖有素矣。是以上天当眷求民主之时，监视我先王之德，足以代夏，乃以非常的大命集于其身，使他为生民之主，而抚安万方之众。比时我尹躬，亦能尽心竭力，辅佐先王，以安定斯民，而使万邦之众，咸得被乎子惠辑宁 ③ 之泽，臣主同劳，开造鸿业，故嗣王得以席其余荫，而承此莫大之基绪耳。然则今日虽抚盈成 ④ 之运，岂可不思缔造之难哉！"

【注】

① 阿衡：阿，倚；衡，平；商代师保之官，引申为国家辅弼之任，宰相之职。商汤以伊尹为阿衡，继任的外丙、仲壬、太甲、沃丁皆尊其为"阿衡"。

【注】

① 躬：自身。克：能够。
② 肆：因此。丕：大。基绪：基业。
③ 子惠：慈爱；施以仁爱。辑宁：和平安宁。
④ 盈成：完满的意思，多指帝业。

【注】

① 自：用。

② 后嗣王：指夏桀。

③ 忝：侮辱。

"惟尹躬先见于西邑夏，自①周有终。相亦惟终；其后嗣王②，罔克有终，相亦罔终，嗣王戒哉！祗而厥辟，辟不辟，忝③厥祖。"

解 夏都，安邑，在亳之西，故称西邑夏。周，是忠信而无缺的意思。相，是辅臣。祗，是敬。辟，是君。祖，指成汤说。伊尹既告太甲，以成汤与己创业之艰，又即有夏之事以儆之说道："君资臣以为辅，臣赖君以为安。祸福利害，上下同之。未有君不君，而臣独得以自保者。今即西邑夏家的事观之，可以为鉴矣。我尝见夏之先王，如大禹、帝启诸君，皆有忠信诚一之德，享国长久，永保天命，而善其终；而当时辅相之臣亦得以保其爵禄，与国咸休而有终。其后夏桀，昏迷不恭，矫诈诬罔，以至丧身亡国；那时为辅相的，亦与之同其戮辱，而不能有终。可见君臣一体，休戚相关如此。嗣王今日可不以前代之事为戒，而勉于忠信，以敬修尔为君之道哉！若君而失其所以为君，则基绪之丕承者，不能终保，而忝辱其祖矣。我尹躬虽欲尽忠匡辅，亦岂能以自保乎！"看来太甲当初亦未必便为失德之主，他的心只说国家的事，有伊尹一身承当了，他便纵欲佚乐，岂遂至于危亡？不知天下之事，君主之，臣辅之，固未有君荒于上，而政不乱于下者。故伊尹前一节既举成汤顾諟祗肃之德，以见己所以能成左右宅师之功。这一节又即夏家兴亡之迹，以见臣主一体相关之义，正所以深折太甲之私情，而破其所恃，使之共保鸿业于无疆也。其惓惓钟爱之心，千古之下，读之尚有感焉。

王惟庸罔念闻。伊尹乃言曰："先王昧爽丕显[1]，坐以待旦，旁求俊彦，启迪后人，无越厥命以自覆。"

解 昧爽，是天将明未明的时候。丕显，是大明其德。旦，是日初出时。旁求，是多方访求。俊彦，是才德出众的人。启迪，是开发导引的意思。越，是颠坠。覆，是败亡。史臣叙说，伊尹作书训告太甲，既恳切言之，而太甲但视为泛常，略不在念，亦不听闻。伊尹因太甲不念听其言，复口陈以戒勉之说道："昔我先王成汤孜孜为善，不遑宁处，每日于天将明未明，此心未与物接的时候，必澄定其精神，洗涤其念虑以大明其德，不使有一毫人欲得以蔽之。凡其心思之所得，事理之当行者，则汲汲然坐以待天之明，举而行之，常若有所不及，先王为善之勤如此。又恐后代子孙溺于宴安，荒于佚乐，而不能率循其遗则，乃广询博访，求天下才德兼全的美士，置诸左右，使之开发导引那后代为君的，都知修德勤政，保守先业。盖先王虑后之远又如此。为后人者，正宜仰体其心，祗奉其命，效法其德，而听用其人，以绍先王基绪之隆，庶几无忝于厥祖耳。其可以欲败度、以纵败礼，颠越此求贤启迪之命，至自蹈于覆亡之祸，而不知所戒哉？"

"慎乃俭德，惟怀永图。"

解 怀，是思念。永图，是远虑。伊尹因太甲欲败度、纵败礼，盖失之奢侈，而无长远之虑，故告之说道："人君一身，国家安危所系，若是奢侈纵肆，虽可快意目前，实非长久之计。吾王自今以往，当慎其俭约之德，清心寡欲，制节谨度，凡一切奢华逸乐的事，皆绝而勿为。心里常思

【注】

①昧：昏。爽：明。丕：大。显：明。

坐以待旦图

成湯

若虞机张图

想个长远的图谋，不可只求快于一时也。"这两句是伊尹因太甲受病在此，故特言之。

"若虞机张，往省括于度则释。钦厥止，率乃祖攸行。惟朕以怿，万世有辞。"

解 虞，是虞人，掌山泽之官。机，是弩牙。括，是箭尾着弦处。度，是准则。释，是发。止，是此心当然不易的道理。怿（yì），是喜悦。辞，是称美之辞。伊尹又说："王之慎德，当如虞人之射弩然。虞人当射之时，弩机既张，不肯遽然轻发，必仔细审察那箭尾与准望的法度相合，方才发箭，则射无不中矣。人君慎德的工夫，也要如此。盖事事物物，莫不各有个恰好的道理，乃是当止之处，即所谓准度也。王欲有所为，必恭敬省察，务求到那道理恰好的去处，不可轻忽。然欲知当止之处，不必他求，只看乃祖成汤所行的事，件件都是停当的。王如今只是遵依着乃祖的行事，而无或逾越，就如虞人省括于度，然后发箭的一般，自然事事合宜而得其所止矣。我当初受先王的重托，常以不能辅王守业为惧，若王果能如此，则我之心深为慰悦。而万世之下，稽古尚论者，亦莫不称我王为守成之令主矣，王可不勉之哉！"

王未克变。

解 变，是改。史臣叙说，伊尹之训戒太甲，谆切恳至如此，王于此时虽不能无所感动，然溺于旧习，尚未能改，其纵欲如故。

伊尹曰："兹乃不义，习与性成。予弗狎于弗顺。营于桐宫，密迩先王其训，无俾世迷。"

解 狎，是玩习。弗顺，是不顺义理之人。桐，是地名，成汤的陵墓所在。伊尹三进言于太甲，而三不见听，乃私计之，说道："我观王之所为，多不义之事。盖其习染深痼，就如天性生成的一般，此必左右近习有不顺义理之人，引诱以导其为非者。我不可使其狎而近之，乃就先王陵墓所在，营建宫室，奉王以居之，使之斥远群小，以绝其比昵之党；亲近先灵，以兴其哀思之心，以是训之，无使其终身迷惑而不悟也。"盖太甲此时，方在谅闇之中，伊尹身摄朝政，故奉太甲以居桐，使之就先陵而宅忧，以感动其迁善之心耳。后世乃谓伊尹废放太甲，误矣。

王徂桐宫居忧^①，克终允德。

解　"徂"字，解做"往"字。史臣记，太甲往桐宫居忧三年，既已绝远群小，亲近汤墓，果能自怨自艾，尽改其平日之非，而处仁迁义，实有其德于身，而不至于终迷矣。夫伊尹身任先王付托之重，念切宗社颠覆之忧，桐宫之迁卒能使其君"克终允德"，诚可谓不负阿衡之托矣。然非太甲始迷终复痛自悔改，则尹虽忠爱无已，亦乌能以自效哉！此其所以犹不失为守成之令主也。

【注】
① 居忧：守父母之丧。

太甲中

这是伊尹奉迎太甲归亳之后，劝勉以修德法祖的说话。史臣叙其事为中篇。

惟三祀十有二月朔①，伊尹以冕服②奉嗣王归于亳。

解 冕服，是衮冕之服。古者天子通行三年之丧，太甲居忧于桐宫，既悔过修德，到第三年，正当服制满了，而商家以建丑之月为岁首，伊尹乃于十有二月正朔之日，用衮冕吉服，奉迎太甲自桐宫归于亳都。盖既终谅闇三年不言之制，于是可以正位临民，嗣丕基而出政治也。

作书曰："民非后，罔克胥匡以生；后非民，罔以辟四方。皇天眷佑有商，俾嗣王克终厥德，实万世无疆之休！"

解 "后"字、"辟"字，都解做"君"字。胥，是相。匡，是正。佑，是助。休，是美。伊尹既奉迎太甲归亳，乃作书以告，深致其庆幸之意，说道："君者民之主，民而非君，则无以施政教，发号令，何能相正以遂其生，此民所以不可无君也。民者邦之本，君而非民，则无以供赋役、卫王室，何能君有四方，此君所以不可失民也。昔者嗣王为群小所误，君民上下几不相保，商家基业甚有可忧，幸而皇天眷顾，佑助我有商。乃默启王心，一旦幡然悔悟，得以克终其德。然后民不至无君，君不至失民，邦家无倾覆之虞，宗社有灵长之庆，自今日以至万世，子子孙孙皆得以席王之余荫矣。岂不为万世无穷之休乎！"大抵太甲嗣位之初，生长逸乐，故不知祖宗创业之艰难，比昵小人，故不知老成忠言之可信，所以颠覆典刑，而不惠于阿衡也。及其亲近先墓，而善念自生斥，远小人，而非心尽格，遂能尊信师保，率祖攸行。一念转移之间，而衍商家六百年之祚，岂偶然哉！是以人君之德，莫要于法祖，莫急于亲贤。

【注】
① 朔：阴历的每月初一。
② 冕服：帝王的礼帽礼服。

王拜手稽首，曰："予小子不明于德，自底不类。欲败度，纵败礼，以速戾于厥躬。天作孽，犹可违；自作孽，不可逭。既往背师保之训，弗克于厥初，尚赖匡救之德，图惟厥终。"

解　"底"字，解做"致"字。不类，是不肖。速，是召之急。"戾"字，解做"罪"字。孽，是灾。违，是去。"逭"字，解做"逃"字。师保，就指伊尹。太甲既痛悔前非，始知伊尹之忠，乃拜手稽首，而致其敬师之礼，说道："予小子往者昏愚蔽祸，不知君德之所宜，自陷其身于不肖。嗜欲无节，以败坏其处事之度；纵肆不检，以败坏其居身之礼。自速取罪戾于吾身，先王之基绪几于坠绝而不可保矣！夫天作孽祸以垂儆戒，如灾眚变异之类，或气候偶差，非由感召，在人者犹可挽灾为和违而去之。若人自为不善而致孽祸，则恶自我作，罪自我受，不可得而逃免也。今我纵欲速戾，此正自作之孽而不可逭者。然往者虽不可及，而来者犹有可图，我于前日既不能信顺师保之明训，而弗克谨于其初。自今以后，庶几赖尔正救之德，绳其愆，纠其谬，以图成就我于有终，则失于前者，可以勉之于后耳。不然予小子将何所赖而克终允德也哉！"夫当太甲不惠阿衡之时，伊尹之言惟恐太甲不听，及太甲改过之后，太甲之心，惟恐伊尹不言，昔也如水投石，而今也如石投水。可见人心善恶，只在迷悟之间而已。

伊尹拜手稽首，曰："修厥身，允德协于下，惟明后。"

解　允，是诚实。协，是和协。明后，是明君。伊尹见太甲悔过求助，有图终之志，乃拜手稽首致敬以复于太甲说道："人君之修德，不徒感悟于一时，而尤贵践履之诚笃。诚能省察克治，慎修其身。事必谨守其法度，动必率循夫礼仪。又能着实用功，无有一毫虚假、间断，使实德之所流通，足以感动乎人心，自然和协顺从而无不爱戴归往于下者。这才叫做明君，乃可以嗣守先业，而永保天命也。王欲图终，可不以此自励哉！"

"先王子惠困穷，民服厥命，罔有不悦。并其有邦厥邻，乃曰：

徯我后来圖

'徯我后，后来无罚。'"

解　先王，指成汤。无罚，是免于暴虐。伊尹又说："允德协下，固惟明后为然。然所谓明后，莫有过于我先王成汤者。昔我先王，发政施仁，于人固无所不爱，至于疲癃残疾、鳏寡孤独，民之困穷而可怜者，则尤哀矜体悉，加意惠养，如父母之于子一般。是以亳邑之民被其泽者，咸服从其命令政教，无不欣悦而爱戴之，亦如人子爱其父母一般。不但本国的百姓如此，便是当时并列侯邦而为邻国者，其民苦其君之暴虐，亦莫不戴我先王以为君，相与说道：'我辈困苦，不得聊生，专等我商君来救拔；我君若来，必能除暴伐恶，拯我民于水火之中，自今其免于酷罚矣乎！'夫先王诚心爱民而得天下之归心如此，正所谓允德协下之明后也。"

"王懋乃德，视乃烈祖，无时豫怠。"

解　懋，是勉。视，是观法。烈祖，指成汤。豫怠，是安逸、懈怠。伊尹劝勉太甲说道："君道莫先于修德，而修德莫要于法祖。我先王成汤，既允德协下，而得天下之民矣。今王嗣登大宝，统承先业，正当乘此怨艾之初，勉修其德，监视烈祖之所为，以为模范，而惟日孜孜，不可有一时之逸豫懈怠。盖先王懋昭大德，日新又新，故能允德协下，而天下称明焉。王今继之，若一有豫怠晏安之气胜，而儆戒之志荒，便与烈祖之德不相似矣！岂能施于有政，而感孚远近之民哉！此王之所当深戒也。"

"奉先思孝，接下思恭。视远惟明，听德惟聪。朕承王之休无斁。"

解　两个"惟"字，都解做"思"字。斁（yì），是厌。伊尹又说："懋德法祖，而无时豫怠，固吾王之当自勉者，然懋德之事何如？以奉事祖先，则思尽其孝，而旧章成宪，务遵守而不忘以接见臣下，则思致其恭，而动容周旋，皆庄敬而有礼，欲明见万里之外而不蔽于浅近，当思所以审乎人情，察乎物理而明焉，则视何患不远乎！欲听纳道义之言，而不惑于憸（xiān）邪，当思所以闻言即悟，声入心通而聪焉，则听又何患不德乎？吾王果能于是深思而力行之，则懋德法祖，真可无愧于明后，而无疆之休，我且奉承将顺之不遑矣，岂敢有所厌歝乎！"伊尹于太甲改过迁善之后，既庆喜之而又孜孜劝勉之如此，盖惟恐王之不终也，其忠爱恳切为何如哉！

太甲下

这是伊尹申告太甲修德保治的说话。史臣叙次，其语为下篇。

伊尹申告于王曰："呜呼！惟天无亲，克敬惟亲。民罔常怀，怀于有仁。鬼神无常享，享于克诚。天位艰哉！"

解 申，是重。 亲，是眷顾。 怀，是归附。 享，是歆享[①]。 伊尹重言以告戒太甲，叹息说道："人君一身，上为皇天之鉴，临下为百姓之仰赖，前后左右有鬼神之森列，甚可畏也。 天虽以君为子，然或予或夺，初无定向，何常亲之有？惟人君能敬以自持，凡动止语默，常若天监在兹，无一念敢忽，则此心上通于天，天乃眷佑而申命之矣！民虽以君为心，然或向或背，其情难保，何常怀之有？惟人君能仁以保民，爱养子惠，使匹夫匹妇，无一不被其泽，则此心下孚于民，民皆爱戴而归服之矣。 鬼神虽依君为主，然不见不闻，至幽难测，何常享之有？惟人君能竭诚对越，真见得祖宗百神，与我一气相为联属，不敢萌一毫怠玩之意，则诚立于此，神应于彼，自然来格来享，而降之以福矣。 这等看来，人君居天之位，一念不谨，天遂从而厌之；一物失所，民亦得而叛之。 幽独之中，斯须不诚不信，人虽不知，而鬼神知之，存亡之机至危，而感召之理不爽，虽兢兢业业，日慎一日，犹恐不能保终，其可以易而为之乎？所以说'天位艰哉'！"

"德惟治，否德乱。 与治同道，罔不兴；与乱同事，罔不亡。 终始慎厥与，惟明明后。"

解 德，指敬仁诚说。 "否"字，解做"不"字。 明明，是明而又明的意思。 后，是君。 伊尹说："天位惟艰，保位以德。 所谓德，不过曰敬、曰仁、曰诚而已。 人君若是尽了这敬仁诚而有德，则自然天亲、民怀、鬼神歆享，岂

民怀有仁图

敬德配帝图

不足以致治？若是背了这敬仁诚而不德，则必然天怒人叛鬼神怨恫（tōng），岂不足以致乱？然这致治的道理，古人已有行之者矣。若今所行的，与那古人之致治的道理相同，则其治亦与之同，而太平之盛可复见于今日矣，有不至于兴隆者乎？这致乱的事迹古人亦有行之者矣，若今所行的，与那古人之致乱的事迹相同，则其乱亦与之同，而祸败之应，将复蹈其覆辙矣，有不底于灭亡者乎？夫治乱兴亡之机，惟系于所与如此，可见人君当慎其所与矣。然或有初鲜终，则兴治未几，而乱亡随之，亦非真能与治者也。若乃敬畏常存，自临御之初，以至历年之久，悉求与治同道，而不敢一事苟同于乱焉，此非中才常主所能也。惟是至明之君，洞烛夫天民鬼神之理，深辨夫治乱兴亡之故，不但初志极其清明，亦且终身无所蔽惑，方能日慎一日，而永保天命也，王可不以明明之后自期待，而保此惟艰之位哉！"

【注】
① 时：同"是"。

"先王惟时 ① 懋敬厥德，克配上帝。今王嗣有令绪，尚监兹哉。"

解 先王，指成汤。懋，是勉。配，是对。令，是善。绪，是统绪。尚，是庶几。监，是视。伊尹又说："能慎所与，固惟明君为然，而当与之人，莫有过于先王者。昔我先王成汤，受天明命，而有天下非有他道。惟是朝夕勉勉不已，常存戒慎恐惧以修其德，凡敬仁诚之道，皆加兼体日新之功，不敢有一毫怠慢，故其德与天合，用能君主万方，而对乎上帝。盖真为天之所亲，而民无不怀，神无不享矣。今王为先王之孙，富有四海，贵为天子，其所嗣者，皆先王所传令善之统绪也。然这善绪不易得，由于敬

德配天所致。王既嗣而有之，庶几监视乎此，于先王所以
敬德配天的事，常常看着做个法则。这便是与治同道，亦
可以对越上天，而万民自怀、鬼神自享矣，又何必远有所
慕哉！"

"若升高，必自下；若陟远，必自迩。"

解 伊尹又说："为治贵慎所与，而进德必有其序。先王之
敬德配天，固吾王之所当法者，然其道则高矣远矣，岂可
一蹴而至哉？必当循其进为之方，顺其先后之序，由一念
一事之勉于敬，而积之于念念事事之无不敬。就如登山的
一般，要升到高处，必从这低处起脚；如走路的一般，要
行到远处，必从这近处进步。庶几下学者可以上达，近取
者可以远到，而先王之德可驯至矣。否则欲速不达，安能
造于高远之地哉？"夫伊尹欲太甲则效成汤期待至矣，而
复以循序告之者。盖不以至圣为期，则志安于近小。若徒
骛高远，而不从身心切近处用力，则亦流于虚妄，而何能
以与治乎？伊尹之言，真圣学之准则，而万世人君之所当
诵法也。

"无轻民事，惟难；无安厥位，惟危。"

解 民事，是农桑之事。位，是君位。伊尹又说："人君
富有四海，坐享万邦之贡赋。莫把那小民的事便看得轻易
了，以为不必留心。当思国以人民为本，民以衣食为命。
农夫终岁勤动，尚有不足于食者；蚕妇终岁辛苦，尚有不
足于衣者。戚戚焉，视民之疾苦常若恫瘝[1]之在身而后可，
岂可视以为轻而忽之哉！人君尊居九重，仰承先世之基业，
莫把这大君的位便看得安稳了，以为可以肆志，当思天下

【注】
[1] 恫瘝（tōngguān）：病
痛，疾苦。

所以奉我者甚尊，则其所以望我者甚重。一念不谨，或致上干天怒；一事不谨，或致下失人心。栗栗焉此心之危惧，若将坠于深渊而后可，岂可恃以为安而玩之哉？”夫能思民事之难，则必不妨民以重役，夺民以厚敛，而所以图其易者在是矣。能思君位之危，则必不徇情于货色，溺志于游畋，而所以保其安者在是矣。君天下者，宜三复于此言。

“慎终于始。”

解　伊尹又说：“人情孰不欲善其终者，只是安于偷惰，以为今日姑若是，而他日固改之耳。然事固未有不善其始而能善其终者，王欲图惟厥终，而保先王之业于勿坠，便当于今日嗣位临民之初，思其难，思其危，兢兢业业，日慎一日而后可。若因循懈怠谓，暂且纵欲为乐，待后更为改图，窃恐此心一放，不可收拾；习气已成，难于变易。后虽悔之，亦无及矣，可不戒哉！”

“有言逆于汝心，必求诸道；有言逊于汝志，必求诸非道。”

解　逆，是违拂。逊，是随顺。伊尹于太甲悔悟之后，犹恐其不能审于听言，故又告之说道：“人君听言，不当任情以为喜怒，必须审察理之是非，且如人之进言于王，固有犯颜色，触忌讳，侃侃直戆，拂逆于王之心者，这样言语在常情好生难受。吾王于此，必当虚心审察，他这说话或者有益于身心，有裨于治理，而于道有合欤？苟合于道，还当屈己听从，未可以为拂意而遂拒之也。人之进言于王，亦有颂其美，承其意，唯唯和柔，随顺于王之所欲者，这样言语在常情鲜不喜悦。吾王于此，必当虚心审察，他这说话莫非是阿谀以为容，奉迎以为悦，而不合于道欤？如其非道，便当正色拒阻，未可以为顺意而遂喜之也。善臣之于君，有过则匡救之，有美则将顺之，虽逆耳之言，未必便是顺意之语，未必尽非。但人之常情，莫不喜顺而恶逆，而人君之尊，孰敢轻为直言以犯之。故明主于此，不可遽为喜怒，唯虚心审察，徐观理之当否，以为己之从违，则忠直者得以尽其意，而谄佞者无所售其奸矣。此人君听言处事之要道，非伊尹之忠爱恳到，不能言之亲切如此。”

"呜呼！弗虑胡获？弗为胡成？一人元良，万邦以贞。"

解 虑，是思虑。"胡"字，解做"何"字。获，是得。一人，指君说。元，是大。良，是善。"贞"字，解做"正"字。伊尹既历告太甲以图治之道，犹恐其不能慎思而笃行也，故复叹而勉之说："我前所言五者，都是切于治道的说话。王不徒听之，须是殚精竭虑，反覆思惟。君德如何而能进？民事如何而能重？天位如何而能安？何以谨始？何以受言？件件都去心上理会过，这道理方才实得于己。若只听了，不加思虑，则亦徒听而已。何由而能得乎？然既思而得之，又当躬行实践，黾勉从事，或循序以进德，或艰难以保民，或危惧以守位，以谨终则于始，以听言则必审，一一都见之于施行，这事功方才有成。若只思了不肯实行，则亦徒思而已，何由而能成乎？苟能思而得此理，无一毫眩惑，为而成此事，无一毫废弛。则蕴于念虑之间者，皆理而无欲；发于事为之著者，皆善而无恶。内外如一，表里浑然，是人君有大善之德矣。由是万邦的人，见为上者如此，自然有所感发，有所视效。以百官则正于朝，无比德，无淫朋；以万民则正于野，无颇僻，无偏党，皆相率而归于正矣。夫万邦之贞，其机由于一人；一人之善，其功在于虑与为，王可不思所以自勉哉！"

"君罔以辩言乱旧政，臣罔以宠利居成功，邦其永孚于休。"

解 伊尹告君终篇，又以己将复政归老，虑后有谗人变乱是非，太甲或误信而反其所为，故预戒之，且明己志，说道："率由旧章，君道之当然也。为君的，当以先王之法为必可行，毋信喋喋利口，变乱了祖宗的旧政。事功图成，臣职之当然也，为臣的，不可以己之事功有成，而贪恋宠禄以居之。夫君尽君道，则监于成宪，而无纷更之失；臣尽臣职，则功成不满，而益勤笃棐（fěi）之忠，政治休明，节义成俗。社稷灵长，终将赖之矣。邦国有不永信其休美者乎？"盖此时太甲之德已进，伊尹有退休之志，故预为此言，以见国家之事，惟谨守成法，自可长治久安，而己之图归，乃臣道之常，有不得不然者耳。

咸有一德

伊尹作《咸有一德》。

这篇书是伊尹将告归之时，作书劝勉太甲，法成汤以纯一其德的说话。史臣因书中有『咸有一德』之语，遂以为篇名。

伊尹既复政厥辟，将告归，乃陈戒于德。

解 "复"字，解做"还"字。昔伊尹受成汤之托，辅立太甲，太甲居忧，伊尹身摄朝政，至是太甲君德既成，堪以承继成汤之业，伊尹遂以所摄的政务复还太甲，将欲告老归于私邑，犹恐去位之后，太甲修德不终，有负成汤所以付托至意，乃陈王者之德所当勉者，反覆以告戒之。

曰："呜呼！天难谌，命靡常。常厥德，保厥位。厥德靡常，九有以亡。"

解 "谌"字，解做"信"字。九有，即九州。伊尹陈言告戒，先叹息说道："人君之奄有九州，固莫非上天所命，然皇天无亲，难可凭信，其命之去留迁易，曾无定准，或一国之运，前兴而后废，或一人之身，始予而终夺，何可据以为信哉！然亦但观人君之德何如？诚使为君者，能杜绝私欲，常存其德，不使一时间断，则保佑命之，自天申之，而天位可以长保矣。若君德不常，或为私欲玩好有所摇夺，或但勉强暂时不能持义，则天命亦遂去之，而九有以亡矣。是可见天命去留之机，虽不可知，而天人感召之理，则必不爽。君德有常，则天命亦有常；君德无常，则天命亦无常。人君欲常保天命，惟在常修其德而已。"

"夏王弗克庸德，慢神虐民。皇天弗保，监于万方，启迪有命，眷求一德，俾作神主。惟尹躬暨汤，咸有一德，克享天心，受天明命，以有九有之师，爰[1]革夏正。"

解 夏王，指夏桀。"庸"字，解做"常"字。监，是视。启，是启发。迪，是开导。一德，是纯一之德。咸，是

【注】

① 爰：于是。

② 建寅：古代以北斗星斗柄的运转计算月份，斗柄指向十二辰中的寅即为夏历正月，夏朝以夏历正月为岁首。

夏王慢神图

夏桀

伊尹

民歸一德圖

③ 建丑：北斗星斗柄指
向十二辰中的丑即为夏
历十二月，商朝以夏历
十二月为岁首。

皆。"享"字，解做"当"字。夏正，是夏家建寅②的正
朔。伊尹说："天命无常，往事可证。昔夏王桀不能常于
其德，亵慢明神，不知恭敬以奉祭祀，暴虐下民，不能施
惠以收人心，以无道自绝于天，不可以为神人之主。是以
皇天厌弃之，不加保佑，下视那万方之中，有堪受大命者，
启发而开导之，求德行纯一者，眷顾而亲爱之，使之居天
位而为百神之主，自此夏祚告终，而天命改属矣。所谓
'厥德靡常，九有以亡'者，夏桀是也。方上天眷求一德
之时，天下无足以当之者，惟我尹躬，及我先王成汤，都
有纯一之德。心里所存的，无有人欲之私；政事所行的，
全是天理之公。臣主一心，上下同德，故能当上天启迪眷
求之心，而受其光大休显之命。九州之广，兆民之众，莫
不归服于我先王。于是改夏建寅之正朔而为建丑③，夏家
旧日的天下，一旦转而为我商之所有矣。所谓'常厥德，
保厥位'者，我先王成汤是也。"

"非天私我有商，惟天佑于一德；非商求于下民，惟民归于一德。"

解　伊尹既以夏商兴亡之故，陈戒太甲，又反覆申明其意
说道："夏后氏受天命为天子，四百有余岁矣。今天命一旦
去之，眷我有商，代夏而有天下，岂天私厚于我有商哉？
'皇天无亲，惟德是辅'①，我商之君臣，既同有一德，寅
恭②夙夜，昭事③上帝，是以天心降鉴，自申其保佑之命
耳，而非天有私也。夏后氏奄有天下，固一民莫非其臣
矣。今而九有之众，无不归服于商者，岂商有所要求于下
民哉！民罔常怀，惟德是怀，我商之君臣既同有一德，容
保周至，彰信兆民，是以东征西怨，南征北怨，自戴之以

【注】
① "皇天无亲，惟德是
辅"：见《尚书·蔡仲
之命》，意即上天总是
帮助有德之人。
② 寅恭：恭敬。
③ 昭事：昭，同"劭"，
勤勉地服事。

为我后耳，而非商有求也。夫观天佑民归，一本于德如此，嗣王可不慎修其德，以系天人之望哉！"

"德惟一，动罔不吉；德二三①，动罔不凶。惟吉凶不僭，在人，惟天降灾祥，在德。"

解 僭，是差。伊尹又说："人君之德，若纯乎天理而一，则凡有所动作，自然上合天心，下得人心，无往而不吉。人君之德，若杂乎人欲而二三，则凡有所动作，必然上拂天心，下逆人心，无往而不凶。夫在人当吉便吉，当凶便凶，无有一毫僭差者，其故何哉？盖以天之降灾降祥，惟视在人之德何如？有德则福不求而自至，无德则祸欲避而不能，此必然之理也。然则人君欲祈天永命，惟在增修其德哉！"

【注】
① 二三：一时是二，一时是三，反复不定，不专一。

"今嗣王新服厥命，惟新厥德；终始惟一，时乃日新。"

解 伊尹既反覆申明君德之不可不一，乃劝勉太甲说道："今嗣王方自桐归亳，新服天子之命，而即政临民，乃天命人心系属之初，吉凶灾祥攸判之始，正当图新其德，痛洗旧染之污，复其本然之善，使德与命而俱新可也。然新德之要贵乎有常，若新之于始，而或间之于终，则新者有时而污，不可以言日新也。必也始焉自怨自艾，处仁迁义，固如是之新矣！终焉懋德法祖，无时豫怠，亦如是之新焉。终始一致，而无少间断，这才是日新，而非暂明倏晦者之可比也。君德有常而弗替，则天命亦永保于无疆矣，嗣王可不勉哉！"

"任官惟贤才，左右惟其人。臣为上为德，为下为民。其难其慎，惟和惟一。"

解 官，指庶官说。左右，指辅弼大臣说。这是伊尹告太甲以用人之要法，说道："吾王既尽新德之功，又当求辅德之助。然辅德唯在用人，而用人必求其当，如诸司百职乃庶官也；庶官或守一方，或领一事，必一一都选贤而有德，能而有才的人。而任之在位，左右辅弼乃大臣也；大臣要他处大事，决大疑，与夫调元赞化，又非一方一事可比，其责任既重，不可但求备员，尤须才全德备的人然后可用。所以然者为何？盖以人臣职分，虽有大小不同，然其为上也，则为君之德，大之保佑王躬，以养其本原，小之因事纳忠，以补其阙失，使君德日明于上者，都是他的职分。其为下也，则为民之生，或赞襄倡率于内，以燮和天下，或承流宣化于外，以润泽四方，使民生日安于下者，都是他的职分。夫臣职所系，其重如此。若任用非人，则上无以弼成君德，而下无以奠安民生，国家之事日坏矣！是以人君于未用之先，必要难于任用，不可一概轻易授职，慎于听察，不可徒以言貌取人。如此则选择精，而不贤者不得以滥进矣。于既用之后，必要他可否相济，而彼此交修；终始如一，而信任不贰。如此，则志意孚，而贤者得以展布矣。用人之要，莫过于此。其于吾王新德之助，不亦多乎？"

"德无常师，主善为师。善无常主，协于克一。"

解 德，是善的总称。善，是德的实行。师，是取法。协，是合。这是伊尹告太甲以取善之要法，说道："善在天下，散于万殊，而原于一本。故君子之取善，求之贵广，而择之贵精。彼人必有所师法，而后能成其德，然师无常，若执一而求之则隘矣。故德无常师，惟当视其善之所在，便取以为我之法。凡有一言之合道，一事之可法者，我皆兼收之而无遗，则天下之善，皆我之善矣。然善之在人无穷，若逐一而主之，则杂矣。故善无常主，惟当以其所取之善，而会合于吾心能一之地。凡得之于旁求博取者，皆权度于一心，务求至当归一，纯然不杂而后已，则吾心之一善，有以统天下之万善矣。大抵君子之学，不博，则无以为致约之地；不约，则无以收广博之功。譬之于金，有产于水中者，有藏于沙中者，今不必问其所出，但是金便采来，既采之后，即投之炉中，加以猛火锻炼，便成一块纯金，不复知为沙中、水中之物矣。德无常师而主善，就如采金的一般；善无常主而协一，就如炼金的一般。此圣学精微之奥，修德者宜潜心焉。"

"俾万姓咸曰：'大哉！王言。'又曰：'一哉！王心。'克绥先王之禄，永底烝民之生。"

解 "俾"字，解做"使"字。绥，是安。底，是定。烝，是众。伊尹告太甲说："吾王之新德，若能到得那克一的地位，则此心纯然不杂。由是布之为号令，宣之为教诏，自然有以感动乎人心，将使那万姓每众口一词，都称颂说：'大矣哉！吾王之言乎！'何其包涵尽天下之理，一言垂万世之则也。然不特赞王之言，而因此知王之心，又称颂说：'一矣哉！吾王之心乎！'必其浑然天理之中存，纯无一毫之间杂也。不然，何以有是至大之言哉！是即其称颂之至，可知其爱戴之同，一德咸应之神有如此。不但是也，受天明命，先王常以一德而受天禄之厚矣。今王能一德，则有以保其基绪，而安享九州之贡赋。先王之天禄，不自王而克绥之乎；奄有九有，先王常以一德而得众民之归矣。今王能一德，则有以抚其生民，而永贻乐利于无穷。先王之遗民，不自王而永底之乎？一德效验之大又如此，吾王其勉之哉！"

"呜呼！七世之庙，可以观德；万夫之长，可以观政。"

解 古者天子宗庙之制，三昭三穆，与太祖共为七庙，太祖之庙，百世不迁。其余七世之外，亲尽则迁。若是有德之君，其庙称宗，则亦不迁。万夫，即是万民。伊尹丁宁申戒太甲，叹息说道："人君修德行政，出之一身者，虽甚微；而其贤否之章于天下后世者，则甚著。彼七世之庙，祀有定制，亲尽则在所必迁。必人君身有盛德，为公论所归，然后可以称宗不毁。苟无其德，将不免于祧①矣。是即庙祀之迁与不迁，可以观德之修否，不能掩于后世之公也。万民之情，从违靡定，王者为之君长，必其所行之政，合于民心，然后爱戴而归向之。苟失其道，将不免于怨叛矣。是即民心之服与不服，可以观政之修否，不能掩于天下之公也。今吾王之在后世，居于七庙之中者也，固当一其德以为不迁之主。吾王之在今日，位于万夫之上者也，亦当一其德以为行政之原，可不知所自励哉！"其后太甲令德善政，于汤有光，庙号太宗，享子孙六百年之祀，至今称守文贤主，亦可谓不负伊尹之所期者矣。

【注】

① 祧（tiāo）：迁庙，把隔了几代的祖宗神位迁到远祖的庙里。

"后非民罔使①，民非后罔事②。无自广以狭人③，匹夫匹妇，不获自尽④，民主罔与成厥功⑤。"

【注】

① 后：君王。使：役使。
② 事：事奉。
③ 无：同"毋"。广：宏大。
④ 自尽：尽心尽力。
⑤ 民主：人主，指君主。

解 伊尹告太甲终篇，又致其儆戒之意，说道："两贵不能以相使，君而非民，则孤立无助，将何所使？两贱不能以相事，民而非君，则涣散无统，将何所事？君民相须如此。为君者固不可忽乎民矣！况于取人为善以成一德，初无间于君民者，而可忽之乎。要必虚心以受天下之善，下问以来乐告之心。莫说我自家聪明睿智，何所不知，那百姓每凡愚浅陋，他晓得甚么！何必问他。这等便是自广以狭人了。为人君者，切不可如此。善人君任大责重，必合天下之知以为知，而后事无遗照，而道之在天下，虽匹夫匹妇亦有可与知者。但有一人不得自尽其诚，一善不得自达于上，则聪明壅于听闻，智识小于自用。一善之有亏，即万善之未备矣！人主将何所与以成一德之功哉！此所以当取民以为善，不可自广以狭人也。"谨按，此书始终以"一德"为言，反覆谆切，其旨深奥。盖天命赋予之理，本纯一而不贰，但人以私欲间杂之则不一，始终有间断则不一，表里有参差则不一。修德者必克尽己私，纯乎天理，使表里如一，始终无间，而后谓之一德也。尧、舜、禹之相授受曰："惟精惟一，允执厥中。""中"即所谓"一德"，精以察之，一以守之，即是协一的工夫，昔伊尹在畎亩之中，乐尧舜之道，故悉平生之所学以告太甲。盖欲使其君为尧舜之君而后已也，后之有志于帝王者，宜潜心而勉学焉。

盘庚上

盘庚五迁，将治亳殷，民咨胥怨。作《盘庚》三篇。

盘庚，是成汤十世孙。盘庚因河患迁都于殷，反覆诰谕臣民以图迁之意。史臣录其书为三篇，这是头一篇，记未迁时，告谕臣民的说话。

盘庚迁于殷^①，民不适有居，率吁众戚出矢言。

解　殷，是地名，即今河南府偃师县地方。 适，是往。 率，是总。 吁，是呼召。 戚，是忧。 当时河水为患，众百姓每都以为忧，故谓之"众戚"。 矢言，是誓告之词。昔成汤建都于亳，其后子孙屡迁，至祖乙始都于耿^②。 至盘庚时，耿又有河决之害。 盘庚见殷地高，可以避水，故欲率民以迁都于殷。 而当时之民，皆安土重迁，不肯往适于有居。 盘庚不得已，乃总呼众忧之人，出誓言以告之，把迁都之利、不迁之害，一一晓谕他每^③知道。 盖不以刑罚驱之，而以言语化导之，盘庚之恤民如此。

【注】
① 殷：故址在今河南安阳市区小屯村殷墟。
② 祖乙：名滕，商朝第十三任君主，亦称且乙。耿：在今山西省河津市。
③ 他每：他们。

曰："我王来，既爰宅于兹，重我民，无尽刘。^①不能胥匡以生，卜稽曰：'其如台。'^②"

解　我王，指祖乙说。 宅，是居。 兹，指耿都说。"刘"字，解做"杀"字。 其如台，譬如说无奈我何。 盘庚出誓言以告百姓每说道："我先王祖乙初来耿都，既而遂定居于此，实以此地可居，而重我民之生耳。 岂预知耿有水患，而故意尽陷之于死地乎？ 今民偶不幸，困于水灾，流离散处，不能相救以全其生，是乃天变之使然，非人谋之所能及也。 我因此考之于卜，那卜兆之词说：'此地垫溺已甚，我亦无如之奈何。'言决不可不迁也。 天命昭然如此，尔民可不从卜而图迁哉！"

【注】
① 爰：语气助词。 刘：杀戮，《尔雅·释诂》："杀也。"这里是伤害的意思。
② 胥：相互。 匡：扶助。卜稽：稽考卜辞。台（yí）：我。其如台：其如我所行。

盤庚遷殷圖

盤庚迁殷图

盤庚

"先王有服，恪谨天命，兹犹不常宁。① 不常厥邑，于今五邦。② 今不承于古，罔知天之断命，矧曰其克从先王之烈？③"

解 服，是事。宁，是安。五邦，是五处建都之地。成汤始居西亳，仲丁迁于嚣，河亶甲迁于相，祖乙迁于邢，又迁于耿，共是五邦。④ 烈，是功业。盘庚又说："我先王成汤、仲丁、河亶甲、祖乙诸君，遇国家有大政事，必决之于卜，以观天命之何如。天命所在，则恭敬奉承，不敢违越，故卜曰：'当迁即迁，不敢偷安，以违天命。'至于五次迁都于亳、于嚣、于相、于邢、于耿，而迄无定居，这岂是先王好劳，乃天命之不容己故也。今至于我之身，耿不可居，天命亦几乎绝矣。若不承先王之故事以图迁，而坐待沉溺，则是天之断绝我命，且懵然而不自知，况曰其能顺承先王之大业，以保国祚于无穷乎？夫天之所命，在先王犹不敢违，而况于我乎？为尔民者，纵不畏上命，独不畏天命乎？"

若颠木之有由蘖，天其永我命于兹新邑，绍复① 先王之大业，厎绥四方②。

解 颠木，是倾仆的树木。由蘖，是树上新生的枝条。盘庚又说："旧都已不可居，新都幸有可就，若能从卜而迁，则易危为安，转祸为福。譬如已倒的树木，旁边又生出新枝一般。但见国命几断而复续，先业几坠而复兴，是天将延长我国家之命于新邑，使我继嗣兴复先王之大业，以安四方之民矣。夫不迁之害如彼，而能迁之利如此，是国命之断续，先业之兴废，民生之安危，惟系于迁、不迁之间耳，尔民可不审所从哉！"

盘庚敩于民，由乃在位，以常旧服，正法度。曰："无或敢伏小人之攸箴！"王命众，悉至于庭。

解 "敩（xiào）"字，解做"教"字。在位，是有位之臣。常旧服，是先世常行的旧事。伏，是藏匿。小人，是小民。箴，是箴规的言语。众，指臣民说。盘庚既告民以迁都之意，如上文所言矣。然当时之民，虽多惮于迁徙，一般也有要迁的，只为在位的人，恋旧都久处之安，贪沿河沃饶之利，乃倡为浮言，煽惑众心，中间有能审利害而以为当迁者，都被他排击隐匿，不得闻于上，此民情所以不通，而国是所以未定也。盘庚深知其然，故其告教于民，必自在位之人始。而其所以教在位者，惟历举先王君臣旧常图迁的故事，以正今日之法度。见得自己奉顺天命，皆取法乎先王；而凡为臣者，皆当谨守臣职，以取法乎旧臣也。其大意说道："今我小民，苦遭水患，必多以当迁之言箴规于我者，汝群臣正当通上下之情，无或敢排击隐匿，而使之不得上达也。"盘庚告臣之意如此。于是乃命臣民众庶悉至于庭，以听教命焉。

王若曰："格汝众，予告汝训汝，猷黜乃心，无傲从康。"

解 此下正盘庚命众之词，皆对民而责臣者也。格，是至。猷，是谋。黜，是除去。傲上，是慢上之命。从康，是徇己之安。盘庚命众说道："来，汝臣民之众，我其告汝以训言。凡汝之所以不肯从迁者，只为有两样私心：一则有傲心，而慢君上之命；一则有惰心，而徇目前之安耳。汝当谋去汝这个私心，念尊卑之分，而不敢以傲上；图久远之计，而不敢以苟安。可也。"

"古我先王，亦惟图任旧人共政①。王播告之修，不匿厥指，王用丕钦。②罔有逸言③，民用丕变。今汝聒聒，起信险肤，予弗知乃所讼。④"

解 旧人，是世臣旧家。播告，是诏令。指，是意指。钦，是敬。逸言，是过言。变，是变化。聒聒，是多言的模样。起信，是取信。险，是倾邪。肤，是浅。盘庚又说："昔我先王，凡有大事，皆不敢独任一己之私，亦惟谋任尔世臣旧家之人，与之共事。然先王固能任旧人，而旧人亦不负所任。凡国有大事，朝廷出号令以播告乎人，旧人即为之奉承宣布。凡先王忧恤民瘼⑤的美意，都一一传说与百姓，而不敢隐匿，所以先王愈加敬信，而任使之益专。且不但宣君之指，而又自以利害之实告之于民，无有妄言，以惑众听，所以小民翕然感化，而奔走之恐后。先王之臣，其贤如此。今我之任汝，无异于先王，汝宜以旧人之事先王者而事我可也。顾乃倡为浮言，以阻迁都之议。凡其谅谅⑥然求信于民者，率皆险邪肤浅之说，都不是正大深远的议论。我不晓汝所言，果何谓也？岂不有愧于旧人哉？"

"非予自荒兹德，惟汝含德，不惕予一人。予若观火，予亦拙谋，作乃逸。"

解 荒，是废。含，是藏匿。惕，是畏惧。观火，是见得明白的意思。"作"字，解做"成"字。逸，是过失。盘庚说："我之迁都，非轻易劳民动众，自废其爱民之德。其实欲为民图安耳。汝乃造言阻挠，不肯宣布我为民之德意，不畏惧我一人。若将以我为可欺者，不知我看汝等傲上即安之情，就如看火一般，昭然明白，而无所隐蔽，汝

【注】

① 图：谋。共政：共事。

② 修：施行。匿：隐瞒。厥：其，指先王。指：同"旨"，意旨。用：因此。丕：大。

③ 逸言：失言，过言。

④ 聒聒：无知妄言乱民心。讼：争辩。

⑤ 民瘼：人民的疾苦。

⑥ 谅（náo）谅：喧嚷，争辩。

服田力穡圖

亦将谁欺乎？然此虽汝之过，亦由我拙于为谋，优柔姑息，以酿成汝之过失耳。使我能操生杀之权，有罪不赦，汝又安敢若是哉？”这是盘庚设为责己之词，以警群臣，欲其痛自省改，而率民以从迁也。

“若网在纲，有条而不紊。若农服田力穑，乃亦有秋。”

解 网，是鱼网。纲，是系网的大绳。条，是条理。紊，是乱。刈禾，叫做穑。有秋，是秋间有收成。盘庚既戒其臣之傲上从康，又设喻以申明之说道：“以下从上，理之当然。譬如鱼网一般，把纲绳提起，则细目都随之而张，各有条理而不乱。今君者，臣之纲也。若君令而臣不从，是纲举而目不张矣，有是理乎？然则汝不可不以傲上为戒也。天下之事，不一劳者不永逸。譬如农夫一般，服劳于田亩，用力于稼穑，虽是勤苦，到秋来，却有收成之利。今迁都虽劳，而他日安居乐业之利，实由于此，然则汝又不可不以从康为戒也。”

“汝克黜乃心①，施实德②于民，至于婚友，丕乃③敢大言，汝有积德。”

解 婚友，是婚姻僚友。盘庚说：“汝群臣所以不肯迁者，本是傲上从康的私心，却乃藉口安民，以市恩于众，而自以为有德。不知河水一决，坐待危亡，适以害之而已，何实德之有？汝必能去其傲上从康之私心，真为斯民趋利避害，以施实德于民，而且及尔之婚姻僚友，亦得以同享其福，则德之所施者博矣。汝于此时，乃敢大言于人说，汝之祖父尝为民图迁，今汝又为民图迁，汝家世世有积德，

【注】

① 黜（chù）：去掉。乃心：你们的私心。

② 实德：指迁都惠民的实际好处。

③ 丕乃：于是。

这才不失之于夸耳。若今之苟悦小民，何足以为德乎？"

"乃不畏戎毒于远迩，惰农自安，不昏①作劳，不服田亩，越②其罔有黍、稷。"

解 戎，是大。毒，是害。昏，是强。黍、稷，是两样谷名。盘庚说："耿圮③河水，远近皆受其害，势甚可畏。汝乃不畏其大害于远近，而惮劳不迁，则终无去危就安之日矣。譬如懒惰的农夫，惟务偷安，不肯强力为劳苦之事，不耕种田亩，将来岂有黍稷之可望乎？从康之害如此。"

【注】

① 昏（mǐn）：同"敃"，勉力而为的意思。

② 越：于是。

③ 圮（pǐ）：毁坏。

"汝不和①吉言于百姓，惟汝自生毒②。乃败祸奸宄，以自灾于厥身。乃既先恶于民，乃奉其恫，汝悔身何及！相时③憸民，犹胥顾于箴言，其发有逸口④，矧予制乃短长之命⑤！汝曷弗告朕，而胥动以浮言⑥？恐沈于众⑦，若火之燎于原，不可向迩⑧，其犹可扑灭？则惟尔众自作弗靖⑨，非予有咎！"

解 吉言，是善言。先，是倡率。奉，是承受的意思。恫，是痛。相，是视。憸民，是小民。"胥"字，解做"相"字。逸口，是过言。燎，是焚。高平之地，叫做原。盘庚说："人臣之义，当奉君之命而致之民者也。今汝于人情忧疑之际，乃不肯将好言语开谕那百姓，而反阴沮迁都之谋，则非但害民而已，惟汝自生毒害，陷于败祸奸宄之罪，以自焚于其身耳。盖臣者，民之倡也。汝既倡民以顽慢不率，则首恶之诛，必不能免，孽自汝作，则痛亦自汝受矣。汝于此时，虽自追悔，亦何及哉？我视小

【注】

① 和：同"宣"，宣布的意思。

② 毒：祸害。

③ 时：同"是"，代词。

④ 逸口：从口中发出的错误言论。

⑤ 制：掌控。短长之命：或长或短的寿命。

⑥ 浮言：没有根据的话。

⑦ 恐：恐吓。沈：同"扰（dǎn）"，《说文》称"言不正曰扰"，煽惑的意思。

⑧ 向迩：靠近。

⑨ 靖：善；与张居正解为"安定"不同。

民之中，有明于利害者，犹知相与顾虑，而有箴规之言，但其言一发，汝等即以过逸之言，纷纷排抑之，使不得达。汝固自恃其口，为可以制人矣。况我操生杀之权，能制汝短长之命，而可不惧乎？汝何不以小民之箴言告我，乃共为浮言，以动摇斯民，惧之以迁徙之劳，贻之以沉溺之祸，果何意邪？一时人情，为汝所惑，虽若无可奈何，然以我制命之权而殄灭汝，亦何难之有！譬如火之焚于原野，其初虽不可亲近，然终可得而扑灭之，汝尚何所恃乎？然此亦惟汝众自不肯安靖守法，以速祸于己耳。非我有过乐用刑威以加汝也，傲上之害如此，可不戒哉！"

"迟任有言曰：'人惟求旧，器非求旧，惟新。'"

解　迟任，是古时的贤人。盘庚既戒责群臣，又引古人之言以感动之，说道："我闻迟任曾有言说：'朝廷用人，当求夫世臣旧家而用之，以其练习故事，通达人情，国家与之同其休戚，而下民视之以为安危也。若夫用器，则不必求旧，惟取其制作之新而已。'迟任之言如此。今汝诸臣，皆我国家之旧人也，我之图任共政，自不能舍汝而他求矣。汝可不思体我之意乎！"

"古我先王，暨乃祖乃父，胥及逸勤，予敢动用非罚？世选尔劳，予不掩尔善，兹予大享于先王，尔祖其从与享之。作福作灾，予亦不敢动用非德。"

解　非罚，是不当罚而罚。非德，是不当赏而赏。盘庚说："昔我先王，及汝祖汝父，君臣一心，无事则同享其逸，有事则同任其勤。是汝祖父，乃我先王之功臣也。汝为功臣的子孙，国家所当优礼，苟无罪过，我岂敢动用非理之罚以加汝乎？盖必可罚而后罚之也。我国家世世选录汝祖父之功劳，至于我亦不敢掩蔽汝祖父之善。今我大享祀于先王，汝祖亦以功臣而配享于庙，在天之灵，昭著森列，以作福作灾于下，凡赏善罚恶之事，神实鉴临之。汝为子孙者，苟无功劳，我亦岂敢动用非分之恩以私汝乎？盖亦必可赏而后赏之也。夫我于勋旧之臣，一赏一罚，皆不敢轻如此，尔旧人宜知所戒勉矣。"

【注】

① 耄荒：年老的意思，语出《尚书·吕刑》："惟吕命，王享国百年，耄荒，度作刑以诘四方。"

② 狃：拘泥。

"予告汝于难，若射之有志。汝无侮老成人，无弱孤有幼，各长于厥居，勉出乃力，听予一人之作猷。"

解 难，是迁徙艰难。弱，是轻忽的意思。猷是谋。盘庚说："迁都之举，固非易事，但我之志意已定，利害已审。如今把这难事，反复告汝群臣，如射者之决志于中，一定而不可移矣。今小民之中，或老成，或孤幼，也有明于利害，而以为当迁者。汝毋欺侮那老成的人，以为耄荒①不足听；毋轻忽那孤幼的人，以为年少不更事也。惟当去己私以从众论，舍目前苟安之利，各为千百年居止之图。勉出汝之力，而不狃②于从康，听我一人迁徙之谋，而不终于傲上，则庶几有以辅成我志，而于图任旧人之心，亦无负矣。"

"无有远迩，用罪伐厥死，用德彰厥善，邦之臧，惟汝众；邦之不臧，惟予一人有佚罚。"

解 臧，是善。"佚"字，解做"失"字。盘庚告臣将终，又申明赏罚之严，以戒勉之，说道："凡汝群臣，都不论远近亲疏，但不从迁，便是有罪的人，我则刑戮是加，讨其死罪而不赦。从我而迁，便是有德的人，我则爵赏是及，显其善行而不蔽，所以然者，何也？盖以国家之安危，悉系于群臣之善恶耳。如我之邦，易危为安而善钦，此非能自善也，惟汝众从迁之故耳。然则用德者，安得而不彰之耶！如我之邦，沦胥以沉而不善钦，此非自不善也，惟我一人纵恶不诛，失罚其所当罚以致此耳。然则用罪者，安得而不伐之耶！盖今日赏罚之典，有断乎其必不可已者，汝其可不念哉！"

"凡尔众，其惟致告，自今至于后日，各恭尔事，齐乃位，度乃口，罚及尔身弗可悔！"

解 齐，是整齐。度，是法度。盘庚说："我之赏罚，其严如此。凡汝群臣之众，其以我言转相告戒，自今日以始，至于后日迁徙之时，各敬共汝所干的职事，而毋或怠忽；整肃汝所守的位次，而毋或违越；检制汝所出的言语，使合于法度，而毋或放肆。惟务同心奉上，以成迁都之举，则庶乎用德而有赏矣。苟或不然，则罚罪之典，将及汝身，不可悔也。"夫当时在位之臣，傲上从康，造言阻迁，即一切以法绳之，亦不为过。而盘庚犹必委曲劝谕，丁宁告戒于严明之中，每寓忠厚之意如此，盘庚其贤矣哉！

盘庚中

这是《盘庚》第二篇，记临迁之时，告谕庶民的说话。

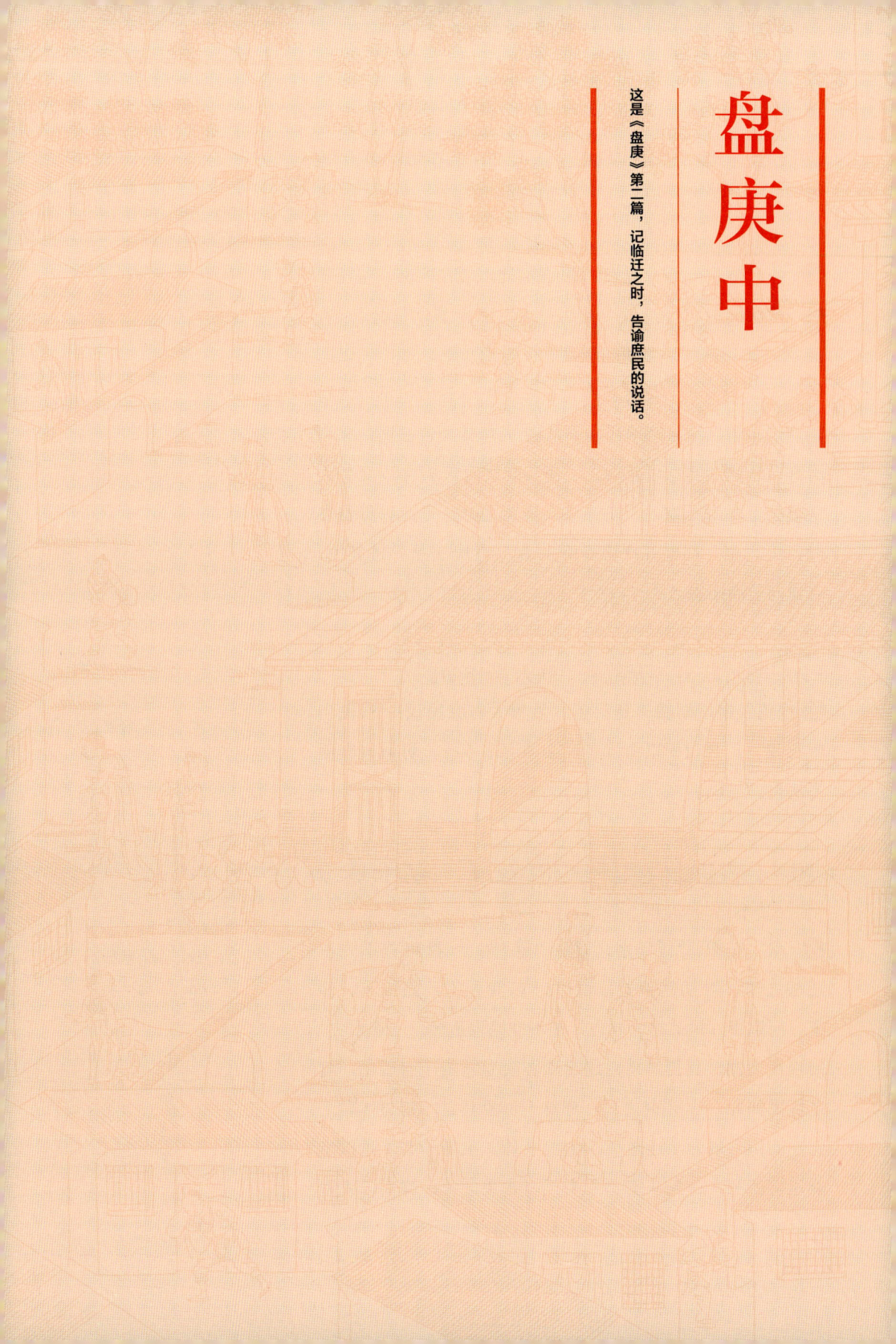

盘庚作，惟^①涉河以民迁，乃话民之弗率^②，诞告用亶，其有众咸造^③，勿亵在王庭，盘庚乃登进^④厥民。

解 作，是起。涉，是渡。耿在河北，殷在河南，将迁于殷，故渡河也。"诞"字，解做"大"字。亶，是诚。造，是至。史臣叙说，盘庚自耿启行，将南渡河，率臣民以迁居于殷。那时民心尚怀犹豫，不肯勇往。盘庚也不用刑罚驱迫他，但以话言晓喻民之不从者。然其大告乎民，又只用真诚恳恻的实意以感动之，使其翻然而乐从焉。又恐人众喧杂，听言不审，于是当众人皆至之时，先戒以毋得亵慢在王之庭，都整齐严肃专听上命。盘庚于是升进其民，着他向前而面告之。

【注】
① 惟：谋划，思考。
② 率：听从。
③ 有众：人多的样子。
造：到。
④ 登进：使人近前。

曰："明听朕言，无荒失^①朕人当作命。"

解 "荒"字，解做"废"字。盘庚大告庶民说："汝民当明听我言，凡我所以命汝者，必须遵信奉行，毋敢废弃而不从也。"

【注】
① 失：同"佚"，轻忽。

"呜呼！古我前后^①，罔不惟民之承，保后胥戚^②，鲜^③以不浮于天时。"

解 承，是敬。"浮"字，解做"胜"字。盘庚首举先王迁都之事，以劝勉百姓，说道："昔我先王，如成汤、仲丁、河亶甲、祖乙之为君也，无不惟民生是敬，一遇水灾，则视民之溺，犹己溺之，遑遑焉必欲为之图迁而后已，君之忧民如此。故当时之民，亦莫不保爱其君，相与忧君之忧，而协力以为从迁之举。君民一体，上下一心，是以卒能避害就利，舍危从安。虽有天时水患之灾，鲜不以人力

【注】
① 前后：指先王。
② 胥：互相。戚：忧愁。
③ 鲜（xiǎn）：稀少。

涉河迁民图

盤庚

胜之也。 先世君民，其相与御灾捍患者如此，其在今日，尔民何独不然哉？"

"殷降大虐，先王不怀；厥攸作，视民利用迁。 汝曷弗念我古后之闻？ 承汝俾汝，惟喜康共；非汝有咎，比于罚。"

🔴 虐，是害。 古后，即是先王。 怀，是安。 俾，是使。 咎，是罪。 比于罚，是比附迁徙的罪名。 盘庚又明己迁都之意，说道："昔我殷邦，河水为灾，天降大害，先王不敢安居；其所以兴作而迁徙者，只为人情莫不欲安，但看于民有利，则用之以迁而已。 此先王之事，我之所闻者也。 尔何不思我迁都之举，乃闻之于先王，而非创为于今日者乎？ 盖我所以敬承汝民命，而使汝以迁都者，惟喜与汝远避河水之患，以共享安居之乐耳。 是我今日为民之心，即先王视民利，用迁之心也。 岂谓汝民有罪，比附于迁徙之罚，以加汝哉？ 汝民亦当体我之心矣。"

"予若吁怀兹新邑，亦惟汝故，以丕从厥志。"

🔴 吁，是招呼。"怀"字，解做"来"字。 新邑，指殷都说。 盘庚说："尔民不乐迁都者，岂谓我大违众志，而强汝以必从乎？ 我想尔民的本志，岂有不愿安居者？ 特一时为浮言所惑，故不肯迁耳。 今我所以不惮话言之烦，而招呼怀来尔民于此新邑者，亦惟因汝民荡析离居之故，故与之共享安康，正以大从尔志，使得遂其舍危就安之初愿也。 然则我非强民，乃顺民耳，汝何不熟思之乎！"

"今予将试以汝迁，安定厥邦。 汝不忧朕心之攸困，乃咸大不宣乃心，钦念以忱，动予一人，尔惟自鞠自苦。 若乘舟，汝弗济，臭厥载。 尔忱不属，惟胥以沉。 不其或稽，自怒曷瘳！"

🔴 试，是用。 忱，是诚。"鞠"字，解做"穷"字。 臭，是败。 稽，是察。曷瘳（chōu），是不可救的意思。 盘庚又以不迁之害，警动庶民，说道："耿被河患，则民危，而邦亦危矣。 故今我将用汝迁都，以安定国家，使汝民同享安逸，这是我苦心替汝思算，不得已而为此举耳。 汝乃不忧我心之所困苦，乃皆大不肯宣布腹心，敬慎思念，以诚意感动我一人，是不能如先民之保后胥戚矣，则汝惟坐待水患，以自取穷苦。 譬如乘舟装载者，该及时启行，若迟滞不济，必然臭败了所载的货物。 今日迁都，正该君民一心，效同舟共济之义。 汝若又生迟疑，而从上之诚心，间断不属，则岂能以共济艰难，惟相与以及沉溺而已。 夫安定之与沉溺，这两件利害，昭然明白，尔民曾不能稽察以决其从违，一旦河水溃决，无可逃避，汝虽自生怨怒，而悔已无及矣，果何救于困苦乎？尔民其审察之可也。"

"汝不谋长以思乃灾，汝诞劝忧，今其有今罔后，汝何生在上？"

解　劝忧，是以忧自劝，盖所谓安其危而利其灾者也。 上，指天说。 盘庚又说："汝民不为长远之谋，以思量那不迁的灾祸，是汝安危利灾，不知求免于忧，而大以忧自劝也。 如今目前恋着沃饶之利，固有今日矣，然将来决遭沉溺，而无有后日，天将断弃汝命，汝有何生理于天乎？不迁之害，其大如此，汝民又将何从耶？"

"今予命汝一，无起秽以自臭，恐人倚乃身，迁乃心。"

解　秽，是恶。 倚，是偏。 迁，是曲。 盘庚以民不从迁，只因心志不定，故告之说："是非不两立，利害无两从。 今我命汝当专一此心，从我迁徙，无起傲上从康之恶，以自取沉溺之败。 所以然者，盖凡人中心有主，则邪说无自而入。 若汝心不专一，吾恐浮言之人，引诱煽惑，得以偏倚了汝之身，迁曲了汝之心，使汝是非颠倒，利害昏迷，而无中正之见，必不能决意以从迁矣。 故当一心以听上，然后浮言不能为之惑也。"

"予迓续乃命于天，予岂汝威，用奉畜汝众。"

解　迓，是迎。 续，是接。"畜"字，解做"养"字。 盘庚又发明其恳切为民之意，说道："耿圮河水，有今罔后，汝命几绝于天矣。 故我命汝及早迁都者，正以迎续汝命于天，而使之更生也。我岂用刑威以驱迫汝哉？特用以奉养汝众，引而纳诸生全之地耳。"

"予念我先神后之劳尔先，予丕克羞尔，用怀尔然。"

解   先神后，即是先王。"羞"字，解做"养"字。怀，是念。盘庚又说："昔我先世神圣之君，如成汤、仲丁、河亶甲、祖乙当五迁厥邦之时，尔先人竭力从迁，其劳甚矣。我惟思念我先神后之劳尔先人，其功不可忘。故我今日图迁，大能奉养尔众于生全之地者，用怀念尔为先民之子孙，不忍坐视其沉溺，而不加拯救，故也。是我于尔民为谋固甚周，而用情亦甚厚矣。尔民顾乃不体我心，而欣然乐从，何耶？"

"失于政，陈于兹，高后丕乃崇降罪疾。曰：'曷虐朕民！'"

解   "陈"字，解做"久"字。崇，是大。高后，指成汤说。盘庚恐民心未服，又举鬼神之事，以恐动之，说道："人君之政，莫大于安民。今耿圮河水，民之不安甚矣。我若不为民图迁，是失安民之政，而久居于此也。我高祖成汤在天之灵，必大降罪疾于我，说道：'汝为民主，何为虐害我民，坐视其沉溺而不救乎！'是我不能图迁，则难逃先王之责如此。"

"汝万民乃不生生，暨予一人猷同心，先后丕降与汝罪疾，曰：'曷不暨朕幼孙有比？'故有爽德，自上其罚汝，汝罔能迪。"

解   生生，是生养不穷的意思。猷，是谋。幼孙，是盘庚自称。比，是同事。爽德，是失德。迪，是道。罔能迪，是无道以求免。盘庚说："今日之事，我若不能图迁以安民，固无以逭于先王之责，汝万民若不能自为生养无穷之计，与我一人共谋同心，而尚惮于迁徙，则我先王亦必大降罪疾于汝，说道：'汝何不与朕幼孙同迁乎？'故汝不从迁，有此逆理犯分之失德，则先王自上降罚于汝，汝将何道以自免哉？"是民不从迁，亦难逃先王之责如此。

具乃贝玉图

具乃贝玉圖

瑹

璋

玟

瑁

碗

介圭

"古我先后，既劳乃祖乃父，汝共作我畜民。汝有戕，则在乃心！我先后绥乃祖乃父，乃祖乃父乃断弃汝，不救乃死。"

解 戕，是害。绥，是安慰的意思。盘庚说："汝民不肯从迁，不但得罪于我先王，而亦得罪于尔祖父。盖昔我先王之迁都，既劳尔祖父以同迁矣。今我继先王而为君，则汝皆为我所畜养之民，当以汝祖父之事先王者事我可也。苟有戕害在汝之心，傲上从康而不肯迁，我先王必安慰汝祖父说：尔子孙悖理抗君，我将加之罪罚。汝祖、汝父亦以大义难容，乃断弃汝，而不救汝死于先王之前矣！可不畏哉？"是民不从迁，又难逃祖父之责如此。

"兹予有乱政同位^①，具乃贝玉，乃祖、乃父丕乃告我高后曰^②：'作丕刑^③于朕孙！'迪高后丕乃崇降弗祥^④。"

解 "乱"字，解做"治"字。具，是兼并聚敛的意思。贝玉，是货财的总称。迪，是启迪。盘庚对民责臣说道："民不从迁，固难免祖父之责，然不但尔民为然，兹我治政之臣，所与共天位者，若不肯为民图迁，惟贪沃饶之利，以聚蓄宝玉为事，则汝诸臣的祖父，亦必恶其所为，相与告我高后成汤说：'我子孙为臣不忠，弃义贪利，其作大刑戮于我子孙以讨其罪。'是诸臣祖父实启迪我高后，以大降不祥，而灾害必不可免矣。"夫臣不从迁，亦难逃祖父与先王之责如此。况于尔民，奚可惑其浮言而不迁乎？商俗尚鬼，故盘庚以鬼神之说惧之，盖因俗利导而使之易从也。

【注】

① 同位：同在上位者。

② 丕乃：于是。高后：指成汤。

③ 丕刑：大刑。

④ 崇：大。弗祥：不祥。

"呜呼！今予告汝：不易！永敬大恤，无胥绝远。汝分猷念以相从，各设中于乃心。"

解　"恤"字，解做"忧"字。猷，是图谋。设，是安设。盘庚反复劝戒庶民，又叹息说道："今我告汝以迁都之事，岂敢以为易而忽之！盖道路既已艰难，人情尚多疑畏，展转思虑，正我之大以为忧者，汝当永敬我之所大忧念，无使上下之情，相去绝远，而诚意不相连属也。如我以安民为谋，汝必分我之谋，而相与共图之。我以忧民为念，汝必分我之念，而相与共念之，同心协力，期于相济以有成，乃为可耳。然欲体我之心，又必先正汝之心。盖天下之是非利害，都有个恰好的道理，所谓中也。此心一失其中，而偏邪之见，得以入之矣。汝百姓每，各要把这道理安设于汝心，使中有所主，而事有定见，则必能知迁徙之当然，而不为浮言之所夺，岂不能分猷念以相从乎？"盘庚告民至此，其意愈切至矣。

"乃有不吉不迪，颠越不恭，暂遇奸宄，我乃劓殄灭之，无遗育，无俾易种于兹新邑！"

解　吉，是善。迪，是道。颠越，是颠倒违越。劓，是割鼻之刑。殄灭，是杀戮尽绝。遗是留。育，是生育。"易"字，解做"移"字。盘庚既诱民以从迁，又恐迁徙之时，奸人乘隙生变，故严明号令，以告敕之，说道："今往迁新都，道路之间，必须严肃，若有不善不道之人，如颠倒违越，不敬遵我之约束者，及暂时遇着的人，肆为奸宄，乘机劫掠者，我小则加之以劓刑，大则殄灭其种类，无复遗留生育，不使移其种于新造之邑，以坏我之良民善众也。"

"往哉生生，今予将试以汝迁，永建乃家。"

解　建，是立。盘庚临迁之时，又告民以从迁之利，说："耿被河患，汝民不能聊生矣。自今往于新邑，则可以定居，可以兴事，而有生生之乐焉。夫迁之有利如此，故我今日将用汝以迁，使汝永立乃家于此，子子孙孙，享生生之乐于无穷也。 是今日经营迁徙之图，乃为汝一劳永逸之计，汝民何为不肯从迁，而尚恋恋于故土哉？"夫以庶民之微贱，盘庚不以刑威迫之，而必以话言晓之，必使心悦诚服，而后与之共举大事，此商家之所以能固结民心，而延有道之长也。

盘庚下

这是《盘庚》第三篇，记盘庚迁都之后，慰劳戒勉臣民的说话。

盘庚既迁，奠厥攸居，乃正厥位，绥爰有众。

解 奠，是安定。居，是官民的居止。位，是上下的位序。史臣叙说，盘庚既迁新邑，鼎建国都，此时臣民居止已定，无复向时荡析离居之患矣。然迁徙初安，经制未备，于是盘庚乃各正其上下尊卑之位，以明相临之分；又慰劳臣民迁徙之劳，以安有众之情焉。

曰："无戏怠，懋建大命。"

解 戏，是轻侮的意思。怠，是怠惰。大命，是国家之命。盘庚戒勉臣民说："尔等臣民，昔固有傲上从康者，今新都既迁，纲纪粗定，无得戏侮怠惰，如往时之故习，必须尽心勉力，趋事赴功。为臣的各修职业，为民的各务生理，以建立我国家之大命，使之长久安宁可也。"盖迁都一举，乃国家更新之会，故盘庚于既迁之后，警惕而作新之如此。

"今予其敷心腹肾肠历告尔百姓于朕志，罔罪尔众，尔无共怒，协比谗言予一人。"

解 敷心腹肾肠，是吐露实情的意思。"历"字，解做"尽"字。百姓，是庶民与百官族姓，兼臣民说。协，是合同。比，是附和。盘庚虽已迁都，犹恐臣民勉强顺从，而心怀怨怒，故告之说："上下之情，常患不能相信，今我敷布心腹肾肠，凡胸中所蕴蓄的，都明白吐露，尽告尔臣民以朕志，使尔等知悉。盖迁都之时，尔众有倡为浮言，说事定之后，加汝罪责者，岂知我已释然于心，不复追究往事，加罪于尔众矣。尔众各宜安心守分，无得共怀疑虑而有怨怒之意，合同附和而加谗谤之说于我一人，则上下相信，人人自安，可以共保国家之业于无穷矣。"

"古我先王，将多于前功。适于山，用降我凶德，嘉绩于朕邦。"

解 古我先王，指成汤说。多，是推广的意思。适，是往。亳都近山，故叫做"适于山"。"降"字，解做"下"字，是除去的意思。凶德，是灾祸。嘉

迁殷奠居图

遷殷奠居圖

荡析离居图

蕩析離居圖

绩，是美功。盘庚说："昔我始祖契，建都于亳，既无水患，而有功于民，其后屡迁，前功或几乎坠矣。我先王成汤，将欲推广前人之功，而不使之失坠，故又往居于亳，还归旧都。那时山高土厚，得免河水之灾，除去了国家的凶祸，所以能安居乐业，修政立事，而有嘉美之绩于我国家也。是先王迁都之善如此。"

"今我民用①**荡析离居，罔有定极。尔谓朕曷震动万民以迁，肆**②**上帝将复我高祖之德，乱越我家。朕及笃敬，恭承民命，用永地于新邑。"**

解 荡，是浮荡。析，是分析。"极"字，解做"止"字。乱，是治。越，是及。笃敬，是诚笃恭敬之臣。盘庚又叙己迁都之意，说道："今耿都为河水所坏，我民浮荡分析，离散居处，无有定止之期，将陷于凶德而莫之救矣。汝等只说我无故震动万民，而为此必迁之举，不知乃天意之所在耳。盖国家之治乱，实先业之隆替所关。今上帝将复我高祖成汤之德，而治及我国家，故默牖③我心，使我与二三笃敬之臣，忠诚体国，能审利害者，相与计议而行，用以敬承汝民垂绝之命，使之舍危就安，以长居于此新邑也。民安，则国治，而祖德于是乎复矣。夫成汤以多前功，而我以复祖德，则迁都之举，岂无故而劳民者哉？"

"肆予冲人，非废厥谋，吊由灵各，非敢违卜，用宏兹贲。"

解 冲人，是盘庚自称。"吊"字，解做"至"字。由，是用。灵，是善。宏，是恢扩的意思。"贲"字，解做"大"字，指国家大业说。盘庚慰谕臣民说道："当初我欲迁都，尝参之人谋，而决之龟卜矣。尔臣民有言不可迁者，我皆不从。非我冲人不恤人言，废其谋而不用也。盖谋不贵于多，而贵于善。尔臣民之中，有能审利害之实，而以为当迁者，乃是善谋，我则信而从之，确乎不易，乃至用尔众谋之善者耳。这是我至公之心，岂有意于违众哉！然尔众之不肯从迁，亦非敢故违我之吉卜也。盖以为听于神，不若听于民，苟轻易迁徙，动摇人心，则基业岂能安固？故欲我听从民便，待水患之自息，使民安国治，以恢宏此国家之大业耳，这是尔爱国之情，亦岂有意于违卜哉！然则我之心，尔众固宜知之，尔众之情，我亦谅之矣！上下之间，欢然相信，复何疑何惧之有？"

"呜呼！邦伯、师长、百执事之人，尚皆隐哉。"

解 邦伯，是统率诸侯之官。师长，是众官之长。百执事，是大夫以下，凡有职事的官。"隐"字，解做"痛"字。盘庚既慰劳臣民，又以安民之功责望臣下，先叹息说道："凡我群臣，有任岳牧而为诸侯之统率者，有任公卿而为众官之长者，有各司一职而为百执事者，其人不同，皆辅我以治民者也。今百姓每迁徙之初，生理未复，艰难之状，甚可怜悯，尔群臣尚皆恻然隐痛于心哉。诚有隐痛之心，则所以抚恤而安全之者，自不容不尽其职矣。"

"予其懋简相尔，念敬我众。"

解 懋，是勉。简，是择。相，是开导的意思。盘庚说："安民之务，知人为先，尔群臣之中，贤否不一，我将勉力简择，委任那爱民的人，罢黜那不爱民的人。用以开导尔等，使各自勉励，修举职业，常以民生为念，而敬慎不忽耳。尔群臣可不体我之德意，以致之于民乎！"

"朕不肩好货，敢恭生生，鞠人谋人之保居，叙钦。"

解 "肩"字，解做"任"字。敢，是勇。鞠，是抚养。谋，是营谋。鞠人、谋人，都是爱养百姓的意思。叙，是用。钦，是敬。盘庚承上文说：

"凡为臣者，贪好货财，则必聚敛于百姓，是不能念敬我众者也，我决不任用那好货的人。若能勇于敬民，以其生生为念，一心要把百姓每抚养，替百姓每营谋，凡可以保其居止，而乐生兴事者，皆为之尽心竭力，是能念敬我众者也，我则叙而用之。予之以爵禄，钦而敬之，优之以礼貌焉，此我之懋勉简择以为民者也。"

"今我既羞告尔于朕志若否，罔有弗钦。"

解 "羞"字，解做"进"字。若，是顺。否，是不顺。盘庚说："我所叙用敬礼的人，是顺我意者。我所不任用的人，是不顺我意者。我今既进告尔等以朕志之所在，凡顺意与否者，皆明言之矣。尔等知我意向，当思奉行，毋不敬我所言也。"

"无总于货宝，生生自庸。"

解 总，是聚。庸，是安民之功。盘庚说："具乃贝玉，汝群臣尝有此故习矣。我今既不任好货之人，则汝当以此为戒，切勿谋聚货宝，以掊克为能可也。往哉生生，汝群臣既率民以迁矣，我又以敢恭生生望汝，则汝当以此自励，务保爱周恤，使人人各厚其生，以成安民之功可也。如是，则能敬我之命，而不负我懋简相尔之意矣。"

"式敷民德，永肩一心。"

解 式，是敬。敷，是布。肩，是任。盘庚于篇终，又深望群臣说道："不总货宝，惟务民功，此真为民之大德也。但人情多勤于始，而怠于终，未有能久而不变者。汝当兢兢业业，以敷布为民之德，自今至于后日，常任此心而不替，则汝之爱民无穷，而民之受惠亦无穷矣。"盘庚戒勉之意，一节严于一节，而终以无穷期之，其惓惓为民之心如此。此所以为有商之贤君也。

说命上

高宗梦得说，使百工营求诸野，
得诸傅岩，作《说命》三篇。

商高宗感梦而得傅说（yuè），遂命以为相。
史臣记高宗命傅说之辞，与傅说告高宗之语，为书三篇，
总名之曰《说命》。这是头一篇。

王宅忧，亮阴三祀^①。既免丧，其惟弗言，群臣咸谏于王曰："呜呼！知之曰明哲，明哲实作则^②。天子惟君万邦，百官承式^③，王言惟作命，不言，臣下罔攸禀令。"

解 王，是高宗。宅忧，是居丧。"亮阴"字，当作"梁闇"，是天子居丧之所。免丧，是除服。"则"字、"式"字，都解做"法"字。古者上下通行三年之丧，君薨，则嗣君居于梁闇之中，守孝三年，不亲政事，不出号令，使百官都听命于冢宰。此时高宗遭父小乙之丧，遵行古礼，居忧于梁闇中，三年不言；及大祥^④之后，丧服已除了，还不肯出朝听政，发言裁决。当时在朝之臣，皆以为过礼，乃进谏于高宗，叹息说道："人君以一人而居乎兆民之上，必其于天下事理，皆洞然而无遗，才叫做聪明睿哲，有是明哲之德。于是发之为号令，以裁决乎庶政，施之于政事，以总率乎百官，则天下之人，皆仰之以为法则矣。今我王以聪明首出之资，君临万国，正所谓明哲作则者，朝廷上百官，方颙颙然仰听一人之言，以奉承其法令，使王而发言也，则言之所出，即可以作命令于天下，而臣下有所奉行。苟或不言，则君既无以令乎臣，臣下将何所禀奉而行之，不亦有负于作则之任哉！此王之所以不可不言也。"

王庸作书以诰曰："以台正于四方，台恐得弗类，兹故弗言。恭默思道，梦帝赉予良弼，其代予言。"

解 庸，是用。"台（yí）"字，解做"我"字。帝，是天。赉，是与。弼，是辅弼。高宗因群臣谏他不言，用

說筑傅嚴圖

橋乾

傅嚴

傅說

是作书以告群臣，明其所以不言之意，说道："我非不欲言也，实以我居人君之位，将表正于四方，其任至大，其责至重，恐我明哲之德，不能与前人相似，无以君临万邦，而为百官之所承式，此所以不敢轻易发言；但时常恭敬渊默①，收敛此心，思量治天下的道理。我一念精诚，上通于天，感动得上帝，于梦寐中赐与我一个贤相，其将论道辅政，代我之所当言矣。尔群臣又何以无所禀命为忧哉！"盖高宗求贤图治之心，纯一不二，与天无间，故梦寐之间果得贤相。可见人君继天而为之子，其精神意气真与天道相为感通。王言一动，皆不可以不慎也。

乃审厥象①，俾以形旁求②于天下。说③筑傅岩之野，惟肖。

解 审，是详。筑，是筑墙。傅岩，是地名，在今山西平陆县。肖，是似。高宗既梦上帝赐以良弼，而未知其人所在。于是乃详记梦中所见的人，画影图形，差人持着这图，遍去天下寻访。行到傅岩之野，见一个人，叫做傅说，方在那里筑墙，他的形貌正与画图相似，果符高宗所梦焉，其得傅说之奇如此。大抵圣君贤相，相待而生，天将开高宗中兴之治，故生傅说之贤以为之佐，而梦寐之间，特有以启之。盖明良遇合之机，天人感应之理，有如此者，良非偶然也。

爰立作相，王置诸其左右。

解 "爰"字，解做"于"字。史臣叙说，高宗以梦求贤，既得了傅说，聘他来与之谈论，果然是个大贤，可当重任。于是不次擢用，就立他做宰相，加诸百僚之上，又以冢宰

【注】

① 象：梦中人的形象。

② 旁求：四处寻求。

③ 说（yuè）：即傅说。

兼师保之职，着他常在左右，以资其匡弼，而听其议论，盖亲信之深也。

命之曰："朝夕纳诲，以辅台①德！"

【注】

① 台（yí）：我。

解 纳诲，是进言。高宗既任傅说，遂命之说道："君德不能自成，必有赖于贤臣之辅。汝今在我左右，须要朝夕进纳善言，以教诲我。但有义理，则不时陈说；但有过失，则随事箴规。于以广我之见闻，端我之趋向，使君德自成，而无愧于明哲之主可也。"

"若金，用汝作砺；若济巨川，用汝作舟楫；若岁大旱，用汝作霖雨。"

【注】

① 属（zhǔ）望：期望。

解 金，是刀剑等器。古时铜铁之类，都叫做金。砺，是磨刀的石。济，是涉水。巨川，是大川。楫，是船桨。连三日雨，叫做霖。高宗既命傅说以纳诲辅德，又设喻以致其属望①之意，说道："凡金器必用砺石磨之，而后快利。今我之望汝以纳诲辅德，就如金之用砺一般；凡切磋琢磨，以变吾迟钝之质，而成其德器之美者，将惟汝是赖矣，汝其吾之砺乎！又譬之济大川者，必假舟楫而后能渡，今我之望汝以纳诲辅德，就如济川之用舟楫一般；凡匡扶引掖，使我得以永保艰难之业，而克成利济之功者，将惟汝是赖矣，汝其吾之舟楫乎！又譬之年岁大旱，必得霖雨而后能霈润，今我之望汝以纳诲辅德，就如大旱之望霖雨一般；凡经纶参赞，使我之膏泽洽乎黎庶，而功德被乎寰宇者，将惟汝是赖矣，汝其今日之霖雨乎！"高宗此言，其致望于傅说者，辞愈切而意愈至矣。

"启乃心，沃朕心。"

解 启，是开。"乃"字，解做"汝"字，指傅说说。沃，是灌溉的意思。高宗命傅说说："我之望汝纳诲辅德，既为甚切。汝当披露悃（kǔn）诚，罄竭底蕴，大开汝之心胸。于凡修德之方，致治之道，一一都敷陈开导，无所隐匿，用以滋润灌溉于我之心，使我于这道理，都明白透彻，融会浃人，充足而厌饫焉，庶足以副我之深望也。"这是高宗以格心之忠，望之于傅说者如此。

"若药弗瞑眩，厥疾弗瘳；若跣①弗视地，厥足用伤。"

解 瞑眩，是病人饮了苦药，头目昏闷的意思。瘳，是病痊。跣，是跣足。高宗既以格心、沃心望傅说，又设喻说道："人臣必进苦口之言，然后能匡君之过。汝若不肯开心竭诚，苦口直言以尽规谏之道，则我之过差，无由省改，如病人服药，不至于瞑眩，则其病必不得痊矣。为君的道理，必须一一讲究明白，然后见之于施行者，无有差谬。若此理不明于心，只管任意妄为，鲜有不至于坏事者，譬如跣足而行，目不视地，其足必至于有伤矣。即此观之，则所望于汝之启心、沃心，以尽纳诲辅德之道者，岂容已哉！"

【注】

① 跣（xiǎn）：光着脚。

"惟暨乃僚，罔不同心，以匡乃辟。俾率先王，迪我高后，以康兆民。"

解 "暨"字，解做"及"字。乃僚，是傅说的僚属。匡，是正救。乃辟，是高宗自称。先王，指商家继世诸贤君说。迪，是遵行的意思。高后，指成汤说。高宗又命傅说说："汝既作相，上佐天子，下统百官，则自卿士而下，皆汝僚属，均有事君之责者，汝必倡率于上，与汝大小群僚，同心协力，责难陈善，以正救汝君。或处心有未正处，就宜匡弼；或行事有未当处，就宜直言。使我心无妄念，动无过举，得以率循我先王太甲、太戊、祖乙、盘庚诸贤君继述之道，而践履我高祖成汤已行之迹。于以安天下之兆民，使群黎百姓，皆安居乐业，无一夫不得其所者。庶几我祖宗致治之休，复见于今日，而汝辅相之功亦大矣，可不勉哉！"

"呜呼！钦予时命，其惟有终！"

解 "时"字，解做"是"字。命，即上文命傅说之词。惟，是思。高宗命傅说将毕，又叹息而致其叮咛之意，说道："我前所谓纳诲、辅德、启心、沃心之言，与夫率属（zhǔ）正君、法祖、安民之说，皆是命汝紧要的言语，其望不为不深，其责不为不重，汝当敬承此命，务尽其道，以副我之所期。又当时常思念，慎终如始，无或一时少懈，如此，乃为克尽辅相之职，而亦无负于相须之殷矣。汝其念之哉！"

说复于王曰："惟木从绳则正，后从谏则圣。后克圣，臣不命其承，畴敢不祗若王之休命？"

解 绳，是木匠弹的墨线。"畴"字，解做"谁"字。祗若，是敬顺高宗之命。傅说叮咛反覆，欲其进谏者切矣，于是傅说复命于高宗，说道："人臣之进谏非难，人君之从谏为难。譬之木理，不是生成便得端正，惟依从着大匠的绳墨，用斧斤以斫削之，则自然端正平直，而可以为器用矣。人君也不是生成便是圣人，惟听从着臣下的好言语谏诤，则自然动无过举，而可以为圣人矣。谏之不可不从也，如此。吾君果能虚心从谏，而造于克圣之地，则凡为臣者，孰不欲仰承德意，而进献忠言，就是不命他说，他也要自竭忠谠①以承之矣。况今王之命臣进谏，其切如此，谁敢不思尽忠补过，以敬顺吾王之美命乎？然则王不必求进言于臣，而但求受言于己可也。"这是傅说欲高宗先广从谏之量的意思。盖人君之德虽多，惟从谏是第一件美事，能从谏而不咈，则虽中才之主，亦可保乎治安。若违谏而自用，则虽聪明过人之君，亦不免于祸乱，自古圣愚兴亡之机，皆判于此。故傅说首以为言，万世人君所当深念也。

说命中

这是《说命》第二篇，记傅说与高宗论治道的说话。

惟说命总百官，乃进于王曰："呜呼！明王奉若天道，建邦设都，树后王君公，承以大夫、师长，不惟逸豫，惟以乱民。"

解 若，是顺。树，是立。后王，是天子。君公，是诸侯。大夫、师长，都是官名。"乱"字，解做"治"字。史臣叙傅说既受命于高宗，居冢宰之职，总领百官，乃陈说治道，以进戒于高宗，先叹息说道："天尊地卑，君臣定位，是人之有尊卑上下的等级，乃天道之自然也。古昔明王奉顺这天道，制为君臣之礼，先区画天下之地，立许多的邦国，又于邦国之中，设许多的都邑，乃立天子于大邦，以统天下之治。立诸侯于小邦，以统一国之治。天子诸侯而下，又各承以大夫师长，使之居乎大都小都以为之辅。以尊临卑，分定而莫敢或抗；以下奉上，礼达而莫敢或逾。所以然者，岂欲以天下奉一人，而自处于安逸豫乐之地哉！良以天不能自治乎民，而必付之君；君不能独治乎民，而必分之臣。君主之，臣辅之，体统相维，政事毕举，正以治天下之民，使之各遂其生，各复其性，而无负于上天付托之意耳。夫君臣之设，皆所以为民如此，然则为君与臣者，岂可不思以各尽其道哉！"

"惟天聪明，惟圣时宪，惟臣钦若，惟民从乂。"

解 "时"字，解做"是"字。宪，是法。从乂，是从治。傅说告高宗说："人君既奉天以治民，则当法天以为治。今夫天，高高在上，虽未尝有耳目以视听乎下，然天道至大至正，至公至神，无一件不闻也，无一件不见。凡人事之是非，民情之休戚，都逃不过天的聪明。人君居天之位，为天之子，必须事事法天，起居号令，则一循乎理，好恶赏罚，则一从乎公。天道至大，圣人亦至大。天道至正，圣人亦至正。务使此心湛然虚明，足以兼听四方，远见万里，也与天的聪明一般。如此，则无愧于继天立极之任，而真可为臣民之表率矣。由是为臣者，见君以天之心为心，亦必以君之心为心，莫不奉公守法，以敬顺其上矣，谁敢有怠忽者乎？那百姓每见朝廷之政至公无私，也自然心悦诚服，不待于刑威之驱迫，而天下已不应矣，谁敢有违背者乎？盖事既纯乎天理，则动必合乎人心，感应之机，自有不容己者，使君之所为，

說總百官圖

傅說

一有不出于天理之公，而或参以人欲之私，则政出而人疑之，令行而人悖之，欲臣民之顺从也，其可得乎？此人君之治，必以法天为要也。”

"惟口起羞，惟甲胄起戎，惟衣裳在笥①，惟干戈省厥躬②，王惟戒兹③，允兹克明④，乃罔不休⑤。"

解 胄，是头盔。衣裳，是命服。笥，是竹箱。干，是盾。戈，是戟。傅说既以宪天之说告高宗，此下又历举其事，说道："人君宪天以为治，当事事致谨，如口以出号令，必是言而当理，然后下民有所尊奉；若轻肆妄言，则人不肯听从，而反致羞辱，是羞辱之来，乃吾自起之矣。甲胄以御戎寇，必是敌加而应，然后可以弭患安民。若无故兴兵，则人心危惧，而反以动天下之兵，是戎寇之至，乃吾自起之矣。衣裳命服，所以彰有德，必须藏之在笥，以待有功，若乘喜而滥赏，后虽追夺之，亦以亵矣。干戈征伐，所以诛有罪，必须自省其身，真个理直气壮，而后可动。若自己未能无过，则亦难以责人之罪矣。这四件都是人君的大政事，王惟戒谨乎此，无敢轻忽，或出乎己，或加乎人，皆必虑其患之所由起，而除其心之所易蔽，信此而能明焉，则言动命讨，各得其当，朝廷政治，无不大公至正，而极其休美矣。"盖天之所以为聪明者，以其无私也，人君能事事致谨，克去己私，则其聪明亦何以异于天哉！宪天之实，莫要于此。"

【注】

① 笥（sì）：装衣服的方形竹器。

② 干戈：武器征伐；干，盾牌，用以防御的武器；戈，一种曲头兵器，横刃，用青铜或铁制成，装有长柄，可以横击、钩杀的兵器。省（xǐng）：查看。躬：本人。

③ 兹：这，指上面说的口起羞、甲胄、衣裳、干戈四方面。

④ 允：信。克：能够。明：政治清明。

⑤ 休：美。

甲冑起戎圖

"惟治乱在庶^①官。 官不及私昵^②，惟其能^③；爵罔及恶德^④，惟其贤^⑤。"

解 私昵，是私所亲爱的人。 恶德，是包藏凶恶的人。 傅说说："天子之建庶官，欲其分理天下也。 官得其人，则纪纲法度件件修举，天下岂有不治。 官失其人，则纪纲法度件件废弛，天下岂有不乱。 天下之治乱，系于庶官如此。 故人君用人，不可不谨。 凡六卿百执事，这样的官，虽有大小，都是与朝廷管事的，不可着那私所亲爱的人做。 盖私所亲爱的人，推举不由公论，才望不服众心，与之以官，必然狎恩恃爱，窃弄威权，岂不坏了国家之事。 惟当博选材能之人而用之，诚使能称其官，虽疏远仇怨，皆有所不必计也。 公卿大夫士，这样的爵，虽有尊卑，都是朝廷所以命有德的，不可加与那包藏凶恶的人。 盖包藏凶恶的人，大奸似忠，大诈似信，加之以爵，必然倾陷正人，流毒天下，其害有不可胜言者。 惟当妙选贤德之人而用之，诚使德，称其爵，虽卑贱侧陋，皆有所不必计也。 夫以能授官，则官不旷矣，以德命爵，则爵不滥矣。 以是而任庶官，天下岂有不治者乎？ 此人君用人之道也。"

"虑善以动，动惟厥时。"

解 虑，是思虑。 善，是当理。 时，是时宜。 傅说说："人君以一身而理万几，举动一差，即有无穷之害。 故凡有所动作，不可率意妄为，必先熟思审处，果当于理而后行之。 否则宁止而不为，勿轻动以贻害也。 然事虽当理，而或不合于时宜，则亦不足以成天下之事，又必虚心裁度，随时处中，务适乎事机之会，而不戾乎时措之宜，然后可。 夫动既由于虑善，而善又协于时中，以此应万几之务，将

【注】

① 庶：众。

② 私昵：是知其不可用却用之。

③ 能：有道艺的人。

④ 爵：爵位，《礼记·王制》："王者之制禄爵，公、侯、伯、子、男，凡五等。 诸侯之上大夫卿、下大夫、上士、中士、下士，凡五等。"恶德：是不知其非而任之。

⑤ 贤：有德行的人。

无所处而不当矣。此人君处事之道也。"

"有其善，丧厥善；矜其能，丧厥功。"

解 有，是自足的意思。傅说说："德莫贵于日新，学莫病于自足。一有自足之心，则止而不复可以进于道矣。且如行一好事叫做善，为善固可喜，然天下之善无穷，庸可以自有乎？苟或侈然盈满，遂以其善为有余，则骄心一起，怠心即生，德不复加修，行不复加勉，非惟从此，善不益进，且将并其已得者，而失之矣，不自丧其善乎！事有成绩叫做功，有功固可嘉，然亦职分之所当为，恶足以骄人乎！苟或肆然矜夸，遂以其能为过人，则自用之意既多，用人之量必隘，智者不为之效谋，勇者不为之效力，非惟从此功不益崇，且将并其已成者而坏之矣，不自丧其功乎？盖'满招损，谦受益'者，天道之常。自古圣帝明王，善盖天下，而处之以谦；能高天下，而守之以让。故德与上下同流，而名与天壤俱敝^①，此人君处己之道也。"

"惟事事，乃其有备，有备无患。"

解 傅说说："祸患每伏于无形，儆备当存于先事，若待患至而后图之，则无及矣。故人君为治，当平居闲暇之时，件件事都要做个准备，不可怠忽。有当整理的，及时整理；有当蓄积的，预先蓄积，这是事事都有备了。既有其备，则虽忽然有意外之变，仓卒有非常之事，而在我有可恃，应之有余力矣，何足患乎！如练士卒，修器械，以预戒乎兵事，则御敌有其备，纵遇寇盗之警，亦不足以为患矣。如治沟洫、积仓廪，以预修乎农事，则救荒有其备，

有備無患圖

纵遭水旱之灾，亦不足以为患矣。推而至于凡事莫不皆然，此人君思患预防之道也。"

"无启宠纳侮，无耻过作非。"

（解）启，是开。宠，是宠幸。纳，是受。侮，是侮慢。无心失理叫做过，有心背理叫做非。傅说说："左右近习之人，朝夕亲近，易以狎昵，若宠幸太过，则彼将恃恩无忌，而或生侮慢之心，是彼之侮乃我自取之也。吾王当以此为戒，慎毋溺于所爱，开宠幸之门，以受人之侮也。人孰无过，过而能改，于己何损？若自以有过为耻，惮于更改，而强为遮饰，则始虽出于无心之失，而其终反遂成有心之非矣，吾王当以此为戒。慎毋耻于闻过，为文饰之计，以遂己之非也。夫不启宠以纳侮，则佞日远，而聪明不为所蔽；不耻过以作非，则过日寡，而聪明不为所累。此人君御下检身之道也。"

"惟厥攸居，政事惟醇。"

（解）居，是心安于所止。醇，是不杂。傅说既历举宪天之事，以告高宗，这一节乃归本于心，说道："人君一心，乃万化之本。若只在事事上求其当否，终是无本之学，不足以应万机之务。惟能以义理涵养此心，使方寸之中，湛然虚灵，寂然宁定。如水之止，而无所搅扰；如山之止，而终不迁移，则心一矣。一则凡有施为，都从义理中流出，而无二三之杂。大而为政，皆尽善尽美；小而为事，亦至精至当，岂有不醇者乎？此所谓有天德，便可行王道，乃宪天之本也。"

"黩于祭祀，时谓弗钦。礼烦则乱，事神则难。"

（解）黩，是亵渎。"时"字，解做"是"字。烦，是繁多。傅说说："国家之祭祀，如郊庙社稷、山川百神，载在祀典者，都有定制。若于定制之外，又举非时之祭祀，则是亵渎了神明，本以为敬，而不知是谓之不敬也。至于牺牲粢盛之数、升降周旋之节也，都有旧规，不可烦多了。若烦多，则必扰乱，而不可行矣。以此事神，不亦难乎？”盖聪明正直之谓神，不经之祭，非礼之礼，神必不享，故黩与烦，皆非所以交鬼神之道也。商俗尚鬼，高宗或未能脱于流俗，又其典祀特丰于祢庙，故傅说因其失而正之如此。

王曰：“旨哉，说！乃言惟服。乃不良于言，予罔闻于行。”

🔴解 “旨”字，解做“美”字。服，是行。良，是善。高宗既闻傅说之言，有味于心，乃称叹之说道：“美哉！汝傅说的言语，其论上天立君之意，与夫宪天为治之方，句句都有关于治道，有裨于君德，使我闻于耳，饫于心，就如口中尝着美味的一般。我当服行汝之所言，守以为制治保邦之训也。夫以我之寡昧，于君人的道理，未有所知，若不是汝将这善言一一开导启发，则我终何所闻，而措之于施行乎！此我所以深嘉汝之纳诲也。”夫自古人臣献忠于主者多矣，而傅说独以遭际高宗，故其所言，不惟即见采纳，又且深加奖叹如此。今天下后世，颂高宗为明主，而称傅说为良臣，岂非千古之一遇哉！

说拜稽首曰：“非知之艰，行之惟艰。王忱不艰，允协于先王成德，惟说不言有厥咎。”

🔴解 艰，是难。忱，是诚信的意思。先王，指成汤说。傅说因高宗叹美其言，遂拜而稽首以致敬，复劝勉高宗说道：“天下的道理，只要知之，不足为难；惟是知了，一一都见之于躬行，乃为难事。盖溺于宴安者，或虽知之而不能行；废于半途者，或虽行之，而不能久，此所以为难也。今王嘉奖我之所言，则是于为治的道理，既已知之矣；然或不能体验于身心，而发挥于政治，虽知何益？王若于此深加诚信，着实行之，不以为难，行之而有得，信能协合于我先王成汤的盛德美政，与之相符而无间，则我之所言者，王不徒听之，而实能行之矣。当这时节而说，犹有所隐匿而不言，则是上负天子，下负所学，其咎不在于王，而在于我矣。”这是傅说责难于君的说话。其后高宗果能信行傅说之言，以成有商中兴之治。盖傅说之尽诚匡弼，高宗之虚心受善，两得之矣。

说命下

这是《说命》第三篇，记傅说与高宗论学的说话。

王曰："来，汝说！台小子旧学于甘盘，既乃遁于荒野，入宅于河，自河徂亳，暨厥终罔显。"

解 甘盘，是高宗之师。"遁"字，解做"隐"字。宅，是居。河，是河内之地。徂，是往。亳，是亳都。显，是明。高宗呼傅说来前，告他说："人君以务学为急，而学问以有终为贵。我小子旧日未即位时，曾受学于贤臣甘盘，讲究那修身治天下之道，庶几有所发明矣。既而先王欲我习知民艰，乃使隐居于荒野之间，后又入居于河内，又自河内往至于亳，居无定所，学无专功，故其后将旧业都荒废了，而于修身治天下之道，竟未能显然明白于心。今我将整理旧学，以求终之有成，不能不赖汝说之训迪也。"这是高宗自叙其废学之由，然高宗之学虽废于迁徙，而其能备知民事的勤劳、洞见民情的疾苦，则实自迁徙中得来，盖亦莫非学矣，此高宗之所以为贤也。

"尔惟训于朕志，若作酒醴，尔惟麹蘖；若作和羹[1]，尔惟盐梅。尔交修予，罔予弃[2]，予惟克迈乃训。"

解 醴，是甜酒。麹（qū），是造酒的曲。蘖（niè），是造酒的米。和羹，是滋味调和的羹汤。梅，所以调酸。交修，是左右规正的意思。迈，是行。高宗告傅说说道："旧学罔终，我志几迷于所往矣，今幸汝之贤可继甘盘，汝当献纳忠言，开陈理道[3]，以启发我之心志。譬如作酒醴者，必资麹与蘖而后成，今我望汝涵养薰陶，以酿成乎君德，就是我的麹蘖一般。作和羹者，必资盐与梅而后和，今我望汝调和参赞，以燮（xiè）理乎化机，就是我的盐梅一般。夫造酒者，麹多则太苦，蘖多则太甘，麹蘖交济，

旧学甘盘图

高宗

甘盤

舊學甘盤圖

乃能成酒；调羹者，盐过则太咸，梅过则太酸，盐梅交济，乃能成羹。汝欲成我之德，亦必交修乎我，多方以规正之，委曲以维持之。如我之气质或偏于刚欵，汝则济之以柔；我之意见或偏于可欵，汝则济之以否。如酌甘苦以成酒，调酸咸以成羹，庶几我之心志终得显明，而可以副我之所望也。汝切勿弃嫌我，说我的旧学既荒，不足与言，必须谆谆训告，亹亹^④敷陈，但汝说的话，我便能笃信力行，决不至于负汝之所训也。"夫既喻之麴糵、盐梅以求其助，又示之"克迈乃训"以诱其言，高宗之望傅说，可谓反覆而恳至矣。其学终于有成，而为商家之令主也，宜哉！

说曰："王！人求多闻，时惟建事，学于古训乃有获。事不师古，以克永世^①，匪^②说攸闻。"

解 "时"字，解做"是"字。建，是立。获，是得。傅说因高宗孜孜访问，遂称"王"而告之，说道："凡人于天下之言，广询博访，务求多闻者，这是为何？良以天下之事理无穷，一己之智识有限，以有限之知，而应无穷之务，如何得事理停当，事功有成，故博采舆论，广求多闻，正欲以尽众人之所长，以为吾立事之资也。然时人的见识，终是不及古人，稽考古先圣王垂下的谟训格言，其于修身治天下的道理，那（nǎ）一件不载？故为学者，又必潜心勉力，将这古训一一都讲究明白，然后义理有得于心，而可以为建功立事之本也。若事不以古人为成法，不知古训为当遵，而师心自用^③，任意妄为，则所志必不在于高明，所行必不合于义理，如是而谓其可以久安长治，传之于后世者，断无此理，非我之所闻也。然则王欲建事有获，其可不以多闻学古为务哉！"

"惟学逊志，务时敏，厥修乃来。 允怀于兹，道积于厥躬。"

解　逊，是谦逊。 时敏，是无时而不敏。 允，是信。 怀，是念。 傅说又告高宗说道："为学之道，固在于求多闻，学古训。 然义理无穷，工夫易间，必须卑逊其志，虽已知矣，而常自以为无所知；虽已能矣，而常自以为无所能。 谦卑巽顺，不敢有一毫自足之心，其逊志如此。 又必时时敏求，温习其所已知，而益求其所未知，持守其所已能，而益求其所未能，孜孜汲汲，不敢萌一毫自止之念，其时敏如此。 夫既存不自满假之心，而又奋勤励不息之勇，如此用功，将见日有就，月有将，其进修之益，就如水泉之来，源源而不竭矣，为学之方，莫要于此。 但人不肯着实去做，故于道终无所得，而学终无所成。 若能笃信而深念乎此，逊志便着实自逊其志，时敏便着实加倍其功，以此求道，而道岂有不得者乎！ 将见工夫愈熟，进益愈深，以闻见则日博，而智益明，以事业则日广而大有功，天下道理，莫不积聚于吾身，如货财之积不可胜用矣，吾王可不勉哉！"

"惟敩学半，念终始典于学，厥德修罔觉。"

解　"敩"字，解做"教"字。 典，是常。 高宗望傅说，以训志交修求教之意甚切，傅说恐其徒资于人，而不知反求诸己，又勉之说："王之学，无徒求之于人而已。 盖开导而指引之，教者之责也；心体而力行之，学者之事也。 学而无教，固昧于向往，而不得其为学之方；若教而不学，则徒为讲论之虚文，而其学亦终无所得矣。 所以为学之道，一半要人指教，一半要自己去勤学，教学相须，而后学可成也。 然虽能勤学以受教，而工夫或有间断，则亦难以必其终之有成；又必心心念念，终始常在于学，不始勤而终怠，不始作而终辍。 能如此，则工夫既已精专，造诣自然纯熟，而其德之日修，将有不知其所以然者矣。 其视徒资夫人之训，而不免间断其功者，所得为何如哉？ 此王之所当勉也。"大抵学莫贵于自励，尤莫贵于有终。 人臣之纳诲，岂能强其君之必从？ 一时之务学，岂能保其终之不懈？ 故傅说之于高宗，既以"敩学半"告之，又以"终始典学"望之，可谓善于责难者矣。

"监于先王成宪，其永无愆。"

解 监，是视。先王，指成汤。宪，是法。愆，是过。傅说既以终始典学劝勉高宗，至此又启之以法祖，说道："人君之为学，不过取法乎善而已。而今之所当法者，又孰有过于我先王成汤乎！盖我先王成汤，以天锡（cì）勇智之资，而又加以昧爽丕显之学，其于修身治天下的道理，件件都有典则法度，以垂范后世。吾王今日，亦不必远有所慕，但能率由旧章，事事都遵守先王的成法。如修身，则法其制事制心之理；为政，则法其建中表正之规。如此，则吾王之学，即先王之学；吾王之德，即先王之德。凡修身以至治天下，莫不尽善尽美，而永无过差之患矣，吾王其监之哉！"上文既曰"学于古训"，而此又曰"监于先王"者，盖理虽载乎古训，法莫备于先王。故人君之学，固以稽古为先，而尤以法祖为要，此傅说告高宗之意也。

"惟说式克钦承，旁招俊乂，列于庶位。"

解 "式"字，解做"用"字。旁招，是四面招引。俊乂，是才德出众的人。傅说又说："修德者，人君之事；进贤者，大臣之职。但君德未修，则心志昏迷，用舍倒置，大臣虽欲进贤，有不可得者。吾王诚能典学法祖，增修其德，而至于无愆，则我傅说必能敬承吾王任贤图治的美意，广询博访。凡大而千人之俊，小而百人之乂，或隐于山林，或屈于下位的，都四面招引，将来分列于朝廷之众位，使之同心以匡乃辟，吾王但垂拱而责成之耳。天下何患其不治哉？"夫人臣之忠，莫大于荐贤，而荐贤亦未易能也，有一毫嫉妒忌刻、恶人胜己之心则不能，有一毫市恩记怨、背公徇私之心则不能，有一毫足己自用、独任爱憎之意则不能。故傅说之言进贤，不徒曰"钦承"，而必曰"式克"，盖若用力以为之者，良以是耳。夫既谆谆劝学，辅养君德，以端出治之本；又旁招俊乂，列于庶位，以广多贤之助。若傅说者诚贤矣哉！此万世人臣所当法也。

旁招俊乂图

王曰："呜呼，说！四海之内咸仰朕德，时乃风。"

解　"时"字，解做"是"字。风，是风声。高宗望傅说之辅己，乃先叹息以归美之，说道："天下之所仰以为则者，在于人君；人君之所赖以辅治者，在于宰相。如今四海之内，莫不引首举踵，喁喁[1]焉仰望我之德化，此岂我之寡昧[2]所能致哉！良由汝说，感于梦寐之际，起于版筑[3]之间，与他人作相者不同，故其风声足以耸动乎天下，而远近之闻之者，莫不谓朝廷用此贤相，中兴指日可期，而欢欣鼓舞，思见德化之成者，自不容己矣，然则汝可不纳诲辅德，以答天下之望哉！"

"股肱惟人，良臣惟圣。"

解　股肱，是手足。高宗又责望[1]傅说，说道："人之一身，必手足俱备，然后可以为人。人君若要做圣人，必是良臣辅导，然后可以为圣。若无良臣以为之辅，则忠言不闻，独立无助，德何由而加进，业何由而加修？譬之手足不具，不可以为人矣，欲求作圣，岂不难哉？此我之所以深有望于汝也。"夫高宗之于傅说，始望之为霖雨舟楫，继譬之为曲蘖盐梅，至是又倚之为股肱手足。盖引喻愈切，而属（zhǔ）望愈至矣。

"昔先正保衡作[1]我先王，乃曰：'予弗克俾厥后惟尧舜，其心愧耻，若挞于市。'一夫不获[2]，则曰时予之辜。佑我烈祖，格于皇天。尔尚明保予，罔俾阿衡专美有商。"

解　"正"字，解做"长"字。先正，是先世长官之称。保衡，是商时官名，伊尹曾做这官。先王，指成汤说。

"时"字，解做"是"字。　辜，是罪。　佑，是辅佐。　烈祖，亦指成汤。　格，是至。　阿衡，即保衡，亦指伊尹。　高宗又勉傅说，说道："当初我商家开国之时，有先正保衡伊尹，是个圣臣，隐于有莘之野，我先王成汤，三使人往聘之，遂应聘而起，辅佐我先王，以振兴有商之大业。　他常说道：'我昔居畎亩之中，乐尧舜之道，我的志意，只要上辅吾君做个尧舜之君，下治吾民都为尧舜之民，方才趁得我的志愿。　若不能使其君为尧舜之君，则心中愧耻，就如被人拿到街市上打着一般。　若不能使其民为尧舜之民，不但四海之广，兆民之众，而德泽有所不加，方以为罪，就是万民之中，有一人不得其所，或啼饥号寒，或梗化不服，这便是我的罪过了，岂敢诿之他人哉！'夫伊尹之志如此，故其佐佑我烈祖成汤，内则辅德，使大德极其懋昭，外则辅治，使兆民归于允殖，以致我烈祖德业之盛，直与天道同流而无间焉。　至此，则君果为尧舜之君，而民亦果为尧舜之民矣，此正所谓良臣惟圣，伊尹之所以称美于有商者也。　今尔既负伊尹之德，又居伊尹之任，庶几精白一心，保佑乎我，必使格天之烈，于今再见，而汝为今之伊尹可也。　岂可使伊尹之相业独擅其美于我商家耶！盖必能继伊尹以事其君，斯为辅君作圣之良臣，而有以慰四海仰德之望也。"

"惟后非贤不乂，惟贤非后不食。　其尔尧绍乃辟于先王，永绥民。"说拜稽首，曰："敢对扬天子之休命！"

🔴解　乂，是治。　食，是食其禄。　绍，是继。　乃辟，解做汝君，是高宗自称。绥，是安。　对，是承当。　扬，是播告。　高宗命傅说，说道："君臣相遇，自古为难，圣主必待贤臣以弘功业，使非辅君作圣之贤，则宁虚其位而已，岂肯与之共治乎？是君遇臣之难也。　贤人亦俟明主，以显其德，使非从谏克圣之君，则宁终于隐而已，岂肯苟食其禄乎？是臣遇君之难也。　今我得汝于梦赍，而汝亦应我之旁求，君臣相遇，可谓千载一时，而与先王之遇阿衡无异矣。　汝必感此非常之会，期立不世之功，朝夕训志，左右交修，能辅我以继先王之圣德，于以永安天下之民，使亦无一夫之不获焉。　则尧舜其君民者，真不愧于阿衡之美，而于遭逢之盛，始无负矣。"傅说一闻高宗之言，感激自奋，遂拜手稽首，以复于高宗说道："辅君法祖以安民，美哉天子之命乎！此说之志，而亦说之分也，敢以此美命承之于己，自信吾力之能副，虽自任而不以为嫌，又以此美命扬之于众，自谅吾言之能践，虽示人而不以为愧。"说之复高宗者如此。 夫观高宗之命，可见其锐然以成汤自期矣；观傅说之言，可见其毅然以伊尹自任矣。 君臣一心如此，此商道之所以中兴，而克绍夫前人之烈也欤！

高宗肜日

高宗祭成汤，有飞雉升鼎耳而雊，祖己训诸王，作《高宗肜日》《高宗之训》。

祭之次日又祭，叫做肜。商高宗尝行肜祭于祢庙，其日有雊雉之异。贤臣祖己因进戒高宗，欲其修德弭灾。史臣录其语为书，即以《高宗肜日》名篇。

高宗肜日，越有雊雉。

解 "越"字，是发语辞。雊（gòu），是鸣。雉，是野鸡。史臣记高宗肜（róng）祭祢庙之日，忽有雉鸡飞来，鸣于鼎耳之上。夫雉本野鸟，而鸣于庙中，殆天以是警高宗黩祀^①之失也。

【注】
① 黩祀：滥施祭祀。

祖己曰："惟先格王，正厥事。"

解 祖己，是当时贤臣。格，是正。祖己感雊雉之异，将进戒于高宗，先自家商量说："凡天降灾祥，必应于事；而人事得失，皆本于心。今王黩祭于祢庙，其事固为失矣，而推原其故，实自媚神，求福之一念启之。我今进戒，必先格王之非心，而后正其所失之事，庶几王心易悟，而吾言易入也。"祖己之言如此，可谓得进谏之道矣。

乃训于王曰："惟天监下民，典厥义。降年有永有不永，非天夭民，民中绝命。"

解 "典"字，解做"主"字。义，是行事合宜。年，是寿数。永，是长。祖己欲先格王心，乃训戒于高宗，说道："天之监视下民，其祸福予夺，惟主于所行之义与不义。如其义，则天降之年，必然长永；如其不义，则天降之年，必然不永。故人之不获永年者，非天无故夭折其民，乃民之所行不义，而中道自绝其命耳。夫寿夭之数，皆由自致如此。然则祈天永命之道，亦惟务民之义而已，何必谄渎鬼神为哉？"盖人主富贵已极，其所欲者寿耳。高宗祷祠之举，未必不以祈年请命为先，故祖己言此，以破其媚神徼^①福之心，诚格心之第一义也。

【注】
① 徼：同"邀"，求。

雉雊于鼎图

高宗

"民有不若德，不听罪，天既孚命正厥德，乃曰其如台？"

解 若德，是顺理。听罪，是服罪。"孚"字，解做"信"字。孚命，是以妖孽为信验而告戒之。"台（yí）"字，解做"我"字。祖己说："斯民之中，有等不顺乎理，而肆意妄为，又不服其罪，而饰非拒谏，及天既以妖孽为信验而告戒之，欲使恐惧修省，以改正其德，于此而知所警焉。天犹未遽绝之也，乃复悍然不顾，以为妖孽之生，特出于偶然耳，其将奈我何？如此，则终陷于不义之归，而天必诛谴之，所谓民之不义而自绝者如此。然则人君于天戒之临，可不深自儆省，而自恕以为不必畏哉！"

"呜呼！王司敬民，罔非天胤，典祀无丰于昵。"

解 司，是主。"胤"字，解做"嗣"字。丰，是厚。昵，是亲近。祖己既格王之心，至此乃直正其所失之事，叹息说道："天以斯民而付之王，王之职，主于敬民而已。凡重民生，恤民隐，兢兢然不敢自肆者，乃王之事也，舍此而徼（yāo）福于神，岂王之事乎？况祖宗列圣，虽有亲疏远近之不同，然无非继天之统，为天之嗣，吾王承其后而主其祭，只当一体孝敬，岂可专顾私恩，而独丰厚于亲近之祢（mí）庙乎？夫不务敬民而务渎神，一失也；不并隆于祖，而独丰于祢，又一失也。天心仁爱，故出灾变以告之。雊雉之异，有自来矣，王可不戒哉！"高宗此时，必是专祭于其父小乙之庙，而有越礼以用情者，故祖己戒之如此。

西伯戡黎

殷始咎周，周人乘黎。祖伊恐，

奔告于受，作《西伯戡黎》。

西伯，是周文王，当时受命为西方诸侯之长，故称西伯。「戡（kān）」字，解做「胜」字。黎，是国名。当殷纣时，有黎国无道，文王举兵伐而胜之。祖伊见周之日盛，痛殷之将亡，遂进谏于纣，欲其省改。史臣录其言语，遂以《西伯戡黎》名篇。

西伯^①既勘黎，祖伊恐，奔告于王。

解 祖伊，是殷之贤臣。王，指纣说。史臣记说，当初西伯周文王受命于殷，得专征伐，见黎国无道，举兵而伐之。此时既胜了黎国，三分天下将有其二矣。于是殷之贤臣有祖伊者，见周德方隆，其势日至于强大，纣恶愈甚，其势必至于危亡，惟恐戡黎之后，遂有伐殷之举，其心忧惧，乃自私邑奔走来告于纣王，庶几王之改过以图存也。

曰："天子！天既讫我殷命。格人元龟，罔敢知吉。非先王不相我后人，惟王淫戏用自绝。"

解 讫（qì），是绝。格人，是有见识的至人。相，是助。祖伊进谏于王，先呼天子以感动之，说道："国命修短，皆系于天，自今日而观，上天既已断绝我殷邦之命脉矣！何以知之？盖国家之兴亡，其几先见，惟至诚之人，至灵之龟，乃能前知。如今有见识的至人与占卜的元龟，都知道凶祸必至，无敢有知其吉者，则天之绝我殷命，昭然可见矣。然我殷家的基业，自祖宗列圣，相传到今，岂不肯保佑我后世子孙，使之长守而不坠哉？盖由我王不法祖宗，不畏天命，惟淫乱戏侮，纵欲败度，以自绝于天。故虽先王在天之灵，亦不得而庇佑之耳，王可不亟思改过以回天意乎？"

"故天弃我，不有康食，不虞天性，不迪^①率典。"

解 康，是安。虞，是忖度的意思。典，是常法。祖伊说："我王既自绝于天，故天心厌弃我殷，不复爱惜。如今天下，件件都是乱亡的景象。如民以食为天也，今则水旱饥荒，小民无有安食，而民不聊生矣；民各有恒性也，今

【注】

① 西伯：姬姓，名昌，周朝奠基者，周太王之孙，季历之子，周武王之父，为商朝的诸侯，封西伯。当时商纣暴虐，他被囚于羑里，获释后西伯到处行善，成为天下诸侯们的道德楷模，诸侯归者日众，《论语·泰伯》称其"三分天下有其二，以服事殷"，在其即位的第四十四年，在诸侯的拥戴下，西伯受命、称王、改元，是为周文王。

【注】

① 迪：遵循。

吁天降威图

则悖礼伤道，都昧了本心，全不忖度，而天理灭亡矣；国家之常典，所当世世守之者也，今则纪纲废弛，法度坏乱，不复率由先王之旧章，而国不可以为国矣。此天所以促殷之亡，而非人力所能挽回者也。天心之弃殷如此，居天位者，岂不深可惧哉！"

"今我民罔不欲丧，曰：'天曷不降威！'大命不挚，今王其如台！"

🔴解　大命，是受非常之命者。"挚"字，解做"至"字。台（yí），是我。祖伊又说："惟我殷邦，不但天心弃之而已，今此下民，苦于虐政，亦无不欲殷之丧亡，私相告语说：'今我等困苦至此，上天哀怜我民，如何不降威于殷而灭亡之乎？那有道之君，宜受非常之命者，如何不至，而救我等于水火之中乎！'今我王不能尽为民父母之道，决难久居民上，将无奈我何矣！"民心之弃殷如此。夫人君上以事天，下以治民者也，今天厌于上而不悟，民怨于下而不知，其能久乎？祖伊告君之言，可谓痛切明著矣。

王曰："呜呼！我生不有命在天！"

🔴解　纣既闻祖伊之言，全然不知警惧，乃叹息说道："尔虽说民心背畔，将欲亡我，但我尊为天子，实天生我以主万民，独不有命在于天乎，小民亦无如我何矣！"夫当天怒民怨之日，而为此饰非拒谏之言，此纣之所以终于灭亡也。

祖伊反曰："呜呼！乃罪多参在上，乃能责命于天。"

🔴解　反，是退。参，是参列。"乃"字，解做"汝"字，指纣说。祖伊见纣不听其言，遂退而叹息说："人君必须与天合德，方可责望于天。乃汝今日所为，罪恶昭著，固已参列在上，而不可掩矣！又安能责望于天，而欲保其命耶？何其不自量也！"

"殷之即丧，指乃功，不无戮于尔邦。"

解　功，是事。 祖伊又说："我看殷国丧亡，只在旦夕，决不能以久延矣。 所以然者为何？ 盖今日所为之事，都是逆天害民的事，天怒民怨，决不可解矣。 事势至此，其能免戮于商邦乎！" 盖祖伊忧国之深，不觉其言之痛切如此。 大抵亡国之君，天命已去，人心已离，天下皆以为至危，而彼犹自视以为至安，即有忠言正论，悍然而不顾，如夏桀言"我有天下，如天之有日"。 纣亦言"我生不有命在天"，及其丧亡，如出一辙。 所谓与乱同事罔不亡者此也，万世人主，可不戒哉！

父师少师图

微子

殷既错天命，微子作诰父师、少师。

微，是国名。子，是爵。微子名启，乃殷纣之庶兄。

此篇是微子痛殷将亡，谋于箕子、比干。

史臣录其问答的言语，遂以《微子》名篇。

微子^①若曰:"父师^②、少师^③,殷其弗或乱正四方? 我祖厎遂陈于上。 我用沉酗于酒,用乱败厥德于下。"

解 父师,是箕子。 少师,是比干。"乱"正的"乱"字,解做"治"字。 厎,是致。 遂,是成功。 陈,是列。 恃酒行凶,叫做酗(xù)。 昔微子见纣恶之日甚,痛商祚之将亡,乃呼箕子、比干,与他商量说:"父师、少师,我殷家失道,前此犹望其能改,天下事或有可为。 以今日事势观之,无望其或能治正四方矣。 夫人君所以表正四方者,以其能修德也。 昔我祖成汤,懋昭大德,以致成功大业,昭列于上,其垂裕后昆者,盖亦远矣。 岂知今日我子孙,不以修德法祖为务,惟沉湎酗酒,用乱败其德于下,岂不有忝于烈祖乎? 祖宗以艰难得之,后人以逸欲亡之,良可痛矣!"

"殷罔不小大,好草窃奸宄,卿士师师非度。 凡有辜罪,乃罔恒获,小民方兴,相为敌仇。 今殷其沦丧,若涉大水,其无津涯,殷遂丧,越至于今。"

解 草窃,就如说草寇一般。 师师,是互相仿效的意思。非度,是非法之事。 获,是得。 津涯,是水边堤岸。"越"字,解做"及"字。 微子又说:"我殷既败乱厥德,不能治正四方,故今日四方人民,无小无大,都不务生理,不畏法度,只好草窃为寇盗奸宄之事,无有安居乐业者矣。 不但小民为然,就是那卿士每,与朝廷治民的,亦皆彼此仿效,共为不法之事,互相容隐,凡有奸宄犯罪之人,都不追究,无有得其罪而治之者。 是以小民益无忌惮,方且哄

【注】
① 微子:名启,商王帝乙长子,帝辛(纣王)同母庶兄,封于微,位列子爵,故称"微子"。
② 父师:箕子,商王帝乙的弟弟,帝辛的叔父,官太师,封于箕,在商周政权交替中,心灰意冷,东渡朝鲜,建立箕氏侯国。
③ 少师:比干,商王帝乙的弟弟,帝辛的叔父,官少师。

然而起，相敌相仇，以众暴寡，以强凌弱，国家法纪，于是乎荡然矣。事势至此，我殷家必沦于丧亡，不可复救，就如徒涉大水的一般，茫然无有边岸，亦终于沉溺而已。岂意我殷邦之盛，遂丧亡相及，至于今日如此之极乎！"

日："父师、少师，我其发出狂，吾家耄逊于荒？今尔无指告予颠隮，若之何其？"

解 我，指纣说。耄，是老成之人。逊于荒，是遁于荒野。颠隮（jī），是覆坠。其，是语辞。微子复呼箕子、比干，问救乱之策，说道："大凡朝廷清明，则老成之人，得安其位。今我王乃发出颠狂，用舍倒置，以致吾家老成之人皆遁避于荒野，即有缓急，将谁倚赖乎？今所与共图国事者，惟尔父师、少师而已。尔若不明示意，指告我于颠隮覆坠之时，而图所以维持拯救之策，则危乱日甚，而不可为矣，其将奈之何哉？"微子之言及此，其情诚切，而其辞亦可悲矣。

父师若日："王子，天毒降灾荒殷邦，方兴沉酗于酒。"

解 王子，指微子说。方兴，是将来未艾的意思。箕子答微子说："我国家之祸乱，虽是人谋不臧，抑亦天意有在。今天毒降灾祸，以荒废我殷邦，故使王不务修德，而沉湎纵酗于酒，其势方兴未艾，不至于丧亡不已也。岂特如王子所谓沉酗败德而已哉？"

"乃罔畏畏，咈其耇长，旧有位人。"

解 罔畏畏，是不畏其所当畏。"咈"字，解做"逆"字。耇（gǒu）长，是老成之人。箕子又答说："老成耇（qí）旧，朝廷典刑系焉，人君所当敬畏而顺从者也。我殷既沉酗于酒，心志昏迷，凡天理所当畏的，都不知畏惮，故虽老成耇旧有位之人，皆咈逆而弃逐之，使不得安其位，而行其志。此老成所以遁于荒野，而朝廷为之空虚也。虽欲不亡，其可得乎！"

"今殷民乃攘窃神祇之牺牷牲，用以容，将食无灾。"

解 攘，是取。牺牷牲，都是祭神之物，纯色叫做牺，全体叫做牷（quán），牛羊豕总叫做牲。箕子又答说："国家为治，须是有司奉法，乃能使民不犯法。今我殷民，固有攘窃祭祀神祇之牺牷牲者，夫礼莫重于祭祀，祭莫重于牺牲，今乃敢于攘窃，其罪大矣。为有司者，也都相为容隐，不肯尽法，就是将而食之，且无灾祸，蔑法废礼，至此极矣。岂但草窃奸宄之不治而已哉？"

"降监殷民，用乂雠敛，召敌雠不怠。罪合于一，多瘠罔诏。"

解 监，是视。乂，是治。雠敛，是科敛民财如仇雠一般。不怠，是力行不息。瘠，是饿殍。诏，是告。箕子又答说："人君之失民心，常自聚敛始，盖上好聚敛，则兴利之臣，必迎合上意，以刻剥民财，此人心所以怨畔，而天下困穷也。我今下视殷民，凡上所用以治之者，只是严刑酷罚，仇视其民，而科敛之，无有爱惜怜悯之意。夫上以仇敛下，则下必以仇视上，此理势之必然者也。今人与之为敌，家与之为仇，尚且不知省改，凡虐刑暴敛，以召其敌仇者，方且肆然为之，无有厌怠。至于掊克之臣，阿意顺指，同恶相济，合而为一，故民不聊生，多饿殍疲困，而无所告诉也。又岂特小民相为敌雠而已哉？"

"商今其有灾，我兴受其败。商其沦丧，我罔为臣仆。诏王子出迪，我旧云刻子，王子弗出，我乃颠隮。"

解 "兴"字，解做"出"字。迪，是道。刻，是害。箕子又答说："我商家败德荒政，国乱民穷，今日断乎其有灾祸矣。我为宗室大臣，出而当此祸败，则废兴存亡与国共之。若商祚不幸至于沦丧，我亦终守臣节，断不为他人之臣仆也，是我自处之道，不过如此。若王子一身之去就，则宗祀之存亡所关，故我告王子，惟出而远去，乃是道理。盖我旧日，以王子既长且贤，曾劝先王立以为嗣，而先王不从，在今王必有疑忌之心，是我所言，无益于子，而反有害于子。子若不去，则必同受其祸，我商家宗祀，将陨坠而无所托矣。王子纵不为身谋，独不为宗祀计乎？"夫微子问救乱之策，而箕子答之，止于如此，盖是时纣恶贯盈，天人交弃，虽有忠贤之臣，亦无如之何矣。失道之君，至于亡国败家，而不可复救，岂非万世之明戒哉！

"自靖，人自献于先王，我不顾行遁。"

解 靖，是安。自献，是自达其志。行遁，是避去。箕子答微子将终，又告以彼此去就之义，说道："人臣去就，各有至当不易的义理，必合乎义理，而后其心始安。今我为商家之臣，则纲常为重，义当委身以尽忠；汝为王室之胄，则宗祧为重，义当存祀以全孝。为今之计，但各安于义之所当尽，以自达其志于先王而已。汝今宜决于远去，若我所处，与汝不同，则有死无二，而不复有避去之意矣。是或去，或不去，皆揆诸义理而当，反之吾心而安，质诸先王而无愧者也，子又何疑哉？"夫箕子答微子之问，而比干独无所言者，盖比干自安于死谏之义，其自靖、自献，一而已矣，孔子说："殷有三仁焉！"[①] 正谓此也。

国学
修身课

尚书直解

下

（明）

张居正

-编著-

龙建春

-校注-

人民东方出版传媒
People's Oriental Publishing & Media
东方出版社
The Oriental Press

周書

周，是国号。周之建国，自后稷始，至于文王为西伯受命。

武王克商而为天子，因以为有天下之号。这书记周家一代的事，故名《周书》。

泰誓上

惟十有一年，武王伐殷，一月戊午，师渡孟津，作《泰誓》三篇。

「泰」字与「大」字同。誓，是誓师之词。昔武王伐纣，与天下诸侯会于孟津，出令以誓戒师旅。史臣记其誓师之言，为上、中、下三篇，以篇首有「大会」字，遂以名其书，这是头一篇。

惟十有三年春，大会于孟津。

解 孟津，是地名，在今河南府孟津县。史臣叙说，周武王①即侯位之十有三年，孟春之月，以商纣无道，举兵伐之，至于孟津。是时天下诸侯，不期而来会者八百国。夫观天下人心归周如此，则胜败兴亡之机，不待牧野既陈②而后决矣。

王曰："嗟！我友邦冢君，越我御事庶士，明听誓。"

解 友邦，是相邻交好之国。冢君，是各国嗣立之君。"越"字，解做"及"字。御事，是管事的人。庶士，是众士卒。武王将发誓师之言，先叹息说道："今我友邦冢君列国的诸侯，共举义兵在此，及我本国管事的卿大夫，与众士卒每，凡相从军旅者，都要精白一心，审听我告汝以伐商之意，不可忽也。"

"惟天地万物父母，惟人万物之灵。亶聪明作元后，元后作民父母。"

解 亶（dǎn），是着实。元后，是大君。武王誓师说道："欲知君道所系之重，当观上天立君之意。夫天地之于万物，论其形势，若相悬矣。然乾元资始①，有父道焉。坤元资生②，有母道焉。其长养爱育之心，就如父母之于子一般，是天地乃万物之父母也。万物虽并生于天地之间，而惟人得气之秀，比于众物，心为独灵，是人乃天地之所厚者也。这人类中，又笃生一个着实聪明的圣人，比于众人，最秀而最灵者，遂立之为大君，而统御万民焉，是君又天地之所独厚者也。然天之立君，岂徒尊崇富贵之哉？

【注】

① 周武王：姬姓，名发，周文王姬昌次子。文王崩逝后，姬发继位，号为武王。武王继位后，重用太公望、周公旦、召公奭等人治理国家，联合众多部族讨伐商纣，在牧野之战中，大败殷商，纣王自焚，殷商灭亡，周王朝建立，定都镐京，姬发成为西周王朝的开国君主。

② 陈（zhèn）：同"阵"，战阵。

【注】

① 乾元资始：出自《易经·乾卦·彖传》："大哉乾元，万物资始，乃统天。"

② 坤元资生：出自《易经·坤卦·彖传》："至哉坤元，万物资生，乃顺承天。"

大會孟津圖

正欲其体乾父坤母之心，行子育万民之政，凡天地所欲为而不能自遂者，都代他为之；抚恤爱养，亦如父母之于子一般。是元后又继天地，而为民父母者也。夫天之为民立君如此。若为君，而不能行仁民爱物之政，尽父母天下之责，则岂不有负于天地付托之意乎？"

"今商王受弗敬上天，降灾下民。"

解 受，是商纣名。武王说："天之立君，为民如此。今商王受，居元后之位，乃不知作民父母之义，侮慢自肆，不敬上天，恣行无道，降灾下民，上失天心，下失人心如此，岂能居天位为民主乎？今日之举，亦不过奉顺天道耳。"

"沉湎冒色，敢行暴虐，罪人以族，官人以世。惟宫室、台榭、陂池、侈服，以残害于尔万姓。焚炙忠良，刳剔孕妇。皇天震怒，命我文考肃将天威，大勋未集。"

解 沉湎，是嗜酒。冒色，是贪色。族，是族属。世，是世代。台上架屋，叫做榭。水边的堤障，叫做陂。焚炙，是烧烙。刳（kū）剔，是剖割。文考，指文王。武王数纣之罪恶以誓众，说道："商王受慢天虐民之事，固不可悉数，今特举其大者言之。其荒淫自恣则乐；酒无厌，沉溺而不复出；耽迷女色，冒乱而不知止。其立心凶忍，则敢行暴虐之事，无所顾忌。加罪于人，不但诛及一身，必并其族属而刑戮之。其用人则不论贤否，但心里所喜的人，就并其子弟亲属，悉加宠任。荒淫佚豫，不理国政，惟务为琼宫瑶室，高台广榭，筑陂障，凿池沼，与夫侈靡的衣服，竭民之财，穷民之力，以残害于尔万姓。不但此也，又为炮烙之刑，焚炙那忠良谏诤之臣；剖剔怀孕妇人的肚腹，以观其胎，其残忍暴虐，一至于此。是以上干皇天震怒，命我文考，敬将天威，奉辞伐罪，以救民于水火之中。惜乎义兵未举，而文考遽崩，是以大功犹未成就耳。我今日欲上奉天心，仰成先志，则征伐之举，岂能以自已哉！"夫武王数纣之罪甚多，而首以沉湎冒色为言者，诚知"酒色"二

受命文考图

武王

字，乃众恶之原。故古之明君，清心寡欲，克己防淫，禹恶旨酒，汤远声色，皆所以正其本而澄其源也，人君不可不知。

"肆予小子发，以尔友邦冢君观政于商。惟受罔有悛心，乃夷居①，弗事上帝神祇，遗厥先宗庙弗祀。牺牲粢盛②，既于凶盗。乃曰：'吾有民有命！'罔惩其侮。"

解　"肆"字，解做"故"字。发，是武王的名。悛，是悔改。夷，是蹲踞。武王说："惟文考之功未成，故我小子发欲伐商以终其事，然犹未遽伐之也。嗣位以来，十有三年，昔尝以尔友邦冢君，耀兵于商以观其政事何如，使其惧而知警，改过自新，则我亦将终守臣节，不复以征伐为事矣。乃纣则稔恶怙终，绝无悔改之意，酣饮纵乐，夷踞而居，把郊庙的大礼都废了；忽慢天地神祇，不知奉事，遗弃祖先宗庙，不行祭享，凡祭祀中供用的牺牲粢盛，尽被凶人盗贼攘窃而去，他也通不管理。天地祖宗之心，盖已厌绝之矣。他还说道：'我有民社，我有天命！'以此自恃，略不知惩戒其慢之失。夫观商之政如此，则其恶终不可改，而我之兵必不容已矣。"

"天佑下民，作之君，作之师，惟其克相上帝，宠绥四方。有罪无罪，予曷敢有越厥志？"

解　佑，是助。相，是左右的意思。宠，是爱。绥，是安。"越"字，解做"过"字。武王又说："上天佑助下民，虑其强陵弱，众暴寡也。于是立君以主治之，使之守分，而无相争夺，虑其昧天性，乖伦理也。于是立师以教

【注】
① 夷居：犹箕踞，随意伸开两腿蹲着，像个簸箕，这是一种不拘礼节的做法。形容倨傲无礼。
② 粢盛（zīchéng）：盛在祭器内以供祭祀的谷物。

导之，使之去恶，而同归于善。这为君师的人，居亿兆之上，秉政教之权，岂徒自责自尊而已哉。惟其锄强遏恶、修道立教，能左右上帝之所不及，于以宠安乎四方之民，令各遂其生，复其性，然后无忝于代天理民之责也。今天既厌商德，授我以君师之任，有罪当讨的，我则奉天以讨之；无罪当赦的，我则奉天以赦之。废兴存亡，一听天以从事而已，何敢过用其心而擅为，好恶于其间乎？"然则商纣之罪，正天讨之，所不赦者，故武王不敢违天之意，纵有罪而不诛也。

"同力度德，同德度义。受有臣亿万，惟亿万心；予有臣三千，惟一心。"

（解）度，是量度。同力度德，同德度义，这两句是《兵志》上的说话。十万，叫做亿。武王又说："凡用兵者，必先料度彼己，然后可决胜负。我闻《兵志》上说，两军相对，先看他兵力强弱何如，若是两家兵力齐等，则较量其平日那（nǎ）个行善而为有德，那（nǎ）个行恶而为无德；德胜，则虽有力者，亦不能与之敌矣。若是两家德行相等，则又较量其临时那（nǎ）边兵出有名而为义，那（nǎ）边兵出无名而为不义；义胜，则虽有德者，亦不能与之敌矣。夫兵家胜负之形，可决如此。今以商、周之力较之，受的臣子，虽有亿万之众，乃互相猜疑，各怀异心，人心不齐，虽多亦不足恃也；我的臣子，虽止有三千人，然个个同心戮力，彼此无间，以此赴敌，何敌不摧乎？是较其兵力，已不能胜我矣，又何论德与义哉？信乎，伐商之必克也！"夫商纣亿万之师，不足以当武王三千之士。可见，失人心，则虽强亦终为弱；得人心，则虽寡亦能胜众。然修德行仁，则又联属（zhǔ）人心之本也。

"商罪贯盈，天命诛之。予弗顺天，厥罪惟钧。"

（解）贯，是条贯。贯盈，是说罪贯已满。钧，是同。武王说："今日伐商，不惟理势之必可克，盖亦事势之不容已。盖使商罪未极，天心未厌，则我之征伐，犹可已也。今受穷凶极恶，日积月累，计其罪贯已满盈矣。天厌其德，而绝其命，特命我诛之。我若不顺天以伐商，是容纵恶人，抗违天命，其罪亦与之同矣。然则今日之举，岂容已哉！"这非是武王托天以鼓众，盖圣人之心，见得天理分明，每事只奉天而行，不敢以一毫私意，参乎其间。故汤之伐桀曰"予畏上帝，不敢不正"，武王之伐纣曰"予弗顺天，厥罪惟钧"，其义一也。善观圣人之心者，当以是求之。

"予小子夙夜祗惧，受命文考，类于上帝，宜于冢土，以尔有众，底天之罚。"

解 夙，是早。类，是祭天之名，以其礼与郊祀相类，故叫做类。宜，是祭地之名，兵凶战危，祭后土以求福宜，故叫做宜。冢土，是后土。"底"字，解做"致"字。武王说："夫纵恶不诛，则与之同罪。故我小子畏天之威，早夜敬惧，不敢自安。以伐商之举，天本命之文考，乃先受命于文考之庙，又行类礼于上帝，求福宜于后土，皆以伐商之事告之。于是率尔有众，奉辞伐罪，致天之罚于商，盖将求免夫惟均之罪，而非出于轻动也，尔众其念之哉！"

"天矜于民，民之所欲，天必从之。尔尚弼予一人，永清四海。时哉，弗可失！"

解 矜，是怜悯。弼，是辅佐。武王誓师将终，又致其勉励之意，说道："天之于民，势虽相远，而心实相通，居高听卑，默有矜怜之意。但凡民情所欲，天必鉴而从之。如欲平祸乱，则即为之平；欲去疾苦，则即为之去，未有民心之好恶不上通乎天者也。今民欲亡商如此，则天意可知。尔将士每，庶几辅我一人，除其邪虐，使四海之内皆沐维新之治，而永无浊乱之忧可也。夫兵以顺动，事贵乘时，今日正天人合应之时。苟失此时，而不伐商，则上逆乎天，下咈乎民，而拨乱反正无日矣，尔等可不乘时以立事哉！"观此，则圣人之兵，盖体天意，察人心，而又度时宜，不得已而后动耳。《易》曰："汤武革命，顺乎天而应乎人。"亦此意也。

泰誓中

武王伐纣，既渡河，集诸侯之师而誓戒之。史臣记其辞，为《泰誓》中篇。

惟戊午，王次于河朔，群后以师毕会。王乃徇师而誓。

解 次，是暂驻。河朔，是河之北。群后，是列国之君。徇（xùn），是拊循^①的意思。史臣叙说，武王自孟春癸巳日起兵伐商，至于戊午日，乃引兵从孟津渡河，暂驻于河北地方。是时，列国诸侯也都领兵前来，到此会齐，听武王的号令。武王乃拊循其众，发令以誓戒之，因申告以伐商之意。

【注】

① 拊循：安抚，慰问。

曰："呜呼！西土有众，咸^①听朕言。"

解 周家起于丰镐，在今陕西地方，故谓之西土。武王誓师，先叹息说道："凡从我自西方来的众将士，都来听我的言语。"

【注】

① 咸：都。

"我闻吉人为善，惟日不足；凶人为不善，亦惟日不足。今商王受，力行无度，播弃黎老，昵比^①罪人。淫酗肆虐，臣下化之，朋家作仇，胁^②权相灭。无辜吁天，秽德彰闻。"

解 惟日不足，是终日为之，而犹为不足。力行，就是惟日不足的意思。无度，是无法度。播，是放。"黎"字，与黧黑的"黧"字通用，是老人面上的颜色。酗，是醉后发怒。无辜，是无罪的人。吁天，是告天。武王欲数商纣之恶，先举古语以发端，说道："我闻古人有言，人之趋向不同，而其勇为之心则一。有一等为善的吉人，意念所向，惟在于善，孜孜汲汲，只是要干好事，虽终日为之，而其心犹以为未足也；有一等作恶的凶人，意念所向，惟在于恶，孜孜汲汲，只是要干不好的事，虽终日为之，而

【注】

① 昵比：亲近。

② 胁：挟持。

河朔誓师图

河朔誓师圖

武王

其心亦以为未足也。我观今商王受之所为，都是不循法度之事，而其为此不法之事，又着实力行，孜孜汲汲，无少厌怠。如老成的人，所当亲近者，彼则放弃之；罪恶的人，所当斥逐者，彼则亲比之。又且淫于色，酗于酒，以昏乱其精神；纵肆威虐，以戕害于百姓。此正所谓凶人为不善，亦惟日不足者也。在下的臣子，见受之所为如此，亦皆习染，化而为恶，各立朋党，相为仇雠，胁上权力，以相诛灭，其恶流毒于天下。那无罪受害的人，无处控诉，都只呼天告冤。故其腥秽之德，显闻于天矣，夫天道福善祸淫，岂能容此不善凶人哉！"

"**惟天惠民，惟辟①奉天。有夏桀弗克若天，流毒下国，天乃佑命成汤，降黜夏命。**"

解 武王说："惟天惠爱下民，虑其生之未遂，则立君以长之；虑其性之未复，则立师以教之，其保养而全安之如此。人君居天之位，治天之民，必当仰体天心，以尽君师治教之责，庶无负于上天立己之意也。昔有夏之君桀，不能顺天惠民，顾乃恣为淫虐，流毒于下国，于是天心厌恶，乃佑命商王成汤，假手以诛之，而降黜夏命，迁于有商。夫天不容桀之残民者如此，今又岂容于受乎？则商命之将降黜也必矣！"

"**惟受罪浮于桀。剥丧元良，贼虐谏辅。谓己有天命，谓敬不足行，谓祭无益，谓暴无伤。厥鉴惟不远，在彼夏王。天其以予乂民，朕梦协朕卜，袭于休祥，戎商必克。**"

解 "浮"字，解做"过"字。剥，是落。失位去国，叫做丧。元良，指微子；微子本商之元子，而又有贤良之德，故称为元良。谏辅，指比干；比干常以直谏匡救其君，故称为谏辅。鉴，是视。协，是合。袭，是重。休祥，是吉兆。戎商，是加兵于商。武王说："昔夏桀既以有罪见黜，今商王受之罪，比之于桀，则又过之。如微子者，本商之元子，又有贤良之德，彼乃遗落之，使其失位以去；比干者，以直谏匡救，彼不惟不听其言，又加以残虐之刑，至于剖心以死。天心久厌其恶，彼犹自谓己有天命，而骄纵自如；君德莫大乎敬，彼则谓敬不足行，而放恣无度；祭祀是朝廷大典，彼则以祭为无益，而敢于慢神；暴虐是人君大恶，彼则以暴为无伤，而忍于殃民。当时夏桀虽称无道，而观其所为，似犹未至于此，则受之罪，岂不有过于桀乎？夫前人之成败，乃后人之明鉴。今商之所鉴视者，初不在远，惟在彼夏王桀耳。桀之有罪，天既命汤黜其命矣。今以商王受之多罪，天岂得不使我伐商以治民乎？且我于兴师之时，尝得吉卜，又尝得吉梦，梦与卜合重有休祥之应，此皆天意所寓，非偶然也。以是知伐商之兵，断乎其必胜矣！"

"受有亿兆夷人，离心离德；予有乱臣十人^①，同心同德。虽有周亲，不如仁人。"

解 十万，叫做亿，十亿，叫做兆。"夷"字，解做"平"字，夷人，是智识平等的人。乱臣，是能治乱的贤臣。周亲，是至亲。武王又说："国势之强弱，系于人才之有无，今受所统，虽有亿兆之众，然其智识，都只寻常平等，无有奇才异能之士。又见商王所为无道，一个个都离心离德，不相联属（zhǔ），人数纵多，无可恃者。我所有拨乱

【注】

① 乱臣十人：指周公旦、召公奭（shì）、太公望（姜子牙）、毕公、荣公、太颠、闳夭、散宜生、南宫适（kuò）及文母邑姜。

反正之臣，虽止是十人，然个个能尽忠报主，与我同心同德。盖臣主一心，则虽寡亦可以胜众，上下离叛，则虽众亦不足畏矣。又观他同姓至亲，虽是众多，然都是凶人丑类，与他同恶相济的，岂如我这十臣？虽不尽是我之亲戚故旧，然都是仁厚有德的人，可以经邦济世，除暴安民者。盖得道者多助，虽疏远者，可以为腹心干城；失道者寡助，虽至亲之人，亦将化为仇雠矣。此可见'仁不以力，义不以众'①，商周之胜败，不于此而可决也哉！"

"天视自我民视，天听自我民听。百姓有过，在予一人，今朕必往。"

解 自，是由。过，是责。往，是往伐商纣。武王又举天意民情所在，以见伐商之不容已，说道："天人一理，上下相通，故善观天者，验之于民而已。今夫天，虽未尝有目以视人，而于人之善恶，无所不见者，亦自我民之视以为视。民情之好恶，便是天心之祸福所在也。虽未尝有耳以听人，而于人之是非无所不闻者，亦自我民之听以为听。民心之向背，便是天心之去留所在也。夫上天寄耳目于下民如此，如今天下百姓每，都过责于我一人之身，说我不往正商罪，拯民于水火之中。观民心所向，而天意可知矣。我若不为天下除残去暴，则不但下拂民心，而且上违天意矣！伐商之往，岂容已哉？"

"我武惟扬，侵于之疆，取彼凶残。我伐用张，于汤有光！"

解 扬，是奋扬。侵，是入。疆，是境界。凶残，指纣说。武王誓师将终，乃复鼓舞激励其众，说道："我之伐

【注】

① "仁不以力，义不以众"：语出《汉书·高帝纪》："夫仁不以勇，义不以力，三军之众为之素服，以告之诸侯，为此东伐，四海之内莫不仰德。"

百姓懔懔图

商，既在所必往，今日须奋扬我之威武，侵入彼之疆界，声罪致讨，取彼凶残之君而戮之，以救民于水火之中。虽罪止一人，而泽被四海，使我杀伐之功，因以张大。昔成汤之功，所以称于天下者，以其除暴救民也。今我亦能取凶残以张杀伐，则除暴救民之功，亦将继汤而有光矣。尔将士可不勉哉！"

"勖哉，夫子！罔或无畏，宁执非敌。百姓懔懔，若崩厥角。呜呼！乃一德一心，立定厥功，惟克永世。"

🔴解 勖（xù），是勉。夫子，指众将士。武王誓师既终，又恐诸将士恃勇而轻敌，复戒勉之，说道："天下之事，以惧心处之者恒成，而以忽心乘之者必败。勉哉尔将士，无或以商王众叛亲离，不足畏也，而遂轻忽之。宁可只说彼众我寡，恐敌他不过，而常存戒慎之意可也。所以然者为何？盖今百姓畏商之虐，懔懔乎不能自保，一旦闻我周之伐商，皆欢欣感戴，稽首至地以迎王师，有若崩摧其头角然。人心望救之切如此。所赖以拯救保全之者，在此一举耳，而可不勉乎？呜呼！汝等其同以除暴救民为德，同以除暴救民为心，相与戮力致讨，一战而胜商，立定其克敌之功，则庶几斯民免于凶虐，释懔懔之危，而得以久安于斯世矣。不然，将何以慰彼望救之民耶？"夫武王之誓师，既云"戎商必克"矣，而犹怀"宁执非敌"之忧，既云"予有乱臣……同心同德"矣，而不忘"一德一心"之戒。圣人之重用民命，临事而惧也如此。

泰誓下

武王伐纣，既渡河将战，乃复誓戒将士。史臣记其辞，为《泰誓》下篇。

时厥明，王乃大巡六师 ①，明誓众士。

解 厥明，是明日。大巡，是周遍巡视。六师，是六军。史臣叙说，武王既以戊午日师渡孟津，至于明日，将趋商郊，临敌甚近。武王乃大巡六师，按行军垒之间，然后晓然发令，誓戒众士，以齐一众志，而作其气焉。

王曰：“呜呼！我西土君子。天有显道，厥类惟彰。今商王受，狎侮五常，荒怠弗敬，自绝于天，结怨于民。”

解 西土君子，是西方从征的将士。显道，是明显的道理。五常，是五伦，就指显道言。武王誓师，先叹息说道：“凡从我来的西方众君子，各宜知悉，上天有明白显著的道理，赋之于人，曰仁、曰义、曰礼、曰智、曰信，这五件道理，比类相属 ①，散见于君臣、父子、夫妇、长幼、朋友之伦，无不彰明较著。为君者当敬守此道，以为法于天下可也。今商王受身为纲常之主，乃亵狎侮慢此五常之道，荒弃怠惰，全然无所敬畏。上则自绝于天，而天弃之；下则结怨于民，而民畔之。夫君，天之元子，民之父母也，今悖理伤道，以至天怒民怨如此，我安得不奉天顺人以讨之乎！”

“斫朝涉之胫，剖贤人之心，作威杀戮，毒痛四海。崇信奸回，放黜师保 ①，屏弃典刑，囚奴正士，郊社 ② 不修，宗庙不享，作奇技淫巧以悦妇人。上帝弗顺，祝降时 ③ 丧。尔其孜孜，奉予一人，恭行天罚。”

解 斫，是砍断。朝涉，是清晨渡水。胫，是脚骨。贤

大巡六师图

武王

太公

斮脛剖心圖

比干

人，指比干。"痡（pū）"字，解做"病"字。奸回，是奸邪的人。正士，指箕子。妇人，指妲己。"祝"字，解做"断"字。武王数纣之恶，说道："商王受，于冬月见人有清晨渡水的，疑他脚骨何故耐寒，乃斫其脚而观之。恶贤人比干之强谏，发怒说道：'吾闻圣人之心有七窍，他既是圣人，其心窍必与常人不同。'乃剖其心而观之。大作刑威，任意杀戮，以毒病四海之人，无不横受其祸者。其所尊崇而信任的，都是奸邪小人，反放逐黜退那师保重臣，不加尊礼。于先王之典章法度，则屏弃之而不用。忠正之士，如箕子者，则拘囚之以为奴。把郊社事天地的大礼，都废了，不行修举，宗庙事祖宗的祀典，都忘了，不行享祀。惟专作奇异的技术，淫侈的巧物，以媚悦那所爱幸的妇人，荒淫侈靡，无所不至。夫剖贤人，囚正士，则君臣之义绝；不享宗庙，则父子之恩亡；黜师保，则师友之礼失；悦妇人，则夫妇之道乖。商王之悖乱天道，以自绝于天如此。故上天不顺其所为，遂断绝其命，而降是丧亡，则我今日之举，乃所以行天之罚耳。尔众士其可不孜孜然勉力，奉我一人，以敬行天罚哉！"

"古人有言曰：'抚我则后，虐我则仇。'独夫受洪惟作威，乃汝世仇。'树德务滋，除恶务本'，肆予小子诞以尔众士，殄歼乃仇。尔众士其尚迪果毅，以登乃辟。功多有厚赏，不迪有显戮。"

解 后，是君。独夫，是孤立无助的人，就指纣说。树德务滋，除恶务本，这两句也是古语。肆，是发语辞。诞，是大。殄，是绝。歼，是灭。"迪"字，解做"蹈"字。杀敌，叫做果。致果，叫做毅。登，是成。乃辟，是汝君。武王述商纣结怨于民之事，先引古语以发端，说道："我闻古人有言：'小民之情，向背无常，以恩意抚恤我，则爱戴其上，奉之以为君主；若以威势凌虐我，则疾视其上，怨之如同寇雠。'由此言观之，今孤立无助的人，如商王受者，不知抚民之道，顾大作威虐，以残害于汝百姓，使汝父子兄弟不能相保，是乃汝世世的仇雠也。宁复可为汝君乎？我又闻古人说道：'凡欲树立人之德，使有成就，务须多方培养，以致其滋长；欲除去人之恶，使无蔓延，务须将那首恶的人处治了，以绝灭其祸本。'今商王受，正是众恶之本，所当先除者也。故我小子倡义兴师，大以尔等众士，吊民伐罪，务绝灭汝之世仇，以除天下之祸本，尔众士其庶几齐心奋勇，蹈行杀敌之果，致果之毅，以成就汝君吊伐之功可也。尔若能蹈行果毅，而功绩众多，则我不吝高爵厚禄之赏，以酬尔劳；若是不蹈果毅，而怠忽偾事①，则必有显戮示众，以彰尔罪。尔等可不思策勋定难，以自免于罪戾乎哉！"

【注】

① 偾（fèn）事：败事。

"呜呼！惟我文考若日月之照临，光于四方，显于西土。惟我有周诞受多方！"

解　西土，指岐周丰镐之地，周之旧邦也。多方，是万方之地。武王誓师将终，又叹息说："夫观商王所为，天人共弃之如此，则商家既有必亡之势矣。且尔众亦知我周家有必兴之理乎！当商之季，惟我文考，率兴以敬天，修政以仁民，圣德充积于一身，而光辉发越于天下，就如日月大明，照临下土一般。东西南北，地虽至远，而其光之所被，举四方之众，莫不共仰其休。岐周丰镐，地为至近，故其德为尤显，而一方之人，莫不亲睹其盛。夫其德之所及如此。是以人心戴之，天命归之，惟我有周，宜其大受多方而有天下也。盖有大德者，必受大命，而我有文考之德，为之凭藉，则天下之大，自不能舍我周而他适矣。尔众之辅我以伐商也，又何疑哉！"

誕受多方图

"予克受，非予武，惟朕文考无罪；受克予，非朕文考有罪，惟予小子无良。"

（解）武王说："我文考之德，既足以兴周，则我今日伐商之举，唯凭藉先德而已。 故我能胜受，不是我之威武，足以取天下也，乃惟我文考有德无罪，故为天所佑，而庇及后人耳。 若不幸而受能胜我，却不是我文考之有罪，不足以得天下也，乃惟我小子德薄无良，故为天所谴，而辱及前人耳。 然我文考之德，克享天心久矣，我今奉先德以伐有罪，又岂有不克之理哉！"

牧誓

武王戎车三百两，虎贲三百人，与受战于牧野，作《牧誓》。

牧，是地名，在商之郊外，即今河南卫辉府城南地方。武王伐纣，兵至牧野，临战之时，誓戒将士。史臣录其语为书，以《牧誓》名篇。

时甲子昧爽，王朝至于商郊①牧野，乃誓。王左杖黄钺，右秉白旄以麾②。曰："逖矣！西土之人。"

解 甲子，是二月初四日。昧爽，是天将明未明之时。"杖"字、"秉"字，都解做"持"字。黄钺，是黄金装饰的大斧。旄，是旄节。逖，是远。史臣记说，二月甲子日黎明时候，武王引兵到了商之郊外牧野地方，将与商兵交战，乃发誓命以戒勉将士。武王左手持着黄钺，右手持着白旄，以指麾众将士说道："尔等皆西土之人，我以伐暴救民之故，率尔远行至此。"这是武王将誓而先慰劳之辞。

王曰："嗟！我友邦冢君、御事，司徒、司马、司空、亚、旅、师氏，千夫长、百夫长，及庸、蜀、羌、髳、微、卢、彭、濮人。称尔戈，比尔干，立尔矛，予其誓。"

解 "友邦冢君""御事"已解，见《泰誓》上篇。司徒、司马、司空是三卿，此时武王尚为诸侯，故未备六卿。亚，是大夫，以其为卿之次，故谓之亚。旅，是士，以其人众故谓之旅。师氏，是官名，掌扈从宿卫之事。千夫长，是统领千人的将帅。百夫长，是统领百人的将帅。庸、蜀、羌、髳、微、卢、彭、濮，是西南夷八国名。是时武王仗大义以伐商，故蛮夷之长，都率兵来会战也。称，是举。戈矛，都是枪类，戈短而矛长。比，是并列。干，是盾，即今之遮牌。武王将发誓命，先叹息历呼从征之人，以告之说："我邻国的诸侯，与我本国的治事之臣，司徒、司马、司空、亚大夫、众士、师氏之官，千人之长、百人之长，及庸、蜀、羌、髳、微、卢、彭、濮八国之人，

【注】
① 商郊：商都朝歌的郊外；郊，五十里为近郊，百里为远郊。
② 白旄：竿头以牦牛尾为饰的军旗。麾：指挥。

步伐止齊圖

举执汝之戈戟，排列汝之干楯，树立汝之长矛，我将发誓命以告汝，宜审听之。”

【注】

① 昏弃：轻蔑、轻视的意思。肆：祭名，即对祖先的祭祀。

② 逋（bū）：逃亡。

王曰：“古人有言曰：‘牝鸡无晨，牝鸡之晨，惟家之索。’今商王受，惟妇言是用，昏弃厥肆祀①，弗答；昏弃厥遗王父母弟，不迪。乃惟四方之多罪逋②逃，是崇是长，是信是使，是以为大夫卿士；俾暴虐于百姓，以奸宄于商邑。”

解 牝鸡，是母鸡。晨，是报晓。索，是萧索。妇，指妲己说。肆，是陈。答，是报。王父，是祖。母弟，是同母之弟。迪，是道。武王誓师说：“我闻古人有言：‘鸡之为物，虽所以司晨，然牝鸡无晨鸣之理。若人家有牝鸡晨鸣，则阴阳反常，妖孽见兆，其家必主破败萧索。可见阴阳有定分，内外有定体，妇人不可以预外事，亦犹牝鸡不可司晨也。’今商王受，乃惑于妲己之嬖，好恶赏罚皆决于其口，惟其言之是用，是所谓牝鸡而司晨者也。因此心志昏迷，政事缪乱，将郊庙的大祀，都废弃了。不知天地祖宗之当报，将先王所遗同祖之弟，与同母之弟，都弃绝疏远，不以道善遇之，却于四方多罪逃亡之人，乃尊崇而长养，亲信而任使，以是人为大夫卿士，分布要地，使之胁权肆毒，加暴虐于百姓，倚势犯法，为奸宄于商邑，其政事之昏乱，一至于此，皆以荒于女色，不恤国政之故。夫牝鸡晨而家索，妇言用而国亡，此理之必然者矣。”

【注】

① 伐：击刺。一击一刺，称为一伐。

“今予发，惟恭行天之罚。今日之事，不愆于六步、七步，乃止齐焉。夫子勖哉！不愆于四伐①、五伐、六伐、七伐，乃止齐焉。勖哉夫子！”

解 发，是武王名。 愆，是过。 夫子，称众将士。 勖（xù），是勉。 武王说："商王受之肆行无道，神人共愤，乃天讨之所不赦者。 今我小子发，兴兵伐商，惟以敬行天罚而已，非得已而用之也。 故今日之战，当以节制为尚，不以多杀为功。 其进而迎敌，不过于六步、七步，即便止驻，以整齐部伍，然后复从而进焉。 尔将士，勉哉！ 无或乘胜而轻进也。 其战而杀敌少，不过于四伐、五伐，多不过于六伐、七伐，即便止驻，以整齐部伍，然后复从而伐之。 勉哉，尔将士！ 无或乘怒而贪杀也。"

"尚桓桓，如虎、如貔、如熊、如罴，于商郊。 弗迓克奔，以役西土。 勖哉夫子！"

解 桓桓，是威武的模样。 虎、貔、熊、罴，是四样猛兽。 迓，是迎击。 奔，是走来投降。 武王又说："兵不勇，则无以克敌。 尔将士庶几振桓桓之威，如虎、如貔、如熊、如罴，以奋击于商郊之地，不可有所退怯也。 然过勇则不免滥杀，惟当于凶残者取之，抗拒者诛之。 若有能知顺逆之理，奔走来降者，即当容纳，勿一概迎击之，以劳役我西土之人。 勉哉！ 尔将士，其武勇是奋，而杀降是戒可也。"

"尔所弗勖，其于尔躬有戮！"

解 武王誓师将终，又戒敕之说："尔将士，若于我之命而有所不勉，或轻进，或贪杀，或无勇而杀降，是违号令而失纪律也。 则军有常刑，必戮及尔身，罔有攸赦矣，可不戒哉！"

按此篇武王之所以誓师者，皆本之以仁义，而出之以节制，行阵有礼，赏罚有信，夫以至仁伐至不仁，而谨戒如此。 此其所以为王者之师也。

武成

武王伐殷。

往伐归兽，识其政事，作《武成》。

这一篇，是史臣记武王以武功定天下，以文治兴太平。自伐商以至归周，始终规模次第，以总叙武功之成，故取《武成》二字名篇。旧编前后失序，今从蔡沈所定。

惟一月壬辰，旁死魄。越翼日，癸巳，王朝步自周^①，于征伐商。

解 一月，是正月。旁，是近。魄，是月体黑暗处。每月朔后，则明生魄死，故初二日，叫做"旁死魄"。翼日，是明日。史臣叙说，惟一月壬辰，月旁死魄。越明日，癸巳，武王于是日之朝，步自宗周，举兵以往征伐商纣，其始事如此。

【注】
① 朝：早晨。周：指都城镐京。

底商之罪，告于皇天后土，所过名山大川^①，曰："惟有道曾孙周王发，将有大正于商。今商王受无道，暴殄天物，害虐烝民^②。为天下逋逃主，萃渊薮^③。予小子既获仁人，敢祗承上帝，以遏乱略，华夏蛮貊^④，罔不率俾。惟尔有神，尚克相予，以济兆民，无作神羞！"

解 底商之罪，是极数商纣的罪恶。有道，是周家先世祖父有道德者。发，是武王名。逋逃，是犯罪逃避的人。略，是谋略。"俾"字，解做"从"字。史臣叙说，武王将兴问罪之师，乃先举告神之典，极数商纣的罪恶，告于皇天后土，及所过名山大川之神。其祝词说道："惟我周家，先世有道的曾孙周王发，将欲兴师，大正有商之罪。今商王受，虽居君位，全无君道，天生物类以资人用，受则暴恣殄绝，全然不知爱惜。百姓是邦本，受则酷害戕虐，全然不知抚养。身为亿兆之主，不知明刑敕罚，以诛锄奸宄，保安良善，反收留那四方有罪在逃之人，与他做主，而有司莫之敢捕，如鱼之聚于深渊，兽之聚于林薮一般，岂不乱政坏事哉？夫商罪之当正如此，但拨乱而反之正，必须得人辅佐，方可举事。今我小子，既得仁厚有

【注】
① 名山：指华山。大川：指黄河。
② 烝（zhēng）民：百姓。
③ 萃：聚集。渊薮（sǒu）：渊：深水，鱼所聚处；薮，水边草地，兽所聚处；比喻人或事物聚集的地方。
④ 华夏：夏，大也；故大国曰夏，华夏谓中国也。蛮貊（mò）：蛮，古代泛指南方少数民族；貊，古代泛指北方少数民族；合而言之，则指代四方的少数民族部落。

朝步于征图

武王

德的人，抱济世安民之略者，故敢敬承上帝之意，而为吊
民伐罪之举，取彼凶残，遏绝乱谋。惟时内而华夏冠带之
国，外而蛮貊化外之邦，无不相率从顺我周，同力伐商者。
虽是人心共愤，不约自同，但兵凶战危，何敢自恃？惟尔
天地山川之神，同以佑民为心，其尚于冥冥之中，辅我战
胜攻取，以救济兆民，而出诸水火，毋使为商所胜，以为
尔神羞辱可也！"

既戊午，师渡孟津。癸亥，陈于商郊，俟天休
命。甲子昧爽，受率其旅若林，会于牧野。罔
有敌于我师，前徒倒戈，攻于后以北，血流漂
杵。一戎衣①，天下大定。乃反②商政，政由旧。
释箕子囚，封③比干墓，式商容闾④。散鹿台之
财，发钜桥之粟，大赏于四海，而万姓悦服。

解 "陈（zhèn）"字，与"阵"字通用。休命，是天心佑
助的美命。若林，是人众如树林一般。北，是败走。杵，
是木杵。箕子谏纣不听，佯狂为奴，身被囚系。比干强
谏，剖心而死。商容贤臣，为纣所废。式，是在车上俯身
凭轼以致敬也。鹿台、钜桥，是纣藏积钱粮的去处。大
赏，是普施恩泽。史臣叙说，武王率伐商之师，于戊午
日，东渡孟津河。癸亥日，列陈于商国之外，顿兵少息，
等待上天的美命。甲子日，天将明未明之时，商纣率领其
军旅，众多如林，与武王会战于牧野之地。然是时，纣兵
虽多，而离心离德，无一个肯向前与周兵对敌的。前面的
人马，都倒戈内向，反攻他后面的人，奔走蹂践，自相屠
戮，杀得血流遍野，虽木杵弃在地下的，也漂将起来。盖
纣素无道，积怨于人，人心叛之，不战自败。所以武王的

【注】

① 一戎衣：一次用兵。

② 反：废除。

③ 封：给墓添土重修。

④ 式：同"轼"，车前的
横木。商容：商代贤
人。闾：居处。

放牛桃林图

放牛桃林圖

歸馬華山圖

归马华山图

兵，但披着兵甲一行，而天下遂已大定，无事于再举之劳。盖以至仁而伐不仁，其易如此。于是将纣所行的虐政，尽行改革，只依着商家先世的旧政而行。释放了太师箕子之囚，封表少师比干坟墓，经过贤人商容的门闾，则凭轼以致敬。盖此三人，皆商之忠臣，为纣所囚戮废弃，故武王皆加礼焉，以慰人心也。又将鹿台地方所积的财物，都分散之，以周贫乏。钜桥仓中所贮的米粮，都发将去，以赈饥民。盖纣之所积，皆横征于百姓者，故武王仍散之于民，以苏穷困也。夫天下苦纣，苛虐久矣，及武王除残去暴，显忠遂良，赈穷周乏，这等大施恩泽于天下，所以天下万姓，无一人不心悦诚服，爱戴武王，愿其长为生民之主也。

厥四月，哉生明，王来自商，至于丰。[①] 乃偃武修文，归马于华山之阳，放牛于桃林之野，示天下弗服。[②]

解　"哉"字，解做"始"字。初三日，月始生明，故叫做"哉生明"。丰，是周之旧都。华山、桃林，都是地名。服，是用。史臣叙说，武王先以一月二日，自周伐商。至是四月三日，月始生明之时，克商而归，至于丰、镐旧都。以戡定祸乱，固赖于武；而兴致太平，则贵于文。向焉，为天下除残去暴，不得已而用兵。今天下已定，正当修明政教，与民休息之时，乃偃其威武，而修文德。昔日所用的战马，都发归于华山之阳，任载的牛，都牧放于桃林之野，明示天下的人民，使知从今以后，与百姓同享太平，不复兴兵动众，再用此物矣。盖是时商政暴虐，虽望时雨之师，而人心厌乱，终苦干戈之扰，故武王汲汲于偃武修文者如此，可见用兵非圣人意也。

既生魄，庶邦冢君暨百工，受命于周。

解 每月望后，则月体黑魄复生，故叫做"既生魄"。 庶邦冢君，是四方诸侯。 百工，是卿大夫。 史臣叙说，四月望后，月既生魄之时，四方诸侯，及在朝的百官，都推戴武王为天子，相率而受命于周。 盖武王至是始伐商而为天下主也。

丁未，祀于周庙，邦甸、侯、卫①，骏奔走，执豆、笾。越三日庚戌，柴望大告②武成。

解 骏，是速。 豆、笾，是祭器。 柴，是燔柴祭天。 望，是望祀山川。 史臣叙说，武王既克商而归，至于宗周，乃择丁未之日，举祀典于祖庙，凡天下诸侯，近而邦甸，远而侯卫，莫不骏奔走，执豆笾，来助祭于庙，毋敢后者。越三日庚戌，又燔柴以祀天，望秩以祀山川。 盖前者伐商，曾受命于先王，祈助于神祇。 至是天下已定，故次第举行郊庙之祀，用大告武功之成，且以谢答神佑也。

王若①曰："呜呼！群后！惟先王建邦启土，公刘克笃前烈。②至于大王，肇基王迹，王季其勤王家。③我文考文王，克成厥勋，诞膺天命，以抚方夏④。大邦畏其力，小邦怀其德。惟九年，大统未集⑤，予小子其承厥志。"

解 群后，是众诸侯。 先王，是后稷。 诞，是大。 膺，是受。 方夏，是四方华夏之地。 武王既受命而为天子，乃举其先世积累开创的事，以告谕天下众诸侯，先叹息而呼，说道："昔我先王后稷，在唐虞时有教民稼穑的大功，始受封为诸侯，建邦开国于有邰之地，传至曾孙公刘，又能

这句话即《诗经》所云
"后稷之孙，实惟大王。
居岐之阳，实始翦商"，
指古公亶父迁居岐山，
深得民心，是始王业之
兆迹也。王季：文王的
父亲，又称公季。王家：
王季修古公亶父之道，
诸侯归顺，是能缵统大
王之业，勤立王家之基
本也。

④ 方夏：四方中夏。

⑤ 集：成功。

培养笃厚，以继前人的功业。 自公刘传到九世孙太王，积德行仁，民心归附，始基立兴王之迹。 再传王季，又克自抑畏，勤劳王家之业。 至我文考文王，光于四方，显于西土，其德愈盛，其功愈大，用能成就前人的功勋，虽位为西伯，实已大受上天之命，抚安方夏之民。 当时大国诸侯，强梗难制的，皆畏惧文王之威力，而不敢放肆。 小国诸侯，柔弱不振的，皆怀念文王之恩德，而赖以存立。 盖威德日著，而天下日益归服。 惜乎九年而崩，大统未集。 故今日我小子之举，不过以承顺先人之志，以除暴安民耳！"

"恭天成命，肆予东征，绥厥士女。 惟其士女，篚厥玄黄，昭我周王。 天休震动，用附我大邑周！"

解 成命，是黜商之定命。 肆，是遂。 绥，是安。 士女，譬如说男女一般。 篚，是竹器。 玄黄，是色币。 附，是归附。 武王又说："天心厌商，命我文考除之，虽大统未集，固已一成，而不可易矣。 故我敬顺上天成命，遂举东征之师，以安定有商的人民。 商民喜周之来，都用篚篚盛着玄色、黄色的币帛相迎，以明我周王有吊民伐罪之德。 夫民心所在，即天意所在。 今商民喜周之来者，盖由上天美意，鼓舞震动于民心，故民皆归附于我大周国，备物以迎王师，自不容已耳。 然则我今日之有天下，实我祖宗缔造有素，天命攸归，而岂予之功哉！"

列爵惟五，分土惟三。 建官惟贤，位事惟能。 重民五教，惟食丧祭。 惇信明义，崇德报功。 垂拱而天下治。

解 垂拱，是垂衣拱手，无为的意思。 史臣又记武王政治的本末，说道，武王克商之后，偃武修文，其经纶天下之迹，虽不可悉数，略举其大者言之，其列爵以五等：公、侯、伯、子、男。 其分地以三等：公侯百里，伯七十里，子男五十里。 其建立庶官，则惟贤而有德者用之，而不肖者，不得以幸进。 其居位任事，则惟才而有能者使之，而无才者不容以滥，及其所最重者，是父子、君臣、夫妇、长幼、朋友之伦，率之以亲义序别，信五典之教，与夫力田足食，死丧祭祀之礼。 盖纲常伦理，风化所关，而养生送死，人道之大，故王政以此为重也。 凡出一令，必守之以信，而终始不渝；凡行一事，必裁之以义，而动无过举。 有德者，则尊显之，而命德之典，不加于匪人；有功者，则厚赏之，而酬劳之具，不容以滥冒。 夫分封有法，则万邦怀；官使有要，则庶政和。 五教修，则百姓亲；三事举，则民风厚。 信义立，则人心知所励；官赏行，则人心有所劝。 武王经理天下，其宏纲大要，备举而尽善如此，故不必有所作为，但垂衣南面，端拱穆清，而天下自治矣。 然此数语，不独武王所以开有周一代太平之业，自古帝王致治之规，举不外此，图治者宜留意焉。

洪范

武王胜殷，杀受，立武庚，以箕子归，作《洪范》。

「洪」字，解做「大」字。范，是法。昔夏禹治水成功，神龟出于洛水之中，背上有文，自一数以至于九。大禹演而为九畴，备载着治天下的大法，故谓之「洪范」。及周武王访道于箕子，箕子乃敷陈其义，以告武王。史臣记其辞，遂以《洪范》名篇。

惟十有三祀，王访于箕子。

解　祀，是年。王，是武王。访，是问。箕，是国名。子，是爵。史臣叙说，武王十有三年春，既克商而有天下。即位之初，他政未遑，惟汲汲以求贤问道为首务。那时商家有个贤人，叫做箕子，有大学问，深知古圣王治天下的道理。武王遂亲屈万乘之尊，就而问之。盖以师道尊之，不以臣礼相待也。

王乃言曰："呜呼！箕子。惟天阴骘下民，相协厥居，我不知其彝伦攸叙。"

解　阴骘（zhì），是默定的意思。相，是辅相。协，是合。居，是道理所当止的去处。彝伦，是常道。武王问道于箕子，先叹息而称呼之，说道："上天之与下民，势若相悬，而冥冥之中，凡斯民之受形赋性、类聚群分者，悉隐然默有以妥定之。然天虽有意于定民，而不能以自为。若是辅相上帝，奉天命以行事，使民生日用，悉合于所当居止之理，常定而不乱者，则王者之事也。今我固身任是责者，不知何以能使这常道灿然流布于天下，各得其叙用，以慰上天阴骘之心，而无负君师克相之任乎！"

箕子乃言曰："我闻在昔，鲧陻洪水，汩陈其五行①。帝乃震怒，不畀洪范九畴，彝伦攸斁，鲧则殛死②，禹乃嗣兴，天乃锡③禹《洪范九畴》，彝伦攸叙。"

解　陻（yīn），是塞。汩，是乱。陈，是列。畀，是与。"畴"字，解做"类"字。九畴，是其类有九。斁，是败。箕子因武王问道惓惓，遂告之说道："古先圣王治天下的道

【注】
① 五行：中国古代哲学思想基础之一，为日常生活中习见的五类事物，即金、木、水、火、土。《书传》云："水火者百姓之所饮食也，金木者百姓之所兴作也，土者万物之所资生也。是为人用。"
② 殛（jí）死：放逐，至死不赦。
③ 锡：同"赐"。

王访箕子图

箕子　武王　王訪箕子圖

天錫九疇圖

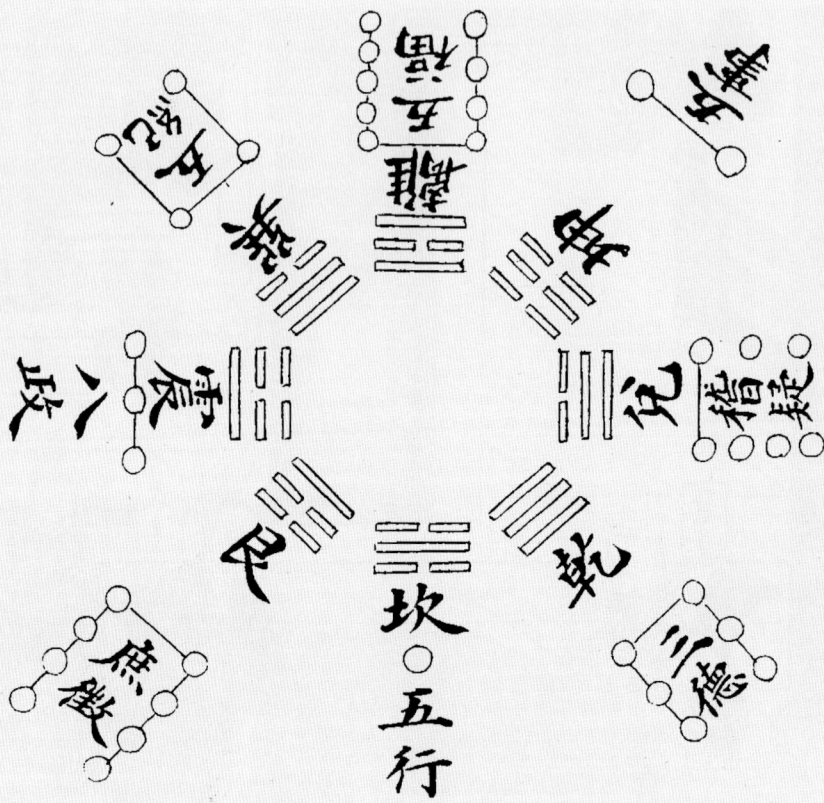

图中标注（各卦与九畴）：

- 皇極
- 五事　稽疑
- 庶徵
- 乾・三德
- 坎・五行
- 艮・八政
- 福極

（中央八卦：坎、乾、震、艮、離、兌、巽、坤）

九疇本推演洛書之數而成。惟洛書之數，以一合九而為十，二合八而為十，三合七而為十，四合六而為十，以虛數相合而為四十。若九疇則以實數相合而為五十矣。

理，无过《洪范九畴》。 然这九畴之垂于世，也有个缘由。 我闻在昔唐尧之时，洪水为患，使鲧治之。 鲧乃用其小智，作堤防以陻塞水道，以致水患不平，汩乱了五行的陈列，不顺其性。 故上帝震怒，不与他这大法九章，遂无以纲维世道，常道所以败而失叙，鲧因是得罪而殛死矣。 禹乃继鲧而起，顺水之性而治之，以至地平天成，五行顺布。 由是天鉴其德，于洛水中现出一个神龟，背上有文，戴九履一，左三右七，二四为肩，六八为足，五居其中。 禹因次其数，为大法九章，各以类相从，然后经世宰物的条件，灿然毕具，斯常道之所以叙而无违也。 自禹以来，相传治天下的大法，不外于此。 九者，盖天所赐也，今王欲知彝伦之叙，亦当于此求之。"

"初一曰五行，次二曰敬用五事，次三曰农用八政，次四曰协用五纪，次五曰建用皇极，次六曰乂用三德，次七曰明用稽疑，次八曰念用庶征，次九曰向用五福，威用六极。"

解 这一节是九畴之纲。"农"字，解做"厚"字。 协，是合。 五纪，是五件历法，所以统纪天道的。 建，是立。 极，是标准的意思。 乂，是治。 稽疑，是卜筮以决疑。 念，是省验。 庶征，是灾祥之类，各有征应。 向，是使人向慕。 威，是使人畏惧。 箕子说："当初夏禹即洛书之数而叙畴，从一数起，叫做五行。 盖天生五行，民并用之，有不可以一日缺者，这是第一畴。 次二叫做'敬用五事'，盖五事乃修身之要，人君欲敬修其身，须用此五事，这是第二畴。 次三叫做'农用八政'，盖八政乃养民之具，人君欲厚民生，须用此八政，这是第三畴。 次四叫做'协用五纪'，盖天道参错而不齐，人君有五件历法，以为之统纪，而天始不能违，此以人合天者之所必用也，这是第四畴。 次五叫做'建用皇极'，盖臣民涣散而难一，人君有大中至正之极，以为之标准，而人始知所从，此以身立教者之所必用也，这是第五畴。 次六叫做'乂用三德'，盖治道不可偏执，或用刚，或用柔，或刚柔参和，因时制宜，以合乎中，而后天下之事治，这是第六畴。 次七叫做'明用稽疑'，盖大事不能无疑，必用卜筮以决其疑吉凶动静，参乎神谋，而后能成天下之务，这是第七畴。次八叫做'念用庶征'，盖人事有得失，则天道之休咎应之，人君欲省念其所行之得，必用众祥之征以为考验，欲省念其所行之失，必用众灾之征以为考验，这是第八畴。次九叫做'向用五福，威用六极'，盖人事有善恶，则天道之祸福应之，人君欲使天下向慕而为善，必用五福以劝之，欲使天下畏惧而不为恶，必用六极以惩之，这是第九畴。天道莫大于五行，故以五行为首；人道莫大于五事，故五事即次之；修身然后可以治人，故次之以八政；王政必奉乎天时，故次之以五纪；人君中天下而立，上以敬顺天道，下以奠安民生，兆民万姓，莫不取则焉，故次之以皇极，而居乎九数之中；人君虽以身立教，而亦不得不佐之以刑赏予夺之权，故次之以三德；事有不能决者，则举而听之于天，故次之以稽疑。庶征，则天之所以启告乎人；五福六极，则天之所以祸福乎人，皆人君之所当知也。故又次之以庶征，而终以福极焉。此九畴自然之序，帝王治天下之大法，尽具于此。天之所以锡（cì）禹者，亦神矣哉！"

"一、五行：一曰水，二曰火，三曰木，四曰金，五曰土。水曰润下，火曰炎上，木曰曲直，金曰从革，土爰稼穑。润下作咸，炎上作苦，曲直作酸，从革作辛，稼穑作甘。"

解 此以下是九畴之目。"爰"字，解做"于"字。五谷初种时叫稼，收敛时叫做穑。作，是为。箕子衍五行之畴，说道："洛书之数，首曰五行。五行之目，水为第一。盖万物成形，莫不由微而至著。故五行次序，亦以微著为先后。水乃天一所生，为体最微，故居第一；火乃地二所生，为体渐著，故居第二；天三生木，为形充实，故居第三；地四生金，为体坚固，故居第四；天五生土，体质最大，故居第五。其为序如此。然各一其质，则各一其性。水为性润泽而又下行，故曰'润下'；火为性炎热而又上升，故曰'炎上'；木之性则屈曲而又耸直，故曰'曲直'；金之性则可顺从而又可改革，故曰'从革'；土以生物为性，而所生莫盛于五谷，故于是可以种而稼，熟而穑焉。然各一其性，又各一其味。水惟润下，故浸渍而为咸；火惟炎上，故焦灼而为苦；木性曲直，则气郁而成酸；金性从革，则气烈而成辛；至于稼穑，性禀中和，则其气味独为甘美。此皆成于造化之自然，而切于民生之日用者也。人君于此五行者，果能裁成辅相①，以尽调燮②之功，则五气顺布③，六府孔修④，而所以左右⑤斯民者，其责无不尽矣。"

"二、五事：一曰貌，二曰言，三曰视，四曰听，五曰思。貌曰恭，言曰从，视曰明，听曰聪，思曰睿。恭作肃，从作乂，明作哲，聪作谋，睿作圣。"

解 从，是顺。睿，是通微。肃是严整。乂是条理。哲是智。谋是度。圣是无所不通。箕子衍五事之畴，说道："洛书之数，二曰五事，五事之目，貌为第一。盖人禀造化五行而生，其人事发见先后，亦以五行之序为次第。初生时，精之所凝，有形有色，而为貌，貌属水，故居第一；既生后，气之所发，有声有音而为言，言属火，故居第二；由是精显于目，则见物而能视，视属木，故居第三；由是气藏于耳，则闻声而能听，听属金，故居第四；由是精气聚于心，则有知有识而能思，思属土，故居第五。其序如此，五体既备，五德自具。貌之德，斋庄中正而为恭；言之德，顺理成章而为从；视之德，无所不见而为明；听之德，无所不闻而为聪；思之德，心通乎微而为睿。五德既具，五用自彰。容貌惟其恭敬，则临民之际，有威可畏，有仪可象，而截然其严整；言语惟其顺理，则出令之时，不伤于易，不伤于烦，而秩然其有条；视远惟明，则不蔽于所见，凡人情物理，无不洞照，而为天下之大智；听德惟聪，则不惑于所闻，凡是非可否，都能裁度，而为天下

土爰稼穡圖

之善谋；思虑惟能通微，则清明洞达，存神应妙，将无所不通，而为天下之至圣。人君于此五者，若能随事尽理，则身修道立，而可以为天下法矣。然貌、言、视、听、思，事虽有五，而以思为主；恭、从、明、聪、睿，德虽有五，而以敬为主。盖能思，则视听言动之间，方知所省察；能敬，则身心动静之际，乃有所持循。诚之于思，而又主之以敬，圣学始终之要在是矣。"

"三、八政：一曰食，二曰货，三曰祀，四曰司空，五曰司徒，六曰司寇，七曰宾，八曰师。"

解 货，是财货。司空，是掌邦土之官。司徒，是掌邦教之官。司寇，是理刑之官。宾，是接待宾客。师，是师旅。箕子说："洛书次三，八政之畴。第一件是食，盖食者民之所赖以为生，而制田里、教树畜，以开足食之原者，乃王政之首务也，故居第一。第二件是货，盖货者民之所资以为用，而惠工商、通货贿，以利斯民之用者，乃王政之不可缓也，故居第二。食货既足，不可不思报本，故第三件是祭祀之政，修礼物，交神人，所以报本也。祀典既举，不可不奠其居，故第四件是司空之政，造疆场、定庐舍，所以奠居也。民之逸居者，不可以无教，故第五件是司徒，使之敷教以化民。教之不率者，不可以无刑，故第六件是司寇，使之掌刑以弼教。内治修矣，外治不可不举也，故第七件曰宾礼之政，而怀诸侯来远人，以通天下之情者在是矣。文教备矣，武威不可不振也，故第八件曰师旅之政，而征不庭，讨有罪，以防天下之患者在是矣。这八政虽有缓急先后之不同，要之皆切于民，而不可缺一。人君能举而措之，尚何民生之不厚哉！所以说'农用八政'。"

"四、五纪：一曰岁，二曰月，三曰日，四曰星辰，五曰历数。"

解 辰，是日月交会的去处。历数，是推算天象的定数。箕子说："洛书次四，五纪之畴。第一件叫做岁，盖天道运行，本有一寒一暑之序，因而定之为春夏、为秋冬，合四时以成一岁，而天运可纪矣，岁无不统，故居一。第二件叫做月，盖月行于天，本有生明、生魄之候，因而定之为晦朔、为弦望，合三十日以成一月，而月行可纪矣，月统于岁，故居二。第三件叫做日，盖日有出没，则因之以辨昼夜，日有先后，则因之以次甲乙，而日于是乎可纪矣，日统于月，故居三。第四件叫做星辰，盖因星宿有动止，则别为经星、纬星之名，因日月有交会，则分为周天十二辰之次，而星辰于是乎可纪矣，星辰乃日月之所经行，故居四。第五件叫做历数，盖岁月日星辰之在天，其盈缩迟疾，本都有个定数，则因其自然之数，制为一定之历，于其常行也。有推步之法，于其变动也。有占验之法，而天道之始终，于是乎可纪矣。历数所以总岁月日星辰者，故居五。人君能用此五者，以合乎天，则顺时可以立政，而因天可以验人矣，所以说'协用五纪'。"

"五、皇极：皇建其有极，敛时五福，用敷锡厥庶民。惟时厥庶民于汝极，锡汝保极。"

解 皇，是君。极，是至极，可以为法的道理。建，是立。敛，是聚。五福，是寿、富、康宁、好德、考终。敷，是布。锡（cì），是与。保，是保守。箕子衍皇极之畴，说道："洛书次五中数，如何叫做'建用皇极'？盖人君一身，乃天下臣民的表率。凡纲常伦理，言动事为之间，必须都大中至正，尽善尽美，立个标准在上，然后天下之人，皆仰之为法则，所以说'建其有极'。夫作善降祥，有德获福，此天道之不爽者，人君既尽道以为民极，则天心佑助，百顺咸聚，而五福之集于其身者，就似自己敛聚来的一般，所以说'敛时五福'。然这皇极之理，乃天下人同有的，人君为亿兆君师，岂徒自善其身而已哉？又必将这人人本具至极的道理，去化导天下，使天下百姓每都效法君上，修德行善，也都个个获福，则我这五福，亦与天下共享之，就似我布散与他的一般，所以说'敷锡厥庶民'，是君之与民同福者如此。由是天下之民，见修德行善的，都得了为善之利，莫不观感劝慕，把君上教他这至极的道理，亦相与保守，不敢失坠。民安于下，则君身益安于上，顺气流通，海内清和咸理矣，所以说'锡汝保极'，是民之与君同福如此。夫人君通天下为一身，必与天下同归于德，而后其德为全，亦必与天下同受其福，而后其福为备，若君德有一毫亏欠，则无以安享全福，而化成天下。若万方有一民未化，亦是福泽未遍，而分量为有歉矣。君天下者，其尚加意建极之义乎？此九畴以皇极为主，而居于中五之数也。"

"凡厥庶民，无有淫朋；人无有比德，惟皇作极。"

解　淫朋，是邪党。人，是有爵位的人。比德，是私相比附。箕子又说："皇极之理，虽通于民，而倡率之机，全系于上。故凡天下的庶民，都循礼于法，各安生理，不交结那淫邪的朋党，以相聚为非。在朝有爵位的人，也都奉公体国，各修职业，无有私立党与，暗相比附，而诬上行私者，是岂无自而然哉！皆由人君执中守正，以身作极于上，可以为万民之表率，百官之仪刑。故臣民咸有所感发兴起，而心术自端，趋向自正耳。若君身上有一毫道理未尽到至极的去处，而徒以法制禁令强教天下，又岂能感化得天下臣民尽无淫朋、比德之私乎？信乎君之不可不建极也。"

"凡厥庶民，有猷、有为、有守，汝则念之。不协于极，不罹于咎，皇则受之。而康而色，曰：'予攸好德。'汝则锡之福，时人斯其惟皇之极。"

解　有猷，是有谋虑。有为，是有干才。有守，是操守廉洁。念，是眷念。"罹"字，解做"陷"字。咎，是过恶。受，是不弃的意思。康，是安和。福，指爵禄说。箕子告武王以造就人才之法，说道："君能建于上，固足以感化乎下矣。然人之资质有高下，观感有浅深，若不委曲而造就之，则无以使之尽归于皇极。故凡此庶民之中，有识见会谋事，有才力能干事，又且操守廉洁，义不苟取，这是上等的人才。入可以辅佐朝廷，出可以宣力四方者，汝不但宠以爵禄而任用之，尤当加意眷念，常常记在心上，不可忘也。又有一般人，质有所偏，虽未能合乎皇极中正之理，却亦不敢放纵为非，而陷于过恶，这是中等的人才。进之则可与为善，弃之则或流于恶，人君也须包含容受，设法教育，不可便拒绝了他。若他能感容受之恩，而加进修之力，虽未必翕然丕变，纯然有得，但观其色之安舒和悦，而近于有道之容。发于言，则每每自说'我能好德'，而喜谈乐道之不置，这等便是向上学好的人。汝于此人，便当加之以爵禄，而锡之以福。盖天下之人，上等者少，中才者多，造就作养，皆得其用，固不必责备而过求之也。夫既有因才之教，而又有彰善之典，将见惟时庶民，皆奋于感恩，乐于从善，斯能悉归于惟皇之极，而所谓'锡汝保极'者在是矣！人君欲造就人才，以化成天下，可不于此加之意哉！"

"无虐茕独，而畏高明。"

🔴解　虐，是轻弃的意思。茕独，是孤寒无依的人。高明，是势位尊显的人。箕子又说："人君之于臣民，固当有造就之法，而其行法，又不可有偏私之心。盖庆赏之典，施于善良；黜罚之法，加于邪恶。惟当观其所行之善恶，岂宜论其势，分之崇卑？但有能好德而趋于皇极的，便是善人，便当念之受之，而锡之以福。虽是身世孤寒茕独的人，亦不可以其微贱而轻弃之也。若有比德而悖于皇极的，便是恶人，便当夺之黜之，而加之以法。虽是势位烜赫高明的人，亦不可以其尊显而畏惮之也。夫茕独者，人之所易虐也，而劝善之恩及焉，则非茕独者可知矣，人又何惮而不为善？高明者，人之所易畏也，而惩恶之法加焉，则非高明者可知矣，人又何恃而敢为恶？此王者之道，所以为至大至正，荡荡平平，而能造就臣民也。"

"人之有能有为，使羞其行，而邦其昌。凡厥正人，既富方穀，汝弗能使有好于而①家，时人斯其辜。于其无好德，汝虽锡之福，其作汝用咎。"

🔴解　人、正人，都指在官之人说。"羞"字，解做"进"字。昌，是盛。穀，是善。好，是和好。辜，是罪。箕子又说："国事在于任人。人才最为难得，为君者不可不爱惜而成就之。如在官之人，有优于才能，足以应务的；有长于施为，足以任事的。这等的人，在己每自负其长，而于俗或致乖违②。在人恒

【注】

① 而：你。

② 乖迕：违逆。

忌其所有，而违之或俾不通，必须在上者鼓舞振作他，使之加修其行，而尽展其才，庶几人乐为用。百务修举，而邦国有昌盛之休矣。然不但如此，凡有所资而后劝者，中人之情也。若此在官有能有为的人，又必使他俸禄优厚，有所仰给，不以内顾累其心，然后可责其进行而为善。苟廪禄不继，俯仰不给，不能使其和好于家，则此人之心，亦将夺于身家之谋。虽有才能，何暇为国尽力，且不免于罪戾矣，况望其能为善乎？此所以不可不富之也。然富乃所以养贤，而非可以滥及。苟徒以其在官之故，于其无能无为而不好德者，汝以概与之以禄焉，则为汝滥用咎恶之人，而反贻害于邦国矣。此又汝之所当戒也。"

"无偏无陂，遵王之义；无有作好，遵王之道；无有作恶，遵王之路；无偏无党，王道荡荡；无党无偏，王道平平；无反无侧，王道正直。会其有极，归其有极。"

解 这一章是将皇极的道理敷衍为训辞，使为臣民者都歌咏之，以消其邪罔，而归于中正。其辞都谐音韵，如今之箴颂诗歌一般。"无"字，都是禁止之辞。偏，是不中，陂，是不平。作好、作恶，是好恶不顺自然，而有心以为之的意思。党，是不公。荡荡，是广远。平平，是平易。反，是倍常。侧，是不正。会，是会合。归，是归宿。箕子说："王者以大公至正的道理建极于上，以为臣民法则。又衍为训辞，以告之说道。这皇极的道理，本是人人可以遵行的，但人往往为私意间杂，则其意念便不公平，而处事亦不停当，便与皇极的道理相背了。凡尔臣民，其存诸心者，无或不中而至于偏，无或不平而至于陂，惟当遵王者所行的正义，而与时宜之可也。无有意以为好，而纵一己之私喜，惟当遵王者所行的正道，而好所当好可也。无有意以为恶，而纵一己之私怒，惟当遵王者所行的正路，而恶所当恶可也。其见诸事者，无或偏而不中，党而不公，以自流于狭小，试观王者之道，何其荡荡然示人以广远也。无或不公而党，不中而偏，以自沦于倾邪，试观王者之道，何其平平，然示人以坦夷也。无或反而倍常，侧而失正，以自累于私曲，试观王者之道，何其正大直率，示人以无私也。夫王义、王道、王路，本是天下固有的道理，只为私意间隔，遂与这道理相违，而不能会合为一。若是性情不偏，好恶都正，则意念所向，与君上所建之极，相为融会，就如水之会流一般，将合异为同矣。荡荡、平平、正直，也是天下同有的道理，只为私事迁移，遂与这道理相背，而无所归宿。若是中立无党，又能守常持正，则日用常行，与君上所建之极，相为依归，就如水之归海一般，皆得其所止矣。尔为臣为民者，只是克去己私，便可以同进王道，由是而保极锡（cì）福，都在于此。此敷言之训，所以使人吟咏自得，而引天下同归于皇极者也。夫王者既以身建极而端化原，又设教以造就其才，又敷言以感动其心，其惓惓于天下臣民者，意何切哉！”

"曰皇极之敷言，是彝是训，于帝其训。"

解 皇极之敷言，是敷衍皇极的道理，以为言词，即上文"无偏无陂"一章便是。彝，是理之常。训，是教戒。帝，指天说。箕子既陈敷言之训，乃赞美之，说道："人君以极至之理，敷衍为言，以训告臣民，既戒其偏陂好恶、偏党反侧之私，又示以王义、王道荡平正直之体，反覆咏叹，不一而足。其理则易知简能，皆切于民生日用，譬如菽粟布帛，一日也少他不得，是天下之常理也。其言则公平广大，有关乎人心世道。譬如蓍龟药石，万世也违他不得，是天下之大训也。夫天者，理之所从出也。今皇极之敷言，既纯乎理，则亦纯乎天矣。然则是训也，乃上帝之训，但其阴骘下民之意，不能自显于言，而王者代天以有言耳。所以说，是彝是训，于帝其训。"

皇受育民圖

"凡厥庶民，极之敷言，是训是行，以近天子之光。曰天子作民父母，以为天下王。"

解 光，是道德之光华。曰，是庶民的说话。箕子说："敷言之训，既合乎天，则自感乎人。凡天下百姓每于这皇极之敷言，一竦动于听闻，莫不奉之以为训，而讽诵不忘；遵之以为行，而率由不悖。由是涵濡既久，感化益深，人欲日以消融，天理日以昭著。天子建极于上，其道德固有光华，而庶民之归极于下者，亦庶几乎帝德之光华，而与之仿佛。盖天子庶民，分有尊卑，而理无上下，既顺其理而不违，则亦近其光而不远耳。夫庶民至此，其所得于君者深矣。将见以其感激之意，形之为称颂之辞，莫不说：生我育我，莫如父母。今天子敷言以训吾民，要成就我每都做好人，虽是父母教子以义方者，亦不能过。岂不是百姓的父母，君我长我，莫如王者？今天子敷言以训吾民，要成就我每都做好百姓。其于王者，代天理物之道，夫复何愧！岂不真是天下的王？夫曰'作民父母'，所以亲之也；曰'为天下王'，所以尊之也。敷言之感人如此。观于庶民，而群臣之得于所感者，又可知矣。"

"六、三德：一曰正直，二曰刚克，三曰柔克。平康正直，强弗友刚克，燮友柔克；沉潜刚克，高明柔克。"

解 "克"字，解做"治"字。友，是顺。燮，是和。箕子说："洛书第六畴，叫做'乂用三德'。盖王者以身建极，虽由一理，以德治世，约有三端。其一，是正直之德。盖中正而无偏邪，直道而无私曲，无思无为，垂拱而治，乃上德也，故居第一。其二，是刚克之德。政尚严明，教先振作，谓之刚克。君德以刚为主，乃圣人所以宰制群动而齐一海内者也，故居第二。其三，是柔克之德。政尚宽容，教先委曲，谓之柔克。以柔道理天下，亦圣人维世作人不可废者也，故居第三。夫三德之目如此，然其用则各因乎宜。若天下太平治安，人心风俗都好，这叫做平康之世。我则以正直之德治之，虽有政教之施，而无刚柔之用，与天下相安于无为，治之上也。但人之习俗气禀，每有不齐，而我之政教宽严，亦异其用，于是有正治之者焉，有反治之者焉。若遇着强梗不顺的人，则利用刚以治之，振之以威，加之以法，使之有所畏，而不为恶。若是和柔委顺的人，则可用柔以治之，锡（cì）之以福，施之以恩，使之有所劝而为善。斯二者，以刚克刚，以柔克柔，所谓正治者也。又有资禀沉深潜退，过于柔者，则激励而进之，柔而济之，以刚使之，有所企而思及，有高亢明爽。过于刚者，则裁抑而退之，刚而济之以柔，使之有所俯而思就。斯二者，以刚克柔，以柔克刚，所谓反治者也。然其为用，虽有刚柔之异，治法虽有正反之殊，要不过矫其偏，去其蔽，以同归于平康正直而已。譬之天道，秋冬春夏，舒惨异宜，而皆一元之所运；雨露雪霜，生杀异用，而皆化育之攸行。帝王所以代天理物，其道莫要于此。图治者，宜致思焉。"

"惟辟作福，惟辟作威，惟辟玉食。臣无有作福、作威、玉食；臣之有作福、作威、玉食，其害于而家，凶于而国。人用侧颇僻，民用僭忒。"

🔴**解** 辟，是君。玉食，是天子所用珍美之食。"人"字，指有职位的人说。侧，是不正。颇，是不平。"忒"字，解做"过"字。箕子说："人君欲行抚世之大德，当操御世之大权。若非总揽乾纲于上，以致权柄暗移于下，又何以尽三德之用哉！故爵禄庆赏，所以施德于天下的，叫做福。这福，惟君得以作之。盖奉天道以命有德，乃天子之事也。刑罚征诛，所以示惩于天下的，叫做威。这威，亦惟君得以作之。盖承天意以讨有罪，亦天子之事也。至于珍贵玉食之奉，虽非人主之所尚，然万方之所以供一人者，品物为至贵也，亦惟君得以享之。盖居天位，食天禄，亦天子之事也。若在下为臣子的，于君上威福之施，不过奉行之而已；玉食之养，不过供献之而已。固无敢有窃君之福，以市私恩；无敢有盗君之威，以报私怨；亦无敢有僭用君之玉食，而越礼犯分，肆无忌惮者。若臣下而敢有作福、作威、玉食，则坏法乱纪，下陵上替，大乱之道，自此而生。在大夫有家者，必贻患害于而家；诸侯有国者，必致凶祸于而国。由是大臣不法，则小臣不廉。凡在朝有职位的人，都习以成风，固反侧颇僻而不安其分。上无道揆，则下无法守。凡在下的小民，亦相率效尤，僭妄过分，而逾越其常矣。夫以下干上，其害遂至于此。然则为君者，其可不操大权于己，以表正万邦乎！大抵治世三德，虽说刚柔并用，然君道还当主刚。故凡威福权柄之下移，皆优柔不断之为害也。"箕子之告武王者，为意深矣。

"七、稽疑：择建立卜筮人，乃命卜筮。"

解 择，是选择。卜，是灼龟观兆。筮，是揲蓍^①起卦。箕子说："洛书次七畴，叫做稽疑。盖以国有大事，人君虽是内断于心，外询于众，然又必听之于神，而其疑乃决。故或卜龟以观兆，或揲蓍以起卦，稽考其吉凶之理，以定吾趋避之宜，皆所以决疑也，故谓之稽疑。然龟蓍之所以灵者，以其至公无私，故能通鬼神之情；则卜筮者，亦必得至公无私之人，而后能达龟蓍之意。故人君欲卜筮以决疑，必须简择那至公无私、心与天通的人，建而立之，为大卜大筮之官，使他专掌卜筮之事。遇着国家有大疑不决，乃命这人，或用龟以卜，或用蓍以筮。庶几以至公之心，传至公之兆，可以定吉凶，可以成事业耳。苟非其人，岂可以轻命之哉！"

"曰雨，曰霁，曰蒙，曰驿，曰克。"

解 这是卜龟观兆之法。雨，是滋润，如雨一般。霁，是开明。蒙，是暗昧。驿，是络绎相连属的意思。克，是交错相胜的意思。箕子说："卜之法，用火灼龟，观其文理，以断吉凶。有其状滋润而如雨的，其兆属水；有其状开明而如霁的，其兆属火；有形迹疑似蒙昧而不明的，其兆属木；有布散联绵，络绎而连属的，其兆属金；有横斜

【注】

① 揲（shé）：数蓍草以占卜吉凶。蓍（shī）：蓍草，《埤雅》称："草之多寿者，故字从耆。"多年生草本植物，古人用它的茎占卜。

交错，如相克之状的，其兆属土。此五者，皆卜兆之体也，要之不外乎五行而已。"

"曰贞，曰悔。"

解 这是揲蓍起卦之法。贞，是正。悔，是变动的意思。箕子说："筮之法，用蓍草揲之，三变而成一爻，三爻而成内卦，又三爻而成外卦。合内外二卦，而成一卦。内卦叫做贞，外卦叫做悔。如六爻之中，有遇着老阳、老阴，则变而为别卦，所谓之卦也。那初得的本卦，又叫做贞；后变的之卦，又叫做悔。盖贞者，正固不移之意，内卦与本卦皆得之于先，卦之正也，所以皆谓之贞；悔者，变动不一之名，外卦与之卦，皆成之于后卦之变也，所以皆谓之悔。此二者，皆占卦之体也。要之，不外乎阴阳而已。"

【注】

① 假：借用，利用。

"凡七，卜五，占用二，衍忒。"

解 "凡"字，解做"总"字。衍，是推衍。忒，是过差。箕子说："卜兆占卦之体，合而言之，总有七件：雨、霁、蒙、驿、克、贞、悔是也。分而言之，则卜用雨、霁、蒙、驿、克之五兆；占用贞、悔二卦。国家欲举大事，恐不能无过差，则假①此卜筮，以推究之。审吉凶得失之象，决从违趋避之宜，以求免于过差，是卜筮之体虽异，而其用则同也。"

"立时人作卜筮，三人占，则从二人之言。"

解 箕子说："稽疑之法，既立至公无私之人，以作卜筮之官。及当占卜之时，又必每事使三人共占之，以相参考。如卜则三人同卜，筮则三人同筮，以观其吉凶之兆，同异何如。倘三人皆以为吉，固断乎其可行矣。其或一人言凶，而二人言吉，亦宜从其吉而行之。盖二人同，则吉胜于凶，虽有一人之异议，固无妨也。三人皆以为凶，固断乎其不可行矣。其或一人言吉，而二人言凶，亦宜从其凶而止之。二人同，则凶胜于吉，虽有一人之异见，未可凭也。以人言之多寡，测天命之从违，庶乎举措合宜，而过差可免矣。此用卜筮之法也。"

"汝则有大疑，谋及乃心，谋及卿士，谋及庶人，谋及卜筮。汝则从，龟从，筮从，卿士从，庶民从，是之谓大同，身其康强，子孙其逢，吉。汝则从，龟从，筮从，卿士逆，庶民逆，吉。卿士从，龟从，筮从，汝则逆，庶民逆，吉。庶民从，龟从，筮从，汝则逆，卿士逆，吉。汝则从，龟从，筮逆，卿士逆，庶民逆，作内吉，作外凶。龟、筮共违于人，用静吉，用作凶。"

解　大疑，是国家大事疑惑难决者。内，是在内所行的，如祭祀等事。外，是在外所行的，如征伐等事。静，是守常。作，是动作。箕子说："稽疑之道，固当取决于卜筮，而其理之是非可否，在吾心亦自有定见。是以国家有重大的事务，当行当止，疑而未决者，必先自己以道理事势，裁酌其可否，既谋之于心矣。犹以一人之识见有限，又咨访于卿士，集思广益，看朝廷上的公议如何。又下问于庶民，广询博采，看阎闾①间的众论如何，然后谋之于卜筮焉。盖人谋出于有心，不若蓍龟灵物至公无私，尤为可信。故既参之于人己，又质之于鬼神，乃命择立之人，循卜筮

【注】
① 阎闾：平民居住的地区，借指百姓。

之法，灼龟以观其兆，揲蓍以玩其占，观其吉凶，以决吾之从违焉。若是这件大事，汝心料度，以为可行，是汝则从矣。及其卜之于龟，则有吉而无凶，筮之于蓍，又有体而无咎。问之在朝，而举朝卿士，皆无间言。问之在野，而举国庶民皆无异议，是通幽明，合上下，无不翕然而大同矣。以此举事，将何所为而不宜哉！以言乎近，则多福集于君身，康宁强健，而安享太平之治矣。以言乎远，则福庇及于子孙，遭逢吉庆而永保灵长之业矣，大同之应如此。若是谋之于己，汝之心既从矣，而龟与筮皆从，虽卿士庶民，逆而未顺，然君谋与神谋相合，亦为吉也。若是卿士之心从矣，而龟与筮皆从，虽君心民情逆而未顺，然臣谋与神谋相合，亦为吉也。若是庶民之心从矣，而龟与筮皆从，虽君心臣意逆而未顺，然民谋与神谋相合，亦为吉也。若是汝心既从，而龟筮一从一逆，至于卿士庶民都逆而未顺，虽逆多顺少，本无可取，但筮短龟长，又与尊者之谋相合，惟用之以举事于内，亦可获吉，但举事于外，则凶矣。若是龟筮呈兆，都与人谋相违，纵使君臣上下皆无所逆，然鬼神不顺，百事难行，悔吝忧危，必有出于意料之外者，只宜静以守常，可保终吉。倘或有所作为，则必遇凶咎矣。夫谋虑必合于臣民者，不敢自用而取诸人，盖其公也。吉凶惟决于鬼神者，不敢自信而信于天，盖其慎也。人君用此以断天下之大疑，以定天下之大业，举动岂有不当者哉！"

"八、庶征：曰雨、曰旸、曰燠、曰寒、曰风。曰时五者来备，各以其叙，庶草蕃庑。一极备，凶；一极无，凶。"

解 旸，是日。燠（yù），是和暖。时，是时候。五者，指雨、旸、燠、寒、风五件说。备，是全备。叙，是应时候。蕃庑，是茂盛。极备，是过多。极无，是绝少。箕子说："洛书次八之畴，叫做庶征。盖以天人之理，相为感通，但观天道之休咎，即可以验人事之得失。而其所验者，又非一端，所以叫做庶征。庶征之目何如？自阴阳之气交，则蒸润而为雨；自阴阳之气散，则开霁而为旸；阴消阳长，则气暖而为燠；阳消阴长，则气冷而为寒；阴阳之气，相嘘相拂，则周旋鼓舞而为风。这雨、旸、燠、寒、风，都有恰好的时候。若此五气之来，皆全备而无欠缺，不多雨而少旸，不多燠而少寒，又且各应节序，如该雨时便雨，该旸时便旸，无一不当其时，是五气顺布，而无乖戾矣。将见和气流行，品物生殖，虽众草至微，亦且畅茂条达，而极其蕃盛矣，况其他乎！若五气失调，节候乖错，或极备而伤于太多，则阴阳之气偏胜，而万物无以育其生，必至于凶灾，如雨多则涝、旸多则旱是也。或极无而伤于太少，则阴阳之气有亏，而万物无以遂其性，亦至于凶灾，如无燠则惨、无寒则泄是也。夫岁功之成否，系于五气之休咎如此。人君之于天道，岂可忽哉！"

"曰休征：曰肃，时雨若；曰乂，时旸若；曰晢，时燠若；曰谋，时寒若；曰圣，时风若。曰咎征：曰狂，恒雨若；曰僭，恒旸若；曰豫，恒燠若；曰急，恒寒若；曰蒙，恒风若。"

解 休征，是休美的征验。时，是及时。"若"字，解做"顺"字。咎征，是咎恶的征验。狂，是放荡。恒，是常。僭，是差。豫，是犹豫。急，是躁急。蒙，是愚昧。箕子说："天道之或休或咎，非出于偶然而已，皆由人事有以感召之。人事有貌、言、视、听、思之分，天道有雨、旸、燠、寒、风之异。故人事修于下，则天必有休美的征验，各以类应。如动乎貌者，端庄严恪，叫做肃，是貌之德修矣。貌泽，水也，而雨亦属水，其应则为雨泽以时而顺应之。发乎言者，顺理成章，叫做乂，是言之德修矣。言扬，火也，而旸亦属火，其应则为晴霁以时而顺应之。视无不明，而昭然其有智，是视之德修矣。视散，木也，而燠亦为木之气，其应则为暄燠以时，而顺应之。听无不聪，而渊然其有谋，是听之德修矣。听收，金也，而寒亦为金之气，其应则为寒冷以时而顺应之。思能通微，而德造于睿圣，是思之德修矣。思通，土也，而风亦为土之气，其应则为风至以时而顺应之。夫五气节调，则化工顺运，此太平休美之事，所以谓之休征也。人事失于下，则天亦必有咎恶的征验，各以类应。如貌不能作肃，而至于狂荡，是貌之德不修矣，其应则为常雨，盖淫潦无节有类于狂也。言不能作乂，而至于差谬，是言之德不修矣，其应则为常旸，盖亢旱为灾，有类于僭也。明不足以决可否，或至犹豫而寡断，是视之德不修矣。其应则为常燠，

庶草蕃庑图

庶草蕃庑圖

盖和柔之气多，有类于豫也。聪不足以审是非，或至躁急而寡谋，是听之德不修矣。其应则为常寒，盖栗烈之气胜有类于急也。睿不足以察几微，至于蒙昧而眩惑，是思之德不修矣，其应则为常风。盖阴霾之沴^①作，有类于蒙也。夫五气不调，则凶灾立至，而有荒歉瘥疠^②之变，所以谓之咎征也。然此休征咎征之应，箕子亦从其类而概分之耳。要之五事修，则五气皆顺；五事不修，则五气皆逆。若必曰貌专属雨，言专属旸，则亦胶固执泥，而不足以语天人之际矣。此又读《洪范》者所当知。"

【注】

① 沴（lì）：灾害。

② 瘥疠（chàilì）：瘟疫。

"王省惟岁，卿士惟月，师尹惟日。"

解 省，是省验。卿士，是大臣。师尹，是众职。箕子说："人事之得失著于下，则天道之灾祥见于上，感应之理，昭然不诬。故凡为君为臣，有代天理物之责者，皆当视其休咎，以省察所行的得失，但其责任有尊卑之殊，故其所省有大小之异。王者欲省验自己的得失，当于五气休咎，关系一岁之利害者征之。若通计一岁之间，风调雨顺，寒暑适宜，则可以验君德之修；或水旱频仍，灾异叠见，则可以验君德之失。盖王者至尊，无所不统，犹岁之统夫月日，其任大，则所系亦大。故王之所省者，在于岁也。王之下有卿士，卿士欲省验其得失，当于五气休咎，关系一月之利害者征之。以月终而考其月要，则气候灾祥，职业修否，概可见矣。盖卿士各守其职，以赞王政，犹月之积而成岁，故卿士之所省者，在于月也。卿士之下有师尹，师尹欲省验其得失，当于五气休咎，关系一日之利害者征之。以日终而考其日成，则天时顺逆，人事勤惰，概可见矣。盖师尹各司其事，以承卿士，如月之中有日，故师尹之所省者，在于日也。由是省之，而和气应，则交相勉焉，而益善其所终，省之而乖气应，则交相儆焉，而益修其未备，分猷共念，上下一心，斯人事可以挽回天意，虽转灾为祥亦不难矣。"

"岁、月、日时无易，百谷用成，乂用明，俊民用章，家用平康。"

解 无易，是五气各以时至而无所变易。乂，是治道。章，是显。箕子说："和气致祥，乖气致异。天人相与之际，有确乎其不爽者。故大而一岁之间，小而一月一日之内，凡雨、旸、燠、寒、风之时，一一都应候而至，无有变易其常度者，这是人事克修休征，协应其为效验，岂浅浅哉！故以岁功言之，则百谷因此成熟，而三农乐丰穰之庆矣。以治功言之，则政治件件修明，法度彰而礼乐著矣。观之在朝，则贤才效用。凡俊民之隐伏者，皆乘时自奋章显在位矣。观之在野，则室家胥庆，比屋之间，皆安居乐业，同享平治康宁之福矣。夫阴阳调而寒暑时，五谷熟而人民育，朝无废政，野无遗贤，此和气致祥之验，太平极治之时也。然必由君臣上下，五事克修致之，岂偶然之故哉！"

"日、月、岁时既易，百谷用不成，乂用昏不明，俊民用微，家用不宁。"

解 微，是微伏不显。箕子又说："若小而一日一月之间，大而一岁之内，凡雨、旸、燠、寒、风都非时而至，变易其常期，此人事不修，咎征之应也，其为害当何如哉！以岁功言之，则百谷都不成熟，而饥馑荐臻矣。以治功言之，则政治昏乱不明，而国事日非矣。观之在朝，则贤俊隐遁，甘处侧微，而无用世之志矣。观之在野，则民苦无聊，室家离散，而皆不得安其生矣。夫人事不修，而咎征之应如此，固天道感应之当然。人君若能反身修德，则亦可转灾为祥，而咎征将变而休征矣。天人相与之际，岂其微哉！"

"庶民惟星，星有好风，星有好雨。日月之行，则有冬有夏。月之从星，则以风雨。"

🔴**解** 箕子说："王者与卿士师尹，其得失，固征于岁月日矣。至于庶民，则其象如星。盖庶民无官守，无责任，亦无所省验，为休为咎，只系乎在上的人得失何如。其散处于下，如众星之附于天一般。所以说'庶民惟星'。然星宿之中，其气类相感，也都各有所好。箕星主风，故其性好风。毕星主雨，故其性好雨。亦如庶民之中，寒者欲衣，饥者欲食，鳏寡孤独者，皆欲得其所其为，好亦各有不齐也。夫星之布列于天，虽各有所主，而其成岁功、占气候，则又在乎日月之所经行次舍者而验之。日之行，极南至于牵牛，则为冬至。极北至于东井，则为夏至。月之行，立冬与冬至，经由黑道；立夏与夏至，经由赤道。观其运行，而寒暑之推迁者可验矣。月行到东北而入于箕，则从箕星之好而为风；到西南而入于毕，则从毕星之好而为雨。观其所从，而气化之流行者可知矣。夫仰观于天，'悬象著明，莫大乎日月'[1]；森罗布列，莫微于众星。然至大者，每从乎至微者之所好，而至微者，有关乎至大者之成功。譬之庶民，其位虽卑，其分虽微，而卿士师尹，所以布朝廷之命令，以行乎下者，恒于斯。察四方之幽隐，以达乎上者，恒于斯。天道人事，一而已矣。故雨曜顺度，则三光全而风雨时，百官修职，则万民安而生养遂。王者如天运于上，安享无为太平之治矣，庶征之义大矣哉！"

"九、五福：一曰寿，二曰富，三曰康宁，四曰攸好德，五曰考终命。"

【注】

① 悬象著明，莫大乎日月：出自《易经·系辞上》："是故法象莫大乎天地，变通莫大乎四时，悬象著明莫大乎日月，崇高莫大乎富贵。"意思是悬示光明的，没有大过日月的。

解 康，是身体康健。宁，是心志安宁。攸好德，是心之所好在德。"考"字，解做"成"字。考终命，是成其善终之正命。箕子说："洛书第九畴，曰'向用五福'。是说为善者，天必报之以福，而所谓福者，凡有五件：第一件是寿，盖人生必寿命长久，然后能享诸福，故寿居第一。第二件是富，盖人生必资财充足，然后有以养生，故富即次之。第三件是康宁，盖人虽有寿有禄，若身心不得安泰，则亦非福也，惟身体康健而无疾厄，心志安宁而无忧患，乃为真福，故康宁又次之。第四件是攸好德，盖人虽寿富康宁，若不知好善乐道，亦非福也，惟智识高明，所好在德，则心逸日休，自求多福，莫要于此，故攸好德又次之。第五件是考终命，盖诸福既备，善终尤难，必须顺受其正，以尽其天年，而不死于非命，乃为完福，故以考终命终焉。此五者，皆天之所以福善也，人君以此自勉，而建极于上，则能敛福于一身，以此劝臣民，而使之归极于下，则能锡（cì）福于天下矣。"

"六极：一曰凶短折，二曰疾，三曰忧，四曰贫，五曰恶，六曰弱。"

解 凶，是不以善终。短折，是不寿。恶，是过刚。弱，是过柔。箕子又说："洛书第九畴，又曰'威用六极'。是说为恶者，天必报之以祸，而所谓祸者，凡有六件极不好的事。第一件是凶短折，盖考终而寿，人之愿也。若是横遭凶害，而不以善终，或中道夭折，而寿命不永，人生之祸，莫大于此矣，故居第一。第二件是疾，盖无病而安，亦人之愿也。若是疾病缠绵，身不康健，则虽寿命常存，而其情则甚苦矣，故疾即次之。第三件是忧，盖人必心乐，然后身泰，倘忧愁抑郁，此心戚戚不宁，则虽身体无病，而其心则无聊矣，故忧又次之。第四件是贫，盖人必用足，然后无累，倘贫穷空乏，不能自存，则俯仰无资，而其生亦甚窘矣，故贫又次之。第五件是禀性之过刚而为恶，恶则悍然不顾，而足以取祸，故又次之。第六件是禀性之过柔而为弱，弱则怯懦无为，而足以取辱，故又次之。"这六件：凶短折的，与寿考终命相反；疾忧的，与康宁相反；贫的，与富相反；恶弱的，与攸好德相反。

萬壽無疆

五福先壽圖

五福先寿图

为善则获福如彼，为恶则获祸如此，可不鉴哉！然作善降祥，不善降殃，天道之报应，固昭然不爽，若赏善罚恶，执威福之柄，以劝惩天下，而助上帝之所不及，是又人君法天而不私者也，图治者宜思焉。按《洪范》一书，自古圣帝明王，治天下大经大法，举不外此，而其要则在于'建用皇极'。盖人君一身，乃天下臣民之所仰法，皇极建，而后可以布五行，修五事，举八政，协五纪，用三德，明稽疑，察庶征，作威福。故皇极居于五数之中，而为九畴之干，其'无偏无陂'一篇，又所以戀建皇极之中，圣学精微之奥也，伏惟圣明留意。"

旅獒

西旅献獒，太保作《旅獒》。

旅，是西夷国名。犬之高大异常者，叫做獒。昔周武王时，有西旅国以本地所出獒犬，进献于朝。太保召公，以为异物，非所当受，作书进戒，遂以《旅獒》名篇。

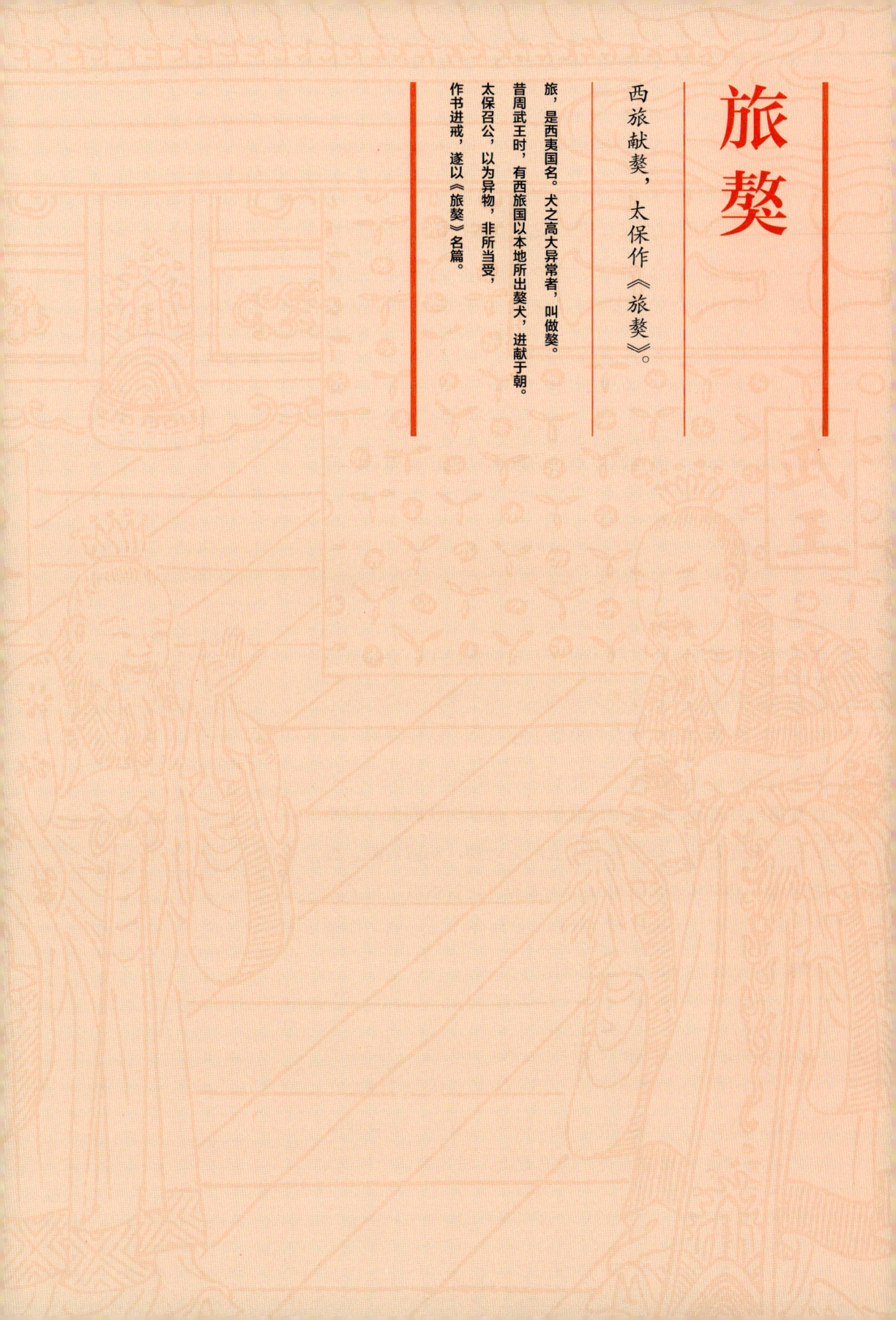

惟克商，遂通道于九夷^①八蛮^②。西旅厎贡厥獒，太保^③乃作《旅獒》，用训于王。

（解）"厎"字，解做"致"字。史臣叙说，武王既克商而有天下，威德广被九州之外，夷狄蛮貊，莫不宾服，道路开通，无复阻隔。有西旅国，致贡其土产之獒，以表来享之敬。自常情观之，一獒之贡，出自远人向化，圣如武王，受之若无害者。太保召公，则以人君好尚，不可不端，恐因此开进献之门，贻盛德之累，乃作为《旅獒》一书，用训戒于王，极言其不当受的意思。盖忠臣爱君，豫防其渐如此。

曰："呜呼！明王慎德，四夷咸宾。无有远迩，毕献方物，惟服食器用。"

（解）方物，是各地方所产之物。召公训戒武王，先叹息说道："自古明哲之王，欲以保国治民，莫不谨修其德，凡一取一予，一喜一好，皆兢兢然以道理自防，法度自检，无所不致其谨。由是盛德所感，不但中国的人民倾心奉上，就是那四方夷狄，闻知中国有圣人，也都纳款称臣，相率宾服，无远无近，莫不各以方土所生之物，输诚贡献，毋敢后焉。然其所献者，惟是可供衣服，可资饮食，可备器用之物，此外并不敢以奇玩异物来进献者。盖知明王所重在德，别无玩好，纵献之，亦却而不受也。"

"王乃昭德之致于异姓之邦，无替厥服；分宝玉于伯叔之国，时庸展亲。人不易物，惟德其物。"

（解）昭，是示。替，是废。服，是职。展亲，是益厚其亲。召公又说："明王在位，四夷效贡，皆其慎德之所致，

【注】

① 九夷：中国古代对东方各民族的总称，又称东夷，《后汉书·东夷传》称"夷有九种，曰畎夷、于夷、方夷、黄夷、白夷、赤夷、玄夷、风夷、阳夷"，一说指玄菟、乐浪、高丽、满饰、扶馀、索家、东屠、倭人、无鄙。

② 八蛮：古谓南方的各民族，《礼记·王制》称"南方曰蛮"，《尔雅》李巡注云："一曰天竺，二曰咳首，三曰僬侥，四曰跂踵，五曰穿胸，六曰儋耳，七曰狗轵，八曰旁春。"

③ 太保：指召公奭，又称召伯，西周宗室大臣。

西旅贡獒图

召公　武王

乃以此明示天下，颁赐与异姓诸侯之国，使知朝廷有道，四夷向化，益坚其倾戴之诚，不废其藩屏之职。于方物中有宝玉之贵者，则分赐与同姓诸侯伯叔之国，使之守此重器，永为世宝，益厚其亲亲之义，因伸其敦睦之情，皆王者公天下之心也。由是天下诸侯受其分赐者，物虽不同，皆不敢轻易视之，知此物乃王者谨德所致，故不敢以物视其物，而皆以德视其物，极其敬重矣。若为君者，不以服食器物为贵，而以珍奇玩好为事，则贡献既非德感，分赐无所劝励，适足以彰其不德耳，可不戒哉！"

"德盛不狎侮。狎侮君子，罔以尽人心；狎侮小人，罔以尽其力。"

解 此以下皆慎德之事。小人，是卑贱之人。召公又说："人君之德，所当谨者，固非一端，而恭敬礼下，乃其德之大者。是以德盛的人，其持己待人，必极其庄敬。视贤人君子，皆当尊礼；视匹夫匹妇，皆能胜予，不敢有一毫褒狎侮慢之意。若褒狎侮慢，待人无礼，则其为害有不可胜言者。狎侮君子，则亏敬贤之礼，而为君子者，必将见机而作，望颜色而去之矣，孰有为国家尽心者乎！狎侮小人，则失临下之体，而为小人者，亦将无所畏惮，而怠玩以事上矣，孰有为国家尽力者乎？夫狎侮之心一生，而其弊遂至于此。人主不可以为小失而不加谨也。"

"不役耳目，百度惟贞。"

解 役，是役使。百度，是百事的节度。贞，是正。召公又说："人心之应事接物，本都有个至正的节度，只为声色之欲，一感于耳目，而心无所主，反为耳目所役使。于是百为之度，始昏乱而失正耳。人君若能澹然无欲，卓然自持，务使耳目皆听命于心，而此心不为耳目玩好所役使，则本原澄澈，私欲不行。凡百事为，自然合于节度，而各得其正矣，德其有不盛乎！此谨德者，又当以玩物为戒也！"

"玩人丧德，玩物丧志。"

解 上"玩"字，是玩忽的意思。下"玩"字，是玩好的意思。丧，是失。召公又说："玩忽乎人，而生狎侮之心，不但失君子小人之心力而已，且其轻佻慢易，侈然自肆，并自己的心德也丧失了，玩人之害如此。玩好乎物，而徇耳目之欲，不但使百为失度而已，且其耽迷荒纵，心为形役，并自己的心志也丧失了，玩物之害如此。"

"志以道宁，言以道接。"

解 宁，是安定。接，是听纳。召公又说："心之所之，谓之志。人君于己之志，不可以不定也。而定志，莫若以道。方志之未发，则以道涵养之，而非道者勿存诸心。方志之将发，则以道检察之，而非道者，勿萌诸念。如此，则中有所主，而耳目不能为之迁，玩物之失，庶乎其可免矣。入于耳者，谓之言。人君于人之言，不可以不听也，而听言亦必以道，导我以忠正之言，合于道者也，吾虚己而受之。导我以邪僻之言，悖于道者也，吾正色以拒之。如此，则自处以正，而谄佞不得投其隙，玩人之失，庶乎其可免矣。王欲谨德，可不知所务哉！"

"不作无益害有益，功乃成；不贵异物贱用物，民乃足。犬马非其土性不畜，珍禽奇兽，不育于国。不宝远物，则远人格；所宝惟贤，则迩人安。"

解 "畜"字、"育"字，都解做"养"字。召公又说："人君所行，惟修德勤政，乃为有益。他如游观兴作等项，都是无益的事。人君一有所好，则心夺于外诱，力分于他用，而治功遂因之以有隳，是以无益而害有益矣。必须早夜孜孜，只求有利于国计民生者，然后为之。诸凡无益之事，一切停罢。夫然后力有专攻，事无废弛，而治功可成也。民间之物，惟服食器用，乃为切要。他如珠玉珍宝等项，饥不可以为食，寒不可以为衣，而其价不赀。人主一有所好，则不免多方以求之，重价以购之，而民财遂因之以虚耗，是反贵异物而贱用物矣。必须躬行节俭，惟是切于民生日用者，乃以为贵，诸凡奇异之物，都不必用他。夫然后上无征求之扰，下无采办之费，而民财可足也。犬马虽是有用之物，若来自他方，非其土性所宜的，也不必畜养。至于珍美之禽，奇异之兽，不过以供耳目之玩，无益实用的，不必养育于国中，以滋劳费。凡此皆慎德之实也。夫朝廷之举动，远人所视，以为向背者。若能清心寡欲，凡远方之物，一无所宝爱，则好尚既端，声闻旁达，远而四夷皆起宾服之心，而无不格矣。贤才之进退，斯民所系，以为休戚者。若能移宝远物之心，以宝贤臣，信笃而任专，谏行而言听，则贤才效用，膏泽普施，近而中国，皆蒙太平之福，而无不安矣。今西旅之獒，所谓非其土性者也，异物之无益者也。吾王所当宝者，惟在为国求贤耳。今释此弗宝，而以远物为贵，将不取轻于外夷，而为盛德之累哉！"

"呜呼！夙夜罔或不勤，不矜细行，终累大德，为山九仞，功亏一篑。"

解 矜，是矜持。八尺，叫做仞。篑，是盛土的竹器。召公又叹息说："人君之谨德，其事不止一端，其功不可少间。故一日之间，从蚤至夜，凡存心应事，当常怀儆惕，不可少有懈怠，一或懈怠，则谨德的功夫，便有间断，不可不戒也。然世人常以为有大德者，不拘小节，故往往在大事上谨慎，细微处却多放过，殊不知大德者，小德之积，若以为细行而忽之，不肯矜持谨守，则一行之亏，百行之玷，因小失大，终必有累于全德矣。譬如为山的一般，积累功夫，已到了九仞之高，所少者一篑之土，却心生懈怠，不肯加益，将九仞的功劳都亏损了，岂不甚可惜哉！知细行不可不矜，则夙夜何可以不勤乎！吾王当详审而密察之可也。"

"允迪兹，生民保厥居，惟乃世王。"

解 允，是信。迪，是行。世王，是世世为王。召公又说："吾王诚以明王为当法，以臣言为可采，信能行此谨德之事，则朝廷上清心省事，无额外征求之扰，百姓都安家乐业，受无穷之福矣。今日创业垂统，规模正大，则后代观法遵守，可以永保天下，而世世为王矣。盖修省于一身者虽小，而造福于天下者则甚大，樽节于一时者虽微，而垂裕于后世者则甚远也，吾王其图之。"夫一獒之贡，武王尚且未受，召公训戒，惓惓如此。可见古之圣君，不以细行无伤而不谨；古之大臣，不以小过无害而不谏。有天下者，宜鉴之哉！

金縢

武王有疾，周公作《金縢》。

金縢，是周时藏秘书的匮，用金封缄其外以示谨密也。昔武王有疾，周公作册书，告神请祷，而卜之于龟。事毕，以其书纳之匮中。及遭流言，出居东土，适有风雷之变，成王将启匮卜龟，见先所藏册书，乃悟，感召天变之故，遂迎归周公。史臣叙其事，以《金縢》名篇。

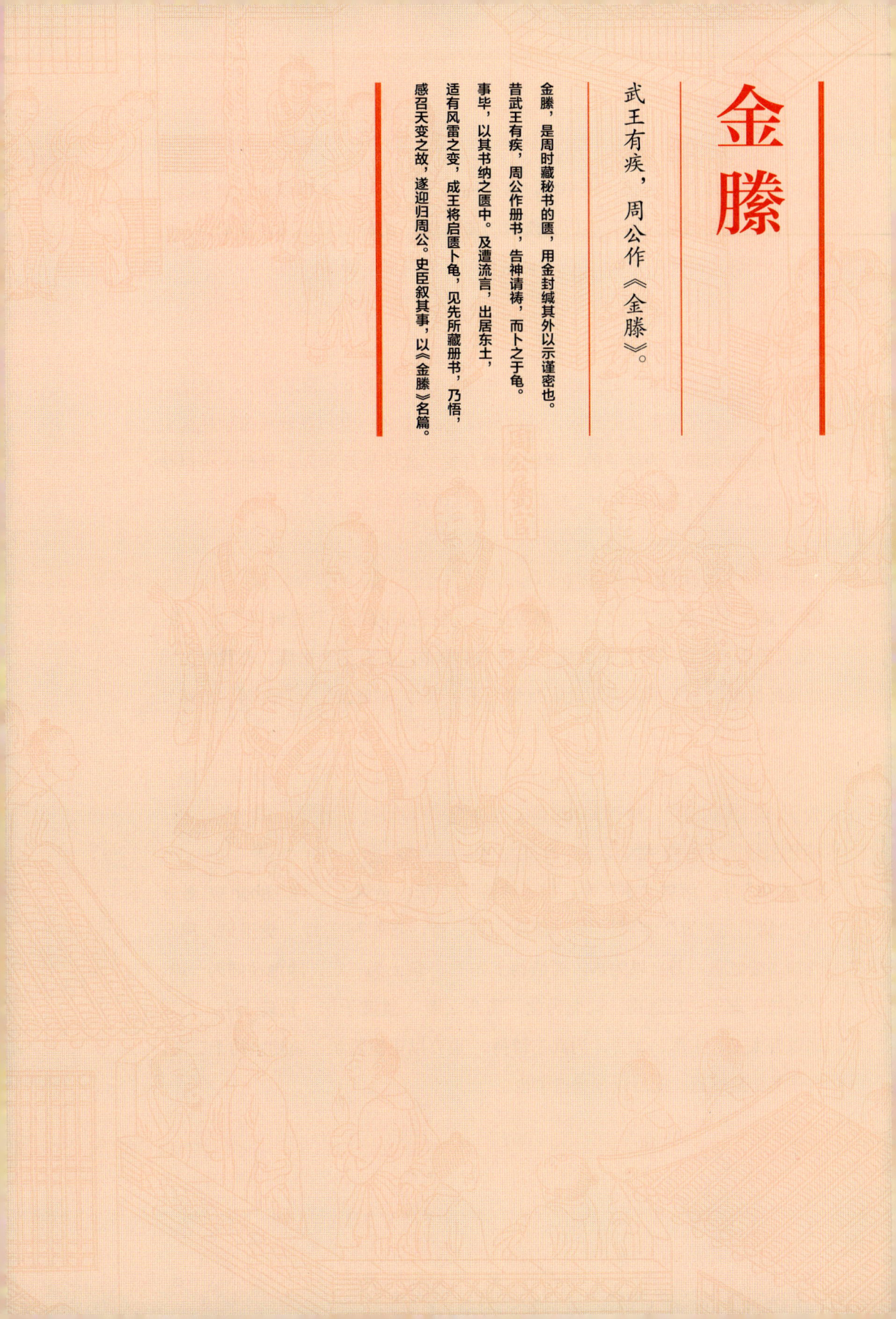

既克商二年，王有疾，弗豫。

解　王，是武王。弗豫，是不悦，有疾而患苦的意思。史臣叙说，武王既克了商纣，甫及二年，适有虐厉之疾，心弗豫悦。此时王业虽成而未安，人心虽服而未固，而武王乃遘（gòu）此危疾，此周召诸臣所深忧也。

二公曰："我其为王穆卜？"

解　二公，是太公望、召公奭。诚一和同，以听命于卜，谓之穆卜。史臣记说，太公与召公见得武王有疾，乃同辞说道："王之一身，系我周家宗社的安危，今被疾弗豫，为臣子的，岂能晏然自安？此或天意所为，惟龟卜可以传之，我二人其为王致敬共卜，决其安否，以观天意可也。"

周公曰："未可以戚我先王。"

解　"戚"字，解做"忧"字。周公因二公欲为王穆卜，乃托词以止之，说："父母的心，尝以子孙疾病为忧，今欲为王穆卜，必有事于宗庙，恐我先王因此遂怀忧虑。二公殆未可以此，忧恼我先王也。"周公盖欲身自为祷，故却二公之请如此。

公乃自以为功，为三坛同墠。为坛于南方，北面，周公立焉。植璧秉珪，乃告太王、王季、文王。

解　"功"字，解做"事"字，指下请祷说。坛，是筑土。墠（shàn），是除地。"植"与"置"字同。秉，是执。珪、璧，皆礼神之器。史臣记，周公既却二公之卜，乃自以为事，而请祷于先王。筑土为三坛，除地而同为一墠，又别筑一坛于三坛之南，向北为位，周公立焉。置璧于坛，执珪于手，乃陈词以告太王、王季、文王，为武王请祷。盖公以王室懿亲，迫切求祷于三王，自信其必能感通，此所以任为己事也。

二公穆卜图

太史册祝圖

王太

李王

三文

周公

太史

史乃册祝曰："惟尔元孙某，遘厉虐疾，若尔三王，是有丕子之责于天，以旦代某之身。"

解 史，是太史，即太祝之官。 祝，如今祝版之类，凡告神必以祝词，书之于册，故曰册祝。 元孙某，指武王，人臣不敢直指君之名，故曰某。 遘，是遇。 厉，是恶。 虐，是暴。 丕子，即元子，以大君为天之元子，故称丕子。"代"字，解做"替"字。 史臣说："武王有疾，周公既以身请祷，太祝乃读其册祝之辞，曰：惟尔太王、王季、文王的元孙某，遇恶厉暴虐之疾，势甚危急。 然元孙某，乃是承宗祀、继王业，为天的元子。 若尔三王之灵，当任保护元子的责任，于上帝之前，不当卒令其死。 如谓其疾果不可救，则愿以旦代替元孙之身，不可使之遂罹于大故也。"盖是时王业初定，使武王即殁，则宗社倾危，人心摇动，国事大有可虞。 故公之祷，非特以弟为兄，以臣为君，乃为生灵社稷之计，故不觉情词之迫切，至于如此也。

"予仁若考，能多材多艺，能事鬼神。 乃元孙不若旦多材多艺，不能事鬼神。"

解 仁，是爱。 若，是顺。 材，是材干。 艺，是艺能。 周公祝辞又说："我有仁爱之性，能承顺祖考，又多材干、多艺能，可备役使，能服事鬼神。 乃元孙之材干艺能，都不如旦，不堪役使之任，不能服事鬼神。 今必要得一人服事左右，则莫若取此材艺兼备、能事鬼神之旦，不必用元孙也。"此盖周公必欲代武王之死，至情笃切，故为是言，非是鬼神于冥冥之中，真个要人来服事，亦非周公矜己之能，而贬其兄之不能也。

"乃命于帝庭，敷佑四方，用能定尔子孙于下地；四方之民，罔不祗畏。 呜呼！无坠天之降宝命，我先王亦永有依归。"

解 敷，是布。 佑，是助。"定"字，解做"安"字。 下地，犹言天下。 宝命，是重大的天命。 先王，指三王之祖考，后稷之属也。 周公祝辞说："元孙虽无材艺，不能服事鬼神，却受命于上帝之庭，作君作师，布其德教，以佑助四方之民，用能培植基本，安定汝三王子孙于下地，使本支百世，藉（jiè）其余休，以君师天下。四方之民，莫不奉法守令，而祗敬畏服之。是元孙一身，近为当时所依赖，远为子孙所凭藉（jiè）。若卒有不讳，则天下后世，将何所依乎！"又叹息说："元孙之责任重大如此，我三王决当默佑而保护之，使其永固王业，不至坠失了上天所降的宝命，则我周先王后稷以来的宗祀，亦永有所赖以血食^①于无穷矣。三王纵无意于尔元孙，宁能无意于先王之宗祀乎！"周公请祷之词，至此益恳切矣。

"今我即命于元龟，尔之^①许我，我其以璧与珪，归俟^②尔命，尔不许我，我乃屏璧与珪。"

解 "即"字，解做"就"字。尔，指三王。屏，是藏。周公祝辞又说："我请身代元孙之死，未知尔三王在天之灵，许我与否。今我就请命于元龟，以观其兆之吉凶。若得吉兆，是三王许我以保护元孙，有不坠宝命，念及宗祀之心。我其以所置之璧，所秉之珪，归待尔保安元孙之命。若尔不许我以保护，则天命将坠，宗祀无依，我乃屏藏其璧与珪，欲事神不可得已。盖元孙不存，则周业必坠，宗祀不保，此旦必愿以身代也。"

乃卜三龟，一习吉，启籥见书，乃并是吉。

解 三龟，是三人齐卜。习，是重。籥（yuè），是开藏的管籥。书，即占卜之书，藏于金縢之匮者。周公祝告既毕，乃命三人同卜，以相参考。而三龟之兆，皆重以吉告。又以管籥开金縢之匮，取其所藏占书观之，那占书上都说这是吉兆。则保佑元孙之命，三王已默许于冥冥之中矣，此周公孝诚所感也。

公曰："体！王其罔害。予小子新命于三王，惟永终是图。兹攸俟，能念予一人。"

解 体，是卜龟的形象。永终，譬如说，久后一般。图，是谋。武王安，则宗社子孙亦有依归，正是长远之计，所以说"永终是图"。俟，是待。周公既得吉卜，乃自幸说道："我观龟卜的形体，有吉无凶，王之疾必然无害。盖我新受命于三王，惟以久后子孙为计，而许我以保佑元孙矣。我今只等待三王能念我元孙一人而使之安宁，则吾请代之，初愿毕矣。"周公深致喜慰之词，盖忠诚所发也。

公归，乃纳册于金縢之匮中，王翼日乃瘳。

解 纳，是藏。册，是祝词。瘳（chōu），是愈。史臣说，周公请祷既毕而还，太史乃藏其祝之词于金縢之匮中。公归，明日，武王之疾果愈。盖虽三王保护之力，实周公请代之诚所感通也。

武王既丧，管叔及其群弟乃流言于国，曰："公将不利于孺子。"

解 此以下是史臣记周公辅成王时事。管叔，名鲜，是周公兄。群弟，是蔡叔度、霍叔处。流言，是无根之言，流传于人者也。不利，譬如说要害他一般。孺子，指成王。武王既丧，成王尚幼，周公乃摄位行事。是时，周公之兄管叔，方监殷武庚谋为不轨，乃与群弟蔡叔、霍叔等，造为无根之言，流布于国中，说："如今周公，将谋篡位，不利于孺子。"所以危惧成王，而动摇周公也。盖主少国疑之时，奸人之所窥伺，托孤寄命之地，大臣之所难居。故虽以周公之圣，犹不免于流言如此。

周公乃告二公曰："我之弗辟，我无以告我先王。"

解 "辟"字，解做退避的"避"字。周公当流言之际，心不自安，乃告太公、召公说："我受命先王辅佐少主，本欲安社稷、定国家，非为身计也。如今这等流言，则人心惊疑，上下易生嫌隙，我若不自退避，使谗谤得行，则变起萧墙，祸贻社稷，于大臣之义，有所未尽，他日死后，也无词以告我先王于地下矣。"夫周公顾命元老，王室懿亲，乃恝然①避而去之，似为一身利害之谋，不为国家安危之计，何也？盖其忠诚恳至，忘身为国，使身退而流言可息，国家可安，则何所系恋而不为乎！然必告二公以退，则公虽居外，国事有托，亦可以不至于乱耳。圣人之举动光明，处变从容，于此可见。

【注】

① 恝（jiá）然：淡然，不在意的样子。

周公居东二年，则罪人斯得。

解　居东，是避居东都。罪人，指管、蔡。初流言之起，成王虽疑周公，然事无指实，及周公避居东都，到二年之久，成王方知流言的人，乃是管、蔡。其诽谤忠良，谋危社稷之罪状，至是始发露而不可掩矣。盖小人陷害君子，踪迹诡秘，而周公忠诚自信，亦不急急于自明。故虽以成王之贤，犹迟迟而后得其罪，此任贤察奸，所以为难也。

于后，公乃为诗以贻王，名之曰《鸱鸮》①。王亦未敢诮公。

解　贻，是与。诮（qiào），是诘责的意思。成王既知流言起于管、蔡，其疑渐释。此后，周公乃作诗四章，以与成王，篇名叫做《鸱鸮》，其诗托鸟自言。鸱鸮既破其巢，又取其卵，以比武庚之败管、蔡及王室。盖深著王业艰难，不忍毁坏的意思。周公此诗意，发于忠愤，而词近于切直。成王亦虚心受之，未敢诘责周公，足以见其悔心之萌矣。

【注】

① 《鸱鸮》：为《诗经·国风·豳风》中的一篇。

群弟流言图

羣弟流言圖

周公屬官

王啟金縢圖

成王

諸大夫

秋，大熟，未获。天大雷电以风，禾尽偃，大木斯拔，邦人大恐。王与大夫尽弁，以启金縢之书，乃得周公所自以为功，代武王之说。

解 熟，是丰熟。获，是收获。偃，是倒。拔，是起。弁（biàn），是皮弁。启，是开。史臣又叙说，是年秋，田禾大熟。尚未收获之时，忽然雷电大作，加以暴风，田禾都吹倒，大树都拔起来，一国之人，震惊恐惧。成王因这天变，乃与大夫诸臣尽服皮弁，以发金縢之匮，欲取册书祈祷。偶得周公当武王有疾之时，自以请命三王为事，欲以身代死的说话，即当时请命之祝词，纳于金縢之匮中者也。盖周公精诚上彻于天，而未信于成王，故天出灾异，以警动之如此。

二公及王乃问诸史与百执事，对曰："信，噫！公命我勿敢言。"

解 二公，即太公、召公。诸史、百执事，是诸卜筮执事之人，即周公当时所命以卜武王之疾者。信，是信有此事。噫，是叹声。太公、召公及成王，既见了周公欲代武王的祝词，乃问其事之始末于诸卜筮执事的人，众人乃对说："当时周公诚有此事！"又叹息说："我之卜龟纳册，周公皆曾命我等为之，但当册祝之日，恐人心摇动，不欲宣泄，故我等不敢以告于人耳。"夫观之天变，证之人言，周公之忠诚，于是乎益显矣。

王执书以泣，曰："其勿穆卜！昔公勤劳王家，惟予冲人[1]弗及知。今天动威以彰周公之德，惟朕小子其新逆，我国家礼亦宜之。"

解 书，即金縢匮中所藏的册。威，指天变说。彰，是

【注】

[1] 冲人：年幼的人。

显。 新，当作亲。"逆"字，解做"迎"字。 成王闻诸史、百执事之言，乃执周公请命之册书，涕泣以告诸大夫说："今日感召天变，已知其由，我君臣不必共卜矣。 昔周公在皇考时，不但辅佐经营，尽心竭力，至于请命代死，为国忘身，其勤劳王家如此。 此时我尚幼冲，不及详知，致使公横遭流言，不安其位，此予小子不明之过也。 今天警动我以风雷之威，使得见金縢之书，以知公之精忠至诚，始终为国，是乃天所以彰显周公之德也。 今日欲消弭天变，岂可使公之身，一日不在朝廷之上乎？ 惟我小子其亲迎公以归，于我国家褒崇有德之礼，固宜如此矣。" 至此而周公之心始明，成王之疑始释，周之社稷，所以几危而复安也。

王出郊，天乃雨，反风^①，禾则尽起。 二公命邦人，凡大木所偃，尽起而筑^②之，岁则大熟。

解 成王既因天变感悟，知周公之忠诚，乃亲迎于郊外。 出郊之日，天即下雨，反风，凡田禾已吹倒的，都起而更生。 太公、召公又命国人，凡大木所偃仆的，都起而筑之，更加培植。 于是，田禾有收，岁更大熟，一时转灾为祥，其感召之速如此。 夫成王未知周公，天为动威；及既迎周公，天为助顺。 上天之喜怒，系一人之进退，捷若影响。 若周公者，岂非天之所贻，以显相文武之业者哉！ 自古大臣尽忠者，莫如周公；处难处之地者，亦莫如周公。 公以叔父之亲，辅幼冲之主，所摄者天子之位，所行者天子之事，人情安得不疑？ 疑故生谤，而三叔之流言起矣。 然公疑则避之，以待成王之自悟，迎则来归，以安周室于几危。 夷险不二其心，进退必行其志，此所以为终始之大忠也。 编书者备载始末于金縢，可谓深知周公之心者矣。

大诰

武王崩，三监及淮夷叛，周公相成王，将黜殷，作《大诰》。

昔武王克纣，以殷余民封纣子武庚，命三叔监之。及周公辅成王，三叔流言，周公避位居东，后成王悟，迎周公归。三叔惧，遂与武庚叛。成王命周公讨之，大诰天下。史臣因以名篇。

王若曰："猷！大诰尔多邦，越尔御事。弗吊！天降割于我家，不少延！洪惟我幼冲人，嗣无疆大历服。弗造哲迪民康，矧曰其有能格知天命？"

解 猷，是发语辞。多邦，是在外的诸侯。御事，是在内的群臣。吊，是恤。割，是害。历，是国家相传的历数。服，是五服之地。迪，是导。格，是穷究的意思。周公奉辞讨武庚之罪，乃传王命以晓谕天下，说道："猷！大诰尔多邦诸侯，及尔左右御事之臣，我周不为天所悯恤，乃降凶害于我家，使武王遂丧，而不少待，大思我幼冲之人，继守无疆大历服。自惟知识寡昧，弗能造明哲，以导民于安康之地。是人事之显然者，且未能尽，况上天眷命，杳不可测，其安能穷究而悉知之，以保此历服于无穷乎？"

"已！予惟小子，若涉渊水，予惟往求朕攸济。敷贲，敷前人受命，兹不忘大功！予不敢闭于天降威用。"

解 已，是承上语词，欲已而不能已的意思。敷，是布。贲，是饰。前人，指武王。闭，是抑遏的意思。成王大诰多邦，既启其端，而意犹未已也，故又说："予惟小子，以冲昧为君，下无以奠安民生，上无以凝承天命，夙夜兢兢，常恐不能胜此艰大之责。就如涉渊水而莫知其津涯一般，孜孜焉惟往求所以守成之道，期如涉渊之必济而后已。凡我国家典章法度，贲饰于前者，求以敷布而修明之。武王膺天明命，肇造基业，垂裕后人者，求以增益而开大之。故今日此举用兵讨罪，非好为劳民动众，亦欲无忘武王之大功，而思以继述其永清大定之烈，不至于失坠耳。况武庚不靖，蔑视我王章，窥伺我土宇，此其得罪于天，乃天诛所必加者。予又岂敢闭抑天降威用，不行讨伐，而坠武王之大功乎？"

"宁王遗我大宝龟，绍天明。即命曰：'有大艰于西土，西土人亦不静。'越兹蠢。"

解 宁，是安。宁王，即武王，以其克殷而安天下，故当时以此称之。龟

大诰多邦图

谓之大宝，尊重之也。天明，是天之明命。绍，是传命。蠢，是动而无知的模样。成王又举鬼神前知之事以警众，说道："昔武王留下大宝龟，与我后人，使传上天之明命，以定吉凶。比先问卜之时，即有命说：'异日东方诸侯，起而作孽，将有大艰难之事于西土，使西土之人，疲于奔命，不得安静。'是武庚未叛、西土晏然之时，而龟已豫告，其兆甚明。今三监倡乱，果蠢蠢然而动，所谓大艰不靖者，于是乎验矣。然则今日之事，天命已定，其可违乎！"

"殷小腆诞敢纪其叙。天降威，知我国有疵，民不康，曰：'予复。'反鄙我周邦。"

解 腆，是厚。诞，是大。叙，是统绪。疵，是病。鄙，是轻忽的意思。成王又说："武庚特殷之末裔，小小腆厚之国耳。乃不能审己量力，大敢经纪其丧亡之绪，欲使绝而复兴。这虽是上天降威，使之自取亡灭。然亦知我国有三叔疵衅民心不安，故乃乘隙生变，倡为大言说道：'我将复兴殷业。'而反轻忽我周邦，略无忌惮。其不轨之谋如此，其容以不讨乎！"

"今蠢，今翼日，民献有十夫，予翼①，以于敉宁武图功。我有大事，休，朕卜并吉！"

解 翼日，是明日。献，是贤人。于，是往。敉（mǐ），是抚。休，是美。成王又说："武庚今日蠢动，而今之明日，我民即有贤者十人，皆能明义理，识时势，不惮征役之劳，来辅我以往抚定殷邦，继嗣武王所图之功业，使永清大定之烈复见于今焉。夫得贤人以举大事，我固知其休美，断断乎有万全之策矣。及朕决之于卜，则三龟又皆并

【注】

① 翼：辅佐。

吉，与人谋相符，其必胜又何疑哉！夫大艰不靖，卜既有验于当时，大事必休，兆又协吉于今日。此武庚之伐，我所以决胜而必往也。"

"肆予告我友邦君，越尹氏、庶士、御事，曰：'予得吉卜，予惟以尔庶邦，于伐殷逋播臣。'"

解 "肆"字，解做"故"字。尹氏，是庶官之正。逋播臣，指武庚及其群臣说。成王又说："我之东征，既豫兆于当年，又获吉于今日，知卜之断不可违。故我举以告我友邦君，及尹氏、庶士、御事说，东征之举，非尝试而漫为之也。予已得吉卜，天命昭示，不可违背，予惟以尔庶邦之众，往伐殷逋亡播迁之臣，必使凶孽荡除，东国底定，然后可以承天意而缵（zuǎn）武功也。"

"尔庶邦君、越庶士、御事罔不反，曰：'艰大，民不静。亦惟在王宫，邦君室，越予小子考翼，不可征，王害不违卜？'"

解 反，是复。王宫，指王家说。邦君室，指三叔说。予小子，是群臣自谓。考翼，是父老敬事者。害（hé）不，犹言"何不"。成王又说："我既举吉卜以告尔有众，尔庶邦君及庶士、御事，乃不体我不得已而用兵之意，都复于我，说道：'东征之事，艰难重大，乃国家安危所系，岂可轻举？且今日民之不静，虽是武庚倡乱，究其根源，实以三叔不睦，自启衅端①，乃在王之宫，邦君之室，肘腋亲近之地，非由他人。惟宜自反以消弭之，岂可遽尔②动众讨伐？予小子固无所知识，至于父老敬事者，都是老成练达的人，也众口一词，以征伐为不可。夫济大事者，

【注】
① 衅端：争端、事端。
② 遽尔：匆促。

神谋固所当稽，人谋尤所当协，王何不违卜而听之于人乎？'汝之复于我者如此，其亦忽神谋而违天意矣。"

"肆予冲人，永思艰。曰：呜呼！允蠢鳏寡，哀哉！予造天役，遗大投艰于朕身；越予冲人，不卬自恤。义尔邦君，越尔多士、尹氏、御事绥予曰：'无毖于恤，不可不成乃宁考图功。"

🔴 解　允，是信。造，是所为的事。役，是使。卬（áng），是我。绥，是安。毖于恤，是劳于忧恤。宁考，即武王。成王承上文说道："东征之举，艰难重大，何待尔群臣言之。肆予冲人，亦何尝不长思及此，但事势有不容已者耳。遂叹息说：信此四国之蠢动，害及鳏寡，岂不深可哀哉！夫此鳏寡之受害，天实悯之。凡我所为除乱安民之事，皆是天之役使，不可推诿者，今日之举，虽曰艰大，其实天以其甚大者遗于我之身，以其甚艰者，投于我之身。我冲人既代天有为，亦有不暇自恤者矣。且以人臣之义言之，尔庶邦君，及尔多士、尹氏、御事，宜慰安我说：'事虽艰大，王无过劳于忧恤，我等当分猷共念，相与戮力致讨，以成乃宁考所图之功，这才是为臣的道理。'乃皆诿曰不可征，何其不明大义之甚耶！"夫人君奉天以安民，若坐视民之害而不图其安，是违天也；人臣辅君以安民，若坐视君之忧而不代其劳，是负君也。成王此言盖以深明君道之重，而所责于群臣之避事者，亦痛切矣。

"已！予惟小子，不敢替上帝命。天休于宁王，兴我小邦周，宁王惟卜用，克绥受兹命。今天其相民，矧亦惟卜用。呜呼！天明畏，弼我丕丕基！"

🔴 解　"替"字，解做"废"字。相，是佑。天明畏，言天之明命可畏。丕，是大。成王因群臣有曷不违卜之言，又谕告之，说道："尔群臣劝我违卜而勿征，然卜何可违也！盖卜以传天命，今上帝命我讨武庚之罪，予小子恭行天讨之，不暇其敢轻废而不遵乎！昔天以眷命休美我武王，兴我小邦周，由百里而有天下。当是时，武王惟卜之用，所以能安受天命，有此无疆之大历服也。今天相佑下民，令其趋吉避凶，况亦惟卜是用，无有举事而不卜者。夫上而观于国祚，下而察于人事，无不用卜者，而我今日独可废乎！"于是又叹息而警动之说："天命甚明，凛乎可畏，我今推原天意，无非欲我肃将威命，定乱安民，用弼成我丕丕之基，保历服于无穷耳。夫天意如此，尔等劝我违卜，是违天也，可乎哉？"

王曰："尔惟旧人，尔丕克远省，尔知宁王若勤哉！天闷毖我成功所，予不敢不极卒宁王图事。肆予大化诱我友邦君，天棐忱辞，其考我民，予曷其不于前宁人图功攸终？天亦惟用勤毖我民，若有疾，予曷敢不于前宁人攸受休毕？"

🔴解　旧人，是武王时旧臣。省，是记。闷，是否闭不通的意思。毖，是艰难不易的意思。卒、终、毕，都是完全成就的意思。棐（fěi），是辅。忱辞，是诚信之辞。宁人，是与武王共安天下之臣。当时谓武王为宁王，故谓其功臣为宁人。成王因群臣有考翼不可征之言，故又专呼旧人而告之，说："尔等旧人，皆尝逮事武王，必大能远记前日之事，岂不知武王创造基业，若此之勤劳哉？既知武王之勤劳，则必不忍使武功之废坠矣。当今四国蠢动，法令否（pǐ）塞而不通，事势艰难而不易。天之闷毖我国家者，正欲我奋发有为，以开大前业，是多难兴邦，我成功之所在也。予其敢不仰承天命，戡定祸乱，以完全武王所图之事乎！夫尔友邦君以为不可征者，我皆谆谆然化导劝诱之，非私言也。盖天虽不言，然辅我以诚信之辞，确乎谓叛逆之当讨，考之民献十夫之言，则昭然可见矣。予其敢不思前宁人所图之功，而相与成其终乎！且天以四国之乱，勤劳我民，未尝不矜悯而欲除之。如人有疾一般，必速攻治之使愈，决不欲养患以自苦也。予其敢违天之心，坐视祸患，使前宁人所受休美之命，不自我而成就之乎？然则继述武功，在小子固有不容已之责；而辅君讨乱，在群臣尤有不可诿之义。尔旧人之不欲征者，亦可以深省矣。"

父菑子播圖

王曰："若昔朕其逝，朕言艰日思。若考作室，既厎法，厥子乃弗肯堂①，矧肯构②。厥父菑③，厥子乃弗肯播，矧肯获？厥考翼其肯曰：'予有后，弗弃基？'肆予曷敢不越卬敉宁王大命？"

解 逝，是往。厎，是定。法，是作室的法度。菑（zī），是反土除草。播，是种。获，是收获。成王又说："武庚之伐，岂独天意当从？以人事论之，亦有不得不然者。若昔我之欲往东征，亦谓其事之艰难，而日思之，非轻举也。特有见于武功之当继，不可以难而自阻耳。试以作室喻之。为父者既尝厎定广狭高下之法度，则堂构可成矣。其子乃惮于兴作，不肯为之堂基，况肯为之造屋乎！又以治田喻之，为父者既尝反土而菑，辟除草莱④，则播获可施矣。其子乃惰于稼穑，不肯为之播种，况肯为之收获乎？子之不肖如此，则敬事之父老，其肯曰：'我有后嗣，弗弃我之基业乎？'夫武王安定天下，立纲陈纪，如作室之厎法，治田之既菑，实望后人为之继述。今三监叛乱，不能讨平，以终武王之功，是堂播且不肯为，况望其肯构肯获，以绵国祚于无穷乎？武王在天之灵，必不肯自谓其有后嗣，能不坠其基业矣。故我不敢不及我身之存，以讨乱安民，抚定武王之大命者，正欲尽堂构、播获之责，而为弗弃基之子也。"

"若兄考，乃有友伐厥子，民养其劝弗救。"

解 民养，是人之臣仆。成王深责群臣说道："今日之事，譬如人家，父兄在上，乃有友攻伐其子。为之臣仆者，皆当捐躯以救护之，岂可反劝其攻伐而不救乎？今四国构乱，使武王的百姓咸受荼毒，凡为臣下者，即当慷慨出力，奔走救援。乃惮于征伐，阻挠大计，是犹不恤父兄之难，而坐视其子之受患也，岂为民养之道哉？"成王以此责群臣，意亦切矣。

王曰："呜呼！肆哉，尔庶邦君越尔御事！爽邦由哲，亦惟十人，迪知上帝命，越天棐忱，尔时罔敢易法，矧今天降戾于周邦？惟大艰人，诞邻胥伐于厥室。尔亦不知天命不易！"

解 肆，是放。爽，是明。哲，是明智之士。十人，指武王乱臣十人说。迪知，是蹈迪其知。易，是违越。戾，是祸。邻，是近。胥，是相。成王又叹息说："东征之事，吾计之已审，尔外而邦君，内而御事，皆当舒放其心，勿以艰大而畏阻也。昔纣以昏德乱天下，武王伐之，永清四海，明大命于周邦，是岂武王之自致哉？亦由当时明哲之士，为之辅佐耳。明哲之士为谁，亦惟乱臣十人。迪知上帝黜殷之命，在纣有必亡之机，又迪知天辅我周之诚，在武王有必兴之势，因相与戮力克殷，兴建大业。尔时诸臣，并无敢有违越武王法制，惮于征役者。此十人所以为明哲，而武王所由以爽邦也。矧今武王既丧，天降祸于周邦？四国首倡大难之人，就近相攻于其室，事势危迫如此。尔等旧臣，正当以十人为法，上下协心，共成戡乱之功可也。乃皆以为不可征，欲我违卜，是亦不知上天讨罪之命，不可违越矣，岂不有愧于十人之明哲也哉？"

"予永念曰：天惟丧殷，若穑夫，予曷敢不终朕亩？天亦惟休于前宁人①。"

解 穑夫，是去草的农夫。成王又说："东征之举，我亦

【注】

① 前宁人：指文王或武王。

率众东征图

率眾東征圖

周公

长长思念，说道，昔武王伐殷以安天下，纣虽已诛，而殷祀或未遽绝也。今武庚乃倡乱不靖，自取灭亡，是天欲绝其宗祀。如农夫之去草一般，使无余种而后已。今予嗣武王之业，承上天之意，岂敢不讨叛伐罪，除恶务本，以终朕田亩之功乎！我观天意，非独休美于宁王，亦惟休美于前宁人，使昔日辅定王业之功，不至遏佚耳。我既欲缵宁王之功，而尔乃不知嗣宁人之休，何哉？"

"予曷其极卜，敢弗于从，率宁人有指疆土？矧今卜并吉，肆朕诞以尔东征。天命不僭，卜陈惟若兹。"

解 极卜，是尽用卜。指疆土，是指麾而定疆土。僭，是差。成王诰群臣既终，又申明己用卜之意说："尔群臣欲我违卜勿征，我亦何敢尽欲用卜，敢不从尔勿征之言乎？然而不可苟从者，何也？盖我周之疆土，固武王所受于天，而前宁人之辅佐，开创其功居多。今武庚不靖，则疆土骚动，而前人之功几坠矣。我惟欲率循宁人之功，不使废坠，则当有指定疆土之责，无令四国得以动摇。此我之东征，乃人事不得不然者。就使卜而不吉，犹将伐之，况卜而并吉乎？此我所以不惮烦劳，夫以尔为东征之举也。尔等无谓天意难知，胜负未必，我则谓上天祸淫之命，断乎不差。观卜之所陈，其兆显然已如此矣。夫卜之所陈，即天命之所在，天命其可违哉！"按武庚丧邦之余孽，三监王室之懿亲，乃敢鼓煽逆谋，同危社稷。周公奉天讨而临之，其谁敢不从者，然必传王命以诰众，亹（wěi）亹焉上原天命，下述人事，若不欲违众而独断者。且篇中止斥武庚，不言三监之恶，是讨逆除叛之中，实寓恳恻忠厚之意，故一举而大难底定，王业永安，岂偶然哉！

微子之命

成王既黜殷命，杀武庚，命微子启代殷后，作《微子之命》。

微，是国名。子，是爵。成王既诛武庚，封微子于宋，命之以主成汤之祀。史臣录其诰词，以《微子之命》名篇。

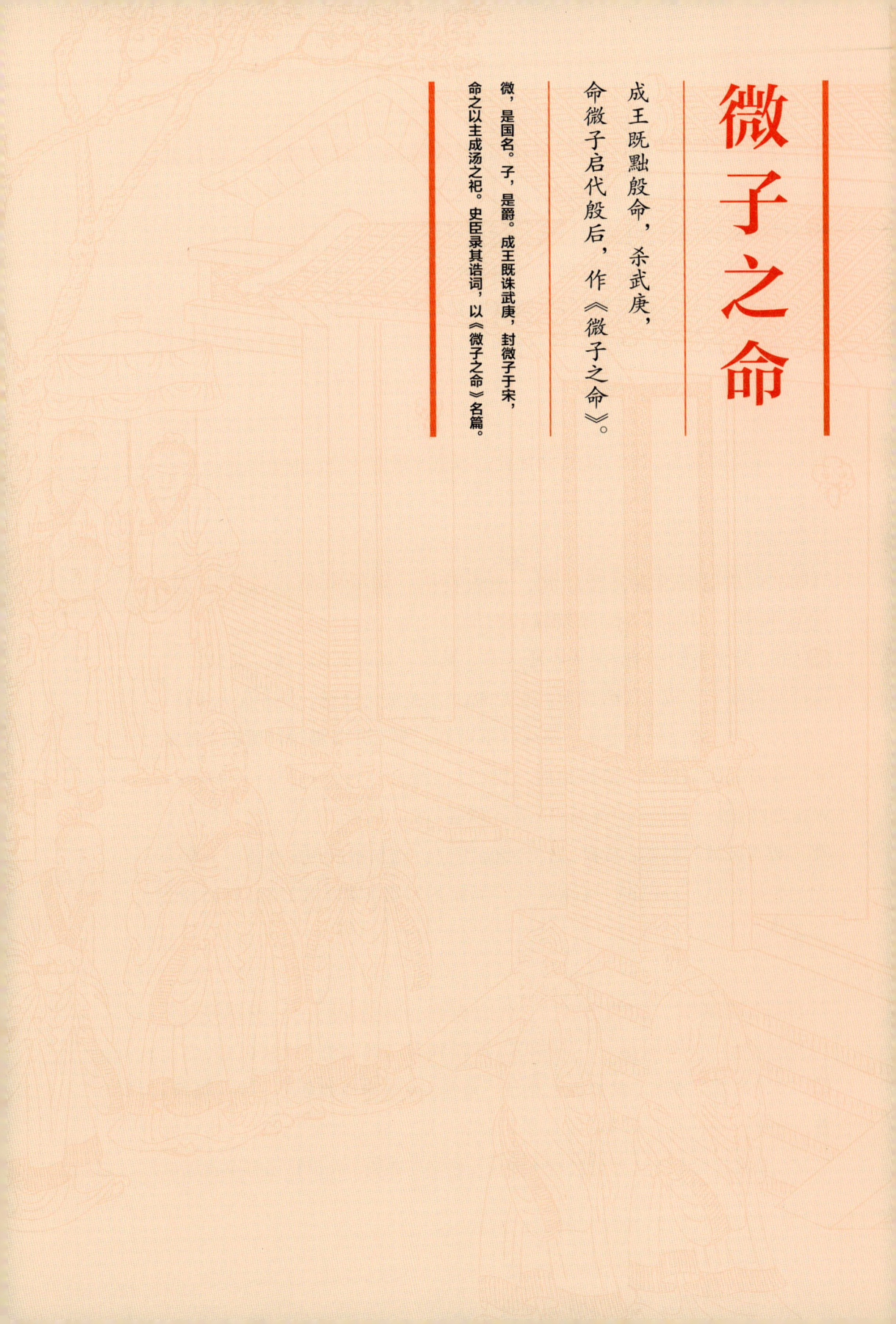

王若曰："猷，殷王元子！惟稽古崇德象贤，统承先王，修其礼物，作宾于王家，与国咸休，永世无穷。"

解 猷，是发语辞。元子，指微子，以其为帝乙长子，故称元子。稽，是考。崇，是尊。象，是肖。统承，是继承统绪。礼，是典礼。物，是文物。昔成王命微子特呼而告之说："猷，汝殷王帝乙长子！我稽考古制，帝王之后，有能尊崇先德，克肖前贤者，即命之以主其先世之祭祀，继承其统绪。凡典礼文物，如正朔服色之类，都照旧不改，使之更加修明整饬，以备一王之制。朝祭之时，只作宾于王家，不以臣礼相待，以别一王之后，与国家共享休美之福，垂之万世而无穷。此古制如此，今汝为殷王元子，继世象贤，正其人矣。"

"呜呼！乃祖成汤克齐圣广渊，皇天眷佑，诞受厥命。抚民以宽，除其邪虐。功加于时，德垂后裔。"

解 齐，是无不敬。圣，是无不通。广，是大。渊，是深。佑，是助。后裔，即指微子。成王又告微子，叹息说："尔祖成汤之德，能齐而无不敬，圣而无不通，广大而不可量，渊深而不可测。惟有这等盛德，所以克成大业。上而格天，则皇天眷顾佑助，使之大受夏命，为天下主。下而临民，则抚之以宽大，而尽除有夏邪虐之政，以言其功，则被于当时，无一处之不及。以言其德，则垂诸后裔，至于今而不泯。夫尔祖成汤之盛德，上膺天眷，下安民生，近济当时，远裕后世，如此。则我崇本奉祀之意，有不容已者矣。"

"尔惟践修厥猷，旧有令闻。恪慎克孝，肃恭神人。予嘉乃德，曰笃不忘。上帝时歆，下民祗协，庸建尔于上公，尹兹东夏。"

解 猷，是道。令闻，是美誉。恪慎、肃恭，都是敬谨的意思。笃，是厚。歆，是享。尹，是治。宋在周之东，故曰东夏。成王命微子说："乃祖成汤之道，垂裕后昆者也。尔能践履而弗违，修举而弗坠，在旧日已有令善之声

微子图

微子圖

微子

慎乃服命圖

上公服冕九旒衣九章九命為伯

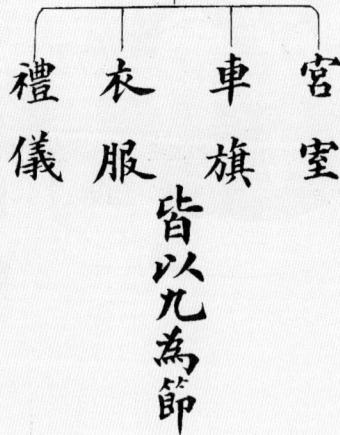

宮室
車旗
衣服
禮儀
皆以九為節

誉矣。夫人道莫先于孝，尔能恪畏谨慎，以尽孝的道理，承祭临下莫贵于肃恭；尔能严肃恭敬，以尽事神治人的道理。尔有此实德，我乃嘉美之说。尔能笃厚前人所行，而不忘其旧，真可谓能象贤者。以之奉祀，上帝默鉴其德，必以时歆享于上，以之治民，百姓咸仰其德，必致敬协和于下。故我仰稽古制，立尔为上公，使治此东夏之民，以承先王而宾王家，正以尔之贤，能胜其任也，尔其勉之。"

"钦哉！往敷乃训，慎乃服命，率由典常，以蕃王室。弘乃烈祖，律乃有民，永绥厥位，毗予一人；世世享德，万邦作式；俾我有周无斁。"

【注】

① 命数：爵位或官职的品级。

② 民彝物则：彝，法度，常规；指人民的伦常规矩，事物的规矩法则。

解 服命，是上公的章服命数 ①。蕃，是保卫。弘，是大。律，是范。毗，是辅。式，是法。斁，是厌。成王戒勉微子说："尔为上公而尹东夏，其职任亦重矣，可不敬哉！必须往敷尔之教训，使民彝物则 ②，无不修举。谨尔之名分，凡章服命数，毋至僭逾。又必率循乎典常，旧章成宪，不敢轻变。凡此皆尔之所当敬也。能如是，则可以蕃卫王室，使我周赖以治安。恢弘尔祖的功德，使先业不至失坠；仪刑尔宋国之民，不违乎法度；永安尔上公之位，常保其爵禄。又能宣扬教化，辅佐我一人之治功，垂统后昆，使尔子孙世世承享其德泽；将见万邦诸侯，都来观感兴起，以尔为法则；而我周待尔之心，有恩礼而无厌斁矣。尔可不钦承之哉！"盖深致戒勉期望之意也。

"呜呼！往哉，惟休！无替朕命。"

解 休，是美。替，是废。成王又叹息说："敷训教以正人，慎服命以正己，率典常以守法，此皆侯职所当为，而我所命于汝者。今汝往东夏，必休美尔一国之政，以自尽乎侯职之所当为，慎无废了我所命汝的言语，而不加之意也。”篇终又致丁宁，其所望于微子者亦切至矣。夫成王告微子，专述成汤之德，而无一言及武庚之罪，不特诰命贤者之体，而亦圣人大公之心也。

康诰

成王既伐管叔、蔡叔，以殷余民封康叔，作《康诰》《酒诰》《梓材》。

武王封其同母弟康叔为卫侯，作诰以晓谕之。史臣记其辞，遂以《康诰》名篇。

王若曰：“孟侯，朕其弟，小子封。”

解 王，是武王。孟，是长。封，是康叔名。武王将告康叔以治国之道，遂历呼之，以起其听。先称为“孟侯”，以其为诸侯之长尊之也。又称“朕其弟”，以其有同气之爱亲之也。既又呼为“小子封”，以其年齿尚幼，谙练未深，当求保国治民之道，所以儆之也。

“惟乃丕显考文王，克明德慎罚。”

解 “丕”字，解做“大”字。武王举文王造周之本，以告康叔，说道：“为治之要，不过‘导之以德，齐之以刑’[①] 而已。当商纣之时，主德昏乱，刑罚不中。惟我大显考文王，洞见治原，留心政典，为能自明其德，使心源澄澈，洞达无私，可以为感化人心之本；又能慎用刑罚，使轻重出入，务当其情，足以为防范人情之具。由是仰其德，而民皆知怀；畏其罚，而民莫敢犯。”仁义兼济，恩威并行，文王造成周家的基业，只此两端。此实治道之大经，而凡有天下国家者，所当深念也。

“不敢侮鳏寡，庸庸、祗祗、威威，显民。用肇造我区夏，越我一二邦，以修我西土。惟时怙，冒闻于上帝，帝休。天乃大命文王，殪戎殷，诞受厥命。越厥邦厥民，惟时叙。乃寡兄勖，肆汝小子封，在兹东土。”

解 鳏寡，都是穷民。庸，是用。祗，是敬。威，是刑。区夏，是一区之夏。怙，是倚恃。冒，是仰戴。殪（yì），是灭。寡兄，是武王自称为寡德之兄。东土，指卫地说。武王历举文王明德慎罚之事，以训康叔说道：“昔我文考文

康诰图

康诰图

武王

康叔

王，视民如伤于人，固无不爱。而于鳏寡无告的人，尤加怜恤，不敢轻侮；人之有才可用者，则量才擢用之，是用所当用，而非过举也；人之有德可敬者，则尊崇优礼之，是敬所当敬，而非私恩也；人之犯罪该刑者，则加之以刑罚，是刑所当刑，而非罔民也；凡命德讨罪，一以天地至公之心行之，而一毫喜怒之私无与焉。由是盛德流布显然著闻于民，而民心归之。用能创造我一区之夏，而抚有岐周丰、镐之地，及我一二邻国，皆慕德畏威，渐以修治，我西土之人，莫不怙恃如父，仰戴如天，其感恩怀德，沦肌浃髓①，又不特闻风向化②而已，文王之得民如此。由是明德昭升，闻于上帝。上帝嘉美其所为，乃大命文王，殪灭了大殷，大受天命而有天下。于是并万邦万民，皆归于德化之中，莫不各得其理，各就其叙。是我周之王业，盖已成于文王之时矣；及汝寡德之兄继之，又勉力不怠，绍先德以成先业。故汝小子封，得以席其余荫，享有封爵，为诸侯于东土耳。汝可不念创业之艰难，思得国之所自，而于明德慎罚是务哉！”

【注】

① 沦肌浃髓：语出《淮南子·原道训》："不浸于肌肤，不浃于骨髓。"沦，浸没；浃，湿透。浸透肌肉，深入骨髓，比喻感受很深。

② 闻风向化：语出《后汉书·西南夷传》："闻风向化，所见奇异。"意思是闻知风俗教化而来归附。

王曰："呜呼！封，汝念哉！今民将在祗遹乃文考，绍闻衣德言。往敷求于殷先哲王，用保乂民。汝丕①远惟商耇成人，宅心②知训。别求闻由古先哲王，用康保民，弘于天。若德裕乃身，不废在王命。"

【注】

① 丕：大。

② 宅心：处心积虑。

③ 伊、傅诸臣：指伊尹、傅说等大臣。

解 此以下是明德之事。祗，是敬。遹（yù），是述。绍，是继。衣，是服行的意思。耇（gǒu）成人，是老成的人。训，是训民。天，是此心天理。武王又叹息呼康叔而告之，说道："我告汝以文王明德之事，汝当思念而不忘哉。 昔我文考明德以化民，不但施诸政事后所当述，亦尝发为言辞，汝所熟闻矣。 今汝治民，将在敬述乃文考之绪，尚思继绍前闻，而服行其德言，尊所闻，行所知，毋徒托之口耳之末焉，可也。 又汝所封之地，乃殷之旧都，在昔有殷，由汤至于武丁，贤圣之君六七作，其遗风善政，犹有存者。 汝今往治其民，又当广求殷先哲王经世之迹，用为保治斯民之准。 然有一代圣明之君，必有耆硕以为之佐，若商家伊、傅诸臣③，其德业闻望，至今炳然传诵者，汝当大而远思之，念老成之人，谋国深远，凡处心积虑，咸取法焉，斯知所以训民也。 然不但求之近代，我思古先哲王，若尧、舜、禹以道相传，明德远矣，其大经大法，垂宪万世者可考也。 又当别求所闻而率由之，用为康保斯民之范，而上追乎古道之隆焉，则学贯古今，心源恢廓。 凡帝德王功之盛，圣君贤相之猷，无不统会于性天之中，而充然其有余用矣。 由是积诸中者既弘，则出乎身者自裕，泛应曲当，无所处而不宜；出政临民，随所发而中理；职业修举，不废王命之重，而可以长保其国家矣。 汝康叔其尚勉之哉！"

王曰："呜呼！小子封，恫瘝乃身，敬哉！天畏棐忱，民情大可见。 小人难保，往尽乃心，无康好逸豫，乃其乂民。 我闻曰：'怨不在大，亦不在小。 惠不惠，懋不懋。'"

解 恫（tōng），是痛。 瘝（guān），是病。 棐，是辅助。"忱"字，解做"信"字。 惠，是顺。 懋，是勉。 武王又叹息呼康叔而告之，说道："为人上者，当以万民为一体，看见百姓每有不得其所的，就如疾痛之在汝身一般，不可不敬以保之也。 天命之去留无常，虽甚可畏，然天之视听在民，诚心保民者，天必佑助之，而锡（cì）之以福。 民情之好恶，虽大可见，然小人之心，抚之即相爱戴，虐之便为寇仇，固难保其长顺而不我叛也。 汝今往之国，必尽汝一念爱民之心，恤其饥寒，救其疾苦，慎无安然自肆于民上，而好为逸乐之事。 如此，乃能治其民，而小人之难保者，庶乎其可保耳。 我闻古人有言：'上之致怨于民，不在于事之大，亦不在于事之小。 惟看于道理顺与不顺何如，于政事勉与不勉何如，一有不顺不勉，则人情既拂，怨讟①必兴，岂在事之大小哉？人心之向背，天命之去留系焉。固未有民怨其上，而天命可以长保者也。然则治民者，其可以不尽其心，而自安逸豫哉！"

【注】
① 怨讟（dú）：怨恨。

"已！汝惟小子，乃服惟弘王，应保殷民；亦惟助王宅天命，作新民。"

解 已，是语将尽而意未尽之辞。服，是事。"弘"字，解做"广"字。应，是和。宅，是安。武王告康叔，先致其惓惓无已之意，说道："奉天以惠民者，君之责。代君以弘化者，臣之分。故汝今日的职事，惟在推广君上德意，承流宣化，调和保安那旧殷的百姓，消融其强梗弗顺之习，使之相安于礼乐教化之中，斯委任不孤，而职业无负也。然予所望于汝者，尤不止此。今天眷我周，固有定命，然去留无常，亦视殷民之向背何如耳。汝又必赞襄于下，培植邦本，使民心悦而天意得，用上助其君，以永保天命可也。民之归周，商俗固已少变，然旧染污习，未必其尽能改革也。汝又必宣力于外，鼓舞作兴，使殷庶革心而向化，用下助其君以化民成俗可也。汝小子封其勉之哉！"

王曰："呜呼！封，敬明乃罚。人有小罪，非眚，乃惟终，自作不典；式尔，有厥罪小，乃不可不杀。乃有大罪，非终，乃惟眚灾，适尔，既道极厥辜，时乃不可杀。"

解 此以下是慎罚之事。眚，是过误。终，是故犯。不典，是不法。式，是用。灾，是不幸。适，是偶。辜，是罪。"时"字，解做"是"字。杀，是刑戮，古时以五刑治罪，凡犯于刑宪者，皆谓之杀，非必大辟乃为杀也。武王又叹息呼康叔而告之，说道："刑罚虽为治者所不废，然其轻重取舍，民命所关，必须敬慎以明审其罚，不可率意任情，以致有宽纵枉滥之失也。敬明之道，在原其情之轻重，以定其罪之出入。人有所犯，其罪虽小，然其情非由过误，乃是明知故犯，自作不法，用意要干这样的事，这等的人，却不可不加之以刑戮。盖情出于故，则是不知法之可畏，而敢于违犯，若容恕了他，则奸人幸免而犯法者愈众。故虽小罪，亦不可纵也。人有所犯，其罪虽大，然其情非由故犯，乃是无心过误，出于不幸之灾，偶然陷于罪戾，且既自家称道其事，输情服罪，无所隐匿，这等的人，却不可加之以刑戮。盖事出于误，则其情既为可矜，而又能吐实自首，又非饰非匿罪以幸苟免者，若遂加之以刑，则无辜滥及，而阻人自新之路。故虽大罪，亦有可原也。所谓敬明乃罚者如此。汝封其念之哉。"按武王此言，正与《虞书》"宥过无大，刑故无小"之言相合。盖圣人用法之权衡也。

王曰："呜呼！封，有叙时，乃大明服，惟民其敕懋和。若有疾，惟民其毕弃咎。若保赤子，惟民其康乂。"

解　有叙，是刑罚有一定的次序。明，是明其罚。服，是服其民。敕，是戒敕。弃咎，是去恶的意思。武王又叹息呼康叔而告之，说道："悬法以示民，其情罪轻重，本都有当然之序。汝于是当详审精察于听断之间。大明其轻重取舍之等，则下情洞烛，法纪昭然，有以畏服乎民志，斯民莫不互相戒敕，而勉于和顺，自不敢乖戾，以犯有司之法矣。然用法之道，不以明刑服众为贵，而使民迁善远罪为难。故见民之不善，毋徒设禁网以惩治之而已，须存哀矜之心，视百姓之罹于罪戾，就如自己身上的疾病一般，多方以救疗之，惟恐其过之不速改也。如是，则民知上之杀之者，乃所以生之也。孰不洗心涤虑，尽弃其平日之咎恶，而速改以自新乎？见民之有善，不徒奖劝录用之而已，须加意保护，如慈母之爱赤子一般，惟恐其善之不日长也。如是，则民知上之教之者，乃所以成之也。又孰不交相劝勉，各安生理，而同归于顺治之域乎？"生杀异施，而莫非一体之念；惨舒异用，而莫非曲成之仁。武王告康叔以谨罚者，其义精矣。

"非汝封刑人、杀人，无或刑人、杀人；非汝封又曰劓刵人，无或劓刵人。"

解　"又曰"二字当是衍文。劓（yì），是割鼻；刵（èr），是截耳，皆古时所谓肉刑也。武王又说："三尺之法，王者与天下共之。人臣为天子守法，虽可代承其事，而不可擅行其私，一或徇己行私，则法失其平，而非天讨有罪之公矣。今夫罪之大者，有当刑，有当杀，虽由汝封所定，然不过奉朝廷之法，以从事耳。非汝封可得而擅刑之杀之也。须念民命至重，死者不可复生，务秉至公以临之，无或作威而滥及无辜也。罪之小者，或当劓，而割人之鼻；或当刵，而截人之耳。虽由汝封剖决，然不过据情法所宜而施行耳，非汝封可得而擅劓之刵之也。须念肌体伤残，断者不可复续，亦必至公以听之，无或恣忿而残民以逞也。如此，则奉法而行，我无所与，虽杀人而不以为怨，刑人而不以为残矣。汝康叔可不慎哉！"

王曰："外事，汝陈时臬，司师，兹殷罚有伦。"

解　外事，是有司之事。臬（niè），是法。伦，是叙。武王又说："制先定，则下可守；法相因，则民易从。汝今往治卫，凡外面有司讼狱的事，岂能一一亲理？但须审定法令，陈列而颁布之，使人有所遵守可也。然这所陈的法令，亦不必别出己意，创立条款，惟取那殷罚所遗，有伦叙可行者，命有司讲求师范，而用之于讯鞫（jū）之间。凡轻重取舍，不出其已往之成规。盖用殷法以治殷民，则法有所准，而民心亦无所眩矣。"

又曰："要囚，服念五六日，至于旬时，丕蔽要囚。"

解　要囚，是犯重罪紧要的囚犯。旬，是十日。时，是三月。"蔽"字，解做"断"字。　武王又说："刑罚之用，一成而不可变者也。倘审虑未详，遽尔断决，及知其枉，而悔之晚矣。　今后凡遇着紧要的囚犯，就是罪状明白，还要详细与他服膺想念，近则五日、六日之间，远则十日或三月之久，必其情真罪当，果无亏枉，然后大奋威断，加以重刑。　盖求其生而不得，则我与死者皆无憾矣。"断狱者尽心如此，岂复有冤民乎！

王曰："汝陈时臬事，罚蔽殷彝，用其义刑义杀，勿庸以次汝封。　乃汝尽逊，曰时叙，惟曰未有逊事。"

解　殷彝，是殷之常法。　次，是迁就的意思。"逊"字解做"顺"字。　武王又告康叔说："汝于外事，固率由殷家之旧，敷陈其法与事，而有罪者，断之以常法矣。　然一于循旧，将至于拘泥而不通。　故其刑其杀，又必察其宜于时者而用之，求以不失先王之意可也。　然过于随时，将至于任情而自用。　故其刑其杀，又当虚心审鞫，勿以公法迁就汝喜怒之私情可也。　既不泥古，又不徇己，则庶几刑杀尽顺于义，而有伦叙矣。　然使以得情为喜，则怠惰之心一起，乖错之患必生。　汝又当常念说，刑狱重事，今之刑杀，岂能尽顺于义而无憾乎！哀矜之念，每寓于审断之中，庶几刑罚得中，而天下无冤民也。"

"已！汝惟小子，未其有若封汝之心；朕心朕德，惟乃① 知。"

解　武王告康叔，复致其惓惓无已之意，说道："用刑者，不在徒事惨刻，而贵于心存善良。　汝惟小子，年虽甚少，

庶子训人图

而心地慈祥岂弟[2]，与众不同。我遍观诸臣，未有若汝封这等存心者。是汝之心，惟我知之耳。若我这一点不忍之心，好生之德，亦惟汝知之，与我相契，真可谓同心同德者矣。汝宜常体此心以临民，毋负初意可也。"

"凡民自得罪，寇攘奸宄，杀越人于货，暋不畏死，罔弗憝。"

解 越，是颠越。暋（mǐn），是强狠。憝（duì），是憎恶。武王又说："法以惩恶，而恶莫甚于强梁，彼因人诱陷而得罪，犹可原也。若其身自作孽，甘冒法网，而无所顾忌，或劫人而为寇，或夺人而为攘，或在外为奸，或在内为宄，杀伤平人，以取财货，似这等强狠不怕死的人，谁人不憎恶之！若用罚而加是人，则刑当其罪，而无有不称快者矣。盖为恶之人，人所共恶，因人之所恶而除之，则虽杀之，而人不以为刻。独举此事以例其余也。"

【注】

① 鞠子：父母鞠养幼子。

王曰："封，元恶大憝，矧惟不孝不友。子弗祗服厥父事，大伤厥考心，于父不能字厥子，乃疾厥子。于弟弗念天显，乃弗克恭厥兄，兄亦不念鞠子[1]哀，大不友于弟。惟吊兹，不于我政人得罪，天惟与我民彝大泯乱。曰，乃其速由文王作罚，刑兹无赦。"

解 元恶，是大恶。"矧"字，解做"况"字。字，是爱。天显，是天所定显明的伦叙。鞠，是养。"吊"字，解做"至"字。政人，是为政治民的人。民彝，是民之常道。武王又呼康叔而告之说："寇攘奸宄的人，夺财货而致人于死，固为大恶，而大可恶矣。然于大伦尚未有关也。况惟那不孝不友之人，为子的不能敬事其父，大伤父心，以致为父的，亦不能爱其子，乃疾恶其子，是父子相夷矣。为弟的，不念长幼显然的伦叙，不能敬事其兄，以致为兄的，亦不念父母鞠养之劳，大不友于弟，是兄弟相贼矣。这等的人，败坏人伦，灭绝天理，至于如此。比之寇盗奸宄其恶尤甚，使在上为政的，视为泛常，不于此等的人，加之以罪，则人无所惩，风俗由此坏，争乱由此起。天与我民的常道，必大泯灭而紊乱矣。汝其速用文王所作的法，刑此不孝不友之人，不可纵也。"

"不率大戛，矧惟外庶子、训人 ①，惟厥正人 ②，越小臣、诸节 ③，乃别播敷，造民大誉，弗念弗庸，瘝厥君。时乃引 ④ 恶，惟朕憝。已！汝乃其速由兹义率杀 ⑤。"

解　戛，是法。瘝，是病。已，是不可已的意思。武王又说："下民以率教为善，人臣以守法为忠。彼民之不孝不友，而不率教化者，固可大置之于法矣。况为臣的，若外庶子以训人为职，与庶官之长，及小臣之有符节者，皆身任教民之责。又与百姓不同，乃不能遵奉朝廷的教令，以化导百姓，却任着自己的私意，又别布一样条教，以取悦时俗，邀求众誉，视君上委任之意，漠然不加省念，把官守之法，都废而不用，只知违道干誉，以病君上，动摇国是，惑乱人心，是乃长恶于下，无所忌惮。这样的人，我最恶他，有臣不忠如此，刑其可已乎！汝其速用文王所作合义之刑，杀之无赦，为人臣诬上行私者之戒可也。"按武王此言，切中人臣怀奸事主，卖法长奸者之病，明主宜深玩之。

【注】

① 庶子、训人：官名，掌管教化。

② 正人：做官长的人。

③ 小臣：内侍官。诸节：官名，掌符节。

④ 引：增长。

⑤ 率杀：捕杀。

【注】

① 外正：外官。

"亦惟君惟长，不能厥家人，越厥小臣外正^①，惟威惟虐，大放王命，乃非德用乂。"

解　放，是弃。武王又说："百官者，万民之表率；君长者，又百官之仪刑。若为君为长者，能以孝友齐其家，忠义训其臣，则倡率有本，虽不事威虐，而下自化矣。倘为君长者，不能齐其一家之人，使兴仁、兴让，以为国人之范，及无以训其小臣外正之臣，使奉公体国，以清纪法之守，乃依势作威，倚法为虐，只恃严刑峻罚，以为整齐臣民之具，大废弃天子委重之命，欲以非德而用治焉。是汝且不能奉上命矣，又何以责其臣之瘰厥君，而望其民之从化也哉！汝有君长之责者，宜常自思省，加意本原之地焉可也。"

"汝亦罔不克敬典，乃由裕民；惟文王之敬忌，乃裕民。曰：'我惟有及。'则予一人以怿。"

解　"罔"字，解做"无"字。典，是常法。"由"字，解做"用"字。裕，是和。惟，是思。怿（yì），是悦。武王告康叔说："正身修德，固端本之道。至于行政裕民，又当谨守常法而后可。若不能敬守国家之常法，由是而求以裕民，是自坏法守，而民将无所措手足矣，汝却不可如此。惟当仰法我文考文王以敬忌存心，兢兢守法，由是而求以裕民，常自思念说道：'我今为君长治民，只要赶得上文王才好。'如此，庶几能尽裕民之道，而我一人望汝的意思，亦可怿悦矣。"

王曰："封，爽惟民，迪吉康。我时其惟殷先哲王德，用康乂民作求。矧今民罔迪不适，不迪，则罔政在厥邦。"

解 爽，是明。迪，是导。求，是等。适，是从。武王告康叔以德行罚，遂呼之，说道："法者，齐民之具；德者，安民之本。故治之以刑罚，则有畏法之民；导之以德教，则有从化之民。顾视为政者，所尚何如耳。我明思夫民，其无知而犯法者，或未有以导之耳。惟当广布德意，委曲开导，使之孝顺和睦，相安于吉祥安康之地，自可无事于刑罚之加矣。在昔有殷先世明哲之王，莫不用此道化民，其德泽之在人心，有至今未泯者。我今惟取法殷先哲王导民之德，用以安治其民，而期与之相为等匹焉，是我今日之责也。况此殷邦之民，虽沦习染之污，而其良心善性，犹有存者。故教之以事亲，便知兴孝；教之以事长，便知兴弟（tì）。岂有导之而不从者乎？若只知峻法惩奸，而不以教化为先务，将见法令滋章刑日烦，而犯者益众，其何以为政于国乎！"盖法禁于已然之后，而德施于未然之先。故武王于康叔特惓惓焉，而凡出政临民者，知所先后缓急焉可也。

王曰："封，予惟不可不监，告汝德之说，于罚之行。"

解 武王又呼康叔说道："监古可以知今，化民莫先于德。若只知峻罚以齐民之俗，而不思尚德以革民之心，此末世之政，非先王崇本之治也。在昔殷先哲王，以德化民，而导之于康乂，既有明效大验矣。我今日代商而有天下，诚不可不监视其所为，而法之以化民也。然以汝同有应保殷民之责，而且素知朕心朕德者，故于汝往治殷邦，不徒命之以谨罚而已，乃告汝以用德之说，预端其化源。然后于罚之行，用以济乎德化之不及，上下一心，共知所监耳。汝宜体我法古之意，务以尚德缓刑为事焉，可也。"

"今惟民不静，未戾厥心，迪屡未同。爽惟天其罚殛我，我其不怨。惟厥罪无在大，亦无在多，矧曰其尚显闻于天。"

解 不静，是不安静。"戾"字，解做"止"字。迪，是导。武王又说："上天以安民为心，人君受天命，以君临天下，必能安定其民，乃无负于代天理民之责，而可以免于罪罚。今惟此殷民，甚不安静，未能止其心之狠疾，虽委曲开导，已经屡次，奈何旧习难变，未能上同乎先王之治，是我上负天心之托，而下愧君师之任，明思天其罚殛于我，我何敢怀怨乎！盖万方有罪，在予一人。惟厥小民无知，而陷于罪过，不在于极大，亦不在几多，即至微甚少，也是上人失教之责。况今元恶大憝、不孝不友之俗，显然著闻，上通于天，则罚殛之加，又何以自解乎？此我所以汲汲然欲监前代，以德行罚之政，期汝同心合德，保民以承天意也。"

王曰："呜呼！封，敬哉！无作怨，勿用非谋非彝，蔽时忱，丕则敏德。用康乃心，顾乃德，远乃猷裕，乃以民宁，不汝瑕殄。"

解　蔽，是断。则，是法。顾，是省。瑕，是瑕疵。殄，是弃绝。武王又叹息呼康叔说："天下之事，以敬而成，以怠而败。汝今日其敬之哉！夫为治，当顺民情慎，毋作可怨之事。谋必求其尽善，法惟贵于守常，更勿用不善之谋，非常之法。惟以古人之敏于修德者，可法也。则断以诚心而大法之，不始勤而终怠，不自安于小成，用此以安定汝之心。不为邪说摇乱，用此以省念汝之德。不至公私间断，用此以弘远汝之猷。不徇目前之利，而忘后日之患。但宽裕不迫，以待民之自安。我之所以戒汝，以敬事者如此。诚能勉而行之，则尔德既纯，我必不以汝为有瑕疵而弃绝之，即可以长保其国矣。"

王曰："呜呼！肆汝小子封，惟命不于常，汝念哉！无我殄享，明乃服命，高乃听，用康乂民。"

解　肆，是今。惟命，"命"字是天命。服命，"命"字是君命。武王又叹息，呼康叔说："今汝小子封，享侯国之奉，而治一方之民，天命固所当保，君命尤所当遵，代君以安民，是即奉天以保国也。盖上天之命，予夺无常，'善则得之，不善则失之'，至可畏也。汝其念之哉！务思尽道以保天命，毋以不善致败，令爵土之封，自我殄绝而不能享也。况汝所服受于君的诰命，若明德，若慎罚，谆谆命之，不一而足，汝亦听之审矣。宜精白一心，以明汝所服之命，尊其所闻，奉以周旋，用以安治百姓，则君命无违，而天命永保矣。盖天意君心，不过欲求百姓之安而已。汝小子其终念之乎！"

王若曰："往哉，封！勿替敬典！听朕告汝，乃以殷民世享。"

解　替，是废。典，是常法。武王于篇终，又呼康叔而叮咛之说："明德慎罚之事，我既谆谆以告汝矣。汝往之国，不可废了所当敬守的常法，听受我所命的言语而服行之。德务其崇，法务其守，用以安治殷民，则民安而天命亦安，方能以殷民世享其国矣。"按武王告戒康叔之言，叮咛反覆，极其详尽，而大要不出乎"明德慎罚"之一语。盖德为出治之本，刑为辅治之具。徒知明刑而不务修德，则标准不立，无以为化导之机；徒务修德，而不知明刑，则科条不严，无以昭劝惩之实。自古圣帝明王，所以能使天下迁善远罪，而於（wū）变时雍者，莫不由此，外是皆迂谈也。法古图治者，宜留意焉。

酒诰

武王既封康叔于卫，以卫地素染商纣之恶，臣民皆酗酒败德，至于亡国。故作书以戒之，欲其禁饮以变俗。史臣记其辞，遂以《酒诰》名篇。

王若曰："明大命于妹邦。乃穆考文王，肇国在西土。厥诰毖庶邦庶士，越少正、御事，朝夕曰：'祀兹酒。'惟天降命，肇我民，惟元祀。"

解 王，是武王。妹，地名，即商之故都卫地也。穆，是敬。考，是父。肇，是始。毖，是戒。越，是及。元祀，是大祭祀。武王告康叔说："妹邦被商人淫湎败德之污，其风尚炽。今这土地人民，皆属汝管领，汝往之国，必以我训告臣民的大命，宣扬于众，使都听我教训。昔者乃穆穆敬德的皇考文王，始立国在西土之日，此时受命为方伯，众邦皆在统理，亦尝忧其湎酒，而毖戒之。众邦中有官之长为庶士，及官之副为少正，与凡治事之臣，无不朝夕戒敕。他说：'惟祭祀，则可用此酒。'盖天始令民作酒，只为郊社宗庙的大祭祀，藉此以行灌献之礼而已，非以纵民酣饮为乐也。夫西土庶邦，在我文考照临之下，其风俗人心，岂商邑可比，而文王犹谆谆戒之如此。盖诚知崇饮之为害故也，况妹邦旧染污俗者，汝可不明我大命以诰戒之乎！"

"天降威，我民用大乱丧德，亦罔非酒惟行，越小大邦用丧，亦罔非酒惟辜。"

解 威，是威罚。辜，是非。文王又告戒臣民说："酒之为物，用之而善，则为祭祀所赖。用之而不善，则为祸乱所阶。我观上天降威罚于人，小之丧身，大之丧邦，大抵皆由于酒。今夫修德励行，是庶民所以保身的道理。若或心志荒乱，而亏丧德行，则天必厌之，而覆败其身家。然考其丧德之故，无非因沉湎于酒，所以做出许多不好的事来，以至于丧身而不悟。是彼之好酒之时，即天心厌弃之日矣，为民者可不戒哉！奉法修职，是诸侯所以保邦的道理，若小国大国的诸侯，纵欲败度而不修政事，则天必恶之，而丧亡其国家。然考其丧邦之由，也无非因沉湎于酒，所以造出各样的罪过，以至于败亡而后已。是彼之崇饮之时，即天意降殃之日矣。为君者可不戒哉！下而百姓，上而邦君，衅端祸本，莫不因纵酒所致，则酒之为祸，亦烈矣哉！"

"文王诰教小子，有正有事，无彝酒。越庶国，饮惟祀，德将无醉。"

解 小子，年少之称。有正，是有官守的。有事，是有职业的。"彝"字，解做"常"字。将，是将持。武王说："我文王于庶邦臣民，固教之谨酒矣。然其中有年少的人，血气未定，尤易纵酒。"又专诰教他说："群臣之小子，年虽幼少，然各有是官守，即有是职业，或常于酒，将至怠惰放纵，而不能勤其官职矣。必敬尔有官，恪恭乃职，无以饮酒为常而不戒也。及汝庶国之中，都当以此为戒。其饮酒，惟当于祭祀之时，盖祭有旅酬之礼，享尸之燕，于此虽可以饮，然饮之亦必有节，以德将持，无为曲糵所迷，或至于醉，而内荒心志，外丧威仪可也。如此，则庶几能尽臣道，而亦远于酒祸矣！"

"惟曰：'我民迪小子，惟土物爱，厥心臧，聪听祖考之彝训，越小大德，小子惟一。'"

解 "迪"字，解做"训"字。土物，乃土地所生之物，若五谷之属皆是。臧，是善。聪听，是专心以听。武王说："我文王不特教臣之小子，于民之小子，亦进而教之，说道：'人情为逸乐所移，便不晓得土物可爱。我民为父老的，平日常常训导其子孙，使他勿趋浮末，专于勤稼穑，服田亩。一意以此为爱，则心无外慕，善念日生，自然都以孝亲敬上为事，不暇于饮酒矣。而民之为子孙者，亦当于此，专心以听信尔祖考之常训，而服行之。盖德之在人，有日用饮食的细行，有纲常伦理的大德，何者不是当谨的。尔小子勿谓谨酒是小德，当思细行不谨，大德便亏，口腹不节，心志乃丧。德有大小，而一体视之，这便是能聪听祖考之训矣。'"夫四民之业，莫劳于农事。文王教西土，惟欲以土物为爱者，盖人心无二用，所重在土物，自不遑于逸乐，惟耽乐之从，则视土物反轻矣。此圣王教民，所以必开其为此，而禁其为彼也。

牟車服賈圖

"妹土，嗣尔股肱，纯其蓺黍稷，奔走事厥考厥长。肇牵车牛远服贾，用孝养厥父母。厥父母庆，自洗腆，致用酒。"

解 嗣，是续。纯，是大。"肇"字，解做"敏"字。服，是事。贾，是商贾。洗，是洁。腆，是厚。武王教妹土之民说："尔众百姓每，我非禁汝断酒而不饮，但酒也有当饮的时节，如务农的，能勤其四肢，嗣续汝股肱之力，大修农功，树蓺黍稷，不惮耕作之劳，奔走服勤，以事汝的亲长。为商的，能敏于贸易，牵车牛，载货物，远事商贾，以其所得，用为孝养父母之资。那为父母的，见得你为子的这等勤生理，务本业，将来家计有托，甘旨有赖，必然心生喜庆。你到这时节，然后整治些丰洁的饮食，致酒燕乐于家庭之间，则既足以承父母之欢，又可以笃天伦之乐，亦何不可之有哉！若沉湎自恣，不顾生理，且将贻父母之忧矣。"

"庶士、有正，越庶伯、君子，其尔典听朕教。尔大克羞耇惟君，尔乃饮食醉饱，丕惟曰：尔克永观省，作稽中德。尔尚克羞馈祀，尔乃自介用逸。兹乃允惟王正事之臣，兹亦惟天若元德，永不忘在王家。"

解 有正，是有官守。庶伯，是庶官之长。典，是常。"羞"字，解做"养"字。耇，是老。羞耇惟君，是养老奉君。"丕"字，解做"大"字。作，是动作。介，是助。逸，是宴乐的意思。允，是信。若，是顺。元德，是大德。武王教妹土之臣说："汝妹邦庶士之有官守者，及庶官之长，在朝的众君子，当常听我的教诲，不可有违。今我非禁汝等断酒而不饮，但酒也有当饮的时节，如国家行养老奉君之礼，必须用酒合欢。尔等若大能修举此礼，遇乡饮酒礼，则执爵奉俎以养老，而能敬其所亲；遇大庆宴会，则称觥献寿以奉君，而能敬其所尊。由是承长者之欢，而劝酬浃洽；享尊者之赐，而情意流通。则饮食之间，无非至礼所在，尔虽既醉既饱，亦不为过矣。又以事之大者而言，祭祀乃国事之最大者也。汝若能常常反观内省，在未承大祭之时，凡念虑营为，悉合乎中正，而无'过'与'不及'之差，则德全于身，而可以交于神明，庶几能供养馈食，而承祭享之大典。由是因鬼神之歆，而膺饮福之惠，虽自助而用宴乐焉，亦无害矣。若非养老祭祀，则断不可崇饮，以自暇自逸。汝群臣能谨守我的训戒，则不但从君之教，而所以共臣职、顺天心者，亦在于此。盖人臣以勤事为忠，兹惟饮酒有节，则不妨正务，而职业修举，信乎为王朝，奉公守法之臣矣。天之所眷在德，兹惟克慎于酒，则大德无亏，天必顺之，可以长保其禄位，而不忘在王家矣。夫能一谨酒而众善咸集如此，为臣者可不勉哉！”按上文武王于民，许其以孝养父母之时饮酒，此条于臣，许其以养老祭祀之时饮酒，本欲禁绝其饮，今乃反开其端者，通其情于法之外，是以其教不拂，而能使天下易从也，非圣人导民之微权欤！

王曰：“封！我西土棐徂邦君、御事、小子，尚克用文王教，不腆于酒。故我至于今，克受殷之命。”

🔴解　棐，是辅。徂，是往。“腆”字，解做“厚”字。武王又特呼康叔之名，而告之说：“谨酒虽若一事，而其效关于天命则甚大。昔我文王抚有西土之日，臣民涵酒的，谆谆然有训词教之矣。故凡辅佐文王于往日者，有邦君是分统方国的，有御事是分理庶职的，有小子是臣之年少的，庶几能遵用其教，都不敢厚自奉养以致用酒。是以内则职业修举，外则俗化淳美，馨香发闻，皇天眷之。故我至于今日，能代殷受命，以有天下，实毖酒之明效，而文王之余荫也。夫酒之不腆，似与天命无预，然而败德之原，实在于此。毖酒所以慎德，慎德所以格天，观于纣以酗酒亡国，则文王所以兴周可知矣。”

王曰：“封，我闻惟曰：在昔殷先哲王，迪畏天，显小民，经德秉哲。自成汤咸至于帝乙，成王畏相，惟御事厥棐有恭，不敢自暇自逸，矧曰其敢崇饮？”

🔴解　《酒诰》一篇，自“王若曰，明大命于妹邦”以下，至于“克受殷命”，是训戒商邑的说话。自此以下至终篇，是告康叔的说话，皆禁人崇饮之辞也。殷先哲王，指成汤说。迪畏，是畏惧而见于行。天显，是天理显然者。经，是常。 秉，是持。 帝乙，是商后代的贤君。 成王，是成其君德。 畏相，是敬畏辅相。 棐，是辅。 崇，是尚。 武王又呼康叔而告之说："我周天命，固受于殷，而汝所治，又是殷民，抑知殷家所由兴乎？ 盖君道莫大于敬畏，敬畏惟贵乎躬行。 我闻前人曾说道，在昔殷先哲王成汤，以上天的明命至重，小民虽至微难保，兢兢戒谨，以此为畏。 然不但心存敬畏，凡一切见诸行事者，亦皆敬畏之所发，不敢有一些怠慢。 其见于处己，则日跻圣敬，常其德而不为外物所变；见于用人，则克知宅俊，持其智而不为小人所惑。 盖德者，天亲民怀之本；贤者，事天治民之资。 这两件都是人君最要紧的。 汤能迪畏如此，则其垂统者，无不善矣。 是以后代为君为臣的，皆有所取法遵守。 自汤至于帝乙，中间七王，皆是贤圣之君，莫不世守家法，都以天民所系至重，而成就其君德；又皆敬畏辅相，尊礼崇信，以共图国政。 而当时治事之臣，亦皆为上为德，为下为民，尽道辅翼，责难于君以为敬。 夫商继世君臣，同一敬畏，不敢自宽暇逸豫如此，暇逸且犹不敢，况说道他敢崇尚饮酒乎？" 此由汤贻谋之善，方能使后世君臣，莫不敬畏如此。 商之兴，诚有所本矣。

"越在外服，侯、甸、男、卫、邦伯；越在内服，百僚、庶尹，惟亚、惟服、宗工，越百姓里居，罔敢湎于酒。 不惟不敢，亦不暇。 惟助成王德显，越尹人祗辟。"

🔴**解** 外服，指王畿之外。 侯、甸、男、卫，是四等诸侯。 邦伯，是诸侯之长。 内服，是畿内。 百僚，是百官之僚属。 庶尹，是众官之正。 亚，是次大夫。 服，是服事之人。 宗工，是尊官。 百姓，是百官著姓于国的。 里居，是致仕而居田里者。 武王说："有商盛王之时，不止那御事之臣不敢崇尚饮酒，及王畿之外，侯、甸、男、卫四等诸侯，与诸侯之长，这都是外臣。 及王畿之内，有百官之僚属，有庶官之长，有官之副贰，有奔走服事之人，有百官之尊，与百官著姓于国，退休于里居者，这都是内臣。 凡此诸臣，都不敢沉湎于酒。 不惟畏惧法度，不敢放纵饮酒。 他有职事的，勉于职事，无职事的，勉于德业，也无闲暇工夫去饮酒。 所以然者，惟欲上以辅助成就君德，

百姓里居圖

使昭著而不至昏昧。下以助百官诸侯之长，使敬其君而不至懈怠，此所以不暇也。当时君臣上下，内外大小，无一人不在敬畏之中。如此，盖由殷先王以迪畏存心，故后世子孙法之，群臣法之，此有商盛时遗俗之美。汝封今往治商邑，岂可不以是为法哉！"

"我闻亦惟曰：在今后嗣王酗身，厥命罔显于民，祗保越怨不易。诞惟厥纵淫泆于非彝，用燕、丧威仪，民罔不盡伤心。惟荒腆于酒，不惟自息乃逸，厥心疾狠，不克畏死，辜在商邑，越殷国灭，无罹。弗惟德馨香祀，登闻于天，诞惟民怨，庶群自酒，腥闻在上，故天降丧于殷。罔爱于殷，惟逸。天非虐，惟民自速辜。"

🔴**解** 后嗣王，是商纣。酗身，是纵酒沉酗其身。命，是命令。"越"字，解做"于"字。怨，是作怨之事。不易，是不肯改易。诞，是大。非彝，是非法。燕，是安。"盡（xì）"字，解做"痛"字。腆，是厚。无罹，是不忧的意思。武王又告康叔说道："殷先哲王，崇敬畏以奉天保民，故能诞受天命，历祚久长，使其子孙能世世守之，虽至今犹存可也。我闻其后代嗣王纣之为君，乃不法先王敬畏持身，纵酒以沉酗其身，遂致朝政荒废，凡所布的命令，都昏乱颠倒，无有显然昭示于民者，反将那酷刑暴敛，结怨于民的虐政，致敬而保守之，不肯改易。终日之间，只是大纵淫泆于礼法之外，如作奇技淫巧、酒池肉林之类，无所不至，以此心志溺于宴安。把居上临下的威仪，都丧尽了。故下民见之，无不痛伤其心，而悼殷国之将亡者，纣方偃然肆于民上，略无儆惧。惟荒怠益厚于酒，只图逸豫为乐，无少休息，其心为酒所使，忿疾强狠，虽至杀身，也不畏惧，罪恶贯盈，在于商邑，虽国家灭亡，亦甘心无所省忧。弗共上帝之祀，无馨香之德，升闻于天，惟有民心怨畔，及群酗腥秽之德，闻于上帝。于是天心弃绝商纣，降丧乱于殷邦，不少爱惜。若此者，惟纣纵逸失道，自绝于天故也。天岂有意于虐殷哉，惟殷人酗酒荒淫，以自速其罪戾耳。人实为之，天何尤乎？此可见天命靡常。观于商先王以敬畏而兴，后王以逸欲而败，则得失之效，昭然可睹矣！"

王曰："封！予不惟若兹多诰①。古人有言曰：'人，无于水监，当于民监。'今惟殷坠厥命，我其②可不大监抚于时。"

【注】
① 惟：想。若兹：如此。诰：训诫。
② 其：岂。

解 监，是监视。"抚"字，解做"安"字。武王又呼康叔而叮咛之，说道："我之诰汝，既举殷先哲王兴王之由，又指其后王覆败之故。谆谆告戒，不厌其烦者，岂是好为如此多言。盖闻古人说道：'凡人莫以水为监，当以人为监。'盖监视于水，不过照见人的面貌妍丑而已，妍丑是一定的，监之何益。若监视于人，则其行事得失，何者为可法，何者为可戒，都了然明白，可以为我的从违，故不若以人为监之为愈也。古人之言如此。今殷人纵酒，自速其罪，坠失了天命，此昭然可监者。我岂可不以殷之失，大视为戒，以抚安斯时乎？是以不觉其辞之多也。汝封其念之哉！"

"予惟曰：汝劼毖殷献臣，侯、甸、男、卫，矧太史友、内史友，越献臣百宗工。矧惟尔事，服休服采；矧惟若畴，圻父薄违，农父若保，宏父定辟，矧汝刚制于酒。"

解 劼（jié），是用力的意思。毖，是戒谨。殷献臣，是殷之贤臣。侯、甸、男、卫，是邻国诸侯。太史、内史，都是掌法的官。百宗工，是百僚大臣。服休，是论道之臣。服采，是干事之臣。"畴"字，解做"匹"字。圻（qí）父，是司马。农父，是司徒。宏父，是司空。薄违，是迫逐违命。若保，是顺保万民。定辟，是正经界以定法。武王又告康叔说："导民之道，笃近而后可以举远，由尊而后可以及卑，而反身修德，正己率人，又为治之本。汝今明训戒于妹邦，若殷之贤臣，与邻国侯、甸、男、卫众诸侯，乃殷民观望所系者，固当用力以戒谨之，使之崇敬畏，而克慎于酒矣。然此尚其远者耳，法行当自近始，况汝之所友，若太史、内史掌法之官，及其贤臣百僚诸大臣，可不预戒之乎！然此尚其卑者耳！倡率须自尊者始，况汝之所事，若服休而论道之臣，服采而作事之臣，又可不预戒之乎！等而上之，况汝之畴匹而位三卿者，若圻父司马掌薄伐违命之政，农父司徒掌顺保万民之政，宏父司空掌经界定法之政。位愈尊，则望愈重，尤宜正己率属，同以戒谨为事可也。然此皆责之于人者也，又况汝之身，乃一国之所视效者，有诸己而后可以求诸人，无诸己而后可以非诸人，或有不戒，将何以令人哉？故尤当刚果自持，以道制欲，务严沉湎之习，以端表率之原，庶乎汝之教人者，不徒以言而先之身，则人之从教者，不于其令，而于其好矣！"

"厥或诰曰：'群饮。'汝勿佚，尽执拘以归于周，予其杀。"

解 "佚"字，解做"失"字。执拘，是械系。周，是京师。武王又告康叔说："崇饮之禁，固不可不严，而其中犯禁者，情有轻重，又不可不分别治之。若或有人告于汝说，殷民有无故成群相聚饮酒的，此等的民，必是有所谋为，朋兴作奸，比之寻常纵酒者不同，汝却不可轻纵了他，都械系来京，我其杀之而不赦。"盖人欲为不善，最患其党与众多，则为害必大，而酒食乃聚党合众之资，故群饮者必诛，所以遏乱萌也。

"又惟殷之迪，诸臣惟工，乃湎于酒，勿庸杀之，姑惟教之。"

解 迪，是导。武王又说："商民之群饮为奸者，固当执之而加以显戮。若是殷之诸臣百工，素染纣之污俗，而沉湎于酒者，汝且勿骤用执拘之例，径施杀戮之刑，姑宜申明教训，许其自新，或示以羞耇馈祀之言，或诱以棐恭助德之事，使之悔悟，知所省改。"盖沉湎纵饮，以自丧其德，其罪止于一身，与百姓之群聚而为奸恶者殊科，且染恶素深，未能遽变，被化尚浅，情有可原，故未可骤加之以刑戮，此又视臣视民之别也。

"有斯明享，乃不用我教辞，惟我一人弗恤，弗蠲乃事，时同于杀。"

解 "享"字，解做"向"字，古字通用。恤，是爱。蠲（juān），是洁。武王说："不教而杀，固谓之虐。教而不改，法亦难容。今汝于商之诸臣，既告以羞耇馈祀之言，又诱以正事元德之赏。这是明明指示以向往之路矣。他乃不遵用我教词，而沉溺于湎酒之故习，不肯改变，似这等稔恶不悛的人，惟我一人，岂能复爱恤之乎！彼既不能洗涤其旧染之污，以自澡洁，则与顽民之不服教训，群饮为恶者，其罪同矣。拘执之，诛杀之，何足惜哉！所以说，时同于杀。盖恶其抗上违训，所谓怙终贼刑也。"

王曰："封！汝典听朕毖，勿辩乃司民湎于酒。"

解 典，是常。"辩"字，解做"治"字。乃司，是有司。武王又呼康叔，而告之说道："司教者，贵有常心。行法者，须自上始。若勉于一时，而忽于持久，或严于百姓，而略于有司，则教废而民玩矣。故我所示谨酒之教，汝毋但听受于今日而已，当常常奉行遵守，以化导殷邦之臣民，不可懈怠。然百官有司，又庶民之所视效者，必须先治有司，使其礼法相守，毋蹈沉湎之非。斯下民有所观法，各相警戒，以从上之令。倘不能明劫毖之教，举赏罚之典，以治有司，而任其群饮，则民皆相率效尤，虽日颁条教以禁之，而其沉湎于酒者，犹夫故耳。盖上行下效，捷于影响，先群臣而后百姓，此施教之序也。汝封其终念之哉！"按《酒诰》一篇，累数百言，丁宁反覆，以酒为戒，禁之而不得，至于用杀以威之。何先王之为酒禁，如是之严哉？良以人之一心，存敬畏，则善心生；好逸乐，则非僻作。而逸乐纵情之事，未有不由于酒者。人之饮酒，其始或用之以合欢，因之以畅意，及其饮之而无节，遂至耽好；耽好而不止，遂至荒淫。小则败德失仪，大则丧身亡国，其祸有不可胜言者矣。故大禹恶旨酒，伊尹儆酣歌，皆防其渐也。为人上者，可不戒哉！

梓材

这也是武王诰康叔之书，因其中有『梓材』二字，史臣遂以名篇。

王曰："封！以厥庶民暨厥臣、达大家，以厥臣达王，惟邦君。"

解 上"臣"字，是国中群臣。达，是通达其情。大家，是巨室。下"臣"字，兼庶民及大家言。武王呼康叔而告之说道："欲治国者，必以通上下之情为先务。诸侯国中，有大家巨室，乃国人之所观望，不得其心，何以为治？必使国中庶民及群臣，皆得以其情达于大家，而后一国之中，欢欣交洽，无有抑遏而不通者矣。诸侯有国，受之天子，天子为天下之共主，上下不交，何以为治？必使国中庶民及大家，皆得以其情达于天子，而后四海之内，欢欣交洽，无有阻隔而不通者矣。若此者，谁则任之，惟是邦君藩屏一方，上焉有天子之当事，下焉有大家臣民之相临，以一身处乎上下之间，必使其情通达而无间隔，乃为尽职也。邦君责任之重如此，尔小子封可不勉哉！"

"汝若恒越曰：'我有师师，司徒、司马、司空、尹旅。曰：予罔厉杀人，亦厥君先敬劳，肆徂厥敬劳。肆往奸宄、杀人、历人，宥；肆亦见厥君事，戕败人，宥。'"

解 恒，是常。越，是发。师师，是相师为善的意思。尹，是正官之长。旅，是众大夫。敬劳，是恭敬劳来。徂，是往。乱在外为奸，在内为宄。历人，是罪人所过，知情藏匿资给者。戕，是伤人支体。败，是毁人生业。武王又告康叔以宽刑辟的道理说："汝若常常发令，以晓谕群臣说道：'凡我师师之官，有司徒、司马、司空，有正官之长，有众大夫，如或用刑，皆当仰体我意。盖我之意亦曰，民命至重，不欲厉威虐以杀人也。然以意示人，不若以身倡之，亦惟尔为君者，先恭敬劳来其民，常务哀矜慎重，不肯轻忽，但见三卿尹旅，往后都效君所为，思尽其敬劳之职，而不敢敷虐于民矣。如刑辟之中，有奸宄、杀人、历人的，皆罪之大者；有戕败人的，乃罪之小者。

【注】

① 矜疑：古代司法术语，意思是其情可怜，其罪可疑。

尔自今以往，能于罪之大者，察其情果矜疑①，即宥而不诛，许令自新，则群臣见其君之行事，亦能宥夫小罪之可矜疑者，以抑承好生之德矣。'"此可见清刑之源在上不在下，化臣之道，以身不以言也。

"王启监，厥乱为民。曰：'无胥戕，无胥虐，至于敬寡，至于属妇，合由以容。'王其效邦君越御事，厥命曷以？'引养引恬。'自古王若兹，监罔攸辟。"

解 启，是开。监，是监国，即下邦君御事。乱，是治。属，是联属。合，是保合。容，是容蓄。效，是责效。恬，是安。辟，是刑辟。武王又推先王命诸侯之意，以告康叔说："王者所以开置监国，立君而辅之以臣者，其治本以为民，使俱得生养安全而已。考其命监之词，有云：'凡尔君臣，无相与戕杀其民，使陷死地，无相与虐害其民，使被荼毒。至于人之寡弱者，当哀敬之，无敢狎侮；妇之穷独者，当联属之，无令离散。又推而保合一国之民，率由是哀敬联属之道，而容蓄之，使人人各得其所焉。'其命监之词如此。夫先王所以谆谆告谕：'责效于邦君御事者，亦惟欲刑罚无滥，务引诱斯民，使其得遂生养而不至穷困，得就安全而不至颠危耳。'自古王者之命，监其意，不过若此。尔今为诸侯以统群臣，若过用刑辟，戕虐其民，而不思安养之道，则与王者命监之意相背矣。尚务以德临民，而无专用刑辟可也。"

敬寡屬婦圖

惟曰："若稽田，既勤敷菑，惟其陈修，为厥疆畎；若作室家，既勤垣墉，惟其涂塈茨；若作梓材，既勤朴斫，惟其涂丹雘。"

解 稽，是治。敷菑，是广去草莱。疆，是畔。畎，是通水的沟渠。涂塈（jì），是泥饰。茨，是苫盖。梓材，是梓木良材，可为器用者。雘（huò），是采色之名。武王又告康叔说："为国之道，就如治田造屋制器的一般，为之皆期于有成而后可。且如治田的，先已勤劳用力，广去了草莱，不使为禾稼之害，还须陈列修治那田之疆畔与通水的沟渠，使足以备旱涝，而后治田之功有成也；又如造屋的，先已勤劳用力，筑起四围的垣墙，定了规模基址，还须用泥去塈饰，用草去苫盖，使足以蔽风雨，而后作室之功有成也；又如把良木去制器用，先已勤劳用力，做一个粗朴，又加些雕斫的工夫了，还须装饰采色，使文质相称，足以备观美，而后制器之功有成。"盖武王除恶去暴，如治田之敷菑，建邦启土；如作室之垣墉，创制立法；如梓材之朴斫，皆有已成之策，可继之功。其疆畎、塈茨、丹雘之事，则在康叔善成其终，不可变成规而隳前功也。故其告戒谆切如此。

今王^①惟曰："先王既勤用明德，怀为夹^②，庶邦享作，兄弟方来，亦既用明德。后式典集，庶邦丕享。"

解 此以下皆周臣进戒嗣王之词，简编错乱，误缀于此。先王，是文王、武王。"夹"字，解做"近"字。享，是奉承的意思。兄弟，是友爱的意思。后，是君。式，是用。典，是旧典。集，是和辑。周臣告君说道："今我嗣

【注】

① 今王：周成王。

② 怀：来。夹：同"郏"，洛邑。怀为夹：经营洛邑。

兄弟方来图

王，惟当日文王、武王，深念藩屏之重，尽勤用明德，推诚加礼，以怀服天下之诸侯，使远方都相亲近情谊，不至于间隔，其厚如此。由是庶邦诸侯，感发兴起，而敬奉其上，其友爱之情，就如兄弟，凡遇朝觐会同之事，各以其方而来，个个都循礼守法，无有不遵用文武之明德者。夫上以明德而怀其下，下亦以明德而享其上，先王之世，上下相与如此。今王嗣位，不必他求，惟能用先王明德怀远之常典，以和辑天下之诸侯，则诸侯亦感德效顺，来享来王，无敢有不敬应者矣，此怀服诸侯，当法先王也。"

"皇天既付中国民越厥疆土于先王。"

解 付，是与。越，是及。疆土，是疆界土地。周臣进戒其君说："比先中国人民土地，都是商家所有，商纣暴虐，得罪于天，于是皇天上帝，鉴我周之德，尽把中国的人民，及其疆土，付我文王武王，使代商而有天下。昔日商家之盛，转而属之我周矣。嗣王可不思保守先王之业乎！"

"肆王惟德用，和怿先，后迷民，用怿先王受命。"

解 "肆"字，解做"今"字。怿，是悦。先后，是劳来的意思。迷民，是迷惑染恶的百姓。周臣又说："上天以中国人民土地，付与先王者，以先王能用明德故耳。今王缵承历服，治先王所受之民，亦当惟德是用，不在乎法制禁令之末也。彼迷惑染恶之民，有忿戾不肯率教的，则以德而和悦之，使他都欢欣鼓舞，乐于趋善；有昏弱不能从化的，则以德而劳来之，使他都振作兴起，果于为善，则百姓每都从服教化，翕然有顺治之风。是先王所受之天命，可以常保，而在天之灵，亦必安慰喜悦，无复顾虑矣。此化服殷民，当法先王也。"

"已，若兹监！"惟曰："欲至于万年，惟王子子孙孙永保民。"

解 已，是语辞。监，是视。周臣既告戒于君，其意犹未已也。故又说："凡我所陈用德的说话，王其监视于此，不可轻忽。盖以诸侯者，国家之藩屏；人民者，国家之本根。藩屏既固，本根不摇，则可以绵历数于悠久，自今日以至于万年。惟我王之子子孙孙，长膺保民之任，其庶邦之丕享，天命之眷绥，虽万年如一日也。我所祝愿于王，如此而已。然则王可不监我之言，以为子孙久远计哉。"盖古大臣之于君，既告之以明德，又期之以万年，其惓惓忠爱之心如此。

召诰

成王在丰，欲宅洛邑，使召公先相宅，作《召诰》。

昔武王克商，欲建都于洛邑。至成王时，始命周公、召公经理之。洛邑既成，召公因周公归，作书陈戒于王。史臣因以《召诰》名篇。

惟二月既望，越六日乙未，王朝步自周，则至于丰①。惟太保先周公相宅，越若来三月，惟丙午朏。越三日戊申，太保朝至于洛卜宅，厥既得卜，则经营。

解 既望，是十六日。王，是成王。步，是步辇。周，是镐京。太保即召公。相，是视。宅，是居。越若，是发语辞。朏，是初三日月始生之名。经营，是经理营度。史臣叙说："惟二月十六日，后第六日乙未，是日之朝，成王步自周京至于丰。以宅洛告于文武之庙，使太保召公先周公行，相视洛邑所居之处。召公自丰起行而来，惟三月初三日丙午，至初五日戊申，是日之朝，召公至洛以建都事，当稽于天，乃命元龟卜其何处可为王城，何处可为下都。既得吉卜，遂经理营度其事，虽未即修建，而基址位次，规模已预定矣。"盖周家旧都丰镐，至于成王，以洛邑居天下之中，四方朝贡，道里适均。故命周召经营而定鼎焉。宅中图大之业，实在乎此矣。

越三日庚戌，太保乃以庶殷攻位于洛汭，越五日甲寅，位成。

解 庶殷，是殷之众民。"攻"字，解做"治"字。洛汭，是洛水之内。位，是都邑的位。史臣记说，召（shào）公经营洛邑，择日兴工，自戊申越三日庚戌，乃以已迁在洛的众殷民攻治，兴建都邑之位于洛汭。越五日甲寅，则左祖、右社、前朝、后市的基址，皆平定矣。当其举事之初，四方之民，远未能集，而攻位之役，力亦易办，故就殷民已迁者役之也。

【注】

① 丰：周文王庙在丰，武王时为行都。今陕西长安县西沣河以西地区。

洛汭成位圖

若翼日乙卯，周公朝至于洛，则达观于新邑营。

解 翼日，是明日。达观，是周遍观视。新邑，即洛邑。召公既以甲寅定位于洛，及明日乙卯，周公以是日之朝，亦至于洛，则遍观新邑经营的处所。凡王城下都，经召公规定的，都巡视一周，以相其形胜，审其风气。盖营洛大事，不可不详慎也。

越三日丁巳，用牲于郊，牛二。越翼日戊午，乃社于新邑，牛一、羊一、豕一。越七日甲子，周公乃朝用书，命庶殷侯、甸、男、邦伯。厥既命殷庶，庶殷丕作。

解 郊，是祭天地。社，是祭后土。书，是役书。邦伯，是统率侯、甸、男服的诸侯。"丕"字，解做"大"字。史臣叙说："周公以乙卯日至洛，越三日丁巳，以营洛事祭告天地，其牲用牛二。明日戊午，祭告洛邑后土之神，其牲用牛一、羊一、豕一。祭告既毕，乃以所用人夫多寡，工程期限之类，作为一役书。越七日甲子，是日之朝，周公以书亲命众殷之民。其在四方者，但命侯、甸、男服之邦伯，使他分命诸侯，传布于下。既以役书命殷众，于是众殷之民，莫不欢欣鼓舞，大来从役，忘其为劳。众殷顽民且然，则四方之服从者，可知矣。"

太保乃以庶邦冢君，出取币，乃复入锡周公，曰："拜手稽首，旅王若公。诰告庶殷，越自乃御事。"

解 币，是洛邑既成，诸侯来朝会时所献的币帛。锡（cì），是与。旅，是陈。御事，是左右治事之臣，人臣不敢直指君上，但言"御事"者，如今人称执事的一般。史臣记说，经营洛邑之事既毕，周公将归镐京，太保召公有陈戒成王的言语，及诸侯所献的币帛，都托周公以达之王。于是率诸侯自公所出外取入，并自己告王的书，都付与周公，说道："我今拜手稽首，以书币陈于王，而托公转达者，惟以作洛为化殷之地，君身实化殷之本。今新都鼎建，要诰谕庶殷，以作其友顺之风，革其怙侈之习，则必自君身始，此御事者之责也。 公其以吾言而达之于王乎！"

"呜呼！皇天上帝，改厥元子兹大国殷之命，惟王受命，无疆惟休，亦无疆惟恤。呜呼！曷其奈何弗敬。"

解 此以下都是召公警戒成王的说话。 元子，指商纣说。 无疆，是无穷。休，是美。 恤，是忧。 召公将言天命不可恃，乃先叹息说道："皇天上帝，其命靡常。 昔纣受天命，为元子而有大国殷矣。 及其无道，得罪于天，遂改革了他所受的命，使我周代之，然则天命果可恃以为安乎！ 今王继文武而受命，尊为天子，富有天下，固有无穷之美。 然天无常亲，元子大国之命，既可改于昔，亦可改于今，岂非无穷之忧乎！" 于是又叹息说道："王曷其奈何弗敬，盖纣惟不敬，故天命去之。 今如何可纵肆而不敬乎！" 盖敬者，人君持身修政之至要。 能敬，则视听言动，件件循理；好恶用舍，事事合宜，然后民心悦而大命可保矣。

"天既遐终大邦殷之命，兹殷多先哲王在天，越厥后王、后民，兹服厥命。 厥终，智藏瘝在。 夫知保抱携持厥妇子，以哀吁天，徂厥亡，出执。 呜呼！天亦哀于四方民，其眷命用懋，王其疾敬德。"

解 遐，是远。 终，是绝。 后王、后民，指商纣说。"瘝"字，解做"病"字。 吁天，是呼天。 徂，是往。 懋，是勉。 疾，是急速不可缓的意思。 召公又说："今天于大国殷命，既永远弃绝之矣。 然此殷之先代，如成汤以下诸哲王，其精爽在天，未尝亡也，彼岂不能哀祈于天，以保佑其子孙乎？ 但以其后王、后人纣之为君，受天明命，不能敬德，播弃黎老。 使贤智者退藏，崇信奸回；使病民者在位，同恶相济，毒害其民，民苦虐政，无所控诉。 但知保抱其子，携持其妻，以哀号于天，及往而逃亡，求以自免。 又被有司拘执，无地自容，民之可哀甚矣！ 彼天阴骘下民，见那四方之民，无辜受害如此，能不哀怜而思以拯救之乎？ 故虽殷先王在天之灵，亦不能挽回天意，而眷顾之命，昔在于殷者，今改而属于勉德之文武矣。夫祖宗德泽之难恃如此，王其可不汲汲敬修其德，而保民以保天命哉！不然虽文武在天之灵，亦将无如之何矣！"

"相古先民有夏，天迪从子保，面稽天若，今时既坠厥命。今相有殷，天迪格保，面稽天若，今时既坠厥命。"

解 相，是视。迪，是启迪。从子保，是从其子而保佑之。面，是对越的意思。稽，是考。若，是顺。"格"字，解做"正"字。格保，是格正夏命而保佑之。召公说："天命无常，常于有德。我观古人有若夏禹之圣，天既启迪之，而成就其德矣。又从其子而保佑之，使继世之贤，足以敬承其道，天之眷夏如此。当是时，禹亦仰考天心而敬顺不违。凡所以凝固天命，贻厥子孙者，无所不至。宜乎夏之子孙，于今尚存也。乃桀为无道，今遂坠失其天命，而以商代之，禹之德泽，其可恃乎？我观近日有若成汤之圣，天既启迪之，而成就其德矣。又使其格正夏命而保佑之，遂缵禹旧服以有天下，天之眷殷如此。当是时，汤亦仰考天心而敬顺不违，凡所以奉若天命，敷遗后嗣者，无所不至，宜乎殷之子孙，于今尚存也。乃纣为无道，今遂已坠失其天命，而以我周代之。汤之德泽，其可恃乎！夫禹、汤能敬其德，故其兴也勃焉；后世不能敬德，故其亡也忽焉。天命之去留，惟在君心之敬肆，可不慎哉！"

"今冲子嗣，则无遗寿耇，曰其稽我古人之德，矧曰其有能稽谋自天。"

解 "冲"字，解做"幼"字。嗣，是继。寿耇，是老成的臣。谋，是度。天，是天理。召公又说："人君固当疾于敬德，而亲礼老成，又敬德之助。今王以幼冲之年，而继嗣君位，必任用寿耇之臣，不徒隆以礼貌，必倚为腹心，言听计从，朝夕亲近，不可轻遗弃了他。所以然者，盖这寿耇的臣，阅历年久，闻见广博，于古昔帝王的道德，可为师法者，能稽考其事实，如当时亲

妇子吁天图

婦子籲天圖

见的一般，是固不可遗矣。况又德盛智明，凡运筹发虑，以谋度国家之大政，能循理合天，无一些出于功利的意思，此尤不可遗也。盖稽古，则事有所证；稽天，则理无所遗。若没有这等的人启沃于前，则往古兴亡之监，上天精微之理，岂能件件晓得？今王敬德，可不得是人以为辅哉。"大抵老成之人，计虑深远，外似迂阔；而幼冲之君，喜用新进，势常易疏。故伊尹告太甲，以先民时若为言；成汤制官刑，以远耆德为戒。皆是此意，实万世君天下之要务也。

"呜呼！有王虽小，元子哉！其丕能诚于小民，今休，王不敢后。用顾畏于民碞。"

解 其，是期望之辞。诚（xián），是和。后，是迟缓的意思。碞（yán），是险。召公叹息说道："吾王虽是幼冲，乃上帝之元子，受天命而为民主，其责任至大，可不勉哉！盖天命之去留，视民情之欣戚。若小民不和，则天命亦不可保，而有负于元子之责矣。王其大能诚和小民，使之安居乐业，欢忻鼓舞，无有乖怨之意，则民安而天命亦安，国家永保太平之业，岂不为今日之休美乎！夫小民虽若至愚，然抚之则后，虐之则仇，其心碞险而可畏。若以为不足畏，而玩视之，鲜有不至于失民者。王必须以诚民为急务，不敢视为缓图，时时顾畏那小民之碞险，兢兢业业，似登高临深的一般，则庶乎可以和民心，而保天命矣！"

"王来绍上帝，自服于土中。旦曰：'其作大邑[①]，其自时配皇天；毖祀于上下，其自时中乂。王厥

【注】

① 大邑：东都洛邑。

② 命讨：下令讨伐。

有成命，治民今休。'"

解　绍，是继。服，是行。洛邑乃天地之中，故称土中。旦，是周公的名。"时"字，解做"是"字。配，是对。乂，是治。召公又说："出治之本，在乎君身，诚民之道，始于新邑。昔者王方幼冲，犹可委政于大臣，今洛邑新成，王年既长，来此继天为治，其责至重。凡典礼命讨②，须要件件自家留心服行于此中土，以总揽万几，不可专倚恃臣下，而自处于逸也。此非臣一人的意见，且旦亦曾说道：'人君一身，上为皇天之付托，中为百神之主宰，下为万民之依归。今作大邑，岂徒为逸豫之计？盖将自此土中作君作师，以配对上帝；肇称殷礼，以享答神祇；宅中图治，以诚和万民。旦之所言，即臣期望于王之意也。王果能勉而行之，庶几民心悦，而天意得，佑命我周者，一成而不易矣。治民至于格天，才是极处。将见治化隆盛，社稷灵长，岂不为今日之休美乎！'吾王不可不加之意也。"

"王先服殷御事，比介于我有周御事，节性，惟日其迈。"

解　御事，是治事之臣。比，是亲近。介，是副贰。节，是制。迈，是进进不已的意思。召公说："王今自服土中，固以化民为要。然化民当自臣始，使有位者，先抵冒法禁而不忌，则何以令民哉！今殷之多士，化纣之恶，非若我周之臣，习于教令，王要先化那殷家御事的臣，使他与我周之御事，亲近副贰，耳濡目染，相观为善，以节制他往时骄淫之性，则自然日进于善而不能已矣。盖人为习染所坏，是以流荡忘返，日入于恶而不自知，使朝夕与正人居，闻正言，见正事，久之将悔悟奋发，舍其旧而新是图矣。此先王转移民俗之善机也。"

"王敬作所，不可不敬德。"

解　所，是处所。召公又说："君身者，群臣所视效。要化服那殷之臣，必谨乎君身。王当把那敬做安身的处所，动静语默，出入起居，常在于是。如人的身，住在房屋里面一般，不可暂时离了。盖敬乃一身之主宰，万化之根原。 能以敬作所，则此心收敛而德成；不能以敬作所，则此心放纵而德隳矣。王不可不敬德，以为化服臣民之本也。”召公进诰至此，凡三言敬，而意愈恳切，即周公言所其无逸之意，君人者，宜致思焉。

“我不可不监于有夏，亦不可不监于有殷。 我不敢知曰，有夏服天命，惟有历年；我不敢知曰，不其延，惟不敬厥德，乃早坠厥命。 我不敢知曰，有殷受天命，惟有历年；我不敢知曰，不其延，惟不敬厥德，乃早坠厥命。”

解 监，是视以为法戒。 服，是受。 延，是久。 坠，是失。 召公又说：“我谓王不可不敬德者，正以敬肆之间，乃历年长短之所系。 前代兴亡，皆不出此。 今我王不可不监视于有夏，亦不可不监视于有殷。 若二代之君，能敬的，则宜以为法；不能敬的，则宜以为戒。 如夏禹受命，历年四百，我不知他为何这等长久；及夏桀嗣位，遂至亡灭，我不知他为何便不能少延。 以我看来，惟桀不能敬其德，作威敷虐得罪于天，乃早坠失了有夏之命耳。 殷汤受命，历年六百，我不知他为何这等长久；及殷纣嗣位，遂至亡灭，我不知他为何便不能少延。 以我看来，惟纣不能敬其德，沉湎暴虐，自绝于天，乃早坠失了有殷之命耳。”盖天命长短，皆不可知，而敬德在我，所当自尽。 观禹、汤之所以兴，桀、纣之所以亡，则王自不能不疾于敬德矣。 我谓不可不监于夏、殷，正以此也。 夫桀以不敬而亡夏，纣以不敬而亡商；周监于二代，至于幽、厉，又以不敬而灭亡。 千古兴亡，如出一辙，自周而后，虽百世可知也。

“今王嗣受厥命，我亦惟兹二国命，嗣若功。 王乃初服。”

解 嗣，是继。 二国，指夏、商。 功，是有功德之君。 初服，是服行政教之始。 召公告成王说：“我周自文武造邦，今王嗣位，昭受厥命，虽天眷维新，然今日所受之命，即是夏商所受之命。 夏之子孙不能保，而归于商；商之子孙不能保，而归于我周。 是未可恃以为常也。 当思二国受命之初，如禹之祗德，汤之懋德，都是有大功德的圣君，能敬德以历年者。必勉力继嗣，务要学他的敬德，乃可以凝固天命，多有历年耳！况王乃新邑初政，服行教化之始，天命去留，所系甚重，可不谨哉！"盖继体守成之君，每以天命为可常，祖宗德泽为可恃，多不能修德，以致乱亡。故召公之于成王，告戒如此。

"呜呼！若生子，罔不在厥初生，自贻哲命。今天其命哲，命吉凶，命历年，知今我初服。"

解 初生，指人幼年说。自贻，是自家遗下的。哲命，是聪明的天性。召公又叹息说："今王初政，不可不谨。譬如人家生子一般，都在那初生幼年的时节，能习于为善，则知识聪明，日渐开发，到长大时，必然是个好人，这是自家遗下来的明哲之性，非他人所能增益也。若人君能谨于初政，习惯自然，必是个贤圣之君，与自贻哲命的一般，是在吾王自勉而已。我看如今的天意，或命王以明哲之德，或命之以吉，或命之以凶，或命之以历年长久，这都不可知。所可知者，只看我初政所服行何如。若能敬德，便是自贻哲命、自贻吉祥、自贻历年矣。转移天心，全在今日，吾王可不以敬德为急务哉！"

"宅新邑，肆惟王其疾敬德。王其德之用，祈天永命。"

解 宅，是居。"肆"字，解做"今"字。疾，是速。祈，是求祷。召公又说："如今洛邑新成，我王来居于此，正初服之时，远近臣民，无不瞻仰，今王其及时奋发，速于敬德，以为诚和小民之本，不可有一毫怠缓之心也。盖天命之去留，系于民心；民心之向背，观于君德。王其用此敬德以和民，使人心悦而天意得，以祈祷上天长久之命，衍国祚于千万年，岂不美哉！"盖天命无常，惟德是辅。故人君欲天命之永久，惟在以德祈之，不在乎祷祀以徼福也。

"其惟王勿以小民淫，用非彝，亦敢殄戮；用乂民，若有功。"

解 淫，是过。彝，是常法。乂，是治。若，是顺。召公又说："德为化民之本，刑为辅治之具。王当急于敬德，缓于用刑，其勿以小民无知，过为不法。说他顽慢弗率，难以德化，遂果于诛戮，而一意用刑以威之。盖民心至愚而神，顺之则治，逆之则乱，若徒用刑罚驱迫他为善，则民心未必服从。惟躬修敬德，顺其性而利导之，则非彝之习，自然化为用德，而可以成治功矣，何用殄戮为哉！"

"其惟王位在德元，小民乃惟刑用于天下，越王显。"

解 德元，是君德首出于天下。刑，是取法的意思。"越"字，解做"于"字。显，是明。召公说："王者居天下之上，其位固已极尊，然必须德足以称之，乃可以服天下。王其懋敬厥德，使德与位称，巍然立于万民之上，就似高出一头的一般，则王之德，足以为天下法矣。将见那百姓每感发兴起，都取法于君上之德行，无有过用非法的人，则吾王之德，昭著于天下，如日月之照临，岂不益明显乎！如此，则可以诚小民而祈天命矣！"

"上下勤恤，其曰我受天命，丕若有夏历年，式勿替有殷历年。欲王以小民受天永命。"

解 上下，是君臣。勤恤，是忧勤。其，是期望之辞。"式"字，解做"用"字。勿替，是兼有的意思。召公又说："祈天永命之道，上下同任其责。自今我君臣，皆当夙夜勤劳忧恤，相与期望，说道，夏有天下四百余年，殷有天下六百余年，享国甚久。今我周受命，必大如有夏之历年，又不要失了有殷之历年，务期兼夏商之历数，而有之可也。然欲历年长久，岂必他求，盖天以民为心，国以民为本。惟欲王诚和小民，常加爱恤，于以团结人心，顺承天意，使国家长治久安，以受上天之永命耳。君臣所当勤恤者，莫大于此。"

拜手稽首曰："予小臣敢以王之雠民、百君子、越友民，保受王威命明德。王末有成命，王亦显。我非敢勤，惟恭奉币、用供王，能祈天永命。"

解 雠民，是殷之顽民，与三监谋叛者。百君子，是殷之诸臣。友民，是周家友顺

奉幣供王圖

奉币供王图

的民。 保，是保守。 受，是顺受。 末，是终。 召公于篇终，又拜手稽首致敬说道："洛邑所迁殷之顽民及诸臣，与我周友顺的民，都视君德之修否，以为向背者也。 王能以德为威，以德为明，则我小臣，敢率此臣民，使之畏威怀德，保守而不失，顺受而不违，无有不遵奉法纪，服行教化者，是乃臣之所能为也。 然王之一身，又臣民所视效，尚当益修敬德以诚民，使嗣受的成命，自今终有之而不替；则王之令闻，亦显于后世而无穷矣。 我今取币及书以陈于王，岂敢以此为勤劳哉！盖王来洛邑，必有祭祀，以祈天命之永，故我敬奉此币于王，用供王之祈天永命而已。"不曰"祭"祀，而曰能"祈天永命"者，盖祭祀乃祈祷之文，惟能自敬德之君，斯能感格天心，昭受休命，乃祈祷之实。 故召公于篇终，深致责难之忠如此。 按《召诰》一篇，拳拳历年之久近反复，夏商之废兴，不惟其终，惟其始；不惟其身，惟其子孙。 为国家虑，可谓长远矣。 然究其指归，惟以诚民为祈天永命之本，以疾敬德为诚民之本，丁宁告戒，不越乎敬之一言，此继体守成之君所当深思而力行也。

洛诰

召公既相宅，周公往营成周，使来告卜，作《洛诰》。

洛邑既定，周公遣使复命于成王，因欲告归明农，而成王恳留周公，命其留治洛邑。史臣记其君臣相告语之辞为书，以其皆相洛治洛之事，故以《洛诰》名篇。

周公拜手稽首曰："朕复子明辟。"

解 此以下三节，是周公授使者告卜于成王的说话。复，是复命。子明辟，是指成王。史臣记说，昔者周公承成王之命，卜都于洛，至是遣使告卜于王，乃拜手稽首致敬而授之以词说："王尝以作洛之事，委之于我，今其事已定，朕敢复命于子明辟。"盖周公于成王，以亲则为兄之子，以尊则为君，故其报命之间，词礼严重如此。

"王如弗敢及天基命定命，予乃胤保大，相东土，其基作民明辟。"

解 如弗敢，是周公形容成王谦退的意思。及，是与知。基命，指营洛之初说。定命，指洛邑告成说。皆言天命者，重其事也。胤，是继。保，是太保召公。洛邑在镐京东，故谓之"东土"。周公说："定都大事，王当亲往，今王乃以幼冲退托，若不敢与知上天成始之基命，与成终之定命，一切创始的规制，善后的事宜，都付之太保与我，我岂敢不任其责？于是继太保召公而往，大相视于东土，何者可为王城，何者可为下都，皆规画布置，以为王始作民明君的去处。"盖都邑既定，则可以朝诸侯，抚万民，而宅中图大之业，皆始于此。所以说其基作民明辟也。

"予惟乙卯，朝至于洛师，我卜河朔黎水，我乃卜涧水东、瀍水西，惟洛食。我又卜瀍水东，亦惟洛食。伻来以图，及献卜。"

解 乙卯，是三月十二日。洛师，犹言京师。河朔黎水，是河北黎水交流之处。涧、瀍（chán），是二水名，在今河南洛阳县。食，是食墨，凡灼龟，必先以墨画于龟壳之上，看灼时所裂之文，正食其墨便是吉，不食其墨便是凶。伻（bēng），是使。图，是洛之地图。献卜，是献其卜之兆辞。周公说："三月乙卯之朝，我至于洛师，以河北黎水交流的去处，殷民近便，乃先卜此地不吉，于是改卜涧水之东、瀍水之西，以为王城朝会之地，而龟兆正食其所定之墨。又卜瀍水之东，以为下都，安插殷民之地，而龟又食其墨，

卜都澗瀍圖

齊工從王圖

成王

二地皆近洛水，而两得吉兆，则作民明辟之地，无以易此矣。兹遣使者以洛之地图，及所卜之吉兆，献之于王，庶几定都之始终，可考而知也。"

王拜手稽首曰："公不敢不敬天之休，来相宅，其作周匹休。公既定宅，伻来，来视予卜休恒吉，我二人共贞，公其以予万亿年。敬天之休，拜手稽首诲言。"

解　这是成王授使者复周公之辞。拜手稽首，是成王尊异周公之礼。匹，是配答的意思。"视"字，与告示的"示"字同。二人，是成王说自己及周公。"贞"字，解做"当"字。成王既闻周公复命之辞，遂遣使报复周公，因拜手稽首以答周公之礼，而命使者说："天于我周，眷命可谓休美矣，公念天休至重，不敢以不敬承来相视洛邑，安处臣民，为我周配答上天休命之地，及经营定了都邑，乃遣使来示我以卜兆之休美而常吉者，此岂我一人能独当之？惟我与公二人，共承当其美，且我据卜观图，规模弘远，乃知公之宅洛，用意深长，非徒为一时之计，正欲以予万亿斯年，据形胜以朝百辟，都要会以临兆民，奉天图治，用敬承休命于无穷耳。盖期望之美意如此，则教诲我者至矣。故拜手稽首以谢公教诲之言，尚当深思而力行之也。"

周公曰："王肇称殷礼，祀于新邑，咸秩无文。"

解　此以下九节，乃洛邑既成，周公将迎成王于洛，而历告以宅洛之事。肇，是始。称，是举。殷，是盛。咸秩，是次序而祭之。无文，是祀典所不载者。周公说："王者为天地神人之主，今洛邑新成，宜以祀神为先务，王其首举盛礼，毖祀于新都临镇之时，如天地神祇，社稷宗庙载之祀典者，固无不祭矣。虽祀典不载而可以义起者，都次其尊卑上下之序而祭之，以告成事报神赐，而祈鸿休焉。"

"予齐百工，伻从王于周。予惟曰'庶有事'。"

解　齐，是整饬的意思。周公说："王宅洛之初，必有教诏臣工之事，此非我所敢专者，故我整饬百官，使从王自周以适洛，此时但微示其意说：‘是行乃吾王即政之初，必有政教号令，以新天下之观听，庶几其有所事乎？’尔等宜精白一心，以听王教诏之词可也。”

“今王即命曰：‘记功宗，以功作元祀。’惟命曰：‘汝受命笃弼。’”

解 记，是记录。功宗，是功之尊显者。元祀，是祭祀之首。笃弼，是厚于辅君。周公又说：“论功行赏，乃激励臣工之大端。今王宅此新邑，就当告命百官说：‘尔群臣之中，有宣力王家而功劳尊显者，则记录之于册籍。他日举大烝^①之礼以报有功，当以功之最尊显者为首。’是不但尊宠于生前，而且光显于身后矣。又命之说：‘汝群臣有功的，既受此褒奖之命。’盖当感激殊恩，厚辅王室，以图新都久大之业，庶几前功不替，而元祀可保也。”

① 大烝：祭祀名，冬时祭先王，以功臣配享。

“丕视功载，乃汝其悉自教工。”

解 丕视，是大示。功载，即上文纪功的册籍。教，是上行下效的意思。工，是百官。周公说：“褒赏所以劝功，须要至公无私，乃能服众，今王以此纪功之载籍，大示于朝廷之上，使众人每都共见共知，则或公或私，自不能掩，褒赏的一出于公，则人知感奋，百工都忘私徇国，而一出于公矣。若或出于私，则人思侥幸，百工都背公树党而亦出于私矣。是其公其私，皆仿效上人之所为，乃悉自汝教导之也。记功所系如此，可不慎乎？”

"孺子其朋！孺子其朋！其往！无若火始焰焰，厥攸灼，叙弗其绝。"

🔴解 孺子，指成王。朋，是比党的意思。灼，是烧灼。叙，是次第。周公又戒成王说："功载所系甚重，则王于论功行赏之际，其可以嬖幸亲故，而少徇比党之私乎？有所比，则自是以往，百工互相仿效，无所不私，有如火之始然一般，虽焰焰尚微，而其烧灼将次第延爇（ruò），不可得而扑灭矣。循私之害，其初尚微，而终之流弊，不可胜言如此，王可不防禁于未然乎！"

"厥若彝及抚事，如予。惟以在周工往新邑。伻向即有僚，明作有功，惇大成裕，汝永有辞。"

🔴解 若，是顺。彝，是常道。周工，指宗周从行的百官。向，是趋向。即，是就。明作，是精明振作。惇大，是惇厚广大。裕，是宽裕。有辞，是有声誉。周公又告成王说："今王图治于洛，其顺行常道，如纲常伦理，件件修明；及抚定国事，如刑政纪纲，一一振举。当常如我摄政之时，不必纷更，所任使的人，只用见在宗周之官，往适新邑，不要参用私人，坏了新政，使百官知上之意向，各就其职，明白振作，以图励精之功，惇厚博大，以存宽裕之体。如此，则治道毕举，而新政有光，永有休美之声于后世矣。"按周公"明作、惇大"二语，最为切要。盖天下之治，常坏于因循废弛，而尤忌于烦琐纷更，故"明作、惇大"二者相成，而非所以相病。若事事修废举坠，而不至于烦琐纷更，则鼓舞振作，何害其为惇大？事事提纲挈领，而不至于因循废弛，则镇静宁一，何害其为明作？故皋陶言"率作"，必言"慎宪"，箕子言"三德"，兼言"刚柔"，正与周公之意相合，皆所谓深识治体者。然二者又当审时度势，斟酌变通，又不可执一论也。

公曰："已，汝惟冲子惟终。"

🔴解 已，是不能已的意思。终，是成就。周公既历告成王，治洛之事，其言欲已而不能已，故又说："我周基业，开创始于文武，汝虽幼冲，然已嗣此大业，则当念创造之艰难，而勉力以图其终。凡所言治洛的事，一一修举，然后天命可永，而文武之业成也。吾王可不勉哉！"

"汝其敬识百辟享，亦识其有不享。享多仪，仪不及物，惟曰不享。惟不役志于享。凡民惟曰不享，惟事其爽侮。"

解 这是言统御诸侯之道。百辟，是诸侯。享，是恭敬奉承的意思。多，是重。仪，是礼。物，是币帛。役，是用。爽侮，是差爽僭侮。周公又告成王说："诸侯朝贡于洛邑，他心里有诚实的，也有不诚实的，人君要知道他，只在此心常存敬谨，自然清明洞达，晓得那诸侯诚实享上的，也晓得那不诚实享上的。盖享上重在礼仪，不重在币帛。若礼不足而币有余，虽车马充盈，玉帛交错，都是虚文，这叫做不能享上。惟不能用志于享上，则凡一国之人，亦皆效尤，说道上面人可以币交，不用礼享，而举国无享上之诚矣。将见人心放恣，侯度不肃，所行的政事，必至于差爽僭侮，毁坏王法，而为叛乱之事矣。不享之弊，至于如此，王可不端其本原而敬以识之哉！"

"乃惟孺子颁，朕不暇听。朕教汝于棐民彝，汝乃是不蘉，乃时惟不永哉！笃叙乃正父罔不若予，不敢废乃命。汝往敬哉！兹予其明农哉！彼裕我民，无远用戾。"

解 此言教养万民之事。颁，是布。不暇，是汲汲不遑的意思。棐，是辅。"蘉（máng）"字，解做"勉"字。叙，是有次序。正父，指武王，以其有匡正天下之功，故称正父。戾，是至。周公又告成王说："勤政化民，乃君道之急务，汝孺子当勉力颁布，我之所汲汲不暇者，听我教训，汝所以辅民常性之道，使民皆服从教化可也。汝若于此不能勉励，则民彝泯乱，是岂享国长久之道乎？昔汝正父武王能行此道，而我尝率之以服民者，汝必笃叙汝正父武王之道，使之益厚而不忘，有序而不紊，无不如我为政之时，则人亦不敢废汝之命矣。盖武王殁，我能守其道如武王，故天下不废我之命；今我去，王能守其道如我，则天下亦不废王之命矣。治乱之机，系于勉与不勉如此。王往洛邑，其敬之哉！我自此以后，将退休田野，只讲明农事，以遂归老之志而已。汝若于彼洛邑，果能尽心教养，和裕其民，则四方之人，皆感仰爱戴，无远而不至矣。"夫周公期勉成王，前言若彝抚事如予，此又言笃叙正父，罔不若予，皆不嫌于自矜者。盖成王亲政之初，若稍有更张，必至于变乱成法，安危之机，所系甚重，故谆谆训戒之。伊尹复政太甲，亦曰君罔以辩言乱旧政，古大臣爱君无已，其言类如此。

王若曰："公明保予冲子，公称丕显德，以予冲子扬文武烈，奉答天命，和恒四方民居师。"

解 这是成王留周公的说话。明，是显明。保，是保佑。称，是举。和，是不乖。恒，是可久。居，是安。师，是众。成王答周公说："予以幼冲践祚，赖公明白保佑之，不惟启迪之无隐，而又维持之尽力。如法祖、奉天、治人、事神，皆人君大明德的事。公历历称举以诲我，使我小子继志述事，振扬文王、武王之光烈，持盈保泰，奉答上天之眷命，教养四海的人民，使皆和而不乖，恒而可久，以安此众庶于洛邑。此皆予小子所不能及，而公一一教之，明保之功，何其大哉！"

"惇宗将礼，称秩元祀，咸秩无文。"

解 惇，是厚。宗，即上文功宗。将，是大。承上文说："政莫重于报功，公则诲我惇厚功宗的大礼，凡诸臣有功者，皆次第修举祀典，而以功之最尊显者为之冠，则报功之礼行矣。礼莫重于祭祀，公诲我首举祀神的大典，虽祀典不载者，都秩序以祭之，则祀神之典举矣。这都是公举大明德以教诲我者也，我之赖公明保如此，其可遽有明农之志乎？"

"惟公德明光于上下，勤施于四方，旁作穆穆迓衡^①，不迷文武勤教，予冲子夙夜毖祀。"

解 旁作，犹言旁行，是上下四方无所不遍的意思。穆穆，是深远。迓，是迎。 衡，是平。 不迷，是不失。 毖，是谨。 成王称美周公说："惟公辅我冲子，既讨叛伐罪，以安王室；又制礼作乐，以兴太平。 其盛德昭明光显于天地之间，勤劳施布于四海之内，合上下四方，都流行充塞；穆穆然深厚广远，日新月盛，以迓迓国家之治平，使文王武王昔日所勤劳以教化天下者，件件修举无有迷失之患。 公德教在当时，有可凭藉如此，我冲子更何所作为，只是早晚间，谨毖以主祭祀之事而已。 然则予方仰成于公，公其可以遽去哉！

王曰："公功棐迪笃，罔不若时。"

🔴解　棐，是辅。 迪，是启。 笃，是厚。 成王又说："公于小子既有辅弼之劳，而犹不忘教诏之益。 以其功绩而言，所以辅助启迪乎我者，可谓厚矣。 使公一去，则棐迪之责，将谁赖哉？ 须要舍明农退休之私，为国家久远之计，所以棐迪我者，自始至终，无不如是可也。"

王曰："公，予小子其退，即辟于周。 命公后。"

🔴解　此以下成王在洛邑，留周公治洛的说话。 予小子，成王自称。 即辟，是就君位。 周，是镐京。 后，是留后治洛。 成王既勉留周公，乃身归镐京，而命周公留治洛邑，先呼而告之说："洛邑已定，举祀发政之事，今已行之，我小子其退而就君位于镐京矣。 惟此洛邑，命公留后以镇抚之。 以公元老宿望，有以系属人心也。 初周公作洛，本欲成王迁都以宅天下之中，成王则以祖宗之旧不可废，根本之地不可忘，故身归于周，以重根本，而留周公治洛，以定新民，两都并建，大业永固矣。"

"四方迪乱未定，于宗礼亦未克敉公功。"

🔴解　迪，是开。 乱，是治。 宗礼，即功宗之礼。 敉，是安定的意思。 成王又慰劳周公说："当今四方开治，已致太平。 皆公德教所致，公之功大矣。 使我论功行赏，公必为冠，但新邑初定，记功之命虽布，而报功之典未行，尚未能安定公之大功，虽公未尝望报，而在朝廷诚为缺典，公必勉留以待宗礼之定，不可以言去也。"

"迪将其后，监我士师工，诞保文武受民，乱为四辅。"

解 迪，是启。将，是大。后，与"上命公后"后字同。监，是视效的意思。受民，指殷民说。四辅，犹言三辅，是藩卫的意思。成王又说："公已然之功，既未及酬，将来之绩，尤所深望。公居洛邑，必当兴建事功，恢弘治道，开大留后之事业，使我士师工效职于洛者，都有所监视，而共勉于职业可也。盖今日洛邑之民，乃文武所受于天者，公其大保安之，使服于德义，安于法制，则殷民安。王畿与之俱安，而治为我周之藩辅矣。"

王曰："公定，予往已。公功肃将祗欢，公无困哉！我惟无斁，其康事；公勿替刑，四方其世享。"

解 定，是止。将，是奉行的意思。斁，是厌。康事，是安民的事。替，是废。刑，是仪刑。成王于将归之时，又丁宁周公说道："公其定止于此以治洛，我则往归于宗周已。盖公之大功，人皆肃然奉行，无敢违逆，且又钦而悦之，无不爱敬，公能系属人心如此，正宜镇抚洛邑以慰安之。若公去，则守成无助，诞保无人，是困我矣。公慎勿以此忧困我哉！盖我今归周，望治之心甚切，其于安民之事，亦汲汲然不敢厌怠，是在公同心共济而已。公必终留治洛，勿废其所以仪刑士师工者，则百僚竞劝，庶绩咸熙，不特洛邑之民安，虽四方之民，都得以世世享公之余泽矣。倘委而去之，则上下将何所恃赖乎？"

周公拜手稽首曰："王命予来，承保乃文祖受命民，越乃光烈考武王，弘朕恭。"

解 此以下是周公许成王留后治洛的说话。来，是来洛邑。承保，是承王命以保民。越，是及。烈考，指武王。弘，是大。责难于君，叫做恭。周公因成王恳留义不容辞，故拜手稽首，致敬以复命说："王命我来此洛邑抚治殷民。 我岂敢不仰承王命，以诞保乃文祖文王所受命于天的民，及光显乃烈考武王的功烈，是留后治洛，吾固不敢负王之委托矣。 但保民之责，虽任于我，而保民之本，实系于王，故我将大责难之义，以启迪王心，裨益新政，此我所以仰承文武，而忠于吾王之本心也。 王其念之。”

“孺子来相宅，其大惇典殷献民，乱为四方新辟，作周恭先。 曰：其自时中乂，万邦咸休，惟王有成绩。”

解 惇，是厚。 典，是典章。 殷献民，是殷之贤人。 新辟，是新君。 恭先，是以恭敬倡率后人。“时”字，指洛邑说。 周公告成王说：“予之所欲责难于王者，盖以王虽归周，当常来视事洛邑，尽所以为治之道。 如国之典章，文武所讲画的，则厚加遵守，不至遗佚殷之贤民；前代所播弃的，则厚加简拔，不至遗弃。 使法度修明，贤智效职，而治功赫然，为四方之新主，且以此任贤守法的恭德，为周家后王之率先，此皆治洛之所当务也。 又说：王其自此洛邑，尽宅中图治之道，则政治教化，既足以甄陶斯世，贤人君子，又足以泽润生民。 万邦之大，咸底于休美，而王之治洛，乃有成功矣。 此臣责难之恭，所不容已者，王其图之。”

“予旦以多子越御事，笃前人成烈，答其师，作周孚先，考朕昭子刑，乃单文祖德。”

解 多子，是众大夫。 笃，是厚。 师，是众。“孚”字，解做“信”字。 孚先，是以诚信倡率后人。 考，是成。 昭子，指成王，犹言明君也。 单，是尽。 周公又说：“人君既有励精之政，则臣下岂忘夹辅之忠。 予旦敢率此众卿大夫，及治事之臣，相与效职于洛，以笃厚文王、武王已成的功烈，使之永久而不替，用以慰答众人之仰望。 使不孤其愿治之心，以诚信为我周后臣之所率先；使各尽其事君之道，成就吾王之义刑；使言行政事皆可为法，尽布文王之德泽；使溥博周遍，无所不被，是慰民心、立臣极、成君德、弘祖功。 皆予之所欲自尽者，承保之责，其容以终辞哉！”

"伻来毖殷，乃命宁予，以秬鬯二卣。曰：'明禋，拜手稽首休享。'"

解 伻，是使。毖，是戒饬。宁，是慰安的意思。秬（jù），是黍米。鬯（chàng），是郁金香草。古时以墨黍为酒，煮郁金和之，使其气芬芳调鬯，故谓之秬鬯，乃用之以祭神者也。卣（yǒu），是中尊。明，是洁。禋（yīn），是敬。史臣记周公留洛之后，成王遣使诰戒殷民，因以秬鬯赐周公，礼数隆重，故周公复命于王说："王归宗周，不忘洛邑，遣使来此戒敕殷民，且以恩命来安慰我，赐我以秬鬯二尊，其词说：'这秬鬯之酒，乃明洁禋敬以祭神明之物，非是可常用的，故我拜手稽首，以此休美之物奉享于公以示隆重。'王之命宁我者如此，此乃特恩殊礼，而非我之所敢当也。"

"予不敢宿，则禋于文王武王。"

解 宿，是进爵饮酒。周公说："王所赐秬鬯明禋之酒，乃用之宗庙以事神明者，予岂敢遽当此礼，而进爵以饮乎？予惟推受恩之所自，念祖德之当酬，乃用此以禋祭于我文王、武王，于以为王祈福，尽臣子祝愿之忱而已。其谦不居功、孝不忘本如此。"

"惠笃叙，无有遘自疾，万年厌于乃德，殷乃引考。"

解 惠，是顺。遘，是遇。厌，是饱。引考，是长寿。周公祭于文武，其祝祷之词说道："今王一身，所系甚大，我先王精爽在天，当默佑之。夫福莫大于好德，愿阴诱王衷，使顺文、武之道，笃厚之不忘，次第之不紊，以缵承先业而无失德可焉。福莫大于康宁，愿默相王躬，使身体康强，无令遘遇灾害以自罹疾病可焉。子孙者，王之胤嗣，则启佑之，使其子孙万年厌饱祖德，亦如王之笃叙也。民者，国之根本，则默相之，使殷民皆率德永年，享有寿考，亦如王之康宁也。"夫周公虽祝颂成王，而寓规讽之意，忠臣爱君之切如此。

"王伻殷，乃承叙万年，其永观朕子怀德。"

解 伻，是使。承，是听受。叙，是教条次第。观，是法。子，指成王。周公既述为王祈祷之词，又丁宁说："王遣使毖戒殷民，固有教条次序。然不本诸身，则徒法何以自行，王必躬行实践，使殷人都有所感发兴起，听受今日教条的次第。至于万年之永，莫不观法我孺子之德教而怀服之，则国家之业，可以永保于勿替矣。"

戊辰，王在新邑烝祭，岁。文王骍牛一，武王骍牛一，王命作册逸祝册，惟告周公其后。王宾杀禋咸格①，王入太室②裸。

解 此以下，是史臣记当时祭祀册诰等事，及周公留洛之始终。烝，是冬祭名。骍，是赤色。逸，是史逸。王宾，是助祭诸侯。杀，是杀牲。格，是至。太室，是清庙中央之室。裸（guàn），是灌酒于地以降神。史臣记，成王于戊辰之日，在洛举行烝祭之礼，因以留周公治洛之事，告于文、武。文王之前，用赤色之牛一；武王之前，亦用赤色之牛一。庙祭皆用太牢，此用特牲者，盛其礼也。王又命史官作册祝之文，当时史官名逸者，所作祝文，惟告周公留后治洛的事，更不他及，重其事也。于时诸侯为宾于王者，以王杀牲禋祭祖庙都来助祭，而王乃入太室之中，用珪瓒酌秬鬯之酒，灌于地以降神，其举行祭告之礼如此。

王命周公后，作册逸诰，在十有二月。

解 上文言烝祭之日，与祭告之事，作祝之人，而未明言为某月。故史臣又记说，成王命周公留后治洛，祭告文、武，命史逸作祝册以告神，皆在十有二月，前言"戊辰"，

【注】

① 咸格：都到了。

② 太室：太庙中央之室，也指代太庙。

新邑祭岁图

乃十二月中之一日也。 以是日告文武，即以是日命周公，以洛邑之民，受于文、武，故不轻于付托耳。

惟周公诞保文武受命惟七年。

解 史臣记，周公留洛之后，凡七年而薨。 不曰"治洛惟七年"，而曰"诞保文武受命惟七年"者，盖以洛邑之地，与洛邑之民，皆是文、武所受于天，故保其地与民，即所以保其命耳。 周公留洛之始末如此。 按《洛诰》一书，所言皆治洛之事，周公于成王，则勉其宅中图治，而成王业之终；成王于周公则望其留后辅君，而释明农之志。 君臣交相责难，词旨恳切，而于诞保殷民之意，则篇中尤惓惓焉，宛然明良喜起之气象，成周有道之长，岂偶然哉！后之君臣，宜知所取法。

多士

成周既成，迁殷顽民，
周公以王命诰，作《多士》。

武王克殷之后，周公以殷民顽梗难化，迁之于洛。
其中亦有有位之士，至是洛邑既成，周公留治于此，听政之初，
乃总呼『多士』，以王命诰谕与之更始。
史臣记其事，因以《多士》名篇。

惟三月，周公初于新邑洛，用告商王士。

解 三月，是成王祀洛次年之三月。称"商王士"者，贵之之辞。史臣叙说，成王既归宗周，留周公治洛。惟三月，周公始行治洛之事于新邑，因传王命以告商家有位之士，盖惧商民始迁，不安其业，故呼"多士"而诰谕之，无非定其反侧之心，诱以从善之利也。

王若曰："尔殷遗多士，弗吊，旻天大降丧于殷，我有周佑命，将天明威，致王罚，敕殷命终于帝。"

解 吊，是恤。旻天，是上天之通称。王罚，是王者所奉之天讨。敕，是正。周公传王命以诰谕多士说："尔殷家所遗之多士，每怀反侧，不肯顺服，盖未知国之兴丧，非人所能为也。昔殷纣暴虐，不为天所悯恤，旻天大降灾害而丧殷，故我有周受眷佑之命，奉将天之明威，致王者之诛罚，敕正殷命而革之，以终上帝之事。是周革殷命，实奉天讨罪之公，非有所利而为之也。"

"肆尔多士，非我小国敢弋殷命，惟天不畀，允罔固乱，弼我，我其敢求位。"

解 弋，是以生丝系矢而射鸟，盖有心取之之意。畀，是与。允，是信。固，是保护的意思。弼，是辅。王命又说："肆尔多士，昔殷有天下之时，我周仅百里小国，势不相敌，岂敢有心弋取殷命？盖栽培倾覆者天之道也，惟天不与殷，信乎不肯保固殷家之乱矣。所以眷求明德，而辅弼我周之治，在天位自有不容辞者，我其敢有求位之心哉！"

"惟帝不畀，惟我下民秉为，惟天明畏。"

解 秉为，犹言"秉彝"，是民之所秉持作为者。王命又说："天之与民，势若相远，而其理实有相因者。今天不与殷，于何见之，即下民之秉持作为者是也。观亿兆夷人，离心离德，八百诸侯背商归周，商民之秉为如此，则帝之不与可知，天之明威岂不凛然其可畏哉！尔多士其畏天之威可也。"

周公告士图

周公

"我闻曰：'上帝引逸。'有夏不适逸，则惟帝降格，向于时夏。弗克庸帝，大淫泆有辞。惟时天罔念闻，厥惟废元命，降致罚。"

解 引，是导。逸，是安。适，是往。降格，是天降灾异。向，是意向。庸，是用。辞，是矫诬之辞。元命，是大命。王命又说："商之伐夏，周之伐商，其顺天应人一也。尔多士未释然于我周，何不以夏商之事观之？我闻古语有云：'人情莫不欲逸，然安逸莫如为善，上帝与人以善，使之反己自修，是乃引之安逸之地也。'夏桀乃丧其良心，自趋于危，不肯往适于安逸，其昏德如此。上帝犹未忍遽绝，于是降格灾异以示意向于桀，使知恐惧修省；桀乃犹不知警畏，不能敬用上帝降格之命，大肆淫泆，有曰亡乃亡，矫诬上天之辞。天用不善其所为，弗念弗听，遂废其大命，降致诛罚而夏祚终矣。夫'殷监不远，在夏后之世'[①]，观有夏丧亡之故，则殷之丧亡，岂非天哉！"

【注】

① "殷监不远，在夏后之世"：语出《诗经·大雅·荡》："殷鉴不远，在夏后之世。"监，同"鉴"。

"乃命尔先祖成汤革夏，俊民[①]甸四方。"

解 甸，是治。天既致罚于夏，念民之不可无主也，乃命尔先祖成汤奉将威命，爰革夏正以有天下。成汤又念天下之大，不可以一人独理也。于是明扬俊民，分布远迩，使之甸治区画乎四方，焕然纲纪法度之一新焉。此商之兴，实仰承天眷而非私也；知商之兴，则知周之所以兴矣。

"自成汤至于帝乙，罔不明德恤祀。"

解 恤，是勤恤。"殷之有天下，不独成汤能尽开创之道，自成汤至于帝乙，中间贤圣之君六七作，无不明德以修其身，恤祀以敬乎神。"盖成汤能顾諟明命，罔不祇肃，其

"明德恤祀"之家法，子孙世世守之，不敢失坠，创业守成，相授一道如此。殷之享国长久，岂偶然哉！

"亦惟天丕建保乂有殷，殷王亦罔敢失帝，罔不配天其泽。"

解　丕，是大。乂，是治。失帝，是失上帝之心。泽，是德泽。承上文说："殷王惟明德恤祀，克享天心，是以上天眷命，既大建立以定其天位，又保佑以治其国家，使王业长安，国祚绵远，其得天如此。然殷王亦兢兢业业，惟恐失了上帝的心，无不求贤辅治，以抚安万姓，务使德泽之流，无所不洽，有以配天之广大也。夫上天之眷命既隆，先王之修德弥谨，商业之永，不亦宜乎？"

"在今后嗣王，诞罔显于天，矧曰其有听念，于先王勤家？诞淫厥泆，罔顾于天显民祗。"

解　后嗣王，是纣。天显，是天之显道。祗，是敬畏。王命又说："殷之家法，使子孙能世守之，何至于亡？今后嗣王纣乃昏迷失德，大不明于天道。天道且不能知，况能听念先王之勤劳邦家而思所以效法之乎？盖商王沉湎暴虐，大肆淫泆，凡慢天残民之事，无所不为，其于天之显道，民之祗畏，有不知其为何物矣。惟不顾天显，所以不明于天道，不顾民祗，所以不念先王之勤家也。"

"惟时上帝不保，降若兹大丧。"

解　纣既不顾天显民祗，自绝于天，结怨于民，故上帝不肯丕建而保乂之，降若此大丧，使其国亡而身灭，实自作之孽也。

"惟天不畀，不明厥德。"

解　天降大丧于殷而不与之者，何哉？由其不明厥德，罔顾于天显民祗耳。商先王以明德而天丕建，后王以不明德而天不畀，天之可畏如此。

"凡四方小大邦丧，罔非有辞于罚。"

解 辞，是讨罪之辞。王命又说："凡四方小大邦国丧亡，必须声言其罪乃行讨伐，若未有可言之罪而罚之，是谓师出无名矣。况纣为不善，惟日不足，其罪恶贯盈有难悉数者，我周实肃将天讨，奉辞以伐之，岂有私意于其间哉！"

王若曰："尔殷多士，今惟我周王丕灵承帝事。"

解 灵，是善。帝事，是天之所为。周公又传王命，呼多士而告之说："尔殷遗多士，昔纣不明厥德，天降大丧，然天不能自诛，假手于我有周以诛之，惟我周王大善承天之所为，肃将帝命以讨有罪，非有心而弋取之也。"

"有命曰：'割殷。'告敕于帝。"

解 割，是断绝。敕，是正。"上帝有命于我周，说道：'殷王不明德，尔往断绝其命。'故我不得不兴吊伐之师，戡定翦除，告其敕正殷邦之事于帝，以复割殷之命也。"

"惟我事不贰适，惟尔王家我适。"

解 我事，指割殷之事言。不贰适，是专一的意思。承上又说："帝命割殷而我敕正之，是我周伐殷其事非出于私，一于从帝而无贰适矣。夫我周能一于从帝，则天命在我，天之所在，孰能违之？尔殷王家自当归于我周，断断乎不容他适矣。周不贰于帝，殷岂能贰于周乎？"

"予其曰：'惟尔洪无度，我不尔动，自乃邑。'"

解 洪，是大。度，是法度。动，是迁徙劳动的意思。王命又述迁徙殷民之由，以消其怨望之情说道："尔多士有怨于我，得非以安土重迁之故耶？当殷亡时，我周犹封武庚于故都，未尝为迁尔讨也。及三监倡乱，武庚蠢动，予方说曰：'惟尔众助虐大为非法，而思以迁之，故今日之事，非我故欲劳动尔有众，其实变自乃邑，自作不靖。'盖法所必迁者，予亦不得而私也。"

服在百僚图

"予亦念天即于殷大戾，肆不正。"

解　即，是就。戾，是祸。承上说："我之迁尔，非特以叛乱之故，予亦念天就尔殷邦屡降大戾，纣既以无道而诛，武庚又以不靖而灭，是殷之故墟，习染恶俗，邪慝不正，屡遭天罚，不可复居，故使尔避凶趋吉，未必非尔之福也。"

王曰："猷，告尔多士，予惟时其迁居西尔，非我一人奉德不康宁，时惟天命，无违，朕不敢有后，无我怨。"

解　"时"字，解做"是"字。西，是洛邑，以在殷邦之西，故曰迁居西。后，是后命。周公又传王命以告多士说："猷，告尔多士，我以殷邦屡降大戾，故迁尔来居于西，非我一人持德不务康宁，故为劳扰。盖天降大戾于殷，汝等内怀二心，不顺于我，予恭承天命，迁尔等于近郊，使各得舍旧图新。尔之居洛，必去其反侧动摇之心，毋违越乎天命可也。苟或违越天命，朕不敢再有诰戒之辞，且以刑罚加尔，是尔自取罪戾，不可有怨我之心也。"

"惟尔知，惟殷先人有册有典，殷革夏命。"

解　册，是简册。典，是典籍。王命又说："尔等既为殷之遗民，岂不知尔殷之故事。殷之先人，有册书，有典籍，纪载殷革夏命之事，如所谓'予畏上帝，不敢不正''帝用不臧，式商受命'者，皆尔所习闻也。夫周之革殷，即殷之革夏，尔何独疑于今乎？"

"今尔其曰：'夏迪简在王庭，有服在百僚。'予一人惟听用德，肆予敢求尔于天邑商。予惟率肆矜尔，非予罪，时惟天命。"

解　迪，是启迪。简，是简拔。服，是列。天邑，是商邑尊之之辞。率，是循。矜，是悯。王命又告多士说："尔等知尔商非不革夏之事，而犹致疑于今者，我想尔等之心，岂不以商革夏命之初？'凡夏之士，皆启迪简拔在商王之庭，有服列在百僚之间。'今周于商士，未闻有所拔用，虽革命若商，而用人则不若商也。孰知天命有德，非人君所得私，予之所听用者，惟德而已，故予敢求尔于天邑商，而迁之于洛，非故离逖尔土也。正冀尔率德改行，以为可用之地。予惟循商家故事，以矜恤于尔，亦将使‘迪简在王庭，有服在百僚’耳。今之不用尔者，非我之罪也，尔何为有怨望之心哉！"

王曰："多士，昔朕来自奄，予大降尔四国民命。我乃明致天罚，移尔遐逖，比事臣我宗多逊。"

解 奄，是国名，与管、蔡、霍皆武庚之党。降，是不尽法的意思，犹今言降等。四国，是殷、管、蔡、霍。比，是亲比。宗，是宗周。逊，是逊顺。周公又传王命，呼多士而告之说："昔朕来自商奄之时，汝四国之民，罪皆应死，我大降宥尔命，不忍诛戮，乃止明致天罚，以商之所都，邪慝不正，移尔远居于洛，密迩王家，以亲比臣服我宗周，与周之臣子朝夕相观，化悍逆之习为逊顺之美。是昔日之遗党余孽，乃今日之善士良民，其罚盖已甚轻，其恩固已甚厚矣，今乃有所怨望乎？"

王曰："告尔殷多士，今予惟不尔杀，予惟时命有申。今朕作大邑于兹洛，予惟四方罔攸宾①。亦惟尔多士攸服②，奔走臣我，多逊。"

解 申，是申明。宾，是宾礼。周公又传王命说："告尔殷多士，今予惟大降尔命，不忍杀尔，故申明此命以告尔，夫我之营建都邑于兹洛者，岂好为多事也？予惟以四方诸侯，朝觐会同，不可无宾礼之地，故建王城以待之。亦惟尔多士服役奔走，臣事我周，多有逊顺之美，岂可无安居之地？故建下都以处之。我营洛之意不过如此，尔宜感恩之不暇，又何以反侧动摇为哉？"

多士奔走图

"尔乃尚有尔土，尔乃尚宁干止。"

解　土，是田业。　宁，是安。　干，是事。　止，是居。　承上说："我营洛邑，以安集尔多士，使尔于洛邑之中，有可耕的田土，有可为的事务，有可依的居止。　今为尔计，当一心向化，尽消其反侧动摇之习，庶几保有尔田业。　得以播获，安尔所事，得以经营，安尔所止，得以栖息，宅洛之利如此，尔犹欲自作不靖，亦甚愚矣。"

"尔克敬，天惟畀矜尔；尔不克敬，尔不啻不有尔土。　予亦致天之罚于尔躬。"

解　畀，是与。　矜，是怜。　不啻，犹言不止如此。　承上文说："尔若安居乐业，顺服我周，无敢不敬，则凡事循理，为天所福，天将畀与而矜怜之，使尔得以保身保家，安享福禄矣。　若尔不克敬，则凡事悖理，为天所祸，不止家室窜徙，不得常有尔土。　予亦将致天之罚，以刑戮加于尔躬，身亦有所不能保矣。　祸福所由，在敬不敬之间如此，尔宜克敬以自求多福可也。"

"今尔惟时宅尔邑，继尔居，尔厥有干有年于兹洛，尔小子乃兴，从尔迁。"

解　邑，是四井之地，指多士所居说。　继，是子孙承继的意思。　年，是寿。小子，指多士子孙说。　承上又说："尔多士若于此都邑之中，绝反侧动摇之心，为专一从周之计，则自今得居尔之邑以安其身，又将承续尔居以保其子孙。　不但此也，且尔之身，有营为于斯，有寿考于斯，都乐业安生，以享太平之福矣，尔之子孙从此开大基业，方兴未艾，实自尔迁以始之，以亡国之余裔，为起家之始祖，又何幸如之。　夫以尔迁居之利如此，可不勉思敬慎，以保固身家于久远哉！"

王曰:"又曰时予,乃或言尔攸居①。"

解 王曰,下当有阙文。 言是总指上文的说话。 周公传王命于篇终,告多士说:"凡我晓谕尔多士之言,反覆丁宁,无非以尔之土田居止为念,欲尔安居乐业,不复反侧动摇,以保福祚于无穷也。 我为尔多士计虑深远如此,尔可不体我之意,而善自为谋耶?" 按武王一著戎衣,天下已定,殷民乃复思其先王之泽,三监构隙,即皆蠢动,周公迁之于洛,又告谕再三而后定,可见殷之得人心也甚固,周之定王业也最难,然则固结人心,保守王业,乃有国家者之要务也。

【注】

① 攸居:长久安居。

无逸

周公作《无逸》。

晏安荒逸，人君之大戒。自古有国家，未有不以勤而兴，以逸而废者。成王以冲年即位，周公恐其耽于逸乐，故作是书以训之，惓惓以法祖恤民为言。史臣记其辞，遂以《无逸》名篇。

周公曰："呜呼！君子所其无逸，先知稼穑之艰难乃逸，则知小人之依。"

解 君子，指人君而言。所，是处所，如人住处一般。禾初种叫做稼，既敛叫做穑。小人之依，指稼穑说。周公陈书以戒成王，先叹息说道："人君一身，主宰天下总理万几，一念不谨，遂贻四海之忧，一事有失，或致千百年之患，须要把忧勤敬谨，为安身的处所，动静食息，常在于是，不可暂时离了他，这才是所其无逸。然无逸之道何先？盖天下第一件辛苦的事，莫如稼穑，人君虽身居九重，先须洞烛民隐，知道那农夫每祁寒暑雨[1]，沾体涂足[2]，自耕耘至于收获，受了许多辛苦艰难，才能饱食暖衣，仰事俯育[3]，有安逸的时候。知此，则知那百姓每倚靠稼穑为生，而凡所以重民之事，恤民之苦，自有一日不容少懈者矣。此人君无逸之先务也。"盖继体之君，坐享成业，以崇高为得肆，小民为可轻，多纵情逸乐，而鲜能令终者。故周公于成王，惓惓告戒如此。

"相小人，厥父母勤劳稼穑，厥子乃不知稼穑之艰难，乃逸，乃谚。既诞，否则侮厥父母曰：'昔之人无闻知。'"

解 相，是视。小人，是小民。谚，是鄙语。诞，是妄诞。否，是不然。侮，是轻侮。昔之人，譬如说先年的老人，指父母说。周公又说："我观那田野小民，其父母尝勤劳稼穑，受了许多艰难辛苦，才得饱暖安逸。其子乃生于豢养，不知今日之安乐，由父母躬勤稼穑之艰难所致，乃恬然自恣，取快目前，习为市井鄙俚之谈。凡出于口者，都不循道理，既又敢为妄诞。凡所行的事，都不依法

【注】

① 祁寒暑雨：祁，大。冬季大寒，夏天湿热。

② 沾体涂足：语出《国语·齐语》："脱衣就功，首戴茅蒲，身衣襏襫，沾体涂足，暴其发肤，尽其四支之敏，以从事于田野。"意思是身体沾湿，足涂污泥，形容农田劳动的辛苦。

③ 仰事俯育：上要事奉父母，下要养活妻儿。

稼穡艱難圖

稼穡艰难图

度，不然则又轻侮其父母说道：'比先年老的人，无闻无知，都不肯安乐、受用，徒自劳苦而已。'小民之无忌惮如此。"夫此小民，出自农家，只为不曾涉历艰难，遂至于轻肆放诞，欺侮父母，况人君生于深宫，长于富贵，稼穑艰难之状，既未尝接于耳目，崇高豫乐之事，又易以惑其心志，使非深知无逸之道，则必以逸乐为无伤，以祖宗为不足法，丧亡之祸，实基于此。宜周公首举以警戒成王也。

周公曰："呜呼！我闻曰，昔在殷王中宗，严恭寅畏，天命自度，治民祇惧，不敢荒宁。肆中宗之享国七十有五年。"

解　中宗，是殷王太戊。天命，是天理。自度，是以法度检律其身。周公举昔之贤君，能躬行无逸者，以告成王，先叹息说："人生莫不欲寿，然惟无逸，乃致寿之基。未有好逸乐而能寿者。我闻在昔殷王中宗，其处己则严而庄重，恭而谦抑，寅而钦肃，畏而戒惧，把天命之理，当做法度，以自检律其身，无一言一动，不循着规矩。其临民，则祇敬恐惧，而不敢有一毫怠荒安宁之意。其修己治民，始终一于敬如此。所以他精神气血，收敛完固，无有一切伐性伤生的事，而国脉亦赖之以永延，至于享国七十有五年之久，斯无逸之效也。"

"其在高宗，时旧劳于外，爰暨小人。作其即位，乃或亮阴，三年不言。其惟不言，言乃雍。不敢荒宁，嘉靖殷邦。至于小大，无时或怨。肆高宗之享国五十有九年。"

解　高宗，是殷王武丁。旧，是说他未即位时节。"暨"字，解做"及"字。亮阴，是居忧之所。雍，是和。嘉，是美。靖，是安。周公又说："古之人君，能尽无逸之道者，在殷又有高宗武丁，当其未即位时，其父小乙恐其生长富贵，不知忧勤，乃使他久处民间，与那小百姓每同事劳苦，凡稼穑艰难，闾阎困穷之状，件件都知道。后来起而即位，居小乙之丧，在亮阴中恭默思道，至于三年之久，未尝轻发一言。惟其慎重而不言，所以能密察下情，明习国事。一有号令条教，无不当乎天理，协乎人心，雍然而和顺焉。又且励精图治，兢兢业业，不敢一毫怠荒安宁，一心只以治世安民为务，故能使殷之天下，蔚然于礼乐教化之中，熙然于休养生息之内，既极其嘉美，又极其安靖也。于时万邦之民，咸蒙被其德泽，无小无大，莫不欢欣鼓舞，无或有违背而怨谤者。夫能勤政，则收摄精神，既有保寿之基，能和民，则导迎善气，又有长年之助，故其享国至于五十有九年之久，斯亦无逸之效也。"

"其在祖甲，不义惟王，旧为小人。作其即位，爰知小人之依，能保惠于庶民，不敢侮鳏寡。肆祖甲之享国三十有三年。"

解 祖甲，是高宗之子，祖庚之弟。旧为小人，亦指未即位时说。保惠，是保安惠养。鳏寡，是穷民。侮，是轻忽。周公又说："古之人君，能尽无逸之道者，在殷还有祖甲。初高宗欲废祖庚而立祖甲，祖甲以为不义，逃于民间，一向与小民出入同事，经历艰苦。其后起来即位，深知小人之依，全在稼穑，因此切于爱民，于天下的百姓，都要保安惠养，使之各安田里，不肯横征暴敛以戕害之。其间有鳏夫寡妇，人所易忽者，尤加怜恤，不敢轻侮。其敬事勤民之心，始终一致如此。是以精神纯一，内有以养寿源，民物太和，外有以延国祚，故祖甲享国至于三十三年之久，斯亦无逸之效也。"夫寿乃五福之先，人主所深愿而不可必得者。今观殷之三宗，其享国长久，皆以忧勤敬畏得之，则祈年永命之道，固在修德而已，人君可不知所法哉！

"自时厥后立王生则逸。生则逸，不知稼穑之艰难，不闻小人之劳，惟耽乐之从。自时厥后亦罔或克寿。或十年，或七八年，或五六年，或四三年。"

解 "时"字，解做"是"字，指殷三宗说。耽，是过于逸乐的意思。周公又说："殷之中宗、高宗、祖甲，皆以克勤无逸而享国长久。自三宗之后，立为王者，都少长富贵，生来便就安逸。惟其生而安逸，不曾经历田野，出入民间，于农家稼穑艰难之状，一无所知；于小民经营劳苦之情，一无所闻。

其所闻见，都是耽乐之事。凡声色游田，可以适情娱志者，无所不为，内伐性真，外促国脉，故自三宗之后，都不曾享有寿考。其在位远者不过十年，或七八年，近者五六年，或四三年。耽乐愈甚，则享国愈促，理之自然也。"夫人情莫不欲逸，而所欲有甚于逸者莫如寿。亦莫不恶劳，而所恶有甚于劳者莫如夭，若知忧勤者之必寿，纵欲者之必夭，则岂肯舍其所甚欲，而就其所甚恶哉！周公此言，至为明切。可见古之大臣，既愿其君之圣贤，又祝其君之寿考，其忠爱无已之心如此。

周公曰："呜呼！厥亦惟我周太王、王季，克自抑畏。"

解 抑，是谦抑。畏，是谨畏。周公告成王，又叹息说道："自古无逸之君，岂惟商之三宗为然。厥亦惟我周先代肇基王迹者，有太王焉，其勤王家者有王季焉。这二祖都有盛德，其心能自谦抑，贵而不骄，富而能降，不敢有一毫矜夸。又能自谨畏，上严天命，下顾民喦，不敢有一毫放肆。盖人君惟不知谦抑，必至于侈纵；惟不知谨畏，必至于怠荒。此逸欲所自生而败乱所由起耳。我二祖能以抑畏存心，所以能尽无逸之实也。"周公将论文王之无逸，故先述太王王季，以见其源流之深长如此。

"文王卑服，即康功田功。"

解 卑服，是服用俭薄。"即"字，解做"就"字，是专心干理的意思。康功，是安民的事。田功，是务农的事。周公又说："我周以艰难创业，至于我皇考文王，又深知稼穑之艰难，自家的服用，件件都裁损简约，凡奢靡华丽之事，非惟不肯为，亦且不暇为，只是专心致志，去干那安民之功与养民之功，明教化、修法令，使百姓每强不凌弱，众不暴寡，个个都得以相安。制田里，教树畜，使百姓每尽力农事，不妨其耕耘收获之时，个个都得以相养。盖人君若厚于奉己，则必缓于为民，文王务损上而益下，此所以为至德也。"

"徽柔懿恭，怀保小民，惠鲜鳏寡。自朝至于日中昃，不遑暇食，用咸和万民。"

解 徽、懿，都解做"美"字。"鲜"字，与"先"字同，古字通用。昃（zè），是日西的时候。周公又说："人君身居尊位，常骄矜自恣，不察下情，所以把百姓的事，不肯留意。文王则不然，以言其德之柔，则宽厚慈仁，蔼然而可亲，柔到个尽美处；以言其德之恭，则谦抑祗慎，肃然而不放，恭到个尽美处。其怀抱保护小民，就如父母之爱子一般。小民之中有鳏寡无依者，尤加意悯恤，凡施惠周给，必以为先。以此等穷民，皆天民之无告者，故发政施仁，必先及之也，文王之心，在保民如此。是以励精图治，不惮勤劳。每日从早起至于日之中，自中至于日之昃，就是当食的时候，也不暇食，一心只要使天下百姓每家给人足，懽然太和，无一夫不获其所，然后其心始慰耳。夫崇俭素，恤困穷，勤政事，这都是无逸的道理。然惟创业之君，深知小民之艰难，乃能兼尽如此。此周公所以备述文王之事，为成王告也。

"文王不敢盘于游田，以庶邦惟正之供。文王受命惟中身，厥享国五十年。"

解 盘，是盘桓不舍。游，是游幸。田，是田猎。受命，是为诸侯。中身，犹言中年。周公又说："游幸以省风俗，田猎以习武事，国家固自有常制，但人情或以此为乐，而至于纵欲妄费者有之矣。文王未尝不游田，然自省耕省敛之外，未尝敢荒于游。自蒐苗狝狩①之外，未尝敢荒于田，兢兢业业，若有所禁制而不敢肆者，所以用度常是撙节。赋敛自然轻省，其庶邦之民，所供献的惟是正数，正

【注】

① 蒐（sōu）苗狝（xiǎn）狩：春猎为蒐，夏猎为苗，秋猎曰狝，冬猎曰狩。

文王卑服圖

数之外，如珍奇无用之物，侈滥无名之税，一毫不以横敛于民焉。夫文王不以逸欲病民如此，则既能持己以培养寿源，又能恤民以凝固天眷，故其受命为诸侯，时年四十有七，其后享国至五十年，寿数最高，而享国最久，此文王无逸之效也。"

【注】
① 于观、于逸、于游、于田：观，非时而行谓观，即违礼观物，如《春秋》隐公"如棠观鱼"，庄公"如齐观社"，《穀梁传》曰"常事曰视，非常曰观"；逸，逸豫；游，游荡；田，田猎。

周公曰："呜呼！继自今嗣王，则其无淫于观、于逸、于游、于田①，以万民惟正之供。"

解 则，是法。"其"字，指文王说。淫，是过。周公告成王又叹息说道："从今以后，嗣王不必远有所慕，惟取法我周文王可也。盖文王不敢盘于游田，以庶邦惟正之供，故德泽深厚，而享国久长，此乃家法所存，子孙当世守而勿失者。王必以此为法则，凡观、逸、游、田之事，虽不能尽无，皆当有节度而不可过。如观以察灾祥，必思玩物之当戒；逸以节劳瘁，必忧听政之或妨；游以省耕敛，必不敢无事而空行；田以讲武备，必不敢非时而轻动，则四者无淫纵之失矣。四者既省，国用有常，故万方之民，每岁贡赋，惟取正数之供；自正数外，别无分毫科派以厉民。必如此，方为善法乃祖以尽无逸之道也。夫观、逸、游、田之不敢过，是严于检身的事；万民惟正之供，是宽于赋民的事。然必上无过动，而后下无滥取。若人君出入起居，稍不中节，则未免劳民伤财，而暴敛横征，亦将无所不至矣。此恭俭而取民有制，所以称为贤君也。"

"无皇曰：'今日耽乐。'乃非民攸训，非天攸若，时人丕则有愆。无若殷王受之迷乱，酗于酒德哉！"

解 无，是禁止之辞。 皇，是自宽假的意思。 训，是法。 若，是顺。"则"字，也解做"法"字。 愆，是过。 酗于酒德，是纵酒的凶德。 周公又告戒成王说："今王取法文祖，须要常存儆戒之心，毋自宽假说：'今日且为是耽乐，也无妨害。'殊不知人君一身，皇天监临之于上，万民瞻仰之于下，事事都要合乎天理，当乎人心。 若或耽乐，则下非民之所法，上非天之所顺，其害有不可胜言者。 由是在位之人，都效法此等过逸之行，如商纣酗酒，而臣下化之相率而为酗酒之凶德。 盖上行下效，其机如此，吾王其以此为戒，无若商王受之沉迷昏乱，酗于酒德哉！"夫周公告成王，既举文祖以为法，又指商受以为戒，皆自耳目之所及者言之，其警动成王之意切矣。

周公曰："呜呼！我闻曰，古之人犹胥训告、胥保惠、胥教诲，民无或胥诪张为幻。"

解 胥，是相。 惠，是顺。 诪（zhōu）张，是诳诞。 幻，是变乱名实以眩观听的意思。 周公恐成王未能听信其言，故又叹息而告戒之说："我闻古时人君，德业已盛，宜无待于良臣之辅助矣。 然当时为臣的犹且慎防逸欲之萌，不忘忠益之献，相与陈谟纳谏以训戒告谕之。 训告之不足，又相与竭力维持以保养将顺之；保惠之不足，又相与悉心教诲以规正成就之。"夫古之人臣，忠爱无己如此，则其君能受尽言可知，所以视听思虑，皆无蔽塞。 好恶取舍，不至违悖自然，公足以服群情，明足以烛奸佞，当时之民，个个循法守分，无有一人敢相与诳诞，变名易实，倡为幻妄之说以眩惑君心者。 盖邪正之机，相为消长，人君能任贤纳诲，上下交相饬励，则正气充实，邪说无间可干，自然之理也。 然则人君可不亲正人，听忠言，以求尽无逸之道哉！

"此厥不听，人乃训之，乃变乱先王之正刑，至于小大。 民否则厥心违怨，否则厥口诅祝。"

解 此，指上节古人听言之益说。"训"字、"刑"字，都解做"法"字。 否，是不然的意思。 请神加祸于人叫做诅，以言告神叫做祝。 周公戒成王说："我所言古人听受忠言之事，正今日所当效法者。王若于此不肯听信，无受言纳谏之诚，则在位的臣，亦皆互相仿效，而不尽忠规谏，君暗臣谄，邪说得行，则必变乱先王之正法，无小无大，都取而纷更之。盖先王之法，最便于民，最不便于纵侈之君。如省刑罚以重民命，民之所便也，其君残忍的，却以为不便，要变乱以行其暴虐之政；薄赋敛以厚民生，民之所便也，其君奢侈的，却以为不便，要变乱以遂其贪求之志。上有乱政，则下不聊生，那百姓每必以上之所为为不是，其心里必违悖而怨恨。再有不然，其口里必诅祝于神明，为人上者使百姓每心口交怨，其国未有不危者矣。夫不听臣下之忠言，其弊至于如此，治乱存亡之机，所系甚大，吾王其可忽哉！"

周公曰："呜呼！自殷王中宗、及高宗、及祖甲、及我周文王，兹四人迪哲。"

解 迪，是蹈。哲，是智。迪哲，是实能行其所知的意思。周公又叹息说："天下之事，知之非难，行之为难。稼穑乃小人之依。人君既知之，则必为之经营措处，便小人各得所依，方是实蹈其知者。自昔贤王，惟殷之中宗、高宗、祖甲及我周文王，这四君皆身处崇高之位，而察见民情之隐，于稼穑艰难之事，不徒明足以知之。又能兢业于身心，惕励于政事，或治民祇惧，或嘉靖殷邦，或不侮鳏寡，或咸和万民。是实能蹈迪其明哲，以尽无逸之道者也。吾王可不知所法乎？"盖人主既有仁心，当行仁政，故问人之寒则衣之，问人之饥则食之，然后民被其泽。不然则是知其饥寒，不与衣食，民何赖焉？这"迪哲"二字，又无逸之纲领，人主所当深思也。

"厥或告之曰：'小人怨汝詈汝。'则皇自敬德，厥愆曰：'朕之愆允若时。'不啻不敢含怒。"

解 怨，是怨望。詈，是骂詈。"皇"字，解做"大"字。愆，是过。允，是诚。含，是藏。周公又说："小民至微而可畏，人君若非实心爱民，未有闻怨詈而不怒者。三宗、文王能迪知小民之依，惟恐己有过失，民不安生，其或有人告他说：'小人有厥心违怨而怨汝，厥口诅祝而詈汝。'则大自敬德益修其身，于人所诬毁之言，安而受之说道：'这本是我的过愆，非彼妄言也。'盖三宗、文王之心，真见得人君为民父母，但有一夫不被其泽，即是自己的愆尤，故以敬德为己任，过言为己责。是其心诚实如是，非但勉强隐忍其怒而不发也。"自古贤圣之君，其厚于责己，诚于爱民，类如此。

"此厥不听，人乃或诪张为幻，曰：'小人怨汝詈汝。'则信之，则若时，不永念厥辟，不宽绰厥心，乱罚无罪，杀无辜。怨有同，是丛于厥身。"

解 "此"字，指上文"迪哲"之事说。辟，是君。绰，是大。丛，是聚。周公又说："三宗、文王，皆迪知民依，故不暇责小人之怨詈，而益敬其德。王于这迪哲的事，或不肯听信，只见人的不是，不能反躬自责，则小人乘间，乃或诪诞变置虚实，来说'小民怨汝詈汝'，汝必轻易听信，欲加之罪矣。夫人君父母天下，当以含容为德，今既闻谤言而轻信，便是不能长念为君之道，不能宽大其心，反用那诪诞无实的言语，罗织疑似，乱罚那无罪的，杀戮那无辜的。天下之人受祸不同，同归于怨，都丛集于人君之一身矣，可不畏哉！"盖人君与民一体，民有怨詈，但当引为己责，不可归罪于民。引为己责，则必能修德以和民。归罪于民，则愤戾愈甚，而民心愈离，将至于不可收拾矣。故卫巫监谤[①]，而召公以为"防民之口，甚于防川"，正有见于此，君天下者鉴之。

周公曰："呜呼！嗣王其监于兹。"

🔴**解**　监，是视以为法戒。"兹"字，通指上文说。　周公于篇终又叹息说道："我所陈这一篇书法戒大备。　如三宗、文王之圣哲，当以为法；如后王商受之昏暴，当以为戒。　享年长短，国家治乱皆系于此，我嗣王不可不监视之也。"按《无逸》一篇，以知小民稼穑之艰难为纲领，以崇俭素、节逸游、听忠谏、远谗邪、守法度、容诽谤为条目。　周公虽为成王而发，其实乃万世守成之龟鉴，保邦之药石。　故唐宋璟手写为图以献，宋仁宗命大书于屏间，可见贤臣之纳规，明君之鉴古，无切于是书者，所当详览而熟玩也。

君奭

召公为保，周公为师，相成王为左右。召公不说，周公作《君奭》。

成王时，召公为太保，自以盛满难居，意欲告老而归，周公留之，反复劝谕，谓大臣当辅君德以延天命，固人心不可求去。史臣记其语，因篇首有"君奭"二字，遂以名篇。

周公若曰："君奭！弗吊，天降丧于殷，殷既坠厥命，我有周既受。我不敢知曰，厥基永孚于休。若天棐忱，我亦不敢知曰，其终出于不祥。"

解 君，是尊敬之称。奭（shì），是召公的名。古人尚质，相语只称名。弗吊，解做不恤。棐，是辅佑。忱，是诚信。昔周公欲留召公，先呼其名而告之说："功成身退，固人臣自靖之常。辅君奉天，尤大臣徇国之义。昔殷纣无道，上天不加悯恤，降以丧亡之祸，已坠失了天命。于是我周受之，而代殷以有天下矣。然天命无常，可受也亦可改也。若说我周家既受此大命，其基业常信于休美，决可以保于无穷，这个我不敢知。若天于冥冥之中，果辅周之诚而眷佑无已，却说道后来又将失坠，而终出于不祥，这个我亦不敢知。但我等身为大臣，谊同休戚，今日只当尽忠夹辅，以共保天命，岂可舍之而去，以自遂其私乎？"

"呜呼！君已曰：'时我。'我亦不敢宁于上帝命，弗永远念天威越我民，罔尤违，惟人。在我后嗣子孙，大弗克恭上下，遏佚前人光，在家不知。"

解 君，指召公。"时"字，解做"是"字。"越"字，解做"于"字。尤，是怨。后嗣子孙，指成王说。遏，是绝。佚，是坠。前人，指文武说。周公又叹息告召公说道："天命吉凶，我固不敢知，所可知者惟在贤臣之去留耳。且君前已有言说：'辅王以诚小民而祈天命，是惟在我之责。'是君之自任如此，然岂惟君有是心哉！我亦尝思之，当今之时，万邦咸休，我民罔有尤怨违背，天命宜若可保矣。但民罔常怀，天无常亲，今日之眷命，焉知他日之不降威乎？故我不敢便以上帝眷顾之命为可安宁，而弗永远念天之威罚于民，罔尤违之时也。我之心亦如此。盖天命人心，去就难必，其机实在于人。使朝廷得人为辅，则民心悦而天命固，厥基永孚于休矣。朝廷辅佐无人，则民心离而天命去，其终出于不祥矣。是大臣去留，乃国家安危所系，非细故也。今君乃忘前日之言，翻然求去，使我后嗣子孙无人辅助，大不能上畏天命，

君奭图

召公

下畏民碞，乃或骄慢肆侈，遏绝佚坠文、武光明显著之德，当此之时，君为国大臣，固有不得辞其责者，岂可谓退老在家，便付理乱于不知乎？"周公言此，以见国有老成，乃社稷所倚赖，而在老成之自处，尤当以爱君体国为忠，有不容恝然舍去者，所以挽留召公之意，至恳切矣。

"天命不易，天难谌，乃其坠命，弗克经历，嗣前人恭明德。"

解 "谌"字，解做"信"字。经历，是践行不违的意思。恭明德，是敬天敬民显明之德。周公又说："上天于我周，既降此眷顾之命，然欲保之于无穷，实有不易者。盖天命去留无常，或前兴而后废，或始予而终夺，岂可据以为诚信哉！惟人君有是明德，乃可以嗣守于弗替耳。凡继世之君，乃有坠失其命而不能长保者，都只因无贤臣辅佐，其君孤立于上，所以把前人敬事天显、顾畏民碞，许多光明的大德，都弃之而不能遵行，绝之而不能嗣续，由是天心厌弃，卒蹈于丧亡之辙耳。向使辅助得人，则天命岂遽弃之哉！"观此，则召公当此时不惟义不当去，盖亦有不忍去者矣。

"在今，予小子旦，非克有正，迪惟前人光，施于我冲子。"

解 旦，是周公的名。正，是正君。迪，是启迪。施，是付与的意思。冲子，指成王说。周公自叙辅君之意以感动召公说："继嗣之君，必须得老成匡正，乃可以绍前烈、保天命。然正君之事，惟盛德者能之。在今予小子旦，德业闻望，不能过人，非真有格心之术，足以匡正吾君也。惟以我周文、武敬天敬民光明显著的大德，朝夕开导，而付与我冲子，使其上而事天，下而治民，一皆遵守文、武之家法，庶乎前烈益以焜（kūn）耀，而不至于遏佚耳。"盖君德者保命之本，老成者辅德之资。故欲天命之固，不可不延世德；欲君德之正，不能不资老成也。

又曰："'天不可信。'我道惟宁王德延，天不庸释于文王受命。"

解 道，是为臣的道理。宁王，是武王。延，是长久。释，是舍去。周公又申前意说："天之祸福予夺，虽不可信，然以人事言，则在我有当尽的道理。盖我周文王，诞膺天命以抚方夏，至武王其承厥志，既以德而凝固之，则继志述事，固后嗣之责也。我今惟在以武王光大之德，付于冲子，自今务衍而长之，不至失坠，使文王所受的命，天不容舍之而他归，则我周大业，永永传之无穷，岂不美哉！"夫辅君以延世德而凝天命，我之道固如此，公同此心，亦当同尽此道。岂可坚欲求去，使后人遏前光而坠大命乎？

公曰："君奭！我闻在昔成汤既受命，时则有若伊尹。格于皇天。在太甲，时则有若保衡。在太戊，时则有若伊陟、臣扈①，格于上帝。巫咸②乂王家。在祖乙，时则有若巫贤③。在武丁，时则有若甘盘④。"

解 时则有若，言当时有如此之人。太甲、大戊、祖乙、武丁，都是商之贤君。保衡是官名。保取其安，衡取其平。商时，伊尹为此官。周公又呼召公说："我曾闻在昔商家先王成汤，既受命为天子，当其时，有如伊尹者，辅佐成汤，伐夏救民，其德泽广被，与天之无不遍覆一般。成汤既往，汤之孙太甲嗣位，当其时伊尹受成汤之顾托，以元老旧臣，居保衡之官，能保护王躬，平章国事，王业赖之以安。在太甲之孙太戊，时则有如伊尹之子伊陟与臣扈两个人同心夹辅，劝太戊以图政修德，灭祥桑之异，孚格于上帝之心。又有巫咸者，亦能左右王室，而使国家平治。在太戊之孙祖乙，时则有如巫咸之子巫贤。在高宗武丁，时则有如甘盘，即高宗旧学之师，皆能世效保乂之功，克振中兴之业。夫商之诸君，或创业于前，或守成于后，

【注】

① 伊陟：伊尹之子，商王太戊大臣。臣扈：商王太戊大臣，与伊陟共事太戊，相继为相。

② 巫咸：太戊时贤臣，传说他是鼓的发明者，长于占星术，与伊陟协力，整饰政事，治国有绩，使商朝一度中兴。

③ 巫贤：巫咸之子，在太戊帝孙子祖乙登基后，任宰相，有贤臣之誉。

④ 甘盘：商王武丁贤相，武丁即位之初，得到甘盘的大力辅助。

伊陟格帝圖

太戊

伊陟

皆赖六臣辅佐如此。今君居太保之位，受付托之重，当思匹休前烈，而可遽然求去乎？"

"率惟兹有陈，保乂有殷，故殷礼陟配天，多历年所。"

解 率，是循。有陈，谓有可陈列之功。"陟"字，解做"升"字。所，是语辞。周公又说："人臣事君，自有个当尽的道理。殷家从伊尹至于甘盘，这六个大臣，都能率循此为臣之道，效忠匡辅，显然有可陈列之功，用能保乂有殷之天下，使国势常安而不危，民生常治而不乱。以君德则益隆，如成汤以下五王，皆以明德昭升，配享于皇天上帝。以国祚则益永，而传世十九，历年有六百之多也。"夫德莫大于配天，治莫隆于永命，此虽殷先王世美相承之效，而六臣之保乂，其功亦何可诬哉！

【注】
① 王人：指周王室之微官。

"天惟纯佑命，则商实，百姓王人①，罔不秉德明恤。小臣屏侯甸，矧咸奔走。惟兹惟德称，用乂厥辟，故一人有事于四方，若卜筮罔不是孚。"

解 纯，是专一的意思。佑，是助。实，是不空虚。恤，是忧。"称"字，解做"举"字。孚，是信。周公又说："国无贤才，则国空虚，而老成耆旧，又众贤之领袖也。在昔商家盛时，有六臣辅君，因此上天眷佑之命，纯一不杂，生许多贤才，使商家充实，而无乏才之患。在内，则百官之著姓与王臣之微贱的，莫不秉持其德，无偏私之蔽，明致其恤，有忧国之心。在外，则微而小臣，与侯甸诸侯为王藩屏的，况皆奔走趋事。惟此内外之臣，都称举其德，用以辅君之治，俾无过举。是以德业隆盛，政教修明，人君但有征伐会同之事于四方，如龟之卜，如蓍之筮。天下之人知其出于至公，都听从悦服，而无一人之不孚信者矣。夫天下之信服，由群贤布列于中外；而贤才之众多，由六臣匡辅于朝廷。公必如六臣之辅商，以勉效于今日可也。"

公曰："君奭！天寿平格，保乂有殷，有殷嗣天灭威。今汝永念，则有固命，厥乱明我新造邦。"

解 平，是坦然无私。格，是通彻无间的意思。固命是凝固不坠的天命。"乱"字，解做"治"字。周公又呼召公而告之说："天命至公，其寿人国家使之绵延长久者，岂偶然哉！必其大臣有至公无私平康正直之德，通彻于天，乃可以克当天心，而天斯寿之耳。如伊尹至于甘盘，这六个大臣，皆能尽平格之实者。故能保乂商家久安长治，历年至于六百之多。是天之寿商，实以六臣之故也。及至商纣继嗣天位，乃崇信奸回，播弃黎老，无有平格之臣以维持天命，所以天降之罚，遽遭灭亡之威。国祚之长短，系于贤臣之有无若此。今汝其无汲汲求去，勉为周家永久之念。凡所以辅君而延世德者，益竭力以图之，使我周有平格之臣，则上天必有凝固之命，而治效亦赫然明著于我新造之邦，盖身与国俱显矣。彼商之六臣，又岂得专美于前耶？"

公曰："君奭，在昔上帝割，申劝宁王之德，其集大命于厥躬。"

解 割，是灾害。申，是重。劝，是勉。宁王，是武王。周公又呼召公说："昔者商王纣无道，上天厌弃，降灾害于商家，使他失了天下。然生民不可无主，惟我武王有大德，克享天心，故天于冥冥之中，申重劝勉武王之德，佑助他无所不至。才有所思，便无不知，恰似阴有启发的一般；才有所行，便无不顺，恰似默有辅翼的一般。由是德日以盛，真足以为神人之主，遂集此重大之命于一身，而克商以有天下也。"

【注】

① 虢叔：文王弟虢仲，封于虢，故称虢叔。

"惟文王尚克修和我有夏，亦惟有若虢叔①**，有若闳天，有若散宜生，有若泰颠，有若南宫括。"**

解 虢叔、闳天、散宜生、泰颠、南宫括，都是文王之臣。周公又说："我周之得天下，虽在武王，基天命实由文王。文王庶几能修治燮和，我周家所有的中夏，使三分有二之国，处处都服从政令，无有违越，人人都涵育教化，无有乖戾，此岂文王独以一身劳天下哉！亦惟当时佐命之臣，有如虢叔，有如闳天，有如散宜生，有如泰颠，有如南宫括，这五个大臣，皆是名世之贤，相与同心辅佐，或为之疏附先后，或为之奔走御侮，故能使文王修和之泽，达于诸夏而无间也。"

又曰："无能往来，兹迪彝教，文王蔑德降于国人。"

解 迪，是导迪宣布的意思。彝，是常。蔑，是无。周公又反前意说："若虢叔等五个大臣，不能为文王往来奔走于此，勉尽职业，导迪宣布所当行的常教，则文王虽有爱民之心，无人辅助，修和之泽，何由而降及于国人乎？"于此可见主治在君，宣化在臣，有君无臣，欲以致理难矣。

"亦惟纯佑秉德，迪知天威，乃惟时昭文王。迪见冒，闻于上帝，惟时受有殷命哉。"

解 迪知，这"迪"字是践履的意思。迪见，这"迪"字是开导的意思。见，是著见。冒，是覆冒。周公又说："我文王之时，有虢叔等五臣辅佐，亦是天意在文王，纯一不二以佑助他，故生这等秉持明德的贤臣，其践履至到，着实晓得上天显然的威命，可顺而不可违，以此同心协力，只要光显文王的德业，开导启迪，使其德著见于上，无所不照，覆冒于下，无所不被，以致至德馨香，升闻于皇天上帝，惟是之故，遂能克享天心，而有殷之命，自此始受之，皆五臣辅佐之功也。"

"武王惟兹四人，尚迪有禄，后暨武王，诞将天威，咸刘厥敌。惟兹四人昭武王惟冒，丕单称德。"

🔴**解** 四人，是闳夭、散宜生、泰颠、南宫括，此时虢叔已卒，故止称四人。"刘"字，解做"杀"字。丕，是大。单，是尽。周公又说："我文王既赖五臣辅佐，以诞受殷命，至武王时，虢叔虽卒，闳夭等四人尚存，又能同心协力，庶几导迪武王膺受天禄，其后遂与武王大奉上天之威命，往伐有商。凡残暴虐民，与我周为敌者，都诛灭无遗。此四臣者，又以祸乱虽定，而德泽未敷，于是又竭力宣布，用昭显武王之德，覆冒于天下，使天下之人涵濡教化者，大尽称颂武王的圣德。自东自西，自南自北，无有一处不心悦诚服者，此皆四臣开导之功也。"夫以文武之明圣，开创大业，犹必赖贤臣以为之助，况嗣守成业者，而可无老成旧德以左右之乎？此周公所以拳拳挽留召公也。

"今在予小子旦，若游大川，予往暨汝奭其济。小子同未在位，诞无我责，收罔勖不及，耇造德不降，我则鸣鸟不闻，矧曰其有能格。"

🔴**解** 小子旦，是周公自谦之称。游，是浮水。耇造，是老成人。鸣鸟，是鸣凤。周自文王及成王时，皆有此瑞。格，是感格。周公又告召公说："今王业艰难，幼冲在位，我小子旦朝夕忧惧，就似浮大川的一般，茫然不知津渡所在，非一人所能独济也。我自今以往，须是与汝同心辅导，共济艰难，使文武之业不至失坠，然后可耳。盖嗣王冲幼，虽已即位，与未曾即位的一般，正赖贤臣相与夹辅，汝大不可以此专责于我，而遂求去也。若汝决然求去，不肯勉力以助我之所不及，则老成之德，不下于民，将使民心尤怨，无和气以致祥，太平不可望了。那在郊的鸣凤，我将不得复闻其声矣。是今日之治，且不可保，况敢说道进此能有感格，而延天休于无穷乎？"然则召公之必不可去明矣。

公曰："呜呼！君肆其监于兹，我受命无疆惟休，亦大惟艰。告君乃猷裕，我不以后人迷。"

解　肆，是大。兹字，指上文说。猷，是谋。裕，是宽大的意思。后人，指成王说。周公又叹息而告召公说道："我前言文、武皆赖贤臣，而望汝以共济，此是恳切之言。君大宜鉴视于此，不可忽也。盖我周文、武诞受天命，开子孙万世之业，固有无穷的休美，然文王以五臣而布修和之泽，武王以四臣而收戡定之勋，迹其积累缔造，也大是艰难。夫得之既艰，则相与维持保守，在我二人有不容辞其责者，且大臣身当重任，能不以宠利为嫌，不以洁己为高，而委身事主，以安定国家，乃见其识量之闳深。若拘拘然只图功成身退，洁身而去，器识便狭小了。我今告君，宜谋所以自处宽裕之道，务展布四体，为国家长久之虑，毋徒狭隘求去为也。盖君德之成就，系于贤臣之匡辅，若汝迫切求去，则嗣王之德，何由开明。前人之光，将至遏佚，故我拳拳留汝者，正不欲使后人迷惑而失道，庶几文王艰难之业可以保守于无穷也。君不勉为后人留，宁不为文武大业计耶？"

公曰："前人敷乃心，乃悉命汝，作汝民极。曰：'汝明勖偶王，在亶乘兹大命。'惟文王德，丕承无疆之恤。"

解　前人，指武王。民极，是下民的准则。"偶"字，解做"配"字。古时耕者以二人为耦。亶，是信。乘，是负载的意思。周公又告召公说："我昔与汝同受武王的顾命，当时武王敷布腹心，将付托的言语尽以命汝，使居三公之位，为下民的准则。当时顾命的言语说道：'嗣王以冲幼在位，汝当精白一心，勉力不怠，以尽辅弼之道，如农夫耦耕的一般，不可缺了一人。又当彼此相信，推心相与，不要退托，如驭车的一般，并力一心，乘载这天命使不至倾覆。'盖今日天命，文王以德受之，缔造甚艰，若后人不知保守，必大有可忧者。惟当追念文王的旧德，常恐失坠，共承受此无穷之忧可也。武王命汝如此，今汝委而去之，使我独当艰难之任，则是耕者缺其耦，驭者不并力，何以勉辅嗣王乘载天命乎？"

公曰："君，告汝朕允。保奭，其汝克敬以予，监于殷丧大否，肆念我天威。"

解 允，是诚。保，是太保，乃召公所居之官。大否，是大乱。周公又说："如今告汝以我之诚意，汝勿视为泛常之言，遂呼其官与名说，我前言有殷嗣天灭威，既坠厥命，夫威之可畏如此，汝其敬慎不怠，以我之言，监视殷纣之丧亡大乱，而大念我天威之可畏可也。盖天命靡常，惟德是辅，商纣只因崇信奸回，播弃黎老，无平格之臣，所以坠失了天命，若嗣君无贤臣辅导，不能敬德，则丧乱之祸，又将移于我周，此汝不可不留也。"

"予不允，惟若兹诰。予惟曰：'襄我二人，汝有合哉？'言曰：'在时二人。天休滋至，惟时二人弗戡。'其汝克敬德，明我俊民，在让后人于丕时。"

解 襄，是成。戡，是胜。丕时，是大盛之时。周公又说："我前勉留汝的言语，岂是不足取信于人，却如此谆谆告汝乎！我只说周家王业之成，惟在我与汝二人，同心共济，汝闻我言，亦必契合于心。也说如今国家的事，全赖我二人，今天眷我周，有方兴未艾之势，就是我二人竭力图报，犹恐不能负荷，汝若独委之我，则一人将何以胜之哉！且汝今求去，不过以盈满难居，欲避权位耳。若以此为惧，当敬其辅君之德，益加寅畏，明扬才俊之人，布列庶位，以尽大臣之职业，以答滋至之天休，使他日贤才众而治道隆。当国家全盛的时候，汝那时要推让其位，以事业付于后人，我不阻汝，如今天休未答，王业未成，方以弗戡为惧，岂汝求去之时乎？"可见大臣进退，常以得人为虑，有贤者可托，而后身可退，周公斯言，真得大臣之体矣。

"呜呼！笃棐时二人，我式克至于今日休。我咸成文王功于不怠。丕冒海隅出日，罔不率俾。"

解 笃，是厚。棐，是辅。二人，是周公自谓己与召公。率俾，是服从的意思。周公又叹息说："朝廷之上，公卿百执事，其人固多，然同心协力笃厚于辅君者，惟是我与汝二人，所以能保固天命，兴隆王业，至于今自之休美也，然却不宜以此自足。我与汝当夙夜黾勉，共成文王的功业，不可少有倦怠。盖文王之功业，固尝显于西土，光于四方，然使今海内尚有一夫之不服从，即是功业未成处，我二人当竭力以成之，务使德泽丕冒于斯民，虽海隅日出之地，人人都率从臣服我周家，然后文王之功，可以言成。我二人辅君之责，庶几无愧耳。今未至是，而君可以求去乎？"于此可见人臣有难尽之责，无可居之功，若以功成名遂，当全身而去，则召公之去，周公何为惓惓勉留之乎？成功不怠之言，万世为人臣者，所当服膺也。

公曰："君！予不惠若兹多诰，予惟用闵于天越民。"

解 惠，是顺。闵，是忧。周公又留召公说："我前诰汝者，岂是不顺于理？却如此反覆多言，盖大臣一身，天命民心所系，汝若求去，则答天命而安斯民者无人。我只为忧天命难于终保，及斯民无所倚赖，所以恳恳的留汝，则所言非不顺理，而公之去志宜为予留矣。"

公曰："呜呼！君，惟乃知民德，亦罔不能厥初，惟其终。祗若兹，往敬用治。"

解 民德，是说民心向顺处。若，是顺。周公又叹息告召公说："天命之去留，系于民心之向背。汝是个历练老成的人，惟汝能周知民情向顺之故。今日民无尤怨，固能善于始，然思其终，则民心难保处，最是可畏。汝其祗顺我所言，自今以往，益务敬慎以图治可也。"此时召公已留，周公丁宁告戒之辞如此。大抵人君嗣位之初，全在老成人辅佐。若辅佐得人，则君德可成，太平可致；辅佐不得人，则君德难成，治功难保。成王之时，老成无出召公之右者，故周公恳切慰留，惓惓言商周得人之隆，及大臣许国之义，而于天命民心，始终尤致意焉。其后召公感其言，既相成王，又相康王，以天下为任而不辞，遂致刑措之治，君臣同休，可谓盛矣，然则图任旧人，为治者宜留意焉。

蔡仲之命

蔡叔既没，王命蔡仲，践诸侯位，作《蔡仲之命》。

蔡是国名，仲是字。蔡仲乃蔡叔之子。蔡叔罪放而卒，成王以仲贤复封于蔡。此篇所记是封蔡仲为诸侯诰命之词。

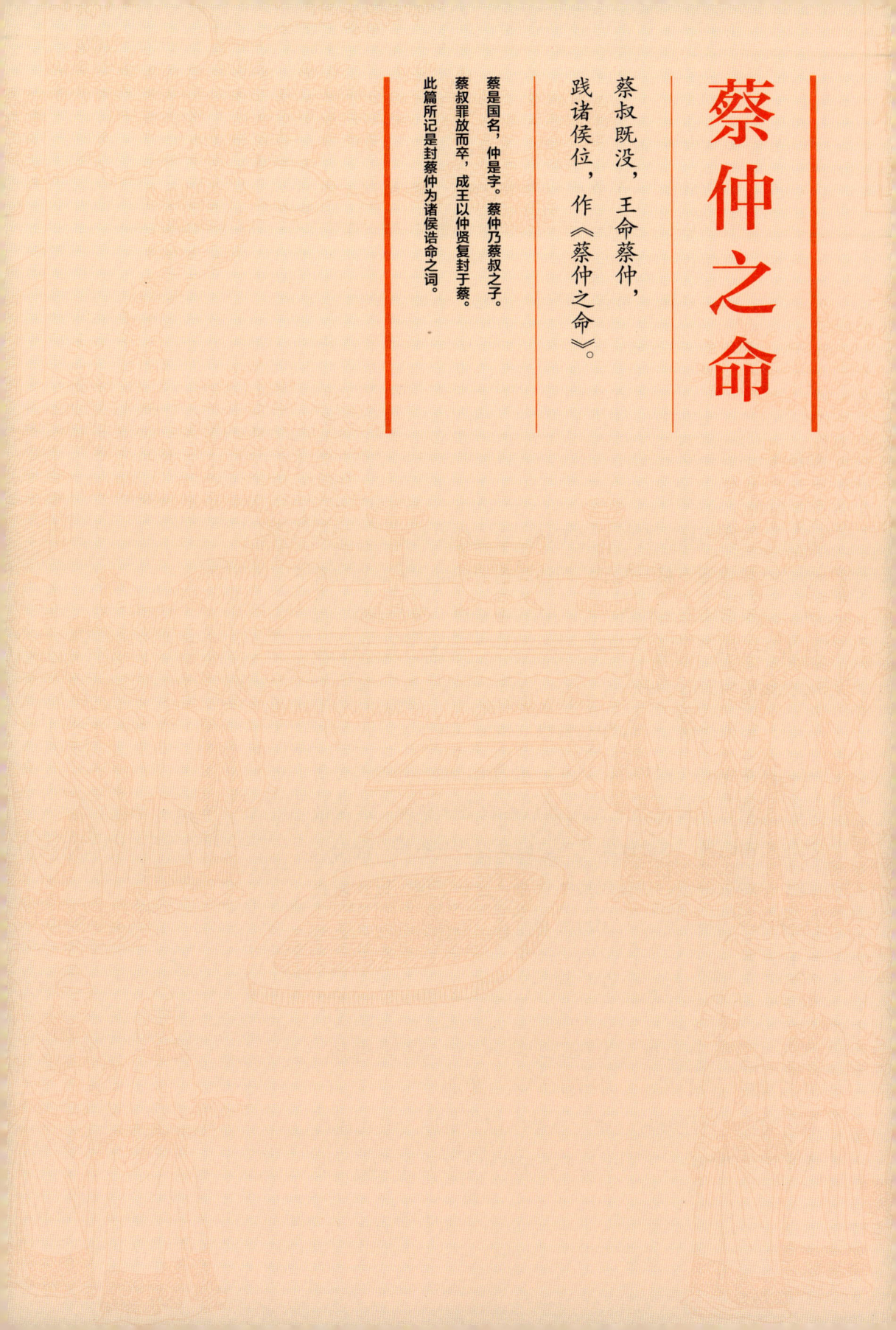

惟周公位冢宰，正百工，群叔流言，乃致辟管叔
于商，囚蔡叔于郭邻，以车七乘。降霍叔于庶
人，三年不齿①。蔡仲克庸祗德，周公以为卿士，
叔卒，乃命诸王，邦之蔡。

解　百工，是百官。管叔，是周公之兄。蔡叔、霍叔，是
周公之弟。致辟，是加以诛戮。郭邻，是中国之外地名。
齿，是齿录。庸，是常。卿士，是周公的官属。命诸王，
是以成王之命封之。史臣将述周公命仲之词，乃先叙说，
初武王崩时，成王尚幼，周公为天官冢宰，统正百官。当
是时，管叔、蔡叔、霍叔，三个人监纣之子武庚于商之旧
都，以主少国疑，乘商人之不靖，遂造作无根之言，谤毁
周公，说他将不利于孺子，因相与倡为叛乱，盖非独以危
周公，实欲动摇王室也。周公既奉命征讨，罪人斯得，以
管叔为首恶，乃明正其罪，诛之于商之旧都。蔡叔罪稍
轻，幽囚于中国之外郭邻地方，只以车七乘随之。霍叔罪
又轻，但降为庶人，削夺其爵禄，待他三年之后，改过自
新，方才齿录。因其罪之大小，定为刑之重轻，皆天讨所
加，不敢以私恩废公义也。其后蔡叔之子蔡仲，能常敬
德，始终谨畏，不敢放纵，周公以其克盖父愆，乃擢用为
卿士。蔡叔既没，周公以成王之命，命他之国，以续蔡叔
之封焉。盖惟贤是举，不以世类而弃，命德之公也，圣人
义尽仁至如此。

王若曰：“小子胡！惟尔率德改行，克慎厥猷。
肆予命尔侯于东土，往即乃封，敬哉！”

解　胡，是蔡仲的名。率，是循。猷，是道。蔡在成周
之东，故谓之东土。周公以王命呼蔡仲之名而告之说：“惟

【注】

① 不齿：没有资格与他人
序齿。《周礼·秋官·大
司寇》：“其能改过，反
于中国，不齿三年。”郑
玄注：“不齿者，不得以
年次列于平民。”

蔡仲图

蔡仲

蔡仲圖

皇天輔德圖

尔小子胡，率循尔祖文王之德，改易了尔父蔡叔之行，能谨慎其所当行之道，可谓贤矣。有德者天之所命，故我今以尔为诸侯于东方，不失茅土之旧，尔今往就所封之国，当敬之哉！"其恪谨侯度，常存率德改行之初心可也。

"尔尚盖前人之愆，惟忠惟孝，尔乃迈迹自身，克勤无怠，以垂宪乃后，率乃祖文王之彝训，无若尔考之违王命。"

解　盖，是掩蔽的意思。前人，指蔡叔。愆是罪过。迈迹，是超迈前人之迹。成王告蔡仲说："尔父蔡叔以不忠不孝，得罪于王室，尔蔡仲庶几掩盖前人的罪愆，惟思尽忠尽孝而已。盖凡前人已行，则后人之继述犹易，今尔父所为不善，在尔无所因袭，要超迈前人之成迹，都从自家身上做起，必须勤励自强，不敢有一时懈怠，用以垂法于尔后世子孙，使都有所仿效可也。然所以垂法处，又不在他求，只是率循尔祖文王之常教，不要似尔父蔡叔违背了君上之命，则忠孝之道尽矣。盖能敬慎以尽诸侯之职，便是忠，以此掩盖前人之愆，便是孝，非有二也。"

"皇天无亲，惟德是辅；民心无常，惟惠之怀。为善不同，同归于治，为恶不同，同归于乱。尔其戒哉！"

解　亲，是亲厚。成王又告蔡仲说："皇天上帝，于人无有私厚，只是有德的人，克享天心，便佑辅他使其长保爵位，若无德，则天命去之矣。下民的心，无有定向，只是有恩惠足以固结其心的，便怀服他，欲其长作民主。若无惠，则民心离之矣。人之为善，如敬天法祖，亲贤爱民，这等样好事，虽各不同，无一件不是当做的，若有一于此，皆能使天亲民怀，国家安宁，所以同归于治。人之为恶，如盘乐怠傲，拒谏殃民，这等样不好的事，虽各不同，无一件是当做的，若有一于此，皆能使天怒民怨，国家危亡，所以同归于乱。夫天人之向背靡常，善恶之从违当审，尔其可不戒哉！必也修尔之德以顺天意，布尔之惠，以结人心，力于从善，勿以善小而不为，决于去恶，勿以恶小而为之，则侯职既尽而福禄可保矣。"

"慎厥初，惟厥终，终以不困。不惟厥终，终以困穷。"

🔴解 惟，是思。困，是事势之困弊。穷，是困之极。成王又说："尔蔡仲侯于东土，实建国临民之初，创业垂统，责任甚重，其可不慎哉！若是兢业惕厉于初，不敢怠忽，凡所行的事，都思虑其终，务为久远可继之道，则诒谋既善，必能和民人，保社稷，与国同休，何困之有？若不能思其终，凡事都轻率慢易，只为目前苟且之计，则诒谋不臧，终必至于困穷而已。"此在蔡仲立国之初，所当敬戒也。

"懋乃攸绩，睦乃四邻，以蕃王室，以和兄弟，康济小民。"

🔴解 懋，是勉。兄弟，是同姓诸侯。成王又说："尔为诸侯，有当建的事功，则勉力修为，不要怠缓废事。有共事的邻国，则加意亲睦，不要轻易生衅。尊而王室，则尽蕃屏之责，以防御其外侮。亲而兄弟，则敷敦叙之恩，与之同其休戚。微而小民，则发政施仁，以康济他，使人人都安生乐业，无有失所。"这五件事，乃侯职之所当尽者，故成王悉举以告蔡仲也。

"率自中，无作聪明乱旧章。详乃视听，罔以侧言改厥度，则予一人汝嘉。"

🔴解 中，是无过不及的道理。旧章，是先王之成法。侧言，是一偏之言。度，是立身的法度。嘉，是褒美。成王又告蔡仲说："天下有个大中至正的道理，尔之行事，但当率循此自然之中，奉以周旋，不使有太过不及，如先王本有成宪，不可易也。尔当兢兢遵守，不要妄作聪明，紊乱了先王的旧章，立身自有法度，不可改也。尔当审于听览，不要惑于偏言邪说，改变了自家所守的常度。内不徇己以妄作，外不徇人以偏听，则喜怒好恶自然得中，而侯职无不修矣。予一人岂不于汝而嘉美之乎！"

王曰："呜呼！小子胡，汝往哉！无荒弃朕命。"

🔴解 成王又叹息呼蔡仲之名说："小子胡！汝往之国，当用心去经理国事，图

胡往就封图

蔡仲

所以盖前人之愆，垂后人之宪者，不可荒废弃坠了朕所告戒之命也。"按这一篇书，虽是成王命诸侯之词，然多与伊尹告太甲之言相类。伊尹说："皇天无亲，克敬惟亲；民罔常怀，怀于有仁。"此篇云："皇天无亲，惟德是辅；民心无常，惟惠之怀。"伊尹说："与治同道罔不兴，与乱同事罔不亡。"此篇云："为善不同，同归于治；为恶不同，同归于乱。"伊尹说："罔以辨言乱旧政。"此篇云："无作聪明乱旧章。"夫使人君能以敬德事天，以恩惠及民，察治乱之先几，守祖宗之成法，则天下可从而理矣。

多方

成王归自奄，在宗周，诰庶邦，作《多方》。

成王时，奄国与淮夷再叛，成王亲征灭之，归于京都，作此以诰谕四国及天下。因篇中有《多方》二字，故取以名篇。

惟五月丁亥，王来自奄，至于宗周。

〔解〕 奄，是国名。即今山东曲阜县奄至乡。宗周，指镐京。王都为天下所宗，故谓之宗周。成王即政之明年，夏五月丁亥日，王亲征灭了奄国。自奄国班师归来，至于镐京，诸侯皆来朝会，周公乃传王命告谕他，故史臣先叙其事。

周公曰："王若曰：猷！告尔四国多方，惟尔殷侯尹民，我惟大降尔命，尔罔不知。"

〔解〕 此是周公传王命以诰四方，故既云周公曰，又云王若曰，明周公不自专也。猷，是发语辞。四国，指管叔、蔡叔、霍叔及殷国。"尹"字，解做"正"字。降，是宽宥的意思。周公传成王之命说："猷！告尔管、蔡、霍、殷四国之民，并多方百姓每知道，惟尔殷侯所尹正管理的民，反叛不常，助奄为乱，今奄国既灭，凡从逆者皆王法所必诛，我惟不忍杀戮，大降恩赦，宥尔众人之命，尔等宜尽知感德，勿生二心也。"

"洪惟图天之命，弗永寅念于祀。"

〔解〕 洪，是大。图，是谋。永，是久远。寅，是敬畏。成王说："尔殷民亦知商奄之所以亡乎！奄国之人，大逞私意，要图谋上天之命，肆行叛乱，自取诛灭，不肯永远敬念，安分守法，以保有其祭祀，至于今，宗社不血食矣。尔曾不以此为鉴，而欲蹈其覆辙乎？"大抵天命可受不可图，自天与之，则安固而不可动摇；自人图之，则侥幸而不可必得。故成王告谕四国多方，首以天命为言，乃一篇之纲领也。

"惟帝降格于夏，有夏诞厥逸，不肯戚言于民，乃大淫昏，不克终日劝于帝之迪，乃尔攸闻。"

〔解〕 "格"字，解做"正"字，是规戒的意思。夏，指夏桀。诞，是大。戚，是忧。劝，是勉励。迪，是开导的意思。成王又说："天心仁爱人君，虽甚

王来自奄图

成王

周公

成湯

天降休命圖

无道，尚欲扶持而全安之。在昔夏桀有罪，上帝乃降示灾异以谴告规正他，使其恐惧修省，夏桀全然不知敬畏天命，反大肆逸豫以为乐，虽一句忧民的说话也绝口不道，况望其有忧民之实政乎？然上帝犹未忍遽绝之也。盖桀虽纵逸，其日用之间，未必无一念之明，这便是上帝开导启迪他处，使能勉强扩充，天意尚可回也。桀乃大肆意于淫乱昏迷，虽终日之间，也不能少勉于上帝之所启迪，况望其惟日孜孜，动循天理而不违乎？桀之殄民逆天如此，是以上帝震怒，天命去之，乃尔殷民之所尝闻者也。知桀之亡，则知纣之所以亡矣。殷民岂可再三不靖，以妄干天命乎！"

"厥图帝之命，不克开于民之丽，乃大降罚，崇乱有夏，因甲于内乱。不克灵承于旅，罔丕惟进之恭，洪舒于民。亦惟有夏之民，叨懫日钦，劓割夏邑。"

解 "丽"字，解做"依"字。民之丽，是民所依以生，如田土衣食之类。甲，是始。灵，是善。旅，是众。舒，是宽裕的意思。叨，是贪叨。懫（zhì），是忿懫。劓割，是戕害的意思。成王又说："夏桀矫诬上天，图谋猜度上帝之命，谓吾有天下，如天之有日，自分未必丧亡，以此不能开下民衣食之源，却乃横征暴敛，绝其生理，乃犹大降威虐于民，严刑峻罚，以增乱于有夏之国。夏桀之慢天虐民如此，究其所因，实始于内嬖妹喜，蛊惑其心，败乱其家，故不能力行仁政，善承众庶，不能大进用贤人而恭敬之，使洪施宽裕之泽于民，亦由有夏之民，内有贪叨、掊克、忿懫、酷虐的，日加敬信，恣其所为，以戕害于夏邑，故民不堪命，而国随以亡也。"此节言桀失天命，由失民心，其失民心，又由于内惑嬖宠，外用贪残，此清心任贤，所以为致治之本也。

"天惟时求民主，乃大降显休命于成汤，刑殄有夏。"

解 显，是显明。休，是休美。成王又说："天厌夏桀之无道，不可为民主矣。于是监于万方，要为天下求一个有德的人，与民做主，乃眷顾有殷，大降那显明休美之命于一德之成汤，使他为民之主，致刑罚以殄灭有夏之国，是可见为民择君，以治易乱，此天命之至公，非图度冀幸之可得也。"

"惟天不畀纯，乃惟以尔多方之义民，不克永于多享。惟夏之恭多士，大不克明保享于民，乃胥惟虐于民。至于百为，大不克开。"

解　畀，是与。纯，是大。义民，是贤人君子。多享，是久享禄位。保享，是保安享有其民。不克开，是闭塞的意思。成王又说："惟上天不与夏桀，既亡其身，又亡其国，降罚如是之大者，只因他昏迷无道，屏弃贤能。尔多方虽有贤人君子，可以辅君安民的，都不能推心久任，使之长享禄位。其所恭敬的多士，都不是贤人君子，只是贪叨酷暴的人，同恶相济，大不能明达治理，以保安享有国家之民，乃相与严刑重敛，以虐害其民，使民无所措其手足。至于士农工商之类，凡百所为，都有妨碍，无一条生路可开通者。政乱民穷如此，所以自速其亡也。"

"乃惟成汤，克以尔多方简，代夏作民主。"

解　简，是简择。成王又说："桀既自速其亡，不可以为民主矣。乃惟成汤一德格天，足以当尔多方之所简择，是以天命归之，人心戴之，因以代夏桀为生民主。盖民罔常怀，怀于有仁，皇天无亲，惟德是辅，非有私也。"

"慎厥丽，乃劝。厥民刑，用劝。"

解　刑，是仪刑法则的意思。成王又说："成汤之得人心者，以其尽君道耳。盖人君之守位以仁；仁者，君道之所依，不可一日无者也。成汤能懋昭大德，克宽克仁，谨慎其君道之所依者，以倡率劝勉其民，故其民都心悦诚服，以成汤为法则，用能以仁道劝勉于下，而成丕式见德之治也。君仁莫不仁，感应之理固如此。"

"以至于帝乙，罔不明德慎罚，亦克用劝。"

解 帝乙，是商之后王。成王又说："成汤能尽君道，以诒谋垂统，故自成汤以至于帝乙，中间贤圣之君，不止一人，皆能遵守家法，如德乃天命所在，则务昭明之，不使昏昧。刑罚乃民命所关，则务谨慎之，不敢轻忽，都与成汤一般，故亦能用以劝勉其民，使翕然向化，而成长治久安之盛也。盖明德则能使人观法而乐于为善，慎罚则能使人畏服而不敢为恶。所谓厥民刑用劝者，亦与成汤之时无异矣。"

"要囚，殄戮多罪，亦克用劝。开释无辜，亦克用劝。"

解 要囚，是紧要的囚犯。盖明德之劝民，人皆知之，而慎罚之为劝，人未必知也。故成王又特明之说："商家先王于紧要的囚犯，尤加敬谨。其中有罪恶多端决不可宥的，必诛戮之，不敢轻纵，所以刑一人而千万人惧，百姓都能用以为劝，而不敢为恶。有无罪诖误①，情可矜怜的，常开释之，不致亏枉，所以赦一人而千万人悦，百姓都能用以为劝，而勉于为善。盖刑不当，则良民有惧心；赦不当，则奸民有幸心。二者皆得其平，乃为慎罚之仁也。"

"今至于尔辟，弗克以尔多方享天之命。"

解 尔辟，指纣言。成王又说："商先哲王世传家法，积累维持，以致天下治安，如此其久。今至于尔君，曾不能席其余荫，以尔全盛之天下，坐享天命，忽焉至于灭亡，不亦深可悯哉！"夫此一多方也，汤不阶尺土一夫之力，而兴也勃焉；纣承祖宗累世之业，而亡也忽焉。仁则兴，不仁则亡，岂人之所能为哉？殷民反侧之心，亦可以少息矣。

呜呼！王若曰："诰告尔多方，非天庸释有夏，非天庸释有殷。"

解 "释"字，解做"去"字。周公又叹息而传成王之命说道："如今诰谕晓示尔四方之人，非是上天用意要去了有夏，也非是上天用意要去了有商，只是夏桀、商纣暴乱无道，自绝于天以取灭亡故尔，天亦何私之有？"

"乃惟尔辟，以尔多方大淫，图天之命，屑有辞。"

解 屑，是琐屑。辞，是言语。成王说："乃惟尔君商纣，倚恃尔四方之富庶全盛，不知戒惧，大肆淫泆非为，沉湎暴虐，以私意图度天命，说道'我生不有命在天'，其琐屑的言语，不一而足，都是饰非拒谏之辞，商安得而不亡乎？"

"乃惟有夏图厥政，不集于享，天降时①丧，有邦间之。"

解 集，是聚集。享，是享国。有邦，指商言。间，是更代的意思。成王又说："乃惟夏桀，凡所图谋其国政者，都是无道的事。安其危，利其灾，不能聚集众善以享其国，乃聚集众恶以亡其国。所以上天降是丧乱，使有商成汤代之而有天下也。"

"乃惟尔商后王，逸厥逸，图厥政，不蠲烝，天惟降时丧。"

解 商后王，也指纣说。逸，是安逸。蠲（juān），是洁。烝，是进。成王又说："乃惟尔商后王纣，不能居安思危，却以安逸之事为逸。淫湎无度，凡所图为其国政者，都是秽恶怠惰，不清洁、不长进的事。所以上天降是丧乱于有商，而使我周代之焉。"这三节，明天之降罚于桀纣，皆其自取，非天有意于舍之也。

"惟圣罔念作狂，惟狂克念作圣。天惟五年须暇之子孙，诞作民主，罔可念听。"

解 圣，是通明之称。狂，是庸愚之称。须，是待。暇，是宽假。子孙，是说商先王之子孙，即指纣说。成王又说："惟通明之人，其资质虽美，苟自恃其通明而不加省念，则私意蔽塞，反做了昏愚的人。若昏愚之人，其资质虽陋，苟自耻其昏愚，而能加思念奋发则气质变化，便做了通明的人，圣狂之机，系于一念转移之间如此。纣虽昏愚，也有可以迁善改过之理，故天心仁爱，未忍遽绝之，犹徘徊五年之久，以须待宽假他，冀其改图，大为生民之主。然纣终不警悟，稔恶日甚，凡所言动，都是淫秽暴虐的事，无一善行可念，无一善言可听，此天所以弃绝之而至于亡也。"盖人心易危难安，道心难明易昧，一念之差，虽未至于狂，若积渐放肆将去，不至于狂不已。一念之善，虽未至于圣，若积渐扩充将去，不至于圣亦不已。所以无道如桀纣，尚可冀望其改图，而圣如帝舜，犹有无若丹朱之戒也。

"天惟求尔多方，大动以威，开厥顾天。惟尔多方罔堪顾之。"

解 开，是开发。顾，是眷顾。成王又说："纣之秽德，既无可念听，则上天之望绝矣。于是求民主于尔四方之人，大警动以灾异谴告之威，使知商家之必亡，以开发其可受眷顾之命者，惟尔四方之人，皆不足以堪眷顾之命而为民主，此所以归于我周也。"

"惟我周王，灵承于旅，克堪用德，惟典神天。天惟式教我用休，简畀①殷命，尹②尔多方。"

【注】

① 简畀：经过选择而付托。

② 尹：治理。

③ 詟（zhé）：震慑。

（解）克堪用德，是能胜用德之事。典，是主。式，是用。教，是训诱的意思。成王又说："上天因纣无道，乃眷求有德之人，而天下无足以当之者，惟我周文王、武王，仁心爱民，所欲与聚，所恶勿施，善能承顺众庶，于凡用德的事，都负荷克堪，可以为上帝百神之主，上天乃眷顾我文、武，阴诱其衷。其思也，若或启之；其行也，若或翼之。使我文、武之德业日盛，用臻于休美，乃简择付畀以商家之命，代为天子，以尹正尔四方之诸侯也。"夫天命未定之时，既无一能当天之眷者，今天命既归我周而定于一矣，犹汹汹不靖，欲何为哉！所以詟③奸雄之心，而破疑贰之志者，至明切矣。

"今我曷敢多诰，我惟大降尔四国民命。"

（解）成王又说："今我何敢喋喋多言以告汝，只是要大降恩赦，宽宥尔四国的民命，使安静以保全其生耳。"盖示以宥过之恩，而望其迁善之实也。

"尔曷不忱裕之于尔多方？尔曷不夹介乂我周王享天之命？今尔尚宅尔宅，畋尔田，尔曷不惠王熙天之命？"

【注】

① 潏：聚集的意思。

（解）忱，是诚信。裕，是宽裕。夹，如夹辅之夹；介，如宾介之介，都是扶助的意思。畋，是耕种。惠，是顺。熙，是广。成王又说："尔四国之民，蓄疑不安，所以反侧动摇，尔何不消险诈之心，平怨望之意，以诚信宽裕之道，安集于尔多方乎？天命简畀，归于我周已久，尔何不夹辅介助，以保乂我周家，而安享上天之定命乎？且尔等叛乱，不知天命，若据法定罪，当潴^①尔宅舍，收尔田产才是。我今都宽宥了尔，还得住尔宅舍，耕尔田业，恩德可谓至厚矣。尔等何不洗心涤虑，顺我王室，以广上天之新命，而延福祚于无穷乎？"这是责殷民以所当为之事也。

"尔乃迪屡不静，尔心未爱。尔乃不大宅天命，尔乃屑播天命。尔乃自作不典，图忱于正。"

解　迪，是蹈迪。宅，是安。屑播，是轻屑播弃。不典，是不法。成王又说："尔四国之民，所行的事，屡屡不肯安静，自取诛灭。尔等之心，将未知所以自爱其身乎？商纣无道，天之所废，尔等乃妄觊兴复，不能大安于天命乎？我周有道，天之所兴，尔等乃轻屑播弃其天命而不信乎？且尔等反覆叛乱，自作不法之事，乃正人之所深恶者，乃犹以恢复为义，图见信于正人乎？"这是责殷民以所不当为之事也。

"我惟时其教告之，我惟时其战要囚之，至于再，至于三。乃有不用我降尔命，我乃其大罚殛之。非我有周秉德不康宁，乃惟尔自速辜。"

解　战要囚，是用兵征伐而诛其渠魁。殛，是诛戮。康宁，是安静的意思。成王又说："尔四国之民，反侧不服，我不忍尽行诛杀，只是用好言语教告尔等，只是诛讨那首恶的人。盖自武庚作叛以来，至于今日，训告之命，开宥之恩，已至再至三了。若自今以往，尔等有不能听用我宽宥之命，还狃于叛乱，反覆不已，我当大用刑罚，诛戮尔等。前日之恩，不可望矣，这非是我周家秉持君德，不肯安静，好为此严刑，乃是尔等自为凶逆的事，以速其罪耳。"盖殷之顽民，不自以叛逆为不靖，而反咎周之迁徙讨伐为不康宁，故言此以终上文之意也。

王曰："呜呼！猷！告尔有方多士，暨殷多士，今尔奔走臣我监五祀。"

解 监，是监治殷民之官。监官管理地方的人，有上下相临之分，所以说"臣我监"。祀，是年。商曰祀，周曰年。因告殷民，故谓之祀。成王叹息说："猷！告谕尔四方多士，及殷之多士，昔尔殷民迁徙洛邑之时，我尝设官以监治之，今尔等奔走效劳，臣服于我所命监治之官，非是一朝一夕，已五年于兹矣。人情久则相孚，事变久则自定，乃犹叛乱反侧何也？"

"越惟有胥伯小大多正，尔罔不克臬。"

解 胥、伯、正，都是周时官名。"臬"字，解做"事"字。成王又专告殷家职官说："越惟尔殷士，受官职于洛邑，长治迁民的，有若胥、伯、小大众多之正，与我所命监治之官，一般委任，尔等宜相体悉，无或反侧偷惰，不能事事。务要竭力尽职，以化导殷民，庶无负我告教之意也。"

"自作不和，尔惟和哉！尔室不睦，尔惟和哉！尔邑克明，尔惟克勤乃事。"

解 成王说："凡心不安静者，其身必不和顺，是不和由于自作耳。尔殷多士，务省察克治，使言动起居，各协其宜，而身无不和可也。身不和顺，则家不和睦，是不睦乃尔教之耳。尔殷多士，务欢忻浃洽，使长幼尊卑各尽其道，而家无不和可也。若身既和顺，家又和睦，便是身修家齐，大本正了。由是尔新邑之人，都观感兴起，欢然有恩以相爱，灿然有文以相接，而百姓昭明矣！如此，则乂安顺治，无有携贰悖乱之习，乃为勤于化民之事，而不负其职任也，可不勉哉！"

"尔尚不忌于凶德，亦则以穆穆在乃位，克阅于乃邑谋介。"

解 忌，是畏。穆穆，是和敬的意思。阅，是简阅。谋，是图。介，是助。成王又说："殷之顽民，其叛乱之凶德，虽是可畏，尔多士尚宽绰其心，不要畏忌他的凶德。 至于临民之际，亦须以穆穆和敬之容，端处尔位，使他都瞻仰观法，潜消其悍逆悖戾之气。 又要能简阅于尔邑之中，用其贤人君子，以图他辅助，则殷之顽民，将益感慕奋发革心向化矣，尚何凶德之可畏哉！"成王惓惓诱掖殷士之善，以化殷顽民之恶，其转移鼓舞之机，可谓微矣。

"尔乃自时洛邑，尚永力畎尔田。 天惟畀矜尔，我有周惟其大介赉尔，迪简在王庭。 尚尔事，有服在大僚。"

解 畀，是与。 矜，是悯。 介赉，是佑助锡（cì）与的意思。 迪简，是启迪简拔。"服"字，解做"事"字。 大僚，是大臣。 成王又说："尔殷多士，若能听我所告教的言语，自是居于洛邑，庶几永远保有家业，得以竭力耕治尔之田土。 这等样安生乐业为善之人，上天亦将畀与矜悯尔，锡以平康之福，不使陷于罪戾，我周家亦将佑助赉予于尔优厚爵赏，启迪简拔在朝廷之上。 若庶几勉尔之职事，竭力以乂我周家，虽进而任事于公卿大臣之列，也不难至矣。"盖周迁殷民于洛，已尝拔其豪俊，长治旧民，至是又言欲简迪而大用之，无非以爵赏示劝之意。

王曰："呜呼！ 多士，尔不克劝忱我命，尔亦则惟不克享，凡民惟曰不享。 尔乃惟逸惟颇，大远王命，则惟尔多方探天之威，我则致天之罚，离逖尔土。"

解 享，是承奉的意思。 颇，是颇僻。 远，是违远。 多方，先儒说当作多士。 探，是探取。 离逖，是隔远。 成王告谕将终，又叹息说："有殷多士，尔若不能互相劝勉，信我所命的言语，是不能尽职以奉上矣。 尔既不能奉上，则凡洛邑之民，也都仿效，说在上的人不必承奉，不肯信尔之言矣。 己则不忠于君，而欲下之忠于己，其可得乎？ 且尔等不能尽职奉上，只是放逸偷安，只是颇僻不正，以致大违了君上之命，则是尔殷多士自取上天之威，构害于身，我当奉天威以行罚，使尔父母兄弟妻子播迁荡析，隔远尔之乡土，那时节虽欲安尔居、力尔田，岂可得哉？"这是以刑罚警惧殷民之意。

王曰："我不惟多诰，我惟祗告尔命。"

解 成王又说："我岂是要如此多言，反覆告谕，不能自已也，只是敬告尔以天命之所在，使知安静顺受，自全其生而已。"盖殷民反侧，皆由不知天命，妄觊兴复。篇首既戒以图天之命，至此又云祗告尔命，所以深杜其乱萌也。

又曰："时惟尔初，不克敬于和，则无我怨。"

解 时惟尔初，是与之更始的意思。周公又传王命告多方说："尔前日叛乱之罪，都已降宥，如今与尔更始，正宜改过迁善之日，尔若不能敬谨以归于和顺，还狃于旧习，便是尔自取诛戮，到那时节，切莫以我为怨。"盖严其词以警动之也。按《多士》《多方》二篇，语意略同，但迁洛之时，反侧不靖者，止于殷人，及商奄再叛，驱煽者多，天下人心，几为摇动，向非周公屡发大号，谆切反复，以消群疑而绝乱本，则周之王业亦危殆矣。然则成、康而后得以寝兵措刑①，延八百年有道之长者，周公之功，岂其微哉！

【注】

① 寝兵措刑：寝兵，停止战争；措刑，置刑法而不用。

立政

周公作《立政》。

成王初政，周公告以图治莫要于任贤，而任贤必先慎择大臣，大臣既贤，则所举皆得其人，而政无不立矣。史臣记其语，遂以《立政》名篇。

周公若曰："拜手稽首，告嗣天子王矣。"用咸戒于王曰："王左右常伯、常任、准人、缀衣、虎贲。"周公曰："呜呼！休兹知恤，鲜哉！"

解 嗣天子，指成王。常伯，是牧民的长官。常任，是公卿任事的。准人，是有司守法的。缀衣，是掌服器之官。虎贲，是执射御之士。休，是美。恤，是忧。周公将率群臣以戒王，而先告之说："王虽幼冲，如今已嗣天位而为天下王矣，凡我诸臣当拜手稽首，致敬而告以君道之大可也。"乃同辞以告于王说："人君治天下，固无所不谨，而用人一事，尤当谨之大者。王左右之臣，有牧民的常伯，任事的常任，守法的准人，这三样官，是大臣之长。又有掌服器的缀衣，执射御的虎贲，这两样官是近臣之长，皆任用之所当谨者。"于是周公又叹息说："美哉！这几样官，大臣位望隆重，为天子之股肱。近臣职任亲密，为天子之心膂，岂不美哉！然大臣乃天下之治乱所关，近臣乃君心之邪正所系，皆当慎选贤才，以充其任，勿以小人参之，而后治道可成也。但为君的，每视为常员，狎为近习，而不知加意，若能以不得人为忧，而简任于始，保全于终，使朝廷之上，人称其职而任当其才者，实不多见也。所以说知恤鲜哉！"周公将详告成王以任贤图治之道，故先警之如此。

"古之人迪惟有夏，乃有室大竞，吁俊尊上帝，迪知忱恂于九德之行，乃敢告教厥后，曰：'拜手稽首后矣。'曰：'宅乃事、宅乃牧、宅乃准，兹惟后矣。谋面用丕训德，则乃宅人，兹乃三宅无义民。'"

解 "迪"字，解做"行"字。大竞，是十分强盛。吁，是招呼的意思。迪知，是深知。忱恂，是笃信。九德，即《皋陶谟》中所称"宽而栗"等九样才德。宅，是使之居其位。事，即常任。牧，即常伯。准，即准人。谋面，是看人的面貌而度量其贤否。义民，是贤人。周公告成王说："在古之人，能迪行立政之道，以不得人为忧者，惟有夏之君大禹为然。当其时，地平天成，万邦作乂，王室固已十分强盛矣，然其心犹不敢自满，常念说人君当尊敬者，

左右戒王图

成王

周公

常伯

淮人

常任

虎賁

綴衣

左右戒王圖

惟是上天，然上天无言，而以其事付之于君；君不能独理，而以其事分之于臣。若不得其人，则天工旷矣。乃多方招延贤俊之士，布列庶位，与他共治天事，以为尊事上天之实。然非但其君能以求贤为心，当时为大臣的，亦都以荐贤为急。凡群臣有九德之行者，既深知而诚信之，实见得某人有某德可用，某德有某事可征，乃进而纳诲于其君，拜手稽首，仰呼而告之说：'吾君欲称为君之实，当尽用贤之道，凡此九德的人，有可为常任的，使他居常任之官以任事；有可为常伯的，使他居常伯之官以牧民；有可为准人的，使他居准人之官以守法。如此，则事无不治，民无不安，法无不平，而为君之道尽矣。若不能深知笃信，只就人外面的模样，而度量其中之所存，便以为大顺于德而信用之，使居三等之任，则此三宅的官岂复有贤人君子，可称此任者乎？'既不能任贤立政，则亦不可以为人君矣。立政者尚鉴兹哉！"

"桀德惟乃弗作往任，是惟暴德罔后。"

解　往任，是往昔任贤之事。周公又说："大禹以任贤立政，而造有夏之业，使其子孙能世世守之，虽至今犹存可也。奈何桀为无道，逞其恶德，不肯做往昔先王任用三宅的好事，其所任用的，都是暴乱凶德、助他为虐之人。是以天命去，人心离，至于丧亡而无后也。"夫夏之先王，任俊德而有室大竞，至于桀任暴德而厥世殄绝，古称存亡在所任，岂不信哉！

"亦越成汤，陟丕厘上帝之耿命，乃用三有宅，克即宅，曰三有俊，克即俊。严惟丕式，克用三宅三俊。其在商邑，用协于厥邑；其在四方，用丕式见德。"

解　亦越，是继前之辞。陟，是升。丕厘，是大治。耿，是光明。三有宅，是见居常伯、常任、准人之位者。三有俊，是有常伯、常任、准人之才，而储养以待用者。严惟丕式，是敬思而大法之。周公又说："自古知恤之君，不独夏禹为然，亦越商之成汤，自诸侯升为天子时，知道典礼命讨，皆出于天，从而大加厘治，敦之庸之，彰之用之，件件都修饬振举，使上帝之命，赫然昭著于天下。又以一人不能独治，乃博求贤哲，与之共理，所用为三宅之官，都能称是位而无有虚旷职事的。所称为三俊之才，都诚有是德而无有名过其实的。然不徒用之而已，又心里严敬思惟他，虽一话一言，皆注念而不忽。又大以为法式，凡一政一事，必依从而不违。所以，当时三宅之人，见居于位的，都得以效其职；三俊之人，储养待用的，都得以著其才。贤智奋庸登于至治，其在商邑近处的百姓，都相亲相睦，安于礼教，无有一个不协和的；其在四方，虽远而难及，也都观感兴起，如亲见成汤之德而大取法之，无有一个不顺治的。"盖成汤能任用贤才，以共承帝命，故其治效，由近及远，至纯至大如此。

"呜呼！其在受德，暋惟羞刑暴德之人，同于厥邦；乃惟庶习逸德之人，同于厥政。帝钦罚之，乃伻我有夏，式商受命，奄甸万姓。"

【解】暋，是强暴。"羞"字，解做"进"字，是崇尚的意思。庶习，是群小近习。"伻"字，解做"使"字。奄，是尽。甸，是井牧之法。周公又叹息告成王说："成汤以任贤立政而造有商之业，使其子孙世世守之，虽至今犹存可也。奈何受为无道，逞其昏暴之德，屏弃贤人而不用。所任为三事大臣者，都是崇尚刑戮、以凶暴为德的诸侯，与之共治其国家；其列在近密者，都是群小近习、备诸丑态、以纵逸为德的人，与之共治其朝政。夫受既身有恶德，而所任用者，又皆同恶相济之人，所以政乱于上，民怨于下，上帝震怒，敬致其罚，殄灭其宗祀，乃使我周有此中夏之地，用商家所受的天命，尽治天下之民。井牧① 其地，以供赋税；什伍其民，以供职役。盖当时尺地莫非其有，今皆为我周之基图；当时一民莫非其臣，念悉入我周之版籍矣。夫观商之所以兴，所以亡，与有夏之事，如出一辙，今我周其可不鉴于有殷哉！"

"亦越文王、武王，克知三有宅心，灼见三有俊心，以敬事上帝，立民长伯。"

解　克知，是知之真。灼见，是见之明。长与伯，都是抚治百姓的官。周公说："自古知恤之君，不独夏禹、商汤为然，亦越我周家文王、武王，君臣之间，以心相信，真知那三宅的心，念念在爱君忧国，确然是可托之人。明见那三俊的心，惓惓要致君泽民的，然有可用之才。由是以这宅俊之臣，敬事上帝，如牧民、任事、守法，天所欲为，而人君不能独为者，皆用此贤才以祗承之；将他立做民间长伯，如牧民、任事、守法，民所仰治，而人君不能独治者，皆用此贤才以分理之。上焉天心无不顺，下焉民生无不遂，则为君者固可垂拱无为，而天下自治，此我文王、武王所以能尽知恤之道，而有光于禹、汤也。"

"立政：任人、准夫、牧作三事。"

解　周公又说："我文武能知恤如此，故当时得人独盛。言其立政之官，有若任人、有若准人、有若牧夫。任人，则委之以理事；准人，则任之以守法；牧夫，则用之以养民。这三等大职事委任得人，则可以统率群僚，而纪纲庶务矣。"

"虎贲、缀衣、趣马、小尹、左右携仆①、百司、庶府②。"

解　"言其侍御之官，则有虎贲掌射御的，有缀衣掌服器的。有掌御马的官，叫做趣马。有小官之长，叫做小尹。又有左右携持仆御之人，有内百司，若司裘、司服之属。有庶府，若内府、大府之属。"这几样是天子亲近扈卫的臣，亦必择人而授，不轻予之。凡在内之臣，不止于此，特举要者，以例其余也。

"大都、小伯①、艺人。表臣百司、太史②、尹伯、庶常吉士。"

解 表臣，是外臣。言"其都邑之官，则有大都之伯、小都之伯。有卜祝巫匠，执技以事上的艺人。有外百司，若外司服之属。有太史纪言动的，有尹伯为有司之长的。这许多官，都是有恒德的吉士"。凡在外之官，亦不止此，特举要者，以例其余也。

"司徒、司马、司空、亚旅。"

解 言"其诸侯之官，则有司徒主邦教。司马主邦政，司空主邦土。有卿之贰为亚，有卿之属为旅"。诸侯官属尚多，这几样名位通于天子，故独举之。

"夷①、微②、卢③、烝、三亳④、阪，尹。"

解 言"其王官之监于诸侯四夷者，其夷国则有微、有卢、有烝、有三亳，又有阪。凡此险阻之地，不以封建诸侯，皆有尹以治之。王官所治不止此。"亦特举其重，以见凡监治者，都得人也。夫上自朝廷，内而都邑，外而诸侯，远而夷狄，无不得人以为官使，岂文武一人聪明所能周知？只是亲自简任三宅大臣，既得其人，他自能荐举贤才，以称任使，所以得人如此之盛也。

"文王惟克厥宅心，乃克立兹常事司牧人，以克俊有德。"

解　克厥宅心，是能有三宅之心。常事，即常任。司牧，即常伯。周公说："文王于这三宅之人，知之既审，信之又笃，其心便是三宅的心，吻合交契，无一些猜嫌，其明于知人如此。故能设立这常任、常伯之官，所委用者，都是能着实有才俊、有德行的君子，故百司庶府，皆得其人，而政无不举也。"

"文王罔攸兼于庶言、庶狱、庶慎，惟有司之牧夫，是训用违。"

解　庶言，是朝廷的号令。庶狱，是法司的狱讼。庶慎，是一应禁戒储备的事，如颁行条例、收贮钱粮之类。有司牧夫，是管事的官。周公又说："文王于庶言、庶狱、庶慎这三件事，既选用得人，便专任而责成之，再不去兼理他的职务。只看那有司牧夫管事的官，有将这三件事都奉行修举的，便是勤于职业，能用君命者也，则奖谕他，使知劝勉。若于这三件事，不能奉行修举的，便是怠玩、旷职、背违君命者也，则督责他，使知戒惧。盖文王所操者，不过赏罚之权而已，所以为得君道也。"

"庶狱、庶慎，文王罔敢知于兹。"

解　周公又说："这庶狱、庶慎，文王非但不以身兼其事，尤敬畏小心，不敢以心与知其事。盖法司的狱讼，律有定式，人无定情，人君若侵管其事，恐听察不审，或以喜怒为轻重。禁戒的条例，特因事置建，储备的钱粮，是有司出纳，一一去管他，皆有乖大体。其不及庶言者，号令出于君，虽不屑去亲理，亦不容不知故也。然文王之所谓不敢知者，盖以得人分治，委任责成，非一切付之不理也。"

"亦越武王，率惟敉功，不敢替厥义德，率惟谋，从容德，以并受此丕丕基。"

解　率，是循。敉，是安。义德，是有拨乱之才的。容德，是有乐善之量的。周公又说："我周文王既尝任用贤才，与之建立事功，图谋治道矣。及我武王欲率循文王安天下的功烈，故于所用义德的人，皆照旧委用，不敢更改。率循文王安天下的谋议，故于所用容德的人，皆照旧信任，不敢废弃。文武相继，得贤辅治，所以同享此莫大之基业也。王欲尽知恤之道，可不以祖宗为法乎？"

"呜呼！孺子王矣！继自今，我其立政，立事、准人、牧夫，我其克灼知厥若，丕乃俾乱，相我受民，和我庶狱、庶慎，时则勿有间之。"

🔴解 孺子，指成王。"我"字，也指成王。见君臣一体之意。"若"字，解做"顺"字，是心之所安。"乱"字，解做"治"字。相，是助。间，是谗间。周公既述文、武开创基业之事，遂叹息而告成王说："孺子今为天下王矣，当知嗣守前业，任大责重，不可不慎。继自今日以后，凡建立政务，于所立任事之公卿，守法之准人，牧民之常伯，这三宅之人，不徒谋之面貌，必要明知其心之所安如何。盖人心若不安于为善，纵然暂时矫饰，未有久而不变者，必须心之所安，全是天理，无有一毫欺罔，这才是正人君子。王当推心而大委任之，使得展布四体以为治。其居常伯之官者，责他相助左右，王所受于天于祖宗之民，使百姓每遂生复性，各得其所；其居准人常任之官者，责他和调整齐凡一切刑狱，与一切禁戒储备，务令事事都得其宜。然不特界之以重任，又要加意保护，不可令小人谗间他，务使君子无疑贰之嫌，得以始终其治，然后国家享任贤之益也。夫灼知厥若，则能明察于未任之先，而匪人不得以幸进，勿有间之，则能笃信于既任之后，而君子不至于孤危，此两言者任贤之要道也。"

"自一话一言，我则末惟成德之彦，以乂我受民。"

🔴解 末，是终。惟，是思。彦，是美士。"乂"字，解做"治"字。周公又说："我前言信任贤臣，勿以小人间之，固是立政之要，然使人君言词意念之间，稍不在贤者身上，则谗邪之徒，便得以乘其间隙而投之矣。我王于贤人

時物有間圖

君子，既知道任用他，必须念念在兹，不可暂时忘了。虽开口说一句话，道一句言，也终思想着那成德的美士，将令他治我所受于天于祖宗之民。如此，则任贤之心专一周密，而小人始不能间矣。大抵国家养贤，所以理民，必贤者得行其志，而后天下得蒙其福，人君惟无时而不思夫民，则亦无时而不思夫贤矣。"

"呜呼！予旦已受人之徽言，咸告孺子王矣。继自今，文子文孙，其勿误于庶狱、庶慎，惟正是乂之。"

解　旦，是周公的名。徽，是美。文子文孙，指成王说。成王是武王之子，文王之孙，其时礼乐法度，焕然有文，故谓之文子文孙。误，是失误。正，是当职的人。周公又叹息告成王说："予旦所闻于人，如禹汤文武委任贤才之事，无非至美之言，已都告孺子王矣。然夏商之事，犹属久远，至于文王武王，克知灼见，选用宅俊之臣，不以身侵庶狱庶慎之职，则我祖宗遗范具存，乃耳目之所睹听者。继自今日以后，王以武王之文子，文王之文孙，须效法文武所行的事，其于一应刑狱，一应禁戒储备，既已委任贤才，慎勿有所兼，有所知，以身去侵越众职，自家失误了。凡有庶狱，惟责那管刑狱的人；凡有庶慎，惟责那管禁戒储备的人。使当其职者，自竭心力以治其事，则狱慎无不理，而立政之道得矣。"

"自古商人，亦越我周文王立政，立事、牧夫、准人，则克宅之，克由绎之，兹乃俾乂。"

解　自古，是商以前指夏禹说。商人，指成汤说。克宅，是得贤以居其职。由绎，是治丝的，由外面抽取，以尽其内之所有，喻用人能尽其才也。乂，是治。周公又说："自古圣君，如夏禹、商汤以及我周文王，立政用人之道，无有不同，如所立常任、牧夫、准人，这三宅之官，非徒苟且充位而已，皆能简择贤者以居是职，不使匪人滥厕其间。既已得人任职，犹恐贤者不获自尽，又能信任专笃，不间之以人，不误之以己，使贤者得展布四体，竭尽底蕴，如治丝者，绅绎端绪，其中所有之丝，无不引出于外也。先王用人，既宅才以安其职，又由绎以尽其用。所以能使三宅之官，任事的，都能为君以理天事；牧民的，都能为君以子天民；平法的，都能为君以奉天法，而治道成矣。"夫自古国家未尝乏才，然往往不能成治者，使之而不当其才，任之而不竭其用也。能当其才，如置器者之得宜；又竭其用，如理丝者之必尽。天下何患乎不治哉！

"国则罔有立政用恽人，不训于德，是罔显在厥世。继自今，立政其勿以恽人，其惟吉士，用劢相我国家。"

解 恽人，是恽利小人。吉士，是善人君子。劢（mài），是勉。周公告成王说："自古为国家者，皆必用贤而后成治功，无有欲建立政务而用那恽利小人者。盖这恽人，倾巧辩给，其智足以耸动人主，其言足以惑乱视听，所存所行，都不顺于德，倘万一错用之，他是阴类，必降其国于暗昧，使人君没有光显的事业在世间。王当自今日以后，凡建立政务，切不可用这等恽利小人，只当用善人君子，一心委任，使他得勉力辅相我国家。这样吉人，他道足以正君，德足以服众，其所存所行，都顺于德，他是个阳类，必能升其国于明昌也。"此章反复于君子小人之际，词意恳切，诚万世人君所宜深省也。

"今文子文孙，孺子王矣！其勿误于庶狱，惟有司之牧夫。"

解 周公又说："今王为武王之文子，文王之文孙，以幼冲即王位矣。凡所行只法我文武，不要下侵臣职，自家错误了一应刑狱的事，但以此责任那所司典守之官，使他用心去整理，然后人得以守其职，而无侵官之患也。"周公初说庶言、庶狱、庶慎三件事，此独言庶狱者，盖刑狱乃民之司命，人君尤当加意详慎，择人而任之，若少任喜怒，而以己意听断，必至于刑罚失中，使民无所措其手足，故周公独举以告成王，而致其丁宁之意如此。

正义庶狱图

苏公敬狱图

蘇公敬獄圖

蘇公

"其克诘尔戎兵，以陟禹之迹，方行天下，至于海表，罔有不服，以觐文王之耿光，以扬武王之大烈。"

解 "诘"字，解做"治"字。戎，是戎服。兵，是兵器。禹迹，是禹所疆理九州之地。陟，是超而过之之意。方，是四方。海表，是海外蛮夷之国。觐，是见。周公告成王说："今王缵承大业，当安而思危，治而防乱，不可忘了武事，必须修治尔戎服兵器，简择将帅，操练士卒，使武备精明，足以壮战胜攻克之威，杜奸雄窥伺之渐，将见王灵远振，还超越了大禹所疆理九州五服之地。由是威加四方，旁行天下，以至四海之外。九夷八蛮之国，无不畏惧詟服，莫敢有横行者。如此，则周家之业，日以隆盛，文王之盛德耿光，益显见而不至遏佚，武王开基的大烈，益播扬而不至委靡。是为善继善述，而无愧于文子、文孙之责也。"尝观前代继体守文之主，往往狃于太平，以兵为讳，故声容徒盛，而武备日衰，卒有祸乱，多不能救。周公告成王以克诘戎兵，可谓老成长虑之言矣。

"呜呼！继自今后王，立政其惟克用常人。"

解 后王，指周家后世子孙言。常人，是常德之人。周公又叹息说："继自今，凡我周家后王建立政务，须是能用常德之人，专任以三宅之事，毋使憸邪小人得而闻之可也。"按此篇言"庶常吉士"，又言"克用常人"，盖人而有德为难，德之有常者尤难，非忠厚正直，才与诚合之人，不足当此。人君得而用之，子孙黎民，尚亦有利哉！宜周公举以为成周之家法也。

周公若曰："太史！司寇苏公，式敬尔由狱。以长我王国，兹式有慎，以列用中罚。"

解 这一节疑有错简，盖周公命史之词。史臣以上文有慎重庶狱之言，故误记于此。苏，是国名。公，是爵。武王时，苏忿生以诸侯为司寇。"由"字，解做"用"字。长，是延长。列，是问刑的条例。中罚，是刑罚轻重得中。周公呼太史而告之说："刑狱重事，执法者必如苏公而后可。昔在武王时，苏忿生为司寇之官，他于小大之狱，都不敢轻易裁断，必哀矜详审，惟恐枉了一人，故能导迎善气，培植基本，以延长我王国，苏公之功大矣。夫前人所行，乃后人的师范，尔太史可将苏公敬狱之事，书之简册，使后世做司寇的于此取法而加谨焉，则必能以轻重条例用其中罚。盖人之罪有大小，例有轻重，使法当其情，轻其所当轻，而不失于暴刻；重其所当重，而不失于宽纵，则刑罚得中，而天下无冤民矣。"按《立政》一篇，论人君为政，莫先于用人，用人莫先于三事大臣，大臣得人，则百官皆得其人，而治道举矣。末又归重于兵、刑二事，盖兵者国之卫，刑者民之命，必治兵乃可以弭兵，必慎刑乃可以无刑，故尤当加意择人以任之，诚万世有天下者之永鉴也。

周官

成王既黜殷命，灭淮夷，还归在丰，作《周官》。

这是成王训戒百官的说话。史臣记其语，以《周官》名篇。

惟周王抚万邦，巡侯甸，四征弗庭，绥厥兆民，六服群辟，罔不承德。归于宗周，董正治官。

解 侯、甸，是侯服、甸服，并男、采、卫及畿内，为六服。独言"侯甸"者，是举近以谈远的意思。弗庭，是诸侯叛逆王命不来朝贡者。群辟，即是诸侯。宗周，是镐京。"董"字，解做"督"字。治官，是治事之官。史臣叙说，惟我周王抚临万邦，大一统以致治，乃出而巡狩侯甸诸服之国，以稽察其政事，又四面征讨诸侯之不来庭者，以明正其罪恶因以绥定天下之兆民，使人人都安居乐业，无有失所。当是时六服诸侯，皆相与承流宣化奉顺大君的德意，无敢有阻遏上命，自取罪戾者。盖我王一巡狩征讨间，而恩泽诞敷，威灵远播，外攘之功，赫然已著矣。又以朝廷为四方之极，内治不可不饬也。于是归于镐京，督正在朝治事之百官，使各遵体统而无相侵越，各修职业而无敢怠惰，庶乎本原之地，整齐严肃，而六服承德之盛，可以长保矣。此即下文制治未乱，保邦未危之意也。

王曰："若昔大猷，制治于未乱，保邦于未危。"

解 "猷"字，解做"道"字。史臣叙成王训迪百官之词说："若古昔大有道之世，圣帝明王，兢兢业业，其时虽法度修明，世已治而无乱矣，犹以乱不生于乱，而生于治，故其图惟治道，常在于未乱之前。虽海宇宁谧，世已安而无危矣，犹以危不生于危，而生于安，故其保固邦家，常在于未危之日，其所以预图者，亦无他，惟是建官择贤加之意而已。故能长治久安，永无乱危之祸，若待已乱已危而图之，则无及矣。"

曰："唐虞稽古，建官惟百。内有百揆四岳，外有州牧侯伯，庶政惟和，万国咸宁。夏、商官倍，亦克用乂。明王立政，不惟其官，惟其人。"

解 建，是立。百揆，是揆度百事的官，即宰相之职。四岳，是总方岳诸侯之事者。州牧，是一州之牧。侯、伯，是次州牧而总诸侯者。盖侯伯率属

归于宗周图

以统于州牧，州牧又率其方之诸侯以统于四岳。四岳以下，都统于百揆。倍，是加一倍。乂，是治。成王说："在昔唐虞之时，去古未远，事简民淳，乃稽考旧典，设立大小职官，其数止于百员。内则有百揆四岳，以总理在朝之治；外则有州牧侯伯，以总理四方之治。当是时，官数虽少，然内外相承，体统不紊，所以礼乐刑政，工虞教养，一切庶政，都顺理适宜，无有一之不和；四方万国，都时雍风动，平定安辑，无有一之不宁。此唐虞建官之效也。夏商之时，世变事繁，乃观其会通，制其繁简，建官的员数，比唐虞时加了一倍，然内外体统，森严周密，庶政也无不和，万国也无不宁，天下治安，不异于唐虞之盛也。夫尧、舜、禹、汤，皆是明哲的君王，其建官立政，制治保邦，所重者岂在官数之多少？惟在乎得人而已。盖官无大小，皆得贤而后能称其任。苟非其人，必至败官偾事，虽多无益。所以唐、虞建官，只有百员，遂臻和宁之效；夏、商之时，官多一倍，天下一般大治。官数虽殊，治效则一，此非得人之明验哉！"观此，可见设官治政，固有国之大体，而为官择贤，尤用人之要务。若官不得人，徒取备员，则非惟无益而为害多矣。君天下者，不可不知也。

"今予小子，祗勤于德，夙夜不逮。仰惟前代时若，训迪厥官。"

解　予小子，是成王自谦。祗，是敬。逮，是及。若，是顺。成王说："予小子敬勤于德，兢兢业业，不敢怠忽，早夜间常恐有所不及，只仰承前代，若唐、虞、夏、商建官致治的美意，顺着他行，以训教启迪百官，使各尽其职，而助成化理也。可见修德是任官之本，若人君自家德不能修，则无以倡率百官，虽终日训迪他，也不信服。"孔子说："为政在人，取人以身。"[①] 正是此意。

"立太师、太傅、太保，兹惟三公。论道经邦，燮理阴阳。官不必备，惟其人。"

解 太，是尊无以加之词。师，是天子所师法。傅，是傅相。保，是保安。公，取无私之意，因以为官名。经，是经纶。燮理，是和调。成王说："如今定立太师、太傅、太保这三样官为三公。不劳以职务，专与人主讲论发明天人的道理，启沃其心，涵养其德。推此道理以经纶邦国，使教化行、政事举，万民万物都得其所，推此道理以和调阴阳，使三光全、寒暑平，四时五行都顺其序，便是三公的职事。然这等官职任至重，不必徒取备员，须是天下第一等道全德备，可为王者师的，然后委任他。若无这等人，宁阙其位，不可滥授非人也。"

"少师、少傅、少保，曰三孤。贰公弘化，寅亮天地，弼予一人。"

解 少，是位次于尊之词。"孤"字，解做"特"字。见非三公之属，且取独立无朋之意。贰，是佐贰。弘，是大。寅亮，是敬明。成王又说："立定少师、少傅、少保这三样官为三孤，以佐贰三公。三公既已论道经邦，三孤则弘大扩充其经邦之道化，务使朝廷政务，咸协于中。三公既已调和阴阳，三孤则致敬详明于天地之运行，务使四时五行，各顺其序，用以辅弼人君，匡正其过失，成就其德业，便是三孤的职事。盖公、孤同一辅弼之任，都要得非常之才，不比庶官职事，可以照例除授也。"

"冢宰掌邦治，统百官，均四海。"

解 冢，是大。宰，是治。谓"其职任甚大，故谓之冢宰。定立冢宰为天官

六卿分職圖

成王

司徒

司馬

司空

冢宰

宗伯

司寇

卿，使他掌管邦国的治道。内外大小有司，凡有官职者，皆在管摄，务要选用贤能，以分职治民，使四海之内，人人得所无有不均平的"。这是冢宰之职，后世之吏部尚书，即此官也。

"司徒掌邦教，敷五典，扰兆民。"

（解）司，是主。徒，是众。以其官主民众，故谓之司徒。扰，是调习安养的意思。"定立司徒为地官卿，使他掌管邦国的教化，敷布君臣、父子、夫妇、长幼、朋友五者典常之教，以调习安养天下众民。如有不忠不孝、无礼无义的，务要教导他，使之各守礼法，不敢逾越。"这是司徒之职，后之户部尚书，即此官也。

"宗伯掌邦礼，治神人，和上下。"

（解）宗，是宗庙，凡祭祀以宗庙为主。伯，是长，以春官为四时之长，故谓之宗伯。"定立宗伯为春官卿，使他掌管邦国的典礼，专整理天神、地祇、人鬼之事，与吉、凶、军、宾、嘉之五礼，辨别其上下，尊卑等列，都无有僭乱，无有乖争。"这是宗伯之职，后之礼部尚书，即此官也。

"司马掌邦政，统六师，平邦国。"

（解）军政莫急于马，以其主军马之事，故谓之司马。"定立司马为夏官卿，使他掌管邦国军政，统御天子的六军。凡天下有千正之人，则举兵征伐，以平治邦国，使强不凌弱，众不暴寡，人人得其平。"这是司马之职，后之兵部尚书，即此官也。

"司寇掌邦禁，诘奸慝，刑暴乱。"

（解）寇，是寇贼。禁，是法禁。"定立司寇为秋官卿，使他掌管邦国法禁。有犯法违禁的，则推诘究问，务得其真情；有强暴作乱，罪恶显露的，必刑戮以正其罪，使不得苟免。"这是司寇之职，后之刑部尚书，即此官也。

"司空掌邦土，居四民，时地利。"

解 空，是空土。古时穿土穴而居之，以其主民安居，故谓之司空。"定立司空为冬官卿，使他掌管邦国之地土，以居处士农工商四者之民，使之各得其所，顺天时以兴地利，如春耕、夏耘、秋收、冬藏之类，皆不失其时。"这是司空之职，后之工部尚书，即此官也。

"六卿分职，各率其属，以倡九牧，阜成兆民。"

解 六卿各有属官，每一卿属官六十员。通共三百六十员。"阜"字，解做"厚"字。成王说："冢宰掌邦治为第一；然治道莫先于教化，故司徒第二；教化莫先于礼乐，故宗伯第三；教化既施而犹有不守礼法者，必加以兵刑，都出于不得已，故司马第四，司寇第五；暴乱既去，而后民得安居，故司空第六。六卿既已分职，各自率领其属官，以倡率九州之牧，自内达之于外，故政治明，教化洽，天下兆民莫不阜厚而化成矣。"盖周公辅相成王，经理太平之良法如此。

"六年五服一朝。又六年王乃时巡，考制度于四岳，诸侯各朝于方岳，大明黜陟。"

解 五服，是王畿外侯、甸、男、采、卫五等诸侯之国。制度，是朝廷颁降的礼乐法度。成王既已训迪在内之臣，此又举制驭外臣之法说道："天子所以振饬纪纲，统驭九牧，惟朝觐巡狩，为至大之典。如今定制：每六年，五服诸侯一次来朝会京师，各述其职，以达于上。又六年，诸侯再朝，通十二年，天子乃以时巡行于诸侯所守之地，稽考一应制度于方岳。如岁时月日之差，则协而定之；律度量衡之异，则审而同之；以至风俗好尚，礼乐衣服之类，莫不采听而修饬之。维时五服诸侯各执玉帛来朝于方岳之下，如岁二月东巡狩，则东方诸侯朝于岱宗；五月南巡狩，则南方诸侯朝于南岳；其八月西巡，十有一月北巡，则朝于西岳，北岳亦如之。每巡狩所至，即加意询察诸侯的贤否，大明黜陟之典，如恪遵制度，奉职安民的，则进其爵，增其地；其不守制度，怠政殃民的，则贬其爵，削其地。赏罚昭而劝惩著，六服诸侯无有不承德者矣。"按有虞五载一巡，群后四朝。至周朝以六年，巡以十二年，制之繁简，时之疏数，已自不同。后世时巡不行，而观察委之臣下，惟朝觐述职之典，则迄今行之不改。黜陟当否，乃人心向背所关，诚不可不慎重也。

王曰："呜呼！凡我有官君子，钦乃攸司，慎乃出令。令出惟行，弗惟反。以公灭私，民其允怀。"

解　攸司，指百官所管的职事。令，是政令。反，是壅逆不行的意思。允怀，是信服。成王总呼百官叹息而训戒之说："凡我有官守的君子，虽尊卑大小不同，都是代理天工的人，皆当敬谨以图尔之职事，不可旷怠而失职也。然欲敬其职，又当以慎令为先。盖凡政令之施，关系甚大，若不加详慎，则号令必有阻逆而难行者。夫至于出令而人不奉行，则不惟失上下之分，且国家事务亦将废坏而不举矣。凡尔有位，于发号施令之时，务要谨慎详审，度时宜，量事势，使人得以遵守，不要轻率忽略，将不可行的事施出去，至于壅逆而难行。然命令之当否，惟视心之公私何如耳？若在上的人，存心正大光明，一惟秉持公道，克去私情，凡所施行，件件都合乎天理，当乎人心，则政令一出，自然风行草偃，听之如蓍龟，仰之如神明，无有不敬信畏服者矣。何至于壅逆而不行哉！尔有官君子，能慎其令，则敬职之道，亦不外是矣。"

"学古入官，议事以制，政乃不迷。其尔典常作之师，无以利口乱厥官。蓄疑败谋，怠忽荒政，不学墙面，莅事惟烦。"

解　学古，是学前代之法。制，是裁度。迷，是错缪。典常，是当代的典故。蓄，是积蓄。"莅"字，解做"治"字。烦，是烦扰。成王说："尔大小庶官，先须将前代的成法都学习通晓了，然后可以进用而为官，及至议处国家的事务，却把平日所学的用之以裁度斟酌，则事有条理，不至迷错矣。然前代的法，亦有宜于古，而不宜于今者，尔又须以当代典常为师法。盖这典常都是我文、武、周公之所经画，至精至当，所当遵行，不可以喋喋利口，逞其才智，轻易更改，乱尔之官守。盖事若积疑而不断，必反败其谋为，心若怠忽而不谨，必荒废了政事。然决疑立政，都从学问中来，若不肯习学古法，留心时务，则事理必不通达，心地必不开明，就如面墙而立一般，眼中一无所见。使之治事，必然周章乖错，举措烦扰，岂能办国家之务乎？所以人不可无学问之功也。"按这一节，虽成王训迪百官之言，其于君道尤为亲切，故博览经史，讲求治道，即所谓议事以制也；谨守成宪，修明旧章，即所谓典常作师也。人臣不通古今尚不可以办一官之事，况君天下者乎？此明主所宜留意也。

"戒尔卿士，功崇惟志，业广惟勤，惟克果断，乃罔后艰。"

解 功，是事功。业，是职业。果断，是勇于决断的意思。成王既总戒庶官，至此又说："如今申戒尔在朝的卿士，若要事功崇高，须是立志，若柔懦而不立志，则事功便卑下了，岂得崇高？若要职业广大，须是勤力。若怠惰而不勤力，则职业便狭小了，岂得广大？有此二者，又须临事能刚果决断，然后事皆有成，不贻后日艰患。若犹豫固滞，而不能果断，则志与勤都虚用了工夫，何益于事？尔等要建功立业，皆当深省于斯。"

"位不期^①骄，禄不期侈。恭俭惟德，无^②载尔伪。作德，心逸日休，作伪，心劳日拙。"

解 骄，是骄傲。侈，是奢侈。"载"字，解做"事"字。成王又说："凡人居富贵之中，志念易盈，嗜欲易纵。必有

【注】
① 期：应当。
② 无：同"毋"。

道以处之，而后可以长有其富贵。今尔卿士所居之官位既贵，则虽不与矜骄期，而矜骄自至；所享之俸禄既厚，则虽不与奢侈期，而奢侈自至。故居是位者，必当恭以持己，而后不至于骄，享是禄者，必当俭以节用，而后不至于侈。然恭俭岂可以声音笑貌为哉？必须真有是谦虚忘势之心，而后其恭为实恭；真有是简淡朴素之念，而后其俭为实俭。恭俭皆出于实德，则内外如一，此心自安，而日著其休美。若只假做个恭俭的模样以欺人，则虽掩护遮盖，苦心劳力，而不恭不俭之真情，终不可掩，亦日见其拙而已，何益之有哉！夫一诚伪之间，而得失之顿殊如此，尔卿士当以作德自励，而以作伪为戒可也。”

“居宠思危，罔不惟畏。弗畏，入畏。”

解 宠，是宠荣。危，是危辱。成王说：“人臣享高爵厚禄者，虽是宠荣，然宠辱之机，相为倚伏，故居宠荣之地者，必当思念危辱之祸。位高而心愈卑，禄厚而志愈约，无所不致其敬畏，庶几能保守名誉于无穷也。若不知敬畏，骄侈放肆，必入于危辱可畏之中矣，可不慎哉！”

“推贤让能，庶官乃和，不和政厖。举能其官，惟尔之能。称匪①其人，惟尔不任。”

解 厖（máng），是杂乱。称，是举。成王说：“人君为治，必须群臣协和，同心为国，而后政事可理。然大臣者，又小臣之表率也。若尔为大臣的，能推荐有德之人，使之在位，而不蔽其贤，逊让有才之人；使之在职，而不害其能，则那小臣每也自然效仿。将见士让为大夫，大夫让为卿，师师济济，无有争竞，而政事皆灿然就理矣。若

【注】
① 匪：同“非”，不。

王若曰："君陈，惟尔令德孝恭。惟孝友于兄弟，克施有政。命汝尹兹东郊，敬哉！"

解 令，是善。尹，是治。东郊，指洛邑下都说。下都在王城之东，故谓之东郊。成王策命君陈，呼其名而告之说："惟尔有令善之德，事亲以孝，能尽为子的道理。事长以恭，能尽卑幼的道理，惟能孝于亲，友于兄弟，有这等令德，以修身教家，必能忠君爱民，施诸政事，使教化大行，风俗淳美，则东郊之任，舍汝其谁？故我今命尔尹治东郊下都之民，尔当敬谨从事，推孝恭之令德为经国之善政，不可少有懈怠，以负委托也。"

"昔周公师保万民，民怀其德，往慎乃司，兹率厥常。懋昭周公之训，惟民其乂。"

解 师，是教训。保，是安养。率，是循。懋，是勉。乂，是治。成王又说："昔周公治下都之民，有师之尊，所以教戒训饬者，无不备；有保之亲，所以抚恤爱养者，无不周。是以万民都怀想思慕他的恩德，至于今日，久而不忘。我今命尔前去，所司者，即周公之职；所临者，即周公之民。只当慎守尔的职事，小心敬畏，务率循旧日所行之常法，不可别立条贯，轻易更改。盖周公之训，布于当时者，万民方思慕不忘，尔若能勉力遵奉，益阐扬而光大之，则下都之民，自将翕然听顺，安静帖服，与周公之时无异矣。若少有纷更，民且疑骇而不安矣，可不慎哉！"

"我闻曰：至治馨香，感于神明。黍稷非馨，明德惟馨。尔尚式时周公之猷训，惟日孜孜，无敢逸豫。"

解 馨香，是和气薰蒸发越的意思。猷训，是关系道理的言语。成王又说："我闻周公有言，凡治化隆盛到那至极的去处，自然和气薰蒸，馨香发越，虽神明亦将感格而无间。然这馨香不是祭祀的黍稷，乃是人有明德蕴于身心而至精至粹，施诸政事而尽善尽美，然后馨香发闻，可以感格神明耳。若明德不足以致治，黍稷虽是馨香，神岂享之乎？周公此言，其发明道理，至为精微，真修德治民者所当法也。尔尚用此周公发明道理之训，终日孜孜，务要身体力行，不可有一毫逸豫怠惰，庶几己德可明，至治可期，虽神明犹将感格，而况殷民有不从化者哉！"

"凡人未见圣，若不克见；既见圣，亦不克由圣。尔其戒哉！尔惟风，下民惟草。"

解　由，是行。成王又说："凡今之人，不曾见圣人时节，心里切切向慕，如不能勾见的一般，此乃好德之良心也。及至亲见了圣人，却又志气昏惰，安于旧习，不能依着圣人所行。盖常人之情，大抵如此。尔君陈与周公同朝，己尝亲见圣人矣。如今继周公之后，抚周公之民，若未能法之以治民，则与常人不克由圣者何异？其尚以此为戒哉！盖尔君陈居民之上，其鼓舞倡率，譬如风一般；尔所治的下民，其观望听从，譬如草一般。风行则草偃，上行则下效，此必然之理也。若尔能式周公之训，以端风化之源，则民亦将听尔之训，不异于草之从风矣。尔君陈可不勉乎？"

"图厥政，莫或不艰，有废有兴，出入自尔师虞，庶言同则绎。"

解　艰，是艰难慎重的意思。出入，是反覆。师，是众。虞，是度。绎，是绀（chōu）绎思虑。成王又说："尔君陈尹兹东郊，凡图谋政事，无大无小，都要兢兢业业，以艰难之心处之，不要看做容易轻率苟且，以致差失。尔今继周公之后，政之大体，固不可易，而时异势殊，容有法久弊生，所当厘革的；有便民利俗，所当兴举的，亦不容不因时而为之处。但不可偏执己见，率尔兴废，须要出入反覆，与众人商度可否，以求至当。若众论皆同，又要自家绀绎而深思之，灼见其利弊之宜，然后见之施行可也。夫外参于国人，而不专执乎己见，内审于独断，而不轻徇乎众言，斯可谓其难其慎，而政之兴革，当无有不善者矣。"

出入師虞圖

君陳

"尔有嘉谋嘉猷，则入告尔后于内，尔乃顺之于外。曰：'斯谋斯猷，惟我后之德。'呜呼！臣人咸若时，惟良显哉！"

解 嘉，是美。言切于事的，叫做谋；言合于道的，叫做猷。顺，是将顺。成王嘉奖君陈说："尔平日凡有好言语切于事的，及有好言语合于道的，即便入告尔君于内，一一敷陈，无有隐匿，乃又不自以为能，将顺于外说道：凡此嘉谋嘉猷，有利于国，有益于民，都是我君之盛德，主持裁断于上，非臣下所能预也。夫既陈己之善，而献纳于内，乃又以善归君，而宣布于外，此乃忠顺之极至，臣道之纯美者也。"于是又叹息说："若使为人臣的，都似汝这等忠顺，是为奉公修职的良臣，而其名誉亦岂不光显于后世哉！"夫君陈有善，不自以为己功，而归之于君；成王受善，亦不自以为己出，而归之君陈。盖亦庶几乎唐、虞"都俞"之休风矣，其致治太平宜哉！

王曰："君陈，尔惟弘周公丕训，无依势作威，无倚法以削，宽而有制，从容以和。"

解 弘，是阐扬的意思。丕训，是大训。削，是刻削。制，是节制。成王又呼君陈而告之说："昔周公师保万民，垂之大训者，固后人所当遵，然事以时迁，政由俗革，又不可拘泥陈迹，至于狭隘而不弘也。尔必斟酌变通，阐扬开拓周公所遗之大训，使益光显敷布于万民，乃能继周公以成治耳。今尔居的势位，是下民所瞻仰，却不可恃势作威以陵暴在下之人；尔所用的法制，是下民所奉行，却不可倚着公法而恣行刻削之政。惟在审治体，识时宜，务以平定安辑斯民可也。盖殷民当迁徙之余，服周公之训，顽梗之习虽变，而向化之心未坚，若更加严厉，则非今时所宜。若过于宽和，又非为治之体。尔今御众虽从宽厚，然不可一味从宽，把法度都废坠了。须要有个品节限制，以维持于宽厚之中，然后宽而不失于纵。近民虽尚和平，然不可骤然便和，使人情都懈弛了，须要驯扰服习，渐次成和平之化，然后和而不至于流，宽和得中，则政善民安，而能弘周公之丕训矣。"按周公告成王治洛，则曰"明作有功，敦大成裕"，是严中有宽；成王告君陈则曰"宽而有制，从容以和"，是宽中有严。

可见刚柔相济，仁义并行，乃万世治天下之大法也。论治者宜究心焉。

"殷民在辟，予曰辟，尔惟勿辟，予曰宥，尔惟勿宥，惟厥中。"

解 辟，是刑辟。宥，是赦宥。中，是轻重得中。成王告君陈说："下都之殷民，有犯了刑法未经决断的，我虽说要加刑，尔未可便从我意而加刑；我虽说要赦宥，尔亦未可便随我意而赦宥。盖一人之喜怒无常情，五刑之轻重有定法，若曲从人君一时的喜怒，必有不当刑而刑，不当宥而宥者，须是详明法意，权其轻重，务合于中。可刑则刑之，使无辜者不至滥及；可宥则宥之，使有罪者不得幸免，乃为用法之平也。"上节是戒君陈不可徇一己之私，这是戒君陈不可徇人君之私，上下皆能以公道为主，殷民岂有不心服者乎？

"有弗若于汝政，弗化于汝训，辟以止辟，乃辟。"

解 弗若，是不顺。成王又说："若殷民之中，有习于强梗，不肯顺于汝之政令的，有安于昏昧，不能化于汝之教训的，这等人，不免加之以刑，然须是刑当其罪，刑一人而可以为千万人之戒，使后来的，再不敢犯罪，然后从而刑之。不如是，则未可遽加以刑矣。此节言罪之可矜者，不轻于用辟，以见辟惟其中，而非枉滥也。"

"狃于奸宄，败常乱俗，三细不宥。"

解 狃，是习惯。奸，是在内为恶的。宄，是在外为恶的。细，是小。成王又说："若是习惯奸宄之事，敢于为恶不知悛改的，与那毁败纲常，坏乱风俗的，这三样人，所犯虽是小罪，也不可赦宥他。"盖国家之纪纲风化，关系甚重，当痛惩之，以绝为恶之源也。此节言罪之难恕者，不轻于赦宥，以见宥惟其中，而非宽纵也。

"尔无忿疾于顽，无求备于一夫。"

解 忿，是忿怒。疾，是疾恶。顽，是愚顽。成王告君陈说："尔所治之民，有那愚顽不听训化的，不要忿怒疾恶，便以为难教而弃之，须是优游不迫，渐次把礼义开导他，则无不可化之人矣。人各有能，有不能，不要求全责备于一人，须是取其所长，舍其所短，因才而器使之，则无不可用之人矣。"盖待物贵洪，以开进善之机，取人贵恕，以广用才之路，为治之要道也。

"必有忍，其乃有济①。有容②，德乃大。"

解 成王又说："轻躁之人不足以图事，须是从容坚忍，事不轻发，然后举动详审，而于事有济也。浅狭之人，不足以蓄众，须是度量宽洪，恢乎有容，然后其德广大如天覆地载，而无所不包也。"盖大臣任大责重，不惟其才识卓异，尤必德量过人者，而后足以堪之，故成王之勉励君陈如此。

"简厥修，亦简其或不修；进厥良，以率其或不良。"

解 简，简择分别。修，是职业修举的人。良，是行义良善的人。成王又说："殷民虽渐染纣之污俗，然已薰陶于周公之化，其中善恶不等，须有个劝率化导之方。如职业有修与不修的，尔当简别那能修职业的，也简别那不能修职业的，务要分析明白，不使他混为一途，则修者益自奋，而不修者知所愧耻，人人都劝于立功矣。如行义有良与不良，尔当进用那良善的，以倡率那不良善的，则良者得效用，而不良者有所激励，人人都勉于兴行矣。"

"惟民生厚，因物有迁。 违上所命，从厥攸好。 尔克敬典在德，时乃罔不变，允升于大猷。 惟予一人膺受多福，其尔之休，终有辞于永世。"

解 迁，是改变。 典，是五常。 在德，是实有是德。 升，是进。 大猷，是大道。 休，是美辞，是称誉之辞。 成王命君陈篇终，又勉励之说："民受天地之中以生，其本然之性，原自淳厚，只为外物引诱，遂改变做浇薄了。 然厚者既可变而为薄，则薄者岂不可挽而为厚乎？ 但民之常情，不从上人的命令，而从其所喜好，如所令反其所好，则虽严刑峻罚必不能驱之使从矣。 盖转移之机，在上不在下，导民之道，以身不以言。 尔君陈若能敬其君臣、父子、兄弟、夫妇、朋友之常道，而实有是德于身，则自家能谨其所好矣。 将见百姓每都感发兴起，莫不改其浇薄归于淳厚，由是化行俗美，於（wū）变时雍，信能升于大道之世而无复梗化之民也已。 世治民安，则予一人得以垂拱于上，膺受多福，其在于尔也大有休美，而名誉光显，终将传诵于来世矣。 尔可不勉图之哉！"按此篇之言，甚切于治道，君陈所以成和中之治，历三纪而世变风移，皆本于此。 其篇中敬典在德一言，尤为纲要。 盖以教化为先务，以修德为本原，自古帝王修身致治，用此道也。 先儒谓君陈一命，乃成王真得实造之学，君天下者，宜留意于斯。

顾命

成王将崩，命召公、毕公率诸侯相康王，作《顾命》。

成王大渐之时，顾视群臣，命之辅佐康王，史臣录其命词，并叙群臣迎立康王，传授遗诏始末，遂以《顾命》名篇。

惟四月，哉生魄，王不怿。 甲子，王乃洮颒水。相被冕服，凭玉几。

解　哉生魄，是十六日。 怿，是悦。 洮，是洗手。 颒，是洗面。 相，是扶侍的人。 凭，是倚靠。 玉几，是玉做的几。 史臣叙说，成王在位三十七年，四月十六日，感疾而不悦，至甲子日病势愈重，欲命群臣辅导太子，慎重其事，乃力疾而起，以水盥手洗面，左右扶侍的人，被以衮冕之服，然后凭着玉几以发命焉。 夫当疾病困惫之时，犹必盥洗以致洁，冕服以致敬，不以污亵临群臣，成王之克自敬德亦可见矣。

乃同召太保奭、芮伯、彤伯、毕公、卫侯、毛公[①]，师氏、虎臣、百尹、御事。

解　芮、彤、毕、卫、毛，都是国名。 虎臣，是虎贲。 百尹，是百官之长。 成王将发顾命，乃总召六卿等官。 是时太保召公奭，领冢宰事，芮伯为司徒，彤伯为宗伯，毕公领司马，卫侯为司寇，毛公领司空，及宿卫之官。 师氏、虎贲，又及百官之长，与诸治事之臣，同至御前听命。 盖托后嗣，传大位，所系甚重，故必集群臣而面命之也。

王曰："呜呼！疾大渐，惟几，病日臻。 既弥留，恐不获誓言嗣，兹予审训命汝。"

解　渐，是进。 几，是几希不绝的意思。 臻，是至。 嗣，是继嗣。 成王顾命群臣叹息说："我之疾已大进，但几希不绝耳。 然病日增重，既弥甚而留连，其势已不可起矣。 恐一旦遂死，不得出誓言以托继嗣之事，此我所以及未死之时，详审发训以命汝等，汝等其专心听之可也。"

【注】

① 太保奭：就是召公，召共名奭，官至太保。芮伯、彤伯、毕公、卫侯、毛公在周王庭内分任六卿。

同召百官图

同召百官圖

師氏
芮伯
彤伯
畢公
衛侯
太保奭
毛公

审训命汝图

"昔君文王、武王宣重光，奠丽陈教，则肄肄不违，用克达殷集大命。"

解 宣，是著。奠，是定。丽，是民之所依。肄，是习。成王说："昔我先君文王、武王后先相继能明其德。文王既宣著其光于前，武王又宣著其光于后，如日月之代明一般，其君德之盛如此。及其施之政教，则能定民所依，使寒者得衣，饥者得食，各有所倚赖。又以其民既富而可教，乃陈列教条以开示之，使之父子知亲，君臣知义，昭然于人伦日用之理。由是我周之民，感其教养之泽，莫不服习而不违，风声远被，用能达于殷邦，罔不服从其教化。民心既归，天意斯属，遂集大命于我周矣。"

"在后之侗，敬迓天威，嗣守文武大训，无敢昏逾。"

解 侗，是愚。迓，是迎。成王说："得天下固难，而守天下亦不易。我小子承文武之后，虽侗愚无知，然亦知天命无常，至为可畏。兢兢然致敬以迎之，不敢有一毫怠忽之心，于文武敬天勤民的大训，一一承继保守，无敢昏昧逾越，是以能延长世德，克享天心，而大命不至于失坠尔。"

"今天降疾，殆弗兴弗悟。尔尚明时朕言，用敬保元子钊弘济于艰难。"

解 钊，是康王的名。成王说："今天降疾于我身，殆将必死，不能兴起，不能醒悟矣。继我而为君者，太子钊也。以祖宗基业之重，付之一人，可谓艰难。尔等庶几明记我的言语，相与敬慎以保护太子，左右维持，使能大济乎艰难之业，而守丕基于不坠可也。"

"柔远能迩，安劝小大庶邦。"

解 这下两节，正说弘济艰难之事。成王说："人君以一身为万民之主，虽地有远近，皆当抚绥，汝必敬辅元子。于远民，则怀来而柔顺之，于近民，则驯扰而调习之，以尽夫抚万民之责焉。人君以一身立诸侯之上，虽国有小大，皆得统御，汝必敬辅元子，保安那小国，使之得以自立，劝导那大国，使之不敢自肆，以尽夫御诸侯之责焉。如此，则君道克尽，而艰难庶乎可济矣。"

"思夫人自乱于威仪，尔无以钊冒贡于非几。"

解 "乱"字，解做"治"字。"贡"字，解做"进"字。几，是念虑之微。成王又说："人受天地之衷以生，本有动作威仪之则，我思夫人之所以为人者，当肃恭收敛，自治其威仪，使一身之中，有威可畏，有仪可象，方能无愧于为人耳。况人君之威仪，尤天下之所瞻仰者，其可以不治乎？然欲修其身者，先正其心，若一念之几微，或出于邪，则吾身之威仪咸失其正，尤不容于不谨者。汝必辅我元子，致谨于念虑之微，以端其威仪之本，慎无引君非道，以元子钊冒进于不善之几也。"

兹既受命还，出缀衣于庭。越翼日乙丑，王崩。太保命仲桓、南宫毛，俾爰齐侯吕伋，以二干戈、虎贲百人，逆子钊于南门之外，延入翼室，恤宅宗。

解 缀衣，是帐幔。仲桓、南宫毛，是二臣姓名。吕伋，是太公望之子。逆，是迎。延，是引。翼室，是路寝的夹室。恤宅，是忧居。宗，是主。史臣记，成王发命之时，曾设帐幔于坐次，及群臣既受顾命而退，乃彻[1]出帐幔于庭中。及明日乙丑，成王遂崩，太保召公奉成王遗命，命仲桓、南宫毛二近臣，使齐侯吕伋以干戈二具、虎贲百人，往迎太子钊于路寝门之外，引入路寝东夹室，居忧主丧，以示继体之有人，天位之已定也。

【注】

① 彻：撤除。

丁卯，命作册度。

（解）成王崩第三日丁卯，召公将传顾命于康王，先命史官作册书以纪其言，并定受册的礼仪法度，如下文升阶即位、御册受同之类。

越七日癸酉，伯相命士须材。

（解）伯相，是召公。召公以西伯为相，故叫做伯相。须，是取。作册后七日癸酉，成王既殡，召公命士取材木，以供丧事杂用。

狄设黼扆、缀衣。

（解）狄，是官名。盖主陈设之事者。黼扆（fǔyǐ），是屏风画斧文的。召公将传成王之顾命，于是命狄人设屏风于御座之后，又设帐幔于周围，悉如成王生存临御之仪也。

牖间南向，敷重篾席，黼纯，华玉，仍几。

（解）牖，是窗。敷，是铺设。篾席，是桃竹枝织成的席。黼，是白黑杂色之缯。纯，是缘。华玉，是五色之玉。仍几，是仍设平时之几案。史臣记，狄人于路寝户牖之间，向南之处，铺设三重篾席，其席以白黑之缯为缘，仍设华玉所饰之几。这是成王平日朝见群臣之坐也。

西序东向，敷重厎席，缀纯，文贝仍几。

（解）西序，是西厢。厎席，是蒲席。缀，是杂彩。文贝，是海中介虫，有黄紫杂文。狄人又于西厢向东去处，铺设三重蒲席，其席以杂彩为缘，仍设文贝所饰之几。这是成王平日听事之坐也。

东序西向，敷重丰席画纯，雕玉仍几。

（解）东序，是东厢。丰席，即是下文笋席。雕，是刻。狄人又于东厢向南去处，铺设三重竹笋席，其席以采画之缯为缘，仍设雕玉所饰之几。这是成王

迎王南門圖

平日养国老飨群臣之坐也。

西夹南向，敷重笋席，玄纷纯，漆仍几。

解　西夹，是路寝西边夹室。笋席，是竹笋皮织成的席。纷，是杂。狄人又于路寝西边夹室向南去处，铺设三重竹笋席。其席以玄色之缯杂为之缘，仍设漆几。这是成王平日燕亲属之坐也。盖牖间南向之席，乃天子负扆朝诸侯之处，坐之正也。其余三坐，则随事而设。今将传成王顾命，不知神之所依，于彼于此，故并设之。

越玉五重，陈宝，赤刀、大训、弘璧、琬琰在西序，大玉、夷玉、天球、河图在东序，胤之舞衣、大贝、鼖鼓在西房，兑之戈、和之弓、垂之竹矢在东房。

解　越，是及。五重，是五件珍重之玉，即弘璧、琬琰、大玉、夷玉、天球也。宝，是宝器，即赤刀、舞衣、大贝、鼖（fén）鼓、戈、弓、竹矢也。赤刀，是赤金的刀。大训，是历代帝王的谟训。弘璧，是大璧。琬琰，都是玉圭的名。夷玉，是外夷所贡的美玉。天球，是玉磬。河图，是伏羲时河中龙马所负之图。胤之舞衣，是胤国所制的舞衣。大贝，即是文贝。鼖鼓，是大鼓，长八尺。兑、和、垂，都是古时巧工的名。史臣记，当时之所设者，又列五件重玉，陈各样宝器。如赤金之刀、帝王之大训，及弘璧、琬琰，则陈列在西序；大玉、夷玉及天球、河图，则陈列在东序；胤国所制之舞衣，及大贝、鼖鼓，则陈列在西房；兑所制之戈、和所制之弓、垂所制之竹矢，则陈列在东房。此皆先王世传之器，亦成王平日之所服御者，故设之以寓如存之感也。

大辂在宾阶面，缀辂在阼阶面，先辂在左塾之前，次辂在右塾之前。

解　辂（lù），是车驾。大辂，是玉辂。宾阶，是西阶，以其为宾客所升，故谓之宾阶。 缀辂，是金辂。 王乘玉辂，而金辂即连缀其前，故谓之缀辂。 阼（zuò）阶，是东阶，以其为主人酬酢宾客之所，故谓之阼阶。 先辂，是木辂，以其辂之先，故谓之先辂。 塾，是门侧之堂。 次辂，是象辂与革辂，以其次于木辂，故谓之次辂。 史臣记，当时又陈设五辂，玉辂在西阶南向，金辂在东阶南向，木辂在左塾之前北向，与玉辂相对。 象辂、革辂在右塾之前北向，与金辂相对。 此皆成王平日之所乘者，故备设之，亦陈宝玉之意也。 然仪物之陈，皆以西为先者，以成王殡在西序故尔。

二人雀弁执惠，立于毕门之内。 四人綦弁，执戈上刃，夹两阶戺。 一人冕执刘，立于东堂，一人冕执钺，立于西堂。 一人冕执戣，立于东垂，一人冕执瞿，立于西垂。 一人冕执锐，立于侧阶。

解 弁（biàn），是士冠。 雀弁，是赤色微黑，如雀头一般。 惠，是三棱的矛。 毕门，是路寝之门。 綦（qí）弁，是文鹿皮冠。 上刃，是持刃向外。 戺（shì），是堂棱。 冕，是大夫冠。 刘、钺，都是斧类。 东西堂，是东西厢的前堂。 戣（kuí），是矛类。"瞿"字，当作"戳（qú）"字，是四棱的矛。 东西垂，是东西厢的阶上。"锐"字，当作"铫（yǔ）"字，也是矛类。 侧阶，是东边小阶。 此时将迎新王，故肃仪卫以备不虞，使武士二人，戴雀色的弁，执三棱之矛，立于毕门之内；四人戴鹿皮的弁，执戟以刃向外，夹立于东西两阶之旁，近堂棱之处。 每阶二人，又大夫一人，戴冕执刘，立于路寝之东厢堂；一人戴冕执钺，立于路寝之西厢堂；一人戴冕执戣，立于东厢之阶上；一人戴冕执戳，立于西厢之阶上；一人戴冕执锐，立于东边小阶。 康王居忧于东室，故凡仪卫之陈，皆以东为先也。

王麻冕黼裳，由宾阶隮。 卿士、邦君麻冕蚁裳，入即位。

解 麻冕，是细麻之冕。 隮，是升。 蚁裳，是玄色之裳，如蚁色一般。 仪物既陈，宿卫既备，乃迎嗣王入受顾命，以受命重事，且有祭告之礼，故变凶服而用祭服。 康王麻冕黼裳，由西阶升堂，盖未受顾命，犹不敢以主道自居也。 公卿大夫及诸侯，皆麻冕玄裳，从王而升，各入就班次。 然王之祭服，其裳四章，今独用黼，卿士邦君之祭服，其裳宜绣，今易而为玄，不纯用吉服者，盖酌吉凶之间，礼之变也。

太保、太史、太宗，皆麻冕彤裳。 太保承介圭，上宗奉同瑁，由阼阶隮。 太史秉书，由宾阶隮，御王册命。

解 太宗、上宗，是大宗伯。 彤，是赤色。 介圭，是尺有二寸的大圭。 同，是爵。 瑁，是天子所执之玉，以合诸侯之圭璧者。 秉，是执。 书，是载顾命的册书。 御，是进奉。 王与卿士邦君既升矣，太保是受遗诏的，太史是奉册的，大宗伯是相礼的。 三人皆服麻冕彤裳，纯用吉服。 大圭乃天子之所守，则太保奉之，同为祭祀之主，瑁为朝觐之主，则大宗伯奉之，皆由东阶升堂，遗命册书乃太史之所作，则太史执之，由西阶升堂，遂以此册命进之于王。 太保、宗伯奉符宝以传嗣君，有主道焉，所以升自东阶。 太史尊先王之遗命，所以升自西阶也。

曰："皇后凭玉几，道扬末命，命汝嗣训，临君周邦，率循大卞，燮和天下，用答扬文、武之光训。"

解 皇后，是大君。 末命，是临终之命。"卞"字，解做"法"字。 燮，是和，成王顾命之词。 太史既书之于册以授康王，而复口陈其意说："大君成王当大渐之时，亲凭玉几，发扬临终之命，命汝嗣守文武的大训，君临我周之天下，然既居大位，必有大法，汝必率而循之，凡所以柔服万民，安劝庶邦者，悉遵先王之成法，于以燮和天下之臣民，使皆相安相乐，无一人离心，能如是，则可谓善继善述，慰答宣扬文武之光训，而不负其启佑之意矣。 先王之所望于汝者如此，可不勉哉！"

御王册命图

太史

天保

上宗

康王

王再拜兴，答曰："眇眇予末小子，其能而乱四方，以敬忌天威。"

解　眇，是小。"而"字，解做"如"字。康王既受顾命，乃再拜而起，答说："君道甚难，天命可畏，眇眇然我微末小子，其能居大位，循大法，致大和，如我祖父之安治四方，以敬畏夫天命乎？"盖深以不胜为惧也。

乃受同瑁，王三宿、三祭、三咤。上宗曰飨。

解　"宿"字，与"肃"字同，是肃敬的意思。祭，是酌酒。咤，是奠爵。康王已拜受顾命，乃受大宗伯所奉之同瑁。瑁则授之于人，同则用之以祭。王乃三致肃敬，进爵于神位之前，三酌酒于同中，三奠同于神座，告其已受顾命也。宗伯乃传神命说，先王已歆飨矣。

太保受同，降盥，以异同秉璋以酢。授宗人同，拜，王答拜。

解　异同，是别爵。璋，是璋瓒。瓒有二，有以圭为柄者曰圭瓒，有以璋为柄者曰璋瓒。酢，是报祭，如亚献[①]之类。宗人，是小宗伯等官。康王既行祭告之礼，以所奠的同爵，授于太保，太保受之，然不敢用之以祭，遂下堂盥洗其手，更用别同，盛在璋瓒之中，持璋瓒以报祭。因授同于宗人，使他代安神座，遂拜以成礼，告其已传顾命，康王以子道自处，亦代尸答拜焉。盖太保以元老大臣，受托孤重任，故王答其拜，所以致敬也。

【注】

① 亚献：古代祭祀，一般献酒三次，第二次献酒即亚献。

太保受同，祭，哜，宅，授宗人同，拜，王答拜。

解 祭，是酹酒于地。哜（jì），是饮福至齿。宅，是退居其位。凡祭将毕，有饮福酒之礼。此时康王居丧，不可饮福，太保乃代王行之。宗人酹酒于同，以授太保，太保受之，先酹酒于地，然后举酒至齿，盖方在大丧之中，不甘其味也。于是退居其所立之位，以同还授宗人，而下拜以谢神赐，王又代尸答拜焉。

太保降，收。诸侯出庙门俟。

解 庙门，是路门。室有东、西厢曰庙，路寝有东序、西序，故称其门为庙门，非宗庙之门也。俟，是待。祭礼既毕，太保下堂，有司收彻器用。助祭之诸侯，皆出路门，候见新君，与之更始焉。按此篇见成王临大渐之际，志气清明，能发训言以传后嗣；又见召公当大故之日，区处周密，能肃政令以定危疑。君相之贤，皆可为后世法也。

康王之诰

康王既尸天子，遂诰诸侯，作《康王之诰》。

这是康王初嗣位，君臣相与戒勉之辞。史臣叙其事，因以《康王之诰》名篇。

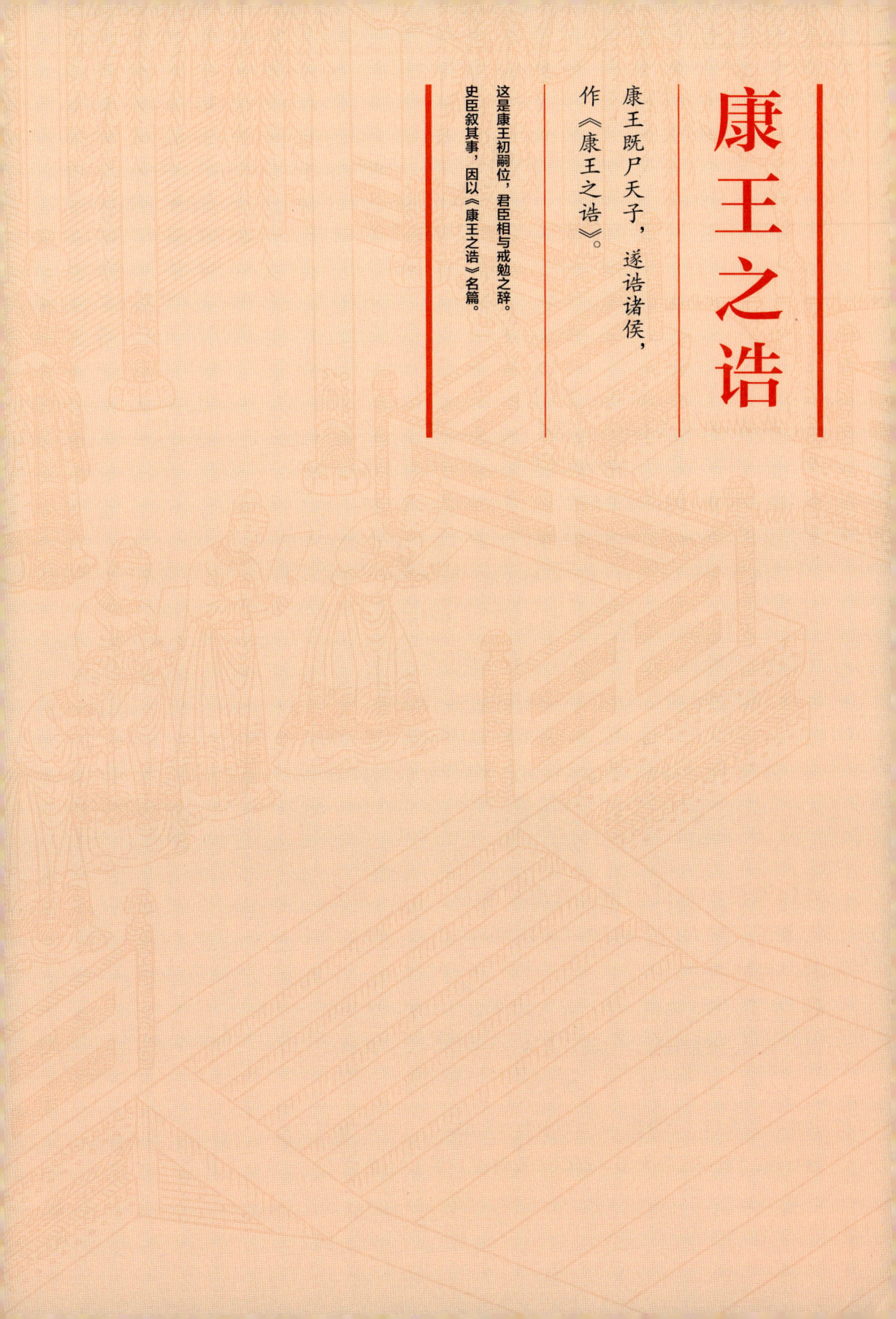

王出在应门之内，太保率西方诸侯入应门左，毕公①率东方诸侯入应门右，皆布乘黄朱。宾称奉圭兼币，曰："一二臣卫敢执壤奠。"皆再拜稽首。王义嗣德答拜。

解 应门，是周时内朝之处。太保，指召公。率，是领。布，是陈。马四匹为乘，布乘黄朱，是陈布四黄马而朱其鬣也。宾，是诸侯；古以宾礼亲邦国，故谓之宾。称，是举。壤奠，是以壤地所出为奠贽也。义，是宜。义嗣德者，谓宜继前人之德，即嗣位的意思。史臣记说，成王既崩，康王初立，群臣候见新君，王乃出立于应门之内，于是太保召公为西伯，则率西方诸侯入应门左。毕公为东伯，则率东方诸侯入应门右，分领所属，叙立已定，乃各陈布黄马四匹，朱其鬣以为庭实。诸侯又各举所奉圭，兼以币帛，致词说："天子新即大位，群臣礼宜朝见，我一二臣子，在外为王藩卫者，敢献其壤地所出之马与币，以为贽（zhì）见之仪。"致词已毕，乃相率再拜稽首而致敬尽礼焉。是时康王已即大位，宜继前人之德者，故亦答拜，盖继统之新君，居忧之宗主，礼当如是也。

太保暨芮伯咸进相揖，皆再拜稽首，曰："敢敬告天子，皇天改大邦殷之命，惟周文、武诞受羑若，克恤西土。"

解 推手向前，为揖。诞，是大。"羑若"二字，疑有脱误。克恤，是能抚恤。西土，是西方岐、丰，文、武初兴王业之地。史臣记说，诸侯朝见康王，行礼既毕，太保召公及司徒芮伯，与群臣皆前进相揖，序定位次，又皆再拜稽首说："王今已为天子，群臣敢致敬进言于王。昔商之

諸侯朝享圖

康王

太保　　　畢公

諸侯

誕受羑若圖

文王

成汤，以圣德克享天心，创造商家六百年大基业，至纣无道，皇天厌弃，遂一旦改革其命，使他尽丧了天下；惟我周家文王武王，二圣相承，乃大受其命，以开一代的基业，所以然者，实由文王武王能抚恤西土之众，使得其所，是以人心归于下，天命眷于上，信非偶然也。夫文武相继恤民，始受天命，得天下如此其难也，王可不尽君道以保之乎？"康王身长富贵，不知创业艰难，故召公率诸臣进戒，首之以此，所以警悟者至矣。

【注】

① 陵迟：衰微、衰落。

② 践祚：君王即位。

"惟新陟王，毕协赏罚，戡定厥功，用敷遗后人休。今王敬之哉！张皇六师，无坏我高祖寡命。"

解　陟，是升遐，成王初崩，故曰"新陟王"。毕，是尽。协，是合。戡，是克。敷遗，解做施及。张皇六师，是大修戎备。寡命，是不易得的基命。召公又说："我周自文、武艰难创业，惟我新升遐的成王，以兢业守之。凡一赏一罚，皆未尝徇一己的私情。惟理所可好则好之，而尝必当功；理所可恶则恶之，而罚必当罪。至公至明，绝无私曲，是以赏一人而天下以劝，罚一人而天下以惩。民志定，王业安，而文、武之大功，不至于动摇，用以此施于后世之子孙，亦有盈成熙洽之美，而享有今日之天下。今王嗣位，其敬以保守之哉！敬之何如？治安之久，易有陵迟①之渐。践祚②之初，当绝觊觎之萌，必振饬戎务，张大六师之制，使器械严整，士气精明，足以詟服人心，镇定天下。切不要姑息废弛，使我高祖文、武不易得的基命，坠坏而不终也。"按周家仁厚立国，规模已定，惟商民犹伺隙欲逞，况盈成之久，其弊易弱，成康之时，病正坐此。故康王即位，元老大臣惓惓以赏罚六师告之。尝考

《立政》一书，周公亦以克诘戎兵为言，可见老成谋国，计虑深远矣。

王若曰："庶邦侯甸男卫，惟予一人钊报诰。"

🔴**解**　钊，是康王名。嗣王在丧，故称名。报，是答。康王因群臣相与进戒，乃呼而告之说："尔等庶邦、侯甸男卫之诸侯，既有陈戒于我，惟我一人钊，将亦有诰词，以报答于尔，其明德之哉！"

"昔君文、武，丕平富，不务咎，底至齐信，用昭明于天下，则亦有熊罴之士，不二心之臣，保乂王家，用端命于上帝，皇天用训厥道，付畀四方。"

🔴**解**　丕，是大。平，是均平。富，是富足。务，是专力的意思。咎，是咎恶。底，是致。至，是至极的去处。齐，是兼备。熊与罴，都是猛兽名。不二，是一心。乂，是治。端命，是正命。康王告诸侯说："昔为周文王、武王之为君，有溥博均平之德，减薄税敛，使天下都富足，无有困穷。人有罪恶，不得已而加刑，又轻省而不深刻，谨慎而不差误，不曾专意去寻人的罪恶，其务德而不务法如此。这个心，推行到那至极的去处，兼尽而极其诚信，无有一些虚假，内外充实，自然光辉发越，明白在天下人耳目。文武有此圣德，宜无赖于群臣之辅者，当时却也有如熊如罴一般的武士，与纯一忠实不二心的贤臣，同心协力，相与辅佐，以保护经理我周之邦国，故文王武王用此承受正大之命于上天，天亦以此顺文武之道，谓可以君主天下，而付畀以四方之大也。夫文武以圣德而尚赖贤臣辅佐如此，况我今日宁不赖尔等之助乎？"

"乃命建侯树屏，在我后之人。今予一二伯父，尚胥暨顾，绥尔先公之臣服于先王。虽尔身在外，乃心罔不在王室。用奉恤厥若，无遗鞠子羞。"

🔴**解**　伯父，指同姓诸侯。先公，是诸侯的祖父。顾，是念。绥，是安。鞠

释冕反服图

釋冕反服圖　康王

子，是稚子未离鞠养的意思，乃谦辞也。 康王又说："我周文王武王，既得贤臣以创王业，犹虑后人无以守之，乃命封建侯国，树立藩屏，其意盖以后世子孙继体守成，要这等人辅佐于异日也，先王为后世虑如此。 今我一二同姓的诸侯，继尔祖父为臣，尔祖父前日皆有臣服于我先王之道，庶几相与顾念而不忘，安定而不易，事我以尽藩卫之责，虽身奉职在外，须要一心孜孜报国，常在王室，用以此心奉上之忧勤，顺承不违，无或不能辅佐，使端命不可受，四方不能保，以贻我鞠子之羞耻，斯则顾绥之道尽，而无愧先公矣。尔等可不勉哉！"

群公既皆听命，相揖趋出，王释冕，反，丧服。

🔴 解　群公，指太保召公以下。 命，即上报告之命。 史臣记说："太保召公等，既皆恭听王报告已毕，乃皆相揖而趋出，王乃释去冕服，还著丧服，盖行即位吉礼毕，仍行居丧之礼也。"按此书臣之进言，曰无坏我高祖寡命，君之求助，曰无遗鞠子羞。 即位之初，君臣告戒，深切著明。 惓惓有无忘先业之意，此孔子取之以为后世法也。

毕命

康王命作册毕，分居里，成周郊，作《毕命》。

康王命毕公代君陈保治东郊，史录其册命之辞，以《毕命》名篇。

惟十有二年，六月庚午朏。越三日壬申。王朝步自宗周至于丰①，以成周之众，命毕公保厘东郊。

解 月初生明叫做朏，是月之初三也。乘辇而行叫做步。宗周，是镐京。丰，是文王庙所在。成周、东郊，俱指洛邑下都说。保，是安。厘，是理。史臣叙说："惟康王即位之十有二年，六月初三日庚午，越初五日壬申，王于是日之朝，步自宗周至丰，亲告于文王之庙，以洛邑下都之众，命毕公往保厘之。"盖殷民自周公君陈以来，虽向化已久，而余风尚存，固不当专尚威严，亦不宜轻事姑息，必刚柔互用，威惠并行，保以安之，而爱惜护养，使民无不遂其生，厘以理之，而区处分别使民无不顺其治，然后能成周公君陈之业也。康王以此命毕公，其责成之者甚重矣。

王若曰："呜呼！父师，惟文王武王敷大德于天下，用克受殷命。"

解 毕公代周公为太师，故以父师称之，盖隆其礼也。敷，是布。康王册命毕公，叹息而呼之说道："父师，惟我周家当初受有殷天命，岂是容易得来，实由我文王徽柔懿恭，怀保小民，我武王聪明作后，宠绥四方，有此大德，敷布于天下，用能受有殷之命，而创建大业也。"此言周得殷命之难，以见保守之道，在今日所当加意也。

"惟周公左右先王，绥定厥家，毖殷顽民，迁于洛邑，密迩王室，式化厥训。既历三纪，世变风移，四方无虞，予一人以宁。"

解 先王，指文、武、成王。毖，是谨。十二年为一纪，

【注】

① 丰：丰邑，文王时的都城，有文王庙。周文王灭崇，从岐迁都于此。

毖殷顽民圖

垂拱仰成圖

康王

畢公

父子相传为一世。康王说："惟此下都之众，自周公实始治之，其功有不可泯者，盖周公以王室懿亲，累世辅政，既佐文武，又相成王，用能安定国家，保固王业，当时以殷民反侧难化，则加意谨毖，区处防闲，极其周密，将他移于洛邑，密近王室，日闻我周家的仁声善政，亲近我周家的仁人君子，使潜消其顽悍之习，而化于德义之训。盖自迁洛以至今日，拊摩驯习，既历三纪之久，当时的顽民，老者尽，少者壮，世运已变更矣。然后染恶之民，悉化为友顺，而风俗翕然其移易焉。如今殷民安，而四方俱安。天下太平，无可忧虞之事，我一人得以垂拱于上，安享和平之福，斯岂一朝一夕之所致哉！"夫观周公化殷之难如此，公必善继其政，而保此治安于无穷可也。

"道有升降，政由俗革，不臧厥臧，民罔攸劝。"

解　道，是世道。升降，指治乱说。革，是改。臧，是善。康王又命毕公说："公往治殷民，必因俗为政而后可。盖世道有隆有污，若风俗淳美，人心和顺，则世道日升而趋于治。风俗薄恶，人心浇漓，则世道日降而趋于乱，故为政者当因俗以为变更。宜宽而宽，宜严而严，务要感化人心，挽回风俗，不可胶于一定，此为治之大端也。昔在周公之时，殷民习染旧恶，世道方降，故谨毖而迁之，其治尚严。至君陈之时，殷民渐化为善，世道初升，故从容以和之，其治尚宽，皆是因俗以为政者。其在今日，世变风移，善者固多，不善者亦不尽无，又当刚柔并用，分别善恶，使赏罚昭明，人知惩劝，乃政体之所宜也。若为善的，不称其善，也与不善的一般，则淑慝混淆，从违靡定，善者无所恃，而怠于自修，不善者无所慕，而安于自弃，其何所视效以为劝乎？"夫劝善惩恶，若主于区别之严，然使民同归于善，不失为爱养之厚，此正所谓保厘之政也。"

"惟公懋德，克勤小物，弼亮四世，正色率下，罔不祗师言。嘉绩多于先王，小子垂拱仰成。"

解　懋，是盛大。小物，譬如说细行一般。师，是师法。康王又称美毕公说道："惟公有盛大之德，备道全美，不但大节之过人，虽至于一言一动之微，人所易忽者，亦能勤慎检点，绝无怠忽，其德之盛如此。自辅导文、武、成王，以及朕躬，为四世之元老，风采凝峻，正色敛容于朝著之间，以倡率群僚，凡有言论谟画，在群臣罔不祗敬而师法之。盖公闻望素孚，勋业茂著，其休嘉之绩，已多于先王之时，不特今日为然。今予小子，惟垂衣拱手，以仰其治功之成而已。夫以公之德业，为予所仰赖如此，然则保厘之任，舍公其谁属哉！"

王曰："呜呼！父师，今予祗命①公以周公之事，往哉！"

解 康王又叹息呼毕公而告之说："昔周公辅相我国家，经理太平之业，尝孜孜以化服殷民为事，今公德业之盛无愧周公，故予就祖庙之中，祗行册命，以周公之事付之于公，公其往莅东郊，而尽保厘之道可也。"

【注】
① 祗：恭敬。祗命，恭敬地用册命。

"旌别淑慝，表厥宅里，彰善瘅恶，树之风声。弗率训典，殊厥井疆，俾克畏慕。申画郊圻，慎固封守，以康四海。"

解 旌、表，都是褒奖的意思。淑，是善。慝，是恶。"瘅"字，解做"病"字，是羞愧他的意思。申，是申明。康王又命毕公说："公之保厘东郊，当以劝善惩恶为务，若殷民中有为善的，必旌奖他，使知劝于为善，有为恶的，须简别他使知戒于为恶，如式化厥训的，此善人也，则旌表其宅里，光显这为善人，以羞愧那为恶的人，使善人的风声卓然树立，闻者莫不兴起，这便是旌善的事。有弗率训典的，此恶人也，则分异其井里疆界，不令与善人相混，使他畏惧为恶之祸，羡慕为善之福，这便是别恶的事。至于王畿乃四方之本，不严其防，非所以弹压殷民，而安定四方也。故郊圻之地，其远近疆界，比先规画停当的，须要申明约束，不使湮废，封域之内，其高深险阻，比先设立守御处所，须要谨慎戒饬，不使怠忽，于以安定四海之民。盖承平日久，法制易隳，人心易玩，若根本之地，常加修葺整理，则王畿尊严，有备无患，四方都畏威仰德，安享太平之福矣，岂特殷民顺化而已哉！"夫既行旌别之典，以昭激劝之大机，又重畿辅之守，以修防御之大计，所以为长治久安之虑者，至深远矣。

"政贵有恒，辞尚体要，不惟好异，商俗靡靡，利口惟贤，余风未殄，公其念哉。"

解 辞，是辞令。靡靡，是随顺的意思。殄，是绝。康王告毕公说："公之保厘东郊，凡设施于政事者，必贵乎有恒，行之而为经常之典，守之而为画一之规，不要朝更夕改，方行忽罢，则政立而民莫不遵从矣。凡宣布于辞令者，必尚乎体要，体则典重而旨趣悉完，要则简约而切中事理，不要务为繁文，浮泛失实，则令出而民莫不听信矣。至于作聪明，趋浮末，一切好异之事，决不可为。盖一或好异，则政必至于纷扰，而不足以宜民，辞必至于支蔓，而不足以服众，此治体之所当戒也。所以然者何哉？盖商之旧俗，渐染纣恶，靡靡然相与随顺，惟以利口捷给为贤，虽以周公之圣，君陈之贤治之，而习染余风，尚未殄绝，公其念此，凡政令所施，务存浑朴敦大之体，以尽化其浇薄之习可也。"大抵天下治，则人尚行而风俗日厚，天下乱，则人尚辞而风俗日薄，康王恶商俗之靡靡，而政令以体要有恒为重。汉文帝斥啬夫之喋喋，而用人以安静恬愉为先，皆可谓深识治体者矣。

"我闻曰：'世禄之家，鲜克由礼。'以荡陵德，实悖天道，敝化奢丽，万世同流。"

解 荡，是骄荡。陵德，是陵蔑有德之人。敝，是坏。康王又说："我闻古人有言：'凡世享禄位之家，为逸乐恭养之所移，少有能率由于礼教者。'既不由礼，则心无所制，遂肆为骄荡，陵蔑有德之人，不知忌惮。夫天道好谦而恶盈，既以荡陵德，则其悖逆天道甚矣。由是斁坏风化，竞为奢侈美丽之事，无所不至。盖人惟礼为能制欲，出乎礼，则必入乎侈，此非特一时为然，万世为世禄之家，皆同此一流，可深慨也。"康王将言殷士怙侈灭义之恶，故先述古人之论世族者如此。

"兹^①殷庶士，席宠惟旧^②，怙侈灭义，服美于人。骄淫矜侉，将由恶终。虽收放心，闲之惟艰。"

解 席，是凭藉的意思。怙，是恃。服美，是以服饰为美。闲，是防闲。康王又命毕公说："我前言世禄之家，鲜克由礼，兹殷之众士，正是世禄之家，其凭藉前人之荣宠，安享富厚，有自来矣。人之私欲，每与公义相为消长，惟怙恃其侈欲，不知悛改，必至绝灭了义理。义理既灭，则无复有羞恶之萌，徒以服饰之美，炫耀于人，而身之不美，则莫之耻也。流而不止，骄淫矜侉，百邪并见，不至于亡身败家，以罪恶终，不止矣。在昔周公、君陈，相继治洛，反覆化训，虽已渐收其放逸之心，奈何习染既深，恶本尚在，纵使一时禁制，犹恐乘间而发，所以防闲其邪者，在今日甚难，公不可不念也。"

"资富能训，惟以永年，惟德惟义，时乃大训，不由古训，于何其训？"

解 资，是资财。训，是教训。永年，是年寿长久。康王又说："殷士席先世之宠，有此富厚之资，使不知所以教

【注】

① 兹：这些，这个。

② 惟旧：时间很久。

之，则彼将恣情纵欲，伐性伤生，有不能免者，故必因其资富，从而教训之，使其心志不为嗜欲所移，则可以保全性命之正，而年寿长久矣。然所以训之之方，惟德与义二者而已。德者心之理，训之以德，则不至于以荡陵德；义者事之宜，训之以义，则不至于以怗侈灭义。盖此德义根乎天命之正，合乎人心之公，乃天下之大训，外此非所以为训也。然虽用此为训，又不可徒以己意言之，必须稽考古人德义之事，述为训戒，然后人肯听从，若不由于古训，则在我既无征，而在人必不信矣，其何以为训乎？"前言旌淑别慝，是治之体，此言德义是治之道，体则由俗而变，道则百世不易，康王之告毕公者愈精，而其托之者愈重矣。

王曰："呜呼！父师，邦之安危，惟兹殷士，不刚不柔，厥德允修。"

解　德，是民之德。康王又叹息呼毕公而命之说："惟此殷士，虽不过前代之遗民，而关系于我国家者甚大，殷士率服，则王畿首善，而四方无虞，邦之安，固由于此。殷士梗化，则近者不服，而远者离心，邦之危，亦由于此。故我惓惓命公以化训殷士者，以其关系之重耳。然化之之道，又贵得中，过刚则使人难堪，过柔则启人狎侮，必也以爱养之心，行旌别之典，不刚而过于暴刻，不柔而流于姑息，则化训之道，适得其中，将见为殷士者，莫不感恩畏威，悉去其旧染而为德义之归，厥德信乎其能修矣，邦其有不安乎？"

"惟周公克慎厥始，惟君陈克和厥中，惟公克成厥终。三后协心，同底于道，道洽政治，泽润生民，四夷左衽，罔不咸赖，予小子永膺多福。"

解　三后，指周公、君陈、毕公说。衽，是衣衿。左衽，是夷狄之俗。康王又说："昔周公之时，殷民反侧动摇，故迁于洛邑，亲自监之，谨毖戒饬，不敢少忽，是为能慎其始。至君陈继周公之后，其时殷民已渐归服，惟从容和缓以化导之，是为能和于中。如今既历三纪，世变风移，在公又当刚柔互用，

道洽政治圖

威惠并行，使殷民之感化者，皆翕然丕变，以终二公保厘之功，这是能成其终，乃我所期望于公者也。夫由周公、君陈以至公，时虽有先后，而以化殷为心，则无不同，故或以谨毖，或以宽和，或以不刚不柔，所施虽异，同归于致治之道而已。惟三后能继治同道，将见敷之为道化，则仁渐义摩，处处周流，而无有不洽，推之为政事，则纲举目张，件件修明，而无有不治，由殷民以及四方，莫不沐浴膏润，安生乐业，而在四夷左衽，亦皆仰赖中国之德泽，宾服恐后矣。治道之隆，至于华夷同戴，天下太平如此。予一人得以膺受多福，而享有道之长，公之功不亦大哉！"

"公其惟时成周，建无穷之基，亦有无穷之闻。子孙训其成式，惟乂。"

解 建，是立。子孙，指毕公的后人说。训，是顺。成式，是成法。康王又命毕公说："惟我成周，在昔周公、君陈，相继经理，基业虽定而未成厥终也。公能协心同道，以施保厘之政，使殷民顺治，王室乂安，为我成周建立千万年无穷的基业，将见勋德之盛，传播后来，千万年此基业，亦千万年此声名，与之相为无穷矣。至于公之子孙，有治民之责者，亦将奉顺今日所行的成法，以治后来之民，不敢更变。夫以公一身所建立，而关系久远如此，诚不可不慎重也。"

"呜呼！罔曰弗克，惟既厥心；罔曰民寡，惟慎厥事。钦若先王成烈，以休于前政。"

解 既，是竭尽的意思。烈，是功烈。休，是美。康王于篇终叹息说："凡事功之不立，非视之太重而畏其难，则视之太轻而忽其易。公今往东郊，不可说殷民反侧，自昔难治，遂畏其弗克而不敢为，惟当勉尽其心，殚虑竭力，无少退托，则志不阻于所难，而业可成矣。也不可说蕞尔殷民，其势寡弱，遂忽其易制以为不足为，惟当敬慎其事，防微虑远，无少轻忽，则患不生于所易而功可立矣。夫我周克受殷命，迁其民于洛邑，以绥定国家，此文武成王大烈之所在，而周公、君陈，谨始和中，相继为治，其政绩炳然可考也。公当敬顺先王之成烈，思所以继述而保守之，使二公之政，益加休美，不至遏佚，此在公今日之责，其尚尽心慎事以图之哉！"按康王之时，天下归周久矣，即一二殷民梗化，岂不可治以有司之法，而《毕命》一篇，反覆丁宁，但欲区别以生其愧，训教以进其善，初未尝忿其难化，而一切用刑以威之，可谓以德化民者矣。所以能酿成太和之治，而丕延有道之长也欤？

君牙

穆王命君牙，为周大司徒，作《君牙》。

君牙，是臣名。穆王命君牙为大司徒，史录其诰命之词，以《君牙》名篇。

王^①若曰：“呜呼！君牙，惟乃祖乃父，世笃忠贞，服劳王家，厥有成绩，纪于太常。”

【注】
① 王：指周穆王，名满，康王之孙，昭王之子，亦称穆天子。

解 笃，是厚。太常，是旌旗之名。画日月于上。古时人臣有功于国家，则书之于太常，示不忘也。穆王命君牙为大司徒，乃先叹息而叙其先世之功绩说道：“惟尔祖尔父，在我先王时，相继为司徒之官，皆能尽心而不欺，守正而不挠，世世笃厚于忠贞，以服役效劳我王家，凡教养斯民，绥和四海之事，罔不竭力以图之，其成功之美，纪载于太常之旗，迨今犹炳然如见也。尔祖父有光辅国家之业如此，尔可不思所以仰匹其休乎？”

“惟予小子，嗣守文、武、成、康遗绪，亦惟先王之臣，克左右乱四方，心之忧危，若蹈虎尾，涉于春冰。”

解 绪，是国家的统绪。“乱”字，解做“治”字。春冰，是春天冰冻将解而难涉者也。穆王又叙己求助之意说：“我周家王业，肇创于文武，纂绍于成康。至予小子以眇躬嗣守祖宗的遗绪，任大责重，亦思有忠贞服劳，如我先王之臣，用能左右予一人以治天下，然恐贤才难得，委任非人，则化理难图，大业将坠，故心之忧危，惴惴焉惧弗克胜，就如履虎尾者，有噬啮之患，涉春冰者，有陷溺之虞，尔君牙当勉修职业，以慰我之心可也。”

“今命尔予翼，作股肱心膂，缵乃旧服，无忝祖考。”

解 翼，是辅翼。膂，是脊。股肱心膂，是一体相成的意思。服，是事。忝，是辱。穆王又勉励君牙说：“我今命尔仍祖父之旧，居司徒之官，以辅翼朕躬，其职任亲重，倚毗专切，就如我的股肱心膂一般。盖人必得股肱心膂以成身，若一体或亏，则持行运动无所赖。君必得贤臣以成治，若任贤不专，则经纶康济无所资，其关系之重，非有二也。然尔欲尽职，岂必他有取法哉！忠贞服劳，尔祖考之事我先王者，旧事具在，尔惟遵守家法，以祖考之事先王者而事我，无或不勉，坠失其先世之业，而忝辱于祖考也。"

"弘敷五典，式和民则，尔身克正，罔敢弗正。民心罔中，惟尔之中。"

解 式，是敬。穆王又说："司徒掌邦教，而教莫先于明伦，如君臣有义、父子有亲、夫妇有别、长幼有序、朋友有信，五者乃典常之道。汝必弘大而敷布之，使天下都晓然率由于彝伦之内。又此五典，乃民所受于天，至当不易之则，汝必敬慎而和协之，使天下都怡然顺适于物则之中，此乃教人之方也。然立教之本，又在于尔，尔身之正与不正，民之观望所系也。若尔之身，能周旋于典则，而无弗正，则下民亦有所视效，同归于正矣。民心之中与不中，尔之感化所征也。若民之心，或乖违乎典则，而有弗中，亦惟以尔之中，倡率于上焉耳。夫既能敷典和则，以广道化之施，又能修身治心，以立中正之极，司徒之职，有不尽者哉！"

"夏暑雨，小民惟曰怨咨。冬祁寒，小民亦惟曰怨咨。厥惟艰哉！思其艰以图其易，民乃宁。"

解 咨，是咨嗟。祁，是大。穆王又说："人之为道，衣食既足，而后礼让可兴。故欲兴民之德，先须厚民之生，而民生甚难，不可不知也。夏而暑雨，那小百姓每，暴身露体，在田亩之中，盼望着新谷未登，不能勾得食，则相与怨恨咨嗟，而啼饥之声作焉。冬而大寒，小百姓每，手足肌肤尽皆冻裂，日愁着无衣无褐，当不得寒冷，则怨恨咨嗟，而号寒之声作焉。盖人情一日不再食则饥，终岁不制衣则寒，饥寒切身，则生怨咨，盖亦自恨其生计之艰

民怨暑雨圖

难耳，岂得已哉！汝为司徒，须时时思念那百姓每，这等艰难困苦，替他图谋所以为衣食之易者，或劝农桑，教树畜，以利导于前；或轻徭役，省赋敛，以拊恤于后，事事都详为之所，然后男有余粟，女有余布，饥者得食，寒者得衣，怨恨咨嗟之声，悉转为欢乐讴歌，而民生乃见其安宁矣。尔君牙可不勉尽斯道哉！"前一节是教民的事，这一节是养民的事。司徒职专教养，故穆王谆谆以命君牙如此。然人君身处九重，富有四海，轻肥之欲，既餍足于口体，誉谀之声，复充塞于左右，使非体仁迪哲，加志民艰，则寒暑饥寒之状，咨嗟违怨之情，有漠然若罔闻知者矣。岂能念而图之哉！若穆王者，亦可谓贤矣。

"呜呼！丕显哉文王谟，丕承哉武王烈。启佑我后人，咸以正罔缺。尔惟敬明乃训，用奉若于先王。对扬文武之光命，追配于前人。"

解　丕，是大。谟，是谋画。烈，是功业。"若"字，解做"顺"字。先王，指成康。前人，指君牙的祖父。穆王叹息告君牙说："惟我周家，自文王肇造区夏，咸和万民，其訏谟远猷，经画于当时者，大矣哉何其光显而莫及也。武王一着戎衣，大定天下，其鸿功骏业恢拓乎先绪者，大矣哉何其善承而无歉也。然此谟烈，非特显承于一时而已，以是开启佑助我后人，事事都合乎天理，当乎人心，无有一之弗正者，其大纲振举，细目毕张，又无有一之或缺者。夫以文武谟烈垂裕之美如此，是乃光命之所在也。尔之祖父，盖尝佐佑我先王成康以对扬之矣。今尔所居者，乃祖乃父之职，所治者文武成康之民，必须敬明尔司徒之训，以化成天下，上焉弼亮朕躬，奉顺先王之旧，以对扬文武之光命，使显谟承烈，愈益光大，其在于尔，忠贞世济，亦将追配前人，而垂功名于旂常矣，可不勉哉！"

王若曰："君牙，乃惟由先正①旧典时式，民之治乱在兹。率乃祖考之攸行，昭乃辟之有乂。"

解　先正，也指君牙祖父。式，是法。乂，是治。穆王于篇终呼君牙而申命之说："惟尔祖父，世笃忠贞，佐佑王家，其政绩昭然在人耳目。今尔为司徒，不必他有取法，但由先正之旧职，而遵守以为法式焉可也。盖司徒掌邦教，敷五典，扰兆民，其任甚重，使尔能式旧典，则政教修而民治。不能式旧典，则政教弛而民乱，治乱之机，关系在此，可不慎哉！若尔果能率尔祖考之所行，凡所以正民德、厚民生者，一皆恪守家法，不致失坠，则四海之内，彝伦叙而礼乐兴，衣食足而生养遂，雍熙乐利之化成，而天下乂安矣。岂不昭显尔君，有致治之美乎？"观《君牙》篇中，论敷典和则，图易思艰，乃人君教养斯民之大务，而又惓惓于顾念旧德，亲任世臣，亹亹然若家人父子相告语者，周家忠厚之风，尚可想见，此孔子所以采录而示后世也。

【注】

①先正：先代之臣，正者，长也。泛指前代贤人。

冏命

穆王命伯冏，为周太仆正，作《冏命》。

伯冏，是臣名。穆王用伯冏为太仆正。

史官录其诰命之辞，因以《冏命》名篇。

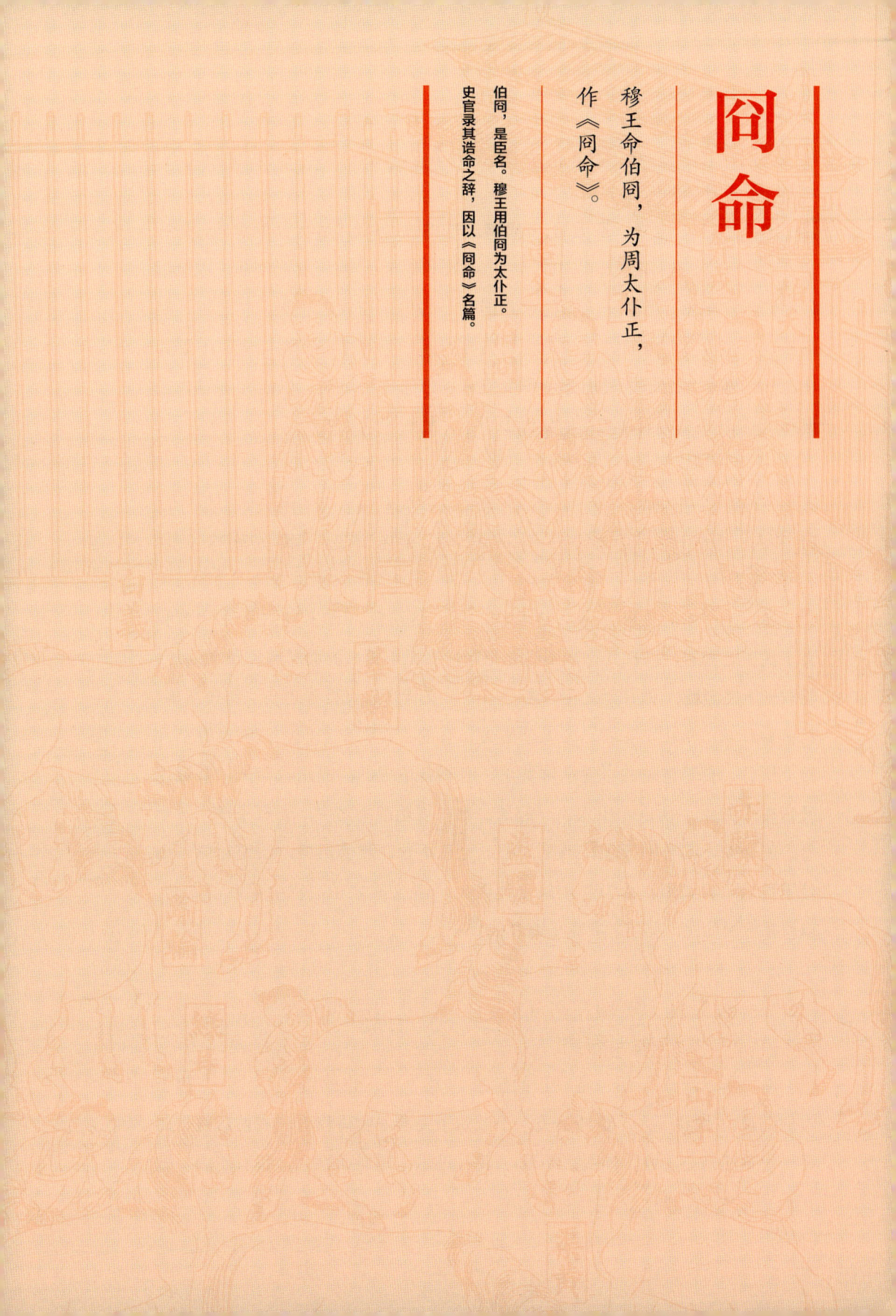

王若曰："伯冏，惟予弗克于德，嗣先人宅丕后，怵惕惟厉，中夜以兴，思免厥愆。"

解 宅，是居。丕后，是大君。怵惕，是恐惧。厉，是忧危的意思。愆，是过失。穆王命伯冏为太仆正，乃呼其名而告之说："我周文武创业，成康嗣位，皆一德相承，今予一人不能全得君德，乃继嗣前人，居此大君之位，祖宗累世之基业，四方万姓之安危，皆责在朕躬，为此中心怵惕，恒恐不胜其任，忧危靡宁，至于中夜而起，不能安寝，惟思免于过失，以求无忝君人之道耳。"穆王深知为君之难，而望助于臣下，故先述其意如此。

"昔在文武，聪明齐圣，小大之臣，咸怀忠良。其侍御仆从，罔匪正人，以旦夕承弼厥辟，出入起居，罔有不钦，发号施令，罔有不臧，下民祗若，万邦咸休。"

解 齐，是严肃的意思。承，是承顺。弼，是正救。穆王告伯冏说："昔我文王武王之为君，以言其德，则聪无不闻，明无不见，齐而严肃，圣而通达，既有天下之全德。而在廷之臣，若小若大，又皆怀忠贞良善之心，精白从事，其侍御仆从，常在左右者，亦无非端方正直的人，朝夕之间，薰陶涵养，凡君上所行，合着道理的，便承顺其美，有不合道理的，便正救其失，其近臣又皆得人如此。所以一出入，一起居，都在规矩准绳之中，无有不敬，发一号、施一令，都合乎天理，当乎人心，无有不善，君德日盛，治道日隆，由是下民皆心悦诚服，而万邦同底于休美矣。观文武之圣，犹必赖近习之助，以修德致治如此，况予之弗克于德者哉！"

"惟予一人无良，实赖左右前后有位之士，匡其不及，绳愆纠谬，格其非心，俾克绍先烈。"

解 绳，所以取直。纠，是驳正的意思。"格"字，也解做"正"字。穆王告伯冏说："惟我一人，资性不美，不能勉于为善，实倚赖着左右前后有位的贤士，各尽乃心，以匡辅我之不及。我有过愆，则绳而直之，我有差谬，则

弗克于德图

七萃之士

穆王

弗克于德圖

慎简乃僚图

穆王

伯冏

祭僕

戎僕

隸僕

齊僕

車御

纠而正之，务要早夜夹持，格正我非僻之心，使常常警惕戒惧，不流于邪，然后愆谬不行，君德日就，庶几文武之遗烈，为能继承之而不坠也。"

"今予命汝作大正，正于群仆侍御之臣，懋乃后德，交修不逮。"

解 大正，是太仆正。 群仆，是太仆的属官。 逮，是及。 穆王又命伯冏说："予德不逮前人，固赖近臣之助，而督率倡导，又僚长之责，故我今命汝作太仆正之官，以正汝所属群仆侍御之臣，使各勉辅君德，而交修予之所不及焉。"盖人臣竭一己之力以效忠，不若合众贤之助以广益，故高宗命傅说说："惟暨乃僚，罔不同心，以匡乃辟。"穆王此言，亦深得《说命》之旨矣。

"慎简乃僚，无以巧言令色，便辟侧媚，其惟吉士。"

解 简，是择。 僚，是僚属。 令，是善。 便，是顺人所喜。 辟，是避人所恶。 侧媚，是邪僻谄媚的人。 吉士，是正直之士。 穆王又告伯冏说："凡群仆侍御之臣，都是汝之僚属，务要谨慎简择，不可滥用匪人，有巧于言词，浮诞不情的，有善其颜色虚华无实的，又有揣摩人意，便僻承奉的，有包藏奸恶，工为谄媚的，这等人，若误用了他，都能蛊惑君心，坏乱国事，断然不可。 其惟善人吉士，正大鲠直的君子，然后用之，自然熏陶渐染，引君于当道，不患乎德业之不成也，汝其慎之。"

"仆臣正，厥后克正，仆臣谀，厥后自圣。 后德惟臣，不德惟臣。"

解 谀，是谀佞，即上文所谓巧言令色便僻侧媚之人也。 自圣，是自以为圣。穆王又说："仆从之臣，关系于君德者甚重。 若仆臣是正直的君子，不肯曲意以徇君之欲，则为君者，日亲正士，日闻谠言，兢兢业业，在道理法度之中，而身无不正矣。 若仆臣是谀佞的小人，只务虚词夸美，取悦君心，则其君傲然自谓有圣人之德，于是快意恣情，无所不至，而日沦于邪矣。 是可见君德之成，固由于仆臣，其失德亦由于仆臣，仆臣之职，所系甚重如此。 尔可不慎简僚属，以勉辅乃后之德乎？"

"尔无昵于憸人，充耳目之官，迪上以非先王之典。"

解 昵，是亲近。憸人，是憸邪小人。耳目之官，即侍御仆从也。迪，是导。先王之典，是祖宗旧章。穆王又告伯冏说："我先王文王武王，立下的常法，为子孙者，当世世守之，但有一样憸邪小人，以是为非，以非为是，若使他在人君左右，必然肆其邪说，以祖宗之典为不足法，而反非毁之，这样的人，我之所深恶也。尔慎无昵近那憸邪小人，徇私引用，使他充备我耳目侍从之职，日以非礼之事，蛊惑君上的聪明，不肯导迪以祖宗旧典，使得缵绍先烈之美也。"盖穆王自量其执德未固，恐佞幸之徒，移夺其心，故警戒之如此。

"非人其吉，惟货其吉。若时瘝厥官，惟尔大弗克祗厥辟，惟予汝辜。"

解 瘝，是旷废。辜，是罪。穆王又戒伯冏说："凡小人进用，未有不用货财营求者，此近习之通弊也。尔今简求侍御仆从，若不以忠良正直的人为吉士，却把那交通货贿营求进用的人，为吉士而登用之，则布列左右者，皆是小人，必不肯引君于当道，匡弼之职，遂旷废而不举矣。如此则是尔大不能敬君，引用非人，孤负委托，我当治尔之罪，不轻贷也。可不戒哉！"

王曰："呜呼！钦哉，永弼乃后于彝宪。"

解 彝宪，是常行的法度。穆王告戒伯冏篇终，又叹息而命之说："凡我告尔之言，尔其可不敬承之哉，必须坚持精白之志，慎简正直之人，永远匡弼乃后以国家之典常法度，不使小人在侧，变乱成法，蛊惑上心，乃为尽职而无忝也。"按穆王伯冏一命，谆谆于摈憸人，简吉士，以格君心之非，守祖宗之典，可谓忧深思远矣。而侈心一萌，至车辙马迹，遍于天下。盖君心一操舍之间，关系理乱如此，可不慎哉！

吕刑

吕命穆王训夏赎刑，作《吕刑》。

周穆王用吕侯为司寇，命之作刑书以训告天下，史臣录其词，因以《吕刑》名篇。

惟吕命，王享国百年，耄。 荒度作刑以诘四方。

解 穆王年五十始即位，在位又五十余年，故称百年。九十岁的人叫做耄。"荒"字，解做"大"字。度，是裁酌的意思。诘，是治。 史臣追叙说：昔者吕侯为大司寇，承穆王之命以训刑。 按穆王在位，享国百年，至九十岁的时节，年已耄矣。 犹以刑狱重事，乃大加裁酌，作为刑书，以诘治四方。 盖刑者，民之司命，自昔帝王，莫不重之，而况承平既久，巧伪日滋，故穆王当享国之久，老耄之时，犹必惓惓以图之也。

王曰："若古有训，蚩尤①惟始作乱，延及于平民，罔不寇贼，鸱义奸宄，夺攘矫虔。"

解 蚩尤，是古时强暴的诸侯。"延"字，解做"引"字。鸱，是恶鸟名，言其狠恶如鸱鸮也。 矫，是矫诈。 虔，是杀戮。 吕侯传穆王之命说："上古有遗训，传闻鸿荒之世，浑厚敦庞，民俗无有不善者，到黄帝时，蚩尤始倡为暴乱，驱扇熏炙，转相延引，及于良善之民，也都化而为恶，无不为寇为贼，凶横陵人，如鸱鸮之恶，以害人为义，为奸为宄，无所不至，惟是劫夺攘窃，矫诈杀戮，日以暴虐为事而已。"穆王推原祸乱之端如此，以见上古所以不得已而用刑之意也。

【注】

① 蚩尤：传说东方九黎族首领，有兄弟八十一人。与黄帝战于涿鹿（今河北涿鹿东南），失败被杀。

"苗民①弗用灵，制以刑，惟作五虐之刑曰法。杀戮无辜，爰始淫为劓、刵、椓、黥，越兹丽刑，并制罔差有辞。"

解 苗民，是舜时三苗。"灵"字，解做"善"字。淫，是过。 劓，是割鼻。 刵，是截耳。 椓，是宫刑。 黥，是

【注】

① 苗民：即三苗，中国古代的部族，居地在江淮、荆州一带。

蚩尤始乱图

蚩尤

黄帝

刺面。"越"字，解做"于"字。丽，是入。差，是分别的意思。穆王又说：
"自蚩尤作乱，苗民转相仿效，不用善道。而制刑以立威，作为五样暴虐的
刑，叫做常法，以杀戮无罪的人，于是始过为劓鼻、刵耳、椓窍、黥面之法。
但有入于此刑者，必牵连人众，锻炼成狱，并制无罪之人，不复分别，情词
曲直，一概加之以刑。"苗民淫刑流毒如此，此今日所当深戒也。

"民兴胥渐，泯泯棼棼，罔中于信，以覆诅盟，虐威庶戮，方告无辜于上。上帝监民，罔有馨香德，刑发闻惟腥。"

解 胥，是相。渐，是渐染。泯泯，是昏。棼棼，是乱。覆，是反覆。诅
盟，是诅咒盟誓。庶戮，是众被刑戮的人。监，是视。穆王承上文说："有
苗淫刑肆虐，善恶不分，当时之民，亦皆闻风兴起，相与渐染成习，化而为
恶，泯泯然昏迷，棼棼然扰乱，凡百所为，无复有忠信之事，惟反覆为诅咒
盟誓、相欺相诈而已。当时无罪之人，被其虐威，陷于刑戮的，方心口嗟
怨，告其无罪于上天，上天俯视苗民，无有馨香之行，而其所发闻者，惟是
虐刑之腥秽。"有苗之恶，上通于天如此，故天假手于有德之君，而殄绝其
世也。

"皇帝哀矜庶戮之不辜，报虐以威，遏绝苗民，无世在下。"

解 皇帝，指虞舜。穆王又说："有苗淫刑肆虐，民之被害可哀甚矣。帝舜
见众被戮的百姓，无罪受刑，心中恻然怜悯，不忍其受此荼毒，乃仰体天心，
大彰杀伐之威，以报有苗虐民之罪，窜徙其君，分比其党，驱逐于三危西裔
之地，使不得继世在下国，以贻民之害焉。"盖有苗之恶，天人共愤，帝舜下
为民除虐，上代天讨罪，此所以刑，当其辜，而万世称好生之德也。

【注】

① 重、黎：颛顼时，重氏主持天神，黎氏主持地神。

② 群后：众诸侯。

"乃命重、黎①，绝地天通，罔有降格，群后②之逮在下，明明棐常，鳏寡无盖。"

解 重氏、黎氏，是掌管神人之官。地天通，是上下混杂的意思。降，是下降。格，是感格。乃假托祸福以惑众者，即后世师巫假降邪神的人。棐，是辅。盖，是掩蔽的意思。穆王说："昔者三苗肆虐，百姓无辜受祸，不知道是甚么缘故，只说有鬼神降灾祸于人，心中惶惧。于是妖诞师巫之流，肆为邪说，扇惑人心，使人皆崇祀鬼神，以祈福禳灾，民神杂乱，邪正不分了。帝舜欲正人心，息邪说，乃先命重氏、黎氏，修明祀典，使尊卑上下，各有分限，如天子然后祭天地，诸侯然后祭山川。其旧时上下混杂的祭祀，一切禁绝之，不许亵渎，祀典已正，人无徼求鬼神之心，而假托鬼神，降格祸福的邪说，举皆屏息矣。然常道不明，则民情犹易惑也，乃当时诸侯，及在下之百官，又皆精白一心，以辅助常道，凡民有率循常道的，则保安之，有违悖常道的，则惩治之，赏罚咸当，公道大明，虽鳏寡至微弱的，无有为善不得自伸，而反盖蔽阻抑以得祸者矣。"盖人心不知常道，则冥昧怪异之说，得以入之，惟常道既明，祸福显著，人将求之明而不求之幽，语其常而不语其怪，自然邪说，屏息世道清明，此辅助常道，所以为正人心之本也。孟子说："经正则庶民兴，斯无邪慝。"亦是此意。

"皇帝清问下民，鳏寡有辞于苗。德威惟畏，德明惟明。"

解 清问，是虚心下问。有辞于苗，是声言有苗之罪。穆王又说："帝舜以苗民昏乱，任刑而不任德，被害之民，其情有不得上达者，乃虚心访问下民，以开其进言之路。但见百姓每，虽鳏寡至微的，也都陈说有苗的罪恶，历历有词。盖民可以德化，而不可以威劫如此。帝舜乃反苗之道，而以德行之，凡施于政令以防闲其民者，只是以德为威而不以虐为威，由是天下惕然决于为善去恶，而莫不畏矣。凡施于教化以开导其民者，只是以德为明，而不以察为明。由是天下晓然，皆知为善去恶，而莫不明矣。"帝舜以德化民，而民自化之如此，则一于刑威伺察者，抑末矣，典狱者尚监于此哉。

"乃命三后，恤功于民。伯夷①降典，折民惟刑。禹平水土，主名山川，稷②降播种，农殖嘉谷，三后成功，惟殷于民。"

解　三后，即伯夷、禹、稷。恤功，是忧民之功。典，是礼。折，是绝。主名山川，是将九州有名山川，表识以为疆域。"农"字，解做"厚"字。殷，是富庶的意思。穆王又说："当蚩尤作乱，三苗肆虐之后，民心未正，民居未奠，民生未厚，皆帝舜之所忧也。然犹以一人不能独理，乃命伯夷、禹、稷这三个大臣，同致忧民之功于民。命伯夷为秩宗，使降布天地人三礼，明尊卑上下之分，以折绝其邪妄之心，而不犯于刑，这是正民之心。命伯禹为司空，使平治水土，表识名山大川，为九州之主，以定疆域，这是定民之居。又命后稷为田正，使颁降播种之法，教民稼穑，厚殖嘉谷，这是厚民之生。三大臣各掌一事，其后皆有成功，所以天下百姓，莫不殷盛富庶，而无一人不得其所者，不似有苗时穷苦愁怨也。夫三后虽皆以忧民为功，然必以降典为先者，盖拨乱反正，莫急于正人心，使

【注】
① 伯夷：相传舜时的大臣。
② 稷：即后稷，相传是古代教民稼穑的农官周人的先祖。

人心不正，虽有土安得而居，有粟安得而食，刑辟亦不胜其烦矣。此又吕刑立言之旨也。"

"士制百姓于刑之中，以教祗德。"

解 制，是防闲的意思。中，是轻重得宜。穆王又说："三后成忧民之功，民既富而可教矣。又恐有不率教者，乃命皋陶为士师之官，定为轻重适中之刑，以防闲禁制百姓，教他畏罪远刑。迁善去恶，人人都革其非心，消其逸志，而归于敬德之地焉。"即虞书所谓"明刑弼教，民协于中"者也。

"穆穆在上，明明在下，灼于四方，罔不惟德之勤，故乃明于刑之中，率乂于民棐彝。"

解 穆穆，是和敬的模样。明明，是精白的模样。灼，是著。乂，是治。棐，是辅。彝，是常性。穆王命吕侯说："昔在有虞之时，帝舜恭己南面，有穆穆然和敬之容，以君临在上，伯夷禹稷诸臣，同寅协恭，有明明然精白之容，以辅佐在下，君臣之德，积中发外，光辉照灼于四方，是以四方百姓每得于观感者，皆兴起其为善之心，无不勉力自强，劝于修德，其治化之盛如此。但民之气禀习俗未必皆齐，其中有败常乱俗，长恶不悛，非德之所能化者，故又命皋陶为士师，明五刑之等，审轻重之中，率此治民，以辅其常性，使同归于惟德之勤焉。"夫刑之本必主于德，刑之用，必合于中，穆王训刑以此，可谓得先王制刑之深意矣。

"典狱非讫于威，惟讫于富。敬忌，罔有择言在身，惟克天德，自作元命，配享在下。"

解 典狱，是掌刑的官。"讫"字，解做"尽"字。威，是有权势的。富，是有财货的。元命，是大命。穆王又说："刑狱重事，全在得人，若是典狱之官，为权势所胁，则不免曲法以徇人，为货利所诱，则不免受财而枉法，这等人，如何行得公道。惟虞廷掌刑的官，个个得人，不但能尽法于权势之家，

帝命三后图

帝命三后圖

帝堯　伯夷　禹　稷

而不为威屈，亦且得尽法于贿赂之人，而不为利诱，其心中常敬畏而不肯怠忽，常忌惮而不敢放纵，是以听断之间，至精至当，无一事不可对人言者，不待拣择于身而后言也。夫天之德，只是至公无私，典狱的这等至公，便是能全尽天德，虽死生寿夭的大命，都自我作之矣。天以福善祸淫之理，制命于上，刑官以生杀予夺之权，司命于下。岂不与天相对，而配享在下哉！"虞廷用刑之极功，至于与天为一如此，此后世所当法也。

王曰："嗟！四方司政典狱，非尔惟作天牧，今尔何监，非时伯夷播刑之迪，其今尔何惩，惟时苗民匪察于狱之丽，罔择吉人，观于五刑之中，惟时庶威夺货，断制五刑以乱无辜，上帝不蠲，降咎于苗。苗民无辞于罚，乃绝厥世。"

解　司政典狱，是诸侯掌刑狱的。作天牧，是为天养民。"丽"字，解做"附"字。庶威，譬如说众恶一般，乃相与作威以虐民者。夺货，是夺取财货。蠲，是洁。穆王勉诸侯敬刑，乃嗟叹而告之说："天生民不能自治，故责之君，君又不能独治，故责之臣下。尔等四方诸侯，司政事典刑狱者，岂不是代天养民的人，须是仰体天心，爱惜民命，以尽司牧之道可也。且古人的行事，便是后人的样子，今尔当何所监视，岂不是伯夷那等样人。昔伯夷为礼官，要使民遵守礼教，不犯刑戮，乃颁布刑法，以启迪开导他，使之晓然知所趋避，这是能为天养民的，尔之所当监视者也。今尔当何所惩戒，惟是苗民那等样人，盖苗民倚势作威，凡狱辞附丽的，全不详察其中情实，又不选择良善之人，以观五刑轻重之中，惟是共作威虐，夺取货赂的人，却用他断制五刑，乱罚无罪，由是被害之民，呼天称冤，上天不蠲洁其所为，降以灾咎。于是苗民无所逃罪，子孙都灭绝了，这是不能为天养民的，尔之所当惩戒者也。"夫穆王训刑，既以天牧为言，又欲以伯夷为法，苗民为戒，则其不得已而用刑之意，亦可见矣。

王曰："呜呼！念之哉。伯父、伯兄、仲叔、季弟、幼子、童孙，皆听朕言，庶有格命。今尔罔不由慰日勤，尔罔或戒不勤。天齐于民，俾我一日，非终惟终，在人。尔尚敬逆天命，以奉我一人！虽畏勿畏，虽休勿休。惟敬五刑，以成三德。一人有庆，兆民赖之，其宁惟永。"

解 格命，是至当的言语。"由"字，解做"用"字。慰，是安慰。戒，是事有差失而懊悔的意思。齐，是整齐。终，是故犯。逆，是迎合的意思。畏，是威。休，是宥。三德，是正直刚柔三样君德。穆王专告同姓诸侯先叹息说："凡我诸侯，其尚思念之哉。尔等有年尊而为伯父、伯兄的，有年相若而为仲叔的，有年少而为季弟幼子童孙的，不论尊卑长幼，皆当敬听我言。我今庶几有至当的言语以告于尔，不可不听也。夫刑狱重事，必须勤于听断，反覆详审，务使刑当其罪，自家心里才安，若一有不勤，则刑必不当，后虽追悔而深戒之，然死者已不可复生，断者已不可复续，其何益之有。故尔等须无日不加勤慎，用以自慰其心，无或少有不勤，而至以失刑为戒也。盖过而知戒，凡事皆可，惟用刑乃民命所关，一成不变，故但当慎于听断之初，而不容悔于已失之后耳。夫我谓尔等当勤者，盖以刑罚非所恃以为治，乃天整齐乱民，禁奸戢暴，使我为一日之用，不是常常用着的，故凡人有罪，也有非是故犯，当宽宥者。也有出于故犯，当诛戮者，都只在百姓每所犯如何，着不得一些私意，惟是至公至当，乃可以合天道而服人心，尔庶几敬迎上天之命，以奉事我一人，勿以我之喜怒为轻重。如我虽要刑戮此人，尔不可便依着我，轻易刑戮，我虽要赦宥此人，尔不可便依着我，轻易赦宥。惟当敬谨于五刑之用，辟所当辟，宥所当宥，使轻重各当，好恶不偏，以辅成我刚柔正直之三德，这是尔真能日勤了，岂但可以慰安汝心，将使上无失刑，下不犯法，我为君的，身享国家太平之庆，为百姓的，仰赖君上生全之恩，上下安宁之福，永久而无穷矣。尔其深念之哉。"

【注】

① 有邦有土：有邦国有土地。

王曰："吁！来，有邦有土①，告尔祥刑。在今尔安百姓，何择，非人？何敬，非刑？何度，非及？"

解 祥，是善。度，是裁审的意思。及，是狱词牵连的人。穆王又叹说："凡汝有国有土的诸侯，皆来听我之命。夫刑虽凶器，然用之不滥，实足以助教化而安百姓，这乃是祥刑，不是虐刑，我今以此告汝，汝其听之可也。今尔等欲用此祥刑以安百姓，何者所当选择，得非理刑之人乎？盖刑官乃民之司命，若不得其人，则流毒甚众，不可以不择也。何者所当敬慎，得非用刑之事乎？盖刑者，一成而不可变，若率意用刑，则追悔无及，不可以不敬也。又何者所当审度，得非狱词之所连及者乎？盖此连及的人，或出于奸吏之罗织，或出于罪人之攀累，若偏听误信，则枉滥必多，不可以不审度也。这三件能尽其心，则刑无不当，而民无不安矣。非祥刑而何？不然则是作威以殃民而已，何祥之有？尔等其慎之。"

【注】

① 五辞：即原告、被告之五种述词，亦即五听：辞听，色听，气听，耳听，目听。

② 五罚：古代五种出钱赎罪的罚则，分为五等：墨，百锾；劓，二百锾；剕，五百锾；宫，六百锾；大辟，千锾。一锾，金（铜）六两。

③ 五过：审判的五种弊病。

"两造具备，师听五辞①，五辞简孚，正于五刑，五刑不简，正于五罚②，五罚不服，正于五过③。"

解 两造，是两家争讼的皆至，就如今原告被告都到官一般。具备，是供辞与证佐都在。师听，是与众人公同问理。简，是核实。孚，是信。三个"正"字，俱解做"质"字。罚，是赎。过，是误。穆王告诸侯以听狱之法说："凡民争讼曲直，定有两家的人，一家不到，难以偏听。又有供词与证佐，一件不备也不可凭据，须是两家争讼的都到在官，又辞与证都完备了，乃与众狱官共听此五刑之辞。若所听之辞，简核情实，已皆可信，方才质之五刑以议其罪，若使议罪之时，有词与刑参差不相应的，是刑有可疑者也，则质于五等之罚而许其赎，刑不必加矣。若议罚之时，犹有词与罚参差不相应的，是罚有可疑者也，则质于五等之过而直赦之，罚亦不必加矣。"按此即虞庭赎刑肆赦之遗意。盖古者因情而求法，故有不可入之刑，后世移情而合法，故无不可加之罪。穆王斯言犹有古意，用法者所当知也。

"五过之疵，惟官、惟反、惟内、惟货、惟来，其罪惟均，其审克之。"

解　疵，是弊病。官，是有权势的。反，是报复恩仇。内，是妇人在内交通说事的。货，是贿赂。来，是人来干求嘱托。审克，是详察而尽其能。穆王承上文说："五罚之不服者，固有五过以宽宥之矣。然此五过，本是要开释无辜，但典狱之官多有容私徇情，舞文玩法者，其弊病有五：或畏他人的权势而不敢执法，或报自己的恩怨，而不出于公，或听妇人的言语，或得了人钱财，或听人干求请托。只为这五件，以私意出入人罪，则五过之设，不足以释无辜，而反以惠奸宄，执法之人，先自卖法，情尤可恶，其罪当与犯人同科，不可轻恕也。尔等必详审精察，务尽其能，不为势屈，不为利诱，既不徇己之意，亦不徇人之言，而一以至公之心行之，则庶几无五者之病，而不犯于惟均之罪矣。"

"五刑之疑有赦，五罚之疑有赦，其审克之。简孚有众，惟貌有稽，无简不听，具严天威。"

解　貌，是容貌。稽，是考。"具"字，解做"俱"字。严，是敬畏。穆王又承上文说："五刑不简，正于五罚，是五刑中可疑的，有该宽赦的人。五罚不服，正于五过，是五罚中可疑的，也有该宽赦的人。出入之间，关系最重。汝须敬慎不忽，察之详而尽其能，既不至滥及无辜，亦不至纵释有罪可也。如刑与罚，推究得实，可信者多，亦未可就加之以刑罚，必考察其容貌如何，盖词犹可以伪为，而颜色之间，则有真情发露而不可掩者，如有可疑，犹当议赦以宽之也。若无情实可以推究，则其为疑狱显然，当直赦之，不必听矣。然疑狱难明，私心易起。若务为宽纵，以致有故出的，过于搜求，以致有故入的，皆非公心，必然受天谴怒，尔等掌刑的官，俱当战兢惕厉，常如上帝之赫然监临，无敢有毫发之不尽心也。如此，庶几刑罚得中，而民无不安矣。刑其有不祥者哉。"

"墨辟疑赦，其罚百锾，阅实其罪。劓辟疑赦，其罚惟倍，阅实其罪。剕辟疑赦，其罚倍差，阅实其罪。宫辟疑赦，其罚六百锾，阅实其罪。大辟疑赦，其罚千锾，阅实其罪。墨罚之属千，劓罚之属千，剕罚之属五百，宫罚之属三百，大辟之罚，其属二百，五刑之属三千。上下比罪，无僭乱辞，勿用不行，惟察惟法，其审克之。"

解　辟，是刑法。罚，是纳赎。六两叫做锾。古时以金赎罪，即今之铜也。"阅"字，解做"视"字。倍差，是加倍之外，复有参差。属，是类，譬如说条款一般。比罪，即今之比附律条也。僭乱辞，是僭差混乱之辞。穆王说："五刑之疑者，固有五罚以赦之，但罪有轻重，则罚有多寡，不可以不审也。如墨刑有疑而当赦的，罚他纳金一百锾，与免本罪，必详视其情罪实有可疑而后赦之。劓刑比墨刑为重，有疑而当赦的，其罚加倍至二百锾，亦必详视其情罪实有可疑而后赦之。剕刑比劓刑尤重，有疑而当赦的，其罚加倍而又有参差，至五百锾，亦必审实其罪，无轻赦也。宫刑比剕刑尤重，有疑而当赦的，其罚至六百锾，亦必审实其罪，无轻赦也。大辟之刑乃五刑之极重者，有疑而当赦的，其罚至一千锾，亦必审实其罪，真可赦而后赦之也。然这五罚的条款，其间又有不等。墨罚之条有千，劓罚之条有千，剕罚之条五百，宫罚之条三百，大辟之罚其条二百。总计五刑之条，凡有三千，所谓正律也。但律文有限，罪犯无穷，若律无正条，难以定罪者，又宜上下比附其罪。如罪疑于重，则比诸上刑，罪疑于轻，则比诸下刑。观其情罪相当，轻重适宜，然后断之也。然当此比罪之时，识见未定，多有惑于人言而妄为比附者，必裁度可否，无听僭差混乱之辞。亦有泥于古法，而强为比附者，必斟酌时宜，勿用今所不行之法，务要明考法意，反覆推求，察之详而尽其能，庶几五罚之用，各得其当耳。"

"上刑适轻，下服，下刑适重，上服。轻重诸罚有权。刑罚世轻世重，惟齐非齐，有伦有要。"

解 服，是受刑。权，是秤锤，所以称物之轻重者也。伦，是次序。要，是总会的去处。穆王说："刑罚虽一成而不可变，然轻重出入之际，亦有权宜，不可执一也。如罪在上等重刑，而其情适轻，只着他受下刑。如事莫重于杀人，然所杀者是奴婢，只宜加之以下刑。如今大明律，家长杀奴婢图赖人，止是杖七十，徒一年，是也。罪在下等轻刑，而其情适重，却着他受上刑，如事莫轻于骂人，然所骂者是家长，则必加之以上刑。如今大明律，奴婢骂家长者绞，是也。不止用刑如此，便是用罚，也都有个权变，如事在重罚，而其情适轻，则从轻以罚之。事在轻罚，而其情适重，则从重以罚之。斟酌损益，譬之用秤锤以求物之轻重，务要得中，所以说轻重诸罚有权，此权一人之轻重者也。至于刑罚之用于一世，也当随时权其轻重，如世当开创之初，法度更新，人心未定，不可以刑威劫之，则刑罚之用，皆宜从轻。世当衰乱之余，法令废弛，人心不肃，不可以姑息治之，则刑罚之用，皆宜从重，所以说刑罚世轻世重，此权一世之轻重者也。这刑罚之轻重，或原情而定罪，或随时而制宜，虽整齐画一之中，却有参差不齐的去处，然究其归，则皆合乎人情，宜于世变，轻的不是故纵，乃当轻而轻，重的不是故入，乃当重而重，盖截然有伦序而不可乱，确然有体要而不可易者，岂徒任意以为之哉。"穆王之意盖言用刑者，于经常中，不可不知权变，权变中，又不可不本于经常也。

"罚惩非死，人极于病，非佞折狱，惟良折狱，罔非在中。察辞于差，非从惟从。哀敬折狱，明启刑书胥占，咸庶中正，其刑其

罚，其审克之！狱成而孚，输而孚，其刑上备，有并两刑。"

解 佞，是口才辩给的人。折狱，是听断狱讼。占，是审度的意思。孚，是信。输，是献狱，如今之覆奏一般。穆王恐典狱者以论赎为轻，又戒之说："五刑之有罚赎，本薄示惩创，不至于死。但人既犯了五刑，反复推鞫，到那罚赎的时候，已受了许多苦楚，亦甚病矣。然则断狱之初，可不谨乎？夫刑官乃民之司命，轻重出入，关系生死，岂是口才辩给的人，便可以听断狱讼。惟是温良和易，心里公平的人，才能使轻重得宜，而刑罚无不在于中也。然典狱固当择人，又当有听断之法，凡人言辞虚诈不实的，随他强辩饰非，终有差错，须就他言词掩护不及的去处，详细审察，则真情自见。至于听言之际，又不可偏执，如始以为不可从，终或又有可从之理，惟要常存个哀悯的心，不可过于惨刻，常持个敬谨的心，不可失于忽略，则狱情无不得矣。既得其情，又不可独任己见，乃明开刑书，与众人公同看视，拟议其罪，使皆庶几于中正之则，而无所冤枉，然后当刑的，治之以刑，当罚的宥之以罚，到那临刑罚时，又要审度，竭尽其能，其尽心如此。由是狱成于下，可以取信于人，输奏于上，可以取信于君，已是万无差失了，却又不可自专，其于覆奏之时，又当备述情词，勿有疏漏，如一人而犯两罪，虽是从重问了，还要连他的轻罪，一并开写，取自上裁，盖不惟致其精详，而又极其恭慎，即有虞'钦哉钦哉，惟刑之恤'之意，此其所以为祥刑也。"

王曰："呜呼，敬之哉！官伯族姓，朕言多惧。朕敬于刑，有德惟刑。今天相民，作配在下。明清于单辞，民之乱，罔不中听狱之两辞，无或私家于狱之两辞！狱货非宝，惟府辜功，报以庶尤。永畏惟罚，非天不中，惟人在命。天罚不极，庶民罔有令政在于天下。"

解 "伯"字，解做"长"字。族，是同族。姓，是异姓。相，是助。单辞，是无证之辞。"乱"字，解做"治"字。两辞，是两家证对之词。私家，是私取财货以肥家。狱货，是卖法而得财者。府，是蓄聚的意思。辜功，是

罪状。庶尤，是诸般殃祸。穆王总告诸侯，叹息说：“尔等其敬慎之哉。凡我有官之长，或同族的，或异姓的，都体我重刑之意可也。盖死者不可复生，刑者不可复续，我今说着他，便多畏惧，况用之乎？我所以兢兢然敬慎，不敢轻忽，虽不得已而用之，皆有哀矜仁厚之德存于其间，实以德用刑，而非特刑以为治也。盖天之制刑，非以虐民而已，实欲使民畏刑远罪，以助教化之所不及，尔典狱之官，皆有代天理刑之责者，当仰体天心，慎重民命，凡宥罪罚恶，务与天之福善祸淫一般，有以作配于下斯可耳。若刑一不当，便是逆天，可不敬哉。彼狱辞之中有单有两，全无证佐，只凭一面之辞者，叫做单辞，这等的最难审察，必虚心听之，极其明而无一毫之蔽，极其清而无一点之污，庶几奸不能欺，利不能诱，而是非曲直可判矣。有原告被告，各执一说以相证对，叫做两辞。若听之一失其平，民不可治矣。今民输情服罪，所以得治者，无不由典狱之官，以中正之心，听断这两家之词，故能使刑清而民服也。汝等切不要有所偏主，任意出入，假此以为私家囊橐之计。夫鬻狱得货，岂足以为宝，但自积罪状于己身，至于罪恶已极，天必报以诸般殃祸，有永远可畏之罚，这非是天不以中道待人而偏罚之，惟人自取祸殃之命，使天罚不如是之极，则狱吏无所忌惮，恣意行私，施之庶民，全是虐政，岂复有令善之政，在于天下乎？此天所以必降之罚也。”夫好生乃天之心，不特鬻货者不为天所容，即心有毫发不尽，是亦上逆于天道矣。故自古酷吏未有不得祸之惨者，穆王此言，真典狱之永鉴也。

王曰：“呜呼，嗣孙，今往何监，非德？于民之中，尚明听之哉！哲人惟刑，无疆之辞，属于五极，咸中有庆。受王嘉师，监于兹祥刑。”

解　嗣孙，是继世的子孙。无疆，是无穷。辞，是名誉。属，是附丽。五极，即是五刑，以五件皆极重之刑，故谓之五极。嘉师，是良民。穆王训刑将终，又并告来世诸侯，叹息说：“尔诸侯之用刑，固当知所监矣。若尔继世的子孙，都有治民之责者，自今以往，亦当何所监视以为法，非敬刑以教民祗德，而得其轻重之中者乎？我试为尔等言之，尔等其庶几明听之可也。 我闻自古贤哲之人，如伯夷、皋陶，都是掌管刑法的官，他有无穷的名誉，至今称颂之不已，这是为何？只因他明清敬慎，凡所附丽于五刑的，皆得其中，当轻而轻，当重而重，无一不合乎天理，惬乎人心，所以有令闻无穷之庆也。夫用刑而至于有庆，可谓祥刑矣。 今尔来世诸侯，受我之良民善众而治之，只要他迁善远罪，不犯刑戮，岂可过用刑威以残虐百姓，必须监视这等得中的祥刑，件件以古人为法，务使德泽流于当时，名誉垂于后世斯可耳。 尔等可不勉哉！"夫用祥刑以安百姓，既深望于诸侯，监祥刑以治嘉师，又预告于来世，其言词恳切，计虑深远，穆王之惓惓于刑狱，真无所不用其情矣。 读其书，犹可以见虞廷钦恤好生之遗意，此孔子之序书所以有取也。

文侯之命

平王锡晋文侯秬鬯、圭瓒，作《文侯之命》。

周幽王宠爱褒姒，废申后及太子宜臼。申侯乃引西夷犬戎攻杀幽王。晋文侯与诸侯迎太子宜臼立之，是为平王。平王嘉文侯之功，命为方伯，赐以秬鬯弓矢，史臣录其策命之词，以《文侯之命》名篇。

王^①若曰："父义和，丕显文、武，克慎明德，昭升于上，敷闻在下，惟时上帝集厥命于文王。亦惟先正^②，克左右昭事厥辟，越小大谋猷，罔不率从，肆先祖怀在位。"

解 晋于周为同姓，故称父。义和，是文侯的字。辟，是君。先祖，指成康以下诸君说。怀，是安。平王呼文侯而命之说："父义和，我大显祖文王、武王，皆能敬慎以明其德，本之身心之间，而达于政治之际，光辉发越，无远弗至，其德昭著而上升于天，敷布而下闻于民，故上帝眷佑，集大命于文王以有天下，我周家之基业，其来有自矣。当时守成继体，固有成康以下诸君，亦惟老成先正之臣，如尔祖父等，能左右扶助精白以事其君，凡君有小大谋猷，无不顺从宣布，以光昭祖德，安定国家，故我先祖诸君，得以安然在位，而享太平之福也。"

"呜呼！闵予小子，嗣造天丕愆，殄资泽于下民，侵戎我国家纯。即我御事，罔或耆寿俊在厥服，予则罔克。曰惟祖惟父，其伊恤朕躬。呜呼！有绩予一人，永绥在位。"

解 闵，是矜怜。嗣造，是嗣位。丕愆，是大谴。殄，是绝。资泽，是小民所资赖的恩泽。纯，是大。服，是事。"伊"字，解做"谁"字。平王叹息说："我祖宗基业相承，皆有贤臣之助，何其幸也。闵予小子，嗣位之初，乃为天所大谴，有父死国破之祸，所以然者，盖民为邦本，国家必有惠泽及民，则根本固，而外侮无自而入。今周德既衰，绝其资泽于下民，民心已离，邦本先拔，以致戎狄侵陵，为我国家之害甚大，是我之所承者，既与先祖异矣，

【注】

① 王：指周平王。周幽王太子，周幽王被杀后，被申、鲁、许等国拥立于申。

② 先正：先王的诸臣。

王命文侯图

即我朝廷御事之臣，亦无有老成俊杰在于官使者，我小子又薄劣无能，其何以济此多难，所赖以辅之者，惟有望于在外之诸侯耳。尔诸侯在我祖父之列者，其谁能怜恤我乎？”又叹息说：“诸侯若能恤我，以先正之昭事先王者，而致功于我一人，则庶几扶国祚于既衰，而我亦可以永安厥位如先祖矣。”

“父义和！汝克昭乃显祖，汝肇刑文、武，用会绍乃辟，追孝于前文人，汝多修扞我于艰，若汝予嘉。”

解　显祖、前文人，都指文侯始祖唐叔说。肇，是始。刑，是法。会，是合。绍，是继。修，是缉理的意思。扞，是捍卫。平王呼文侯说：“当国家多难之后，寡助之时，犹幸有汝能服劳王家，昭明汝显祖之功烈。盖我家不造，文、武之道几坠，而国统已中绝矣。惟汝攘除戎难，兴复王家，始仪刑文武之典章，用会合诸侯，迎立小子，继续汝君之统绪，于以追孝于尔之前文人，而不忝其昭事先王之绩焉。且我新立，在艰难之中，汝多所修完捍卫，王室赖以再造，若汝之功，诚我之所嘉美者也。”

王曰：“父义和，其归视尔师，宁尔邦，用赉尔秬鬯一卣；彤弓一，彤矢百；卢弓一，卢矢百，马四匹。父往哉！柔远能迩，惠康小民，无荒宁。简恤尔都，用成尔显德。”

解　师，是众。赉，是赐。彤，是赤。卢，是黑。康，是安。简，是阅视。平王勅遣文侯说：“王室已安，汝其归于晋国，抚视汝民众，安宁汝邦家，我用赐汝秬鬯之酒一尊，以供汝祖庙祭飨之礼。又彤弓一张，彤矢百枝，卢弓一张，卢矢百枝，使汝得专征伐。又马四匹，以供征伐之用。父往就国，常修举职业，于远民则怀来之，于近民则驯习之，惠安远近的小民，无或怠荒以自安乐。又必简阅尔都之士马，以壮国威，惠恤尔都之人民，以固邦本。夫有功王室，汝之德已显矣，今又柔服远近，简恤士民，则德威宣著，勋业光明，岂不益成就汝之显德哉，汝其勉之。”按平王即位之后，但知晋侯立己之功，而不知有复仇讨贼之义，忘亲忍耻，无有为之志，可知矣。此周之所以终于不振也。

费誓

鲁侯伯禽宅曲阜，徐、夷并兴，东郊不开，作《费誓》。

费，是地名。昔周公之子伯禽，初封为鲁侯，因淮夷徐戎作乱，率师伐之，誓师于费地，记书者因以《费誓》名篇。

公曰："嗟！人无哗，听命。徂兹淮夷、徐戎并兴。"

解 徂，是往。淮夷、徐戎，今淮安徐州地方。鲁公誓师，先发叹说："尔等从征的诸侯，无得喧哗，都静听我的命令。往日已叛的淮夷，今乘我始封，又结构徐戎，并起为寇，故我不得不率师以伐之。"

"善敹乃甲胄，敿乃干，无敢不吊！备乃弓矢，锻乃戈矛，砺乃锋刃，无敢不善！"

解 敹，是缝缀。胄，即是盔。敿，是干上系的带。干，是楯。吊，是精制的意思。锻，是打造铁器。戈、矛，俱是枪。砺，是磨。鲁公誓师说："战莫先于治戎备，尔等须要好生缝缀，那甲胄系带着干楯，无敢有一件不精制者，多预备那弓矢，锻炼那戈矛，磨砺其锋刃，无敢有一件不铦利者，庶足以卫身而克敌也。"

"今惟淫舍牿牛马，杜乃擭，敜乃阱，无敢伤牿。牿之伤，汝则有常刑。"

解 淫，是大。舍牿，是军中造作庐舍牧放牛马之所。杜，是闭绝。擭，是捕野兽的机槛。敜，是填塞。阱，是坑坎。鲁公又戒行师所在之居民说："凡军中的牛马，其止宿牧养之处，已大布于四野之中，尔居民凡在野外有设为捕兽的机槛，便都闭绝了，有发掘陷兽的坑坎，便都填塞了，无致陷害伤损我牧放的牛马。若不预先除治，伤了我牛马，当加尔以常刑，决不赦宥也。"

"马牛其风，臣妾逋逃，勿敢越逐，祗复之，我商赉汝，乃越逐不复，汝则有常刑。无敢寇攘，逾垣墙，窃马牛，诱臣妾，汝则有常刑。"

解 风，是马牛牝牡相诱，因而狂走也。臣妾，是男女贱者之称。商，是度

闲牧牛马图

閑牧牛馬圖

量。鲁公又戒将士说："军出，部伍不可不严整。军中马牛，有牝牡相引诱，因而风狂奔走的，有役使的男子女人，弃家逃亡的，俱不许失主越过军垒去赶逐他，若有人收得这马牛男女，能敬惧小心，不敢藏匿，复还了人，我自商度，尔所还之物，多寡轻重之数赏赐他，若不听誓戒，乱了部伍，越垒赶逐，或得了藏匿不还，这等的，都有一定之法，决不轻宥。也不许寇盗抢掠，或逾过垣墙，偷盗人牛马，引诱人男女，这等的，其情尤重，又自有一定之法，禁治于尔，必不宥也。"

"甲戌，我惟征徐戎，峙乃糗粮，无敢不逮，汝则有大刑！鲁人三郊三遂，峙乃桢干。甲戌，我惟筑，无敢不供；汝则有无余刑，非杀。鲁人三郊三遂，峙乃刍茭，无敢不多，汝则有大刑。"

解 峙，是储备。糗粮，是干粮。不逮，是不及。大刑，是死罪。郊，是国门外之地。遂，是郊外之地。桢干，都是筑墙的板木。有无余刑非杀，是说不止一件刑法，但罪不至死的意思。刍茭，是草束。鲁公誓师又说："甲戌之日，我要率众往征徐戎之罪，盖徐戎尤近鲁境，故先加之兵，军行则粮饷为急，尔须要储备以供军食，毋得欠缺致误军机，如有不及，汝主馈之人，当加以死罪不宥也。鲁国有四郊，那东郊之人，与徐戎对垒，难别用他。汝西南北三郊三遂的，当备着筑墙板木之类，我于甲戌进兵之日，要乘隙修筑城垣营垒，以防冲突之患，毋得失于供应，误了我的事，我所惩治汝的，不止一件刑法，但罪不至死耳。又汝三郊三遂的人民，不止供应板木，又要储备着喂养马牛的草束，不可不多备，倘或缺少，致使我马牛饥困，亦必加以死刑，不轻宥也。"按鲁公于初封之日，夷戎妄意其未更事，且乘新造之隙，今观其行师誓众，先后次第，整暇有序，虽一时御敌，未足以尽其美，而治国规模，亦略可见。盖周公为父，教习有素也。鲁侯其贤矣哉！

秦誓

秦穆公伐郑，晋襄公帅师败诸崤，还归，作《秦誓》。

昔秦穆公欲伐郑，其臣蹇叔以为不可，穆公不听，后晋襄公败之于崤，囚其三帅，穆公悔己不用蹇叔之言以致丧败，作为誓辞以告群臣，明己改过之意。史臣录其语，因以《秦誓》名篇。

大臣有容圖

公曰："嗟！我士。听无哗。予誓告汝群言之首。古人有言曰：民讫自若是多盘，责人斯无难，惟受责俾如流，是惟艰哉！"

解　哗，是喧哗。群言之首，譬如说众论中第一紧要的。"讫"字，解做"尽"字。自若是，是自以为是。盘，是安。昔秦穆公悔己伐郑之失，乃集群臣而告之，先嗟叹说："尔等群臣，无得喧哗，都静听我的言语，我今誓告于汝者，乃众论中第一紧要的，非是迂远不切之说，汝当专心听之可也。我闻前人说道：常人之情，重于责人，轻于责己，每自以为是，便有过差，多安于徇己，不肯受人的非责。殊不知责人非难，惟我有不是处，而能受人之责，如水之流，闻而即改，无一毫凝滞，斯为艰耳。"古人斯言，切中人情，乃修身克己之要务，正所谓群言之首也。穆公悔不听蹇叔之谏，而深有味于古人之语，故先述以自警如此。

"我心之忧，日月逾迈，若弗云来。"

解　逾，是过。迈，是往。穆公悔过之意说："我如今乃知前日拒谏之非，欲改其过，心里常怀忧悔，惟恐日月既往，年齿已衰，不复有将来之日，可以迁善补过，此所以急于图改，不敢自安也。"

"惟古之谋人，则曰未就予忌，惟今之谋人姑将以为亲。虽则云然，尚猷询兹黄发，则罔所愆。"

解　古之谋人，是前辈老成谋国的人。忌，是疾恶。今之谋人，是新进喜事之人。"姑"字，解做"且"字。猷，即是谋。询，是问。老人齿衰而发黄，故叫做黄发。愆，是过失。穆公又追悔前非说道："惟朝廷之上，那前一辈年老有谋的人，我非不知他老成谙练，但以其每事坚执，不肯迁就我意，遂忌疾疏远之，而不用其谋，这是隐然指蹇叔劝他不要伐郑之事。如今那新进喜事之人，非不知他少未更事，但以其每事顺从，能与我意相合，姑且以为可亲，而信用其计，以至于败谋而失事，这是隐然指杞子哄他伐郑之事。然既往之过，虽已如此，而将来之善，犹可改图，自今以后，凡国有大事，尚当谋度询问于老成黄发之人，与他商量可否，则其深虑远谋既足以断国事，忠言谠论，又足以服人心，庶几他日所行之事，亦可以无过矣。岂敢自讳其过，而不复为自新之计哉！"

"番番良士，旅力既愆，我尚有之，仡仡勇夫，射御不违，我尚不欲，惟截截善谝言，俾君子易辞，我皇多有之。"

解 番番，是衰老的模样。"旅"字，与腰膂的"膂"字同。旅力既愆，是少壮有膂力时都过去了。有，是任用的意思。仡仡，是强勇的模样。不违，是无失。截截，是口舌辩给的模样。"谝"字，解做"巧"字。易辞，是变乱是非。穆公告群臣说："我前日之过，已不可追，如今要改过迁善，只是亲贤臣远小人而已。如番番然衰老的良士，虽少壮有膂力时都过去了，他却老成练达，计虑深长，是可与谋国者，这等的人，我今后却要任用他。若仡仡武勇之夫，虽善于射御，无有违失，他却有勇无谋，智虑疏浅，多足以败事，这等的人，我今后再不用了。勇夫且不可用，况那截截辩给、善为巧言的小人，颠倒是非，能使君子变易其辞说，虽有直言正论，也被他摇夺了，这样人，最能败坏国家，我何暇多用之哉。"穆公悔过之词如此，其任用老成，斥远邪佞，乃人君图治之要道，此孔子取之以示万世也。

"昧昧我思之，如有一介臣，断断猗无他技，其心休休焉，其如有容。人之有技，若己有之，人之彦圣，其心好之，不啻若自其口出。是能容之，以保我子孙黎民，亦职有利哉！"

解 昧昧，是默默。介，是独。断断，是诚一的模样。技，是才能。休休，是平易宽洪的意思。彦，是俊美。圣，是通明。不啻，是不但。"职"字，解做"主"字。穆公说："我尝默默然深思，用人之得失，系国之安危，不可不谨。假如有一个介然独立之臣，看他断断然诚实专一，无他技能，恰似没用的人一般，但其心地和平，度量广大，休休然如大器之能容受，有不可得而测度者，见人有才能的，便心里爱他，如自己有才能一般，见人之俊美通明的，便心里真切喜好，不但如其口中之所称扬而已。这是他实是能容受天下的贤才，非有勉强矫饰之意。这样大臣既有德，又有量，人君若肯一心信任他，必能广致群贤，共图国事，为社稷苍生造福，用能保佑我子孙，使长享富贵，保安我黎民，使长享太平。斯人也，亦主有利于国哉！此我所以欲用老成之士也。"

"人之有技，冒疾以恶之，人之彦圣，而违之俾不达，是不能容。以不能保我子孙黎民，亦曰殆哉！"

解 冒疾，是妒忌。违之俾不达，是故意阻抑之，使不得通达。殆，是危。穆公说："为人臣的，若无断断之诚，休休之量，见人有技能的，道他强过自己，却妒忌憎嫌之，不肯称扬，见人是个俊美通明的，怕他不次进用，却百般阻抑之，使不得通达，这等的人，心私量狭，实不能容受天下的贤才。人君若误用了他，将使君子丧气，小人得志，把天下的事，件件都坏了，如何能保我的子孙，使之长久，保我的黎民，使之安乐。乱亡之祸，将由此而起矣，不亦岌岌乎危殆哉。故我于截截巧言之人，不遑用之也。"

"邦之杌隉，曰由一人；邦之荣怀，亦尚一人之庆。"

解 杌隉，是危动不安的意思。怀，是安。穆公誓告群臣篇终，又说："用一妒贤疾能的大臣，便使子孙黎民并受其害，可见国家之杌隉不安，不在乎他，只由用着一个不好的人，遂贻无穷之祸耳，岂必小人之多乎？用一休休好善的大臣，便使子孙黎民并受其利，可见国家之荣显安宁，亦不在乎他，只由用得一个好人，遂贻无穷之庆耳，岂必君子之多乎？夫一人之善恶，足以系一国之安危如此。然则番番之良士，其可以不用，而截截谝言之人，尚可以不去哉！"按穆公因轻信杞子之言，不听蹇叔之谏，以致大败于崤，故此篇悔过之辞，惟惓惓于用人之得失，其亦善补过者矣。大抵老成之人，膂力既衰，近于无用，而仡仡勇夫，其驰骋足以快意，谋虑深长，近于迂阔。而截截谝言者，其辩论足以动人，断断纯朴，近于无能，而媢疾之人，露才扬己，足以取重，所以人主谋事，常忽老成之君子，而喜轻薄之小人，为是故也。然则《秦誓》之书，岂非万世用人者之明监哉。